戏剧舞蹈作品著作权的法律保护

徐康平　冷荣芝　等著

学苑出版社

图书在版编目（CIP）数据

戏剧舞蹈作品著作权的法律保护 / 徐康平等著. —北京：学苑出版社，2019.3
ISBN 978-7-5077-5661-6

Ⅰ.①戏… Ⅱ.①徐… Ⅲ.①剧本—著作权法—研究—中国②舞蹈作品—著作权法—研究—中国 Ⅳ.①D923.414

中国版本图书馆CIP数据核字（2019）第037819号

责任编辑：孟　玮　刘　丰
技术总监：张　翔
封面设计：逸品书装
出版发行：学苑出版社
社　　址：北京市丰台区南方庄2号院1号楼
邮政编码：100079
网　　址：www.book001.com
电子信箱：xueyuanpress@163.com
联系电话：010-67601101（营销部）、010-67603091（总编室）
印　刷　厂：北京虎彩文化传播有限公司
开本尺寸：787×1092mm　　1/16
印　　张：22.5
字　　数：350千字
版　　次：2019年3月北京第1版
印　　次：2019年3月北京第1次印刷
定　　价：86.00元

撰写人
（按姓氏笔画）

石　瑞　　庄云艳　　杜灵燕　　冷荣芝
张　莉　　胡朝新　　信小静　　徐　冉
徐康平　　黄冠雄　　彭插三　　黎泰军

前　言

随着我国市场经济的不断发展，我国的文化艺术市场日益繁荣，包括戏剧舞蹈在内的文学艺术作品大量涌现。这些大量涌现的戏剧舞蹈作品一方面丰富了我国的文化艺术市场和人们的精神生活；另一方面，由于戏剧舞蹈作品的创作、权利归属、作品的表演和使用等问题引发的著作权纠纷也日益增多，使戏剧舞蹈作品的著作权法律保护面临很多新的问题需要解决。面对戏剧舞蹈作品在创作和使用过程中所产生的诸多问题，为了更好地保护戏剧舞蹈作品著作权人的合法权利，为了使戏剧舞蹈作品在创作和使用过程中减少不必要的纠纷，也为了使我国的文化艺术市场更加健康地发展，我们针对戏剧舞蹈作品著作权所涉及的基本法律问题进行了梳理、分析和研究，并在此基础上编写了此书。

本书编写的初衷，是为广大戏剧舞蹈作品的编创人员、戏剧舞蹈作品演出单位、表演者以及其他相关的组织和人员提供有关戏剧舞蹈作品著作权法律问题的参考，使之在进行戏剧舞蹈作品的创作、表演等活动时，能对我国著作权法及相关配套的法律、法规、司法解释等文件中涉及戏剧舞蹈作品著作权保护的内容有准确的了解和把握，力求做到对相关问题提前预知、提前预防，防患于未然，减少戏剧舞蹈作品创作和使用过程中产生的不必要的纠纷。最终，保护戏剧舞蹈作品著作权人以及其他相关权利人的合法权益，进而促进我国文化艺术市场的繁荣和健康发展。

本书根据我国著作权法以及相关的法律、法规、司法解释，汇集了人民法院的相关司法判例，吸收了国内外其他学者的研究成果，对戏剧舞蹈作品涉及的著作权问题、相关法律纠纷等进行了深入的分析和探讨。本书的写作体例采用理论、案例、解析相结合的形式,力求使读者既能从理论上了解,又能从实例中获取经验,做到举一反三、触类旁通,具有较强的理论性和实务性。

由于著作权法律制度的理论和内容涉及的领域相当广泛,作者水平有限,本书的疏漏和错误在所难免,敬请读者批评指正。

作 者

2018 年 12 月

目　录

第一章　戏剧舞蹈作品概述 ································· 1
　　第一节　戏剧舞蹈作品的含义及特点 ··················· 1
　　第二节　戏剧舞蹈作品受保护的条件 ··················· 11
　　第三节　不受著作权法保护的作品 ····················· 13
　　第四节　典型案例评析 ······························· 16

第二章　戏剧舞蹈作品作者的权利 ························· 29
　　第一节　作者的著作权概述 ··························· 29
　　第二节　戏剧舞蹈作品作者的人身权利 ················· 39
　　第三节　戏剧舞蹈作品作者的财产权利 ················· 42
　　第四节　典型案例评析 ······························· 47

第三章　戏剧舞蹈作品著作权的主体 ······················· 58
　　第一节　著作权主体概述 ····························· 58
　　第二节　戏剧舞蹈作品的著作权人 ····················· 62
　　第三节　典型案例评析 ······························· 65

第四章　戏剧舞蹈作品著作权的归属 ······················· 78
　　第一节　戏剧舞蹈作品著作权归属的原则 ··············· 78
　　第二节　戏剧舞蹈作品著作权归属的界定 ··············· 93

第三节　著作权法规定的各类作品的归属 …………………… 98
　　第四节　典型案例评析 …………………………………………… 106

第五章　戏剧舞蹈作品著作权的保护期限 …………………… 113
　　第一节　戏剧舞蹈作品作者人身权的保护期限 ……………… 114
　　第二节　戏剧舞蹈作品财产权的保护期限 …………………… 118
　　第三节　戏剧舞蹈作品进入公共领域的保护 ………………… 121
　　第四节　典型案例评析 …………………………………………… 128

第六章　戏剧舞蹈作品著作权的限制 ………………………… 134
　　第一节　著作权限制概述 ………………………………………… 134
　　第二节　戏剧舞蹈作品著作权的合理使用 …………………… 137
　　第三节　戏剧舞蹈作品著作权的法定许可 …………………… 144
　　第四节　典型案例评析 …………………………………………… 151

第七章　戏剧舞蹈作品著作权的利用 ………………………… 160
　　第一节　戏剧舞蹈作品著作权的许可使用 …………………… 160
　　第二节　戏剧舞蹈作品著作权的转让 ………………………… 169
　　第三节　典型案例评析 …………………………………………… 175

第八章　戏剧舞蹈作品的表演者权 …………………………… 183
　　第一节　戏剧舞蹈表演者和表演者权概述 …………………… 183
　　第二节　戏剧舞蹈表演者权的内容 …………………………… 198
　　第三节　戏剧舞蹈表演者权的行使 …………………………… 206
　　第四节　典型案例评析 …………………………………………… 212

第九章　侵犯戏剧舞蹈作品著作权的行为 …… 219
第一节　戏剧舞蹈作品著作权的侵权种类 …… 219
第二节　戏剧舞蹈著作权侵权行为 …… 228
第三节　戏剧舞蹈作品著作权侵权的判定 …… 231
第四节　典型案例分析 …… 243

第十章　侵犯戏剧舞蹈作品著作权的法律责任 …… 253
第一节　侵犯戏剧舞蹈作品著作权的民事责任 …… 253
第二节　侵犯戏剧舞蹈作品著作权的行政责任 …… 266
第三节　侵犯戏剧舞蹈作品著作权的刑事责任 …… 270
第四节　典型案例评析 …… 276

第十一章　戏剧舞蹈作品著作权侵权的救济方式 …… 285
第一节　戏剧舞蹈作品著作权侵权的民事救济 …… 285
第二节　戏剧舞蹈作品著作权侵权的行政查处 …… 296
第三节　戏剧舞蹈作品著作权侵权的刑事处罚 …… 301
第四节　典型案例评析 …… 306

第十二章　戏剧舞蹈"模仿秀"的法律问题 …… 313
第一节　戏剧舞蹈"模仿秀"的基本理论问题 …… 313
第二节　戏剧舞蹈"模仿秀"的法律属性问题 …… 319
第三节　戏剧舞蹈"模仿秀"的民事侵权法律问题 …… 325
第四节　戏剧舞蹈"模仿秀"法律调整的构想 …… 339
第五节　典型案例评析 …… 348

第一章 戏剧舞蹈作品概述

第一节 戏剧舞蹈作品的含义及特点

一、作品概述

（一）著作权法规定的作品及其形式

作品，是指通过人们的创作活动产生的具有文学、艺术或科学性质而以一定物质形式表现出来的一切智力成果。各国著作权法以及有关著作权的国际公约中都将文学、艺术或科学领域的作品作为著作权的保护对象，我国也不例外。

根据《保护文学和艺术作品伯尔尼公约》（以下简称伯尔尼公约）第2条关于"文学艺术作品"的表述，受其保护的"文学艺术作品"包括科学和文学艺术领域内的一切作品，不论其表现方式或形式如何，诸如书籍、小册子及其他著作；讲课、演讲、讲道及其他同类性质作品；戏剧或音乐戏剧作品；舞蹈艺术作品及哑剧作品；配词或未配词的乐曲；电影作品或以与电影摄影术类似的方法创作的作品；图画、油画、建筑、雕塑、雕刻及版画；摄影作品以及与摄影术类似的方法创作的作品；实用美术作品；插图、地图；与地理、地形、建筑或科学有关的设计图、草图及造型作品。

根据《中华人民共和国著作权法实施条例》（以下简称著作权法实施条

例）第2条的规定，我国著作权法上所称的作品，是指文学、艺术和科学领域内具有独创性并能以某种有形形式复制的智力成果。《中华人民共和国著作权法》（以下简称著作权法）第3条采用列举式规定了受著作权法保护的9类作品：

1. 文字作品

文字作品，是指小说、诗词、散文、论文等以文字形式表现的作品。文字还包括数字和符号。文字作品涵盖的范围十分广泛，包括：以文字表现的小说、诗歌、散文、译著、工具书、科学论文、科普读物、技术说明书等作品；以数字表现的某个时期的工农业生产发展和国民收入比较表等；以符号表现的盲文读物；以综合运用数字、文字和符号表现的作品等。文字作品是现实中运用最为广泛的、数量最多的作品。所以，世界各国都把文字作品列为受著作权法保护的第一类作品，给予明确的著作权法保护。

另外，文字作品可以是用以表现各领域内容的作品。如文学领域的小说，艺术领域的戏剧舞蹈脚本、电影剧本，科学领域的专业论文等作品都属于文字作品的范畴。

2. 口述作品

口述作品，是指即兴的演说、授课、法庭辩论等以口头语言创作、未以任何物质载体固定的作品。这是指以口头语言组成而尚未以文字或录音形式固定下来的已经公开的作品，亦称口头作品。如教师授课、即席致辞、即兴演讲、法庭辩论等。这类作品和文字作品的不同之处在于，作者的作品内容以及相关的思想、观点等是通过口头来表述的，而不是通过文字来表达的。

3. 音乐、戏剧、曲艺、舞蹈、杂技艺术作品

音乐作品，是指歌曲、交响乐等能够演唱或者演奏的带词或者不带词的作品。这是指以乐谱形式或未以乐谱形式表现的能够演奏或者配调演唱的作品，其基本表现手段为旋律和节奏，如交响乐、歌曲等。这里需要注意的是，配词的乐曲，如果调和乐曲连在一起使用，则配调包括在音乐作品之内，如果配调未与乐曲连在一起使用，也可以包括在文字作品之内。

戏剧作品，是指话剧、歌剧、地方戏等供舞台演出的作品。这是指以剧本等形式将人的连续动作同人的说唱表演和表白有机地编排在一起表现出来的作

品，如话剧、歌剧、京剧、广播剧等。但是，有些国家如日本将戏剧作品列入文学作品，有些国家如美国把戏剧作品单列出来。①

曲艺作品，是指相声、快书、大鼓、评书等以说唱为主要形式表演的作品。它可以是口述的，也可以是文字形式的。

舞蹈作品，是指通过连续的动作、姿势、表情等表现思想情感的作品。它是经过人的提炼、组织和艺术加工，通过人的肢体语言、神态表情、节奏等表达人的思想和情感的作品。包括有舞谱的舞蹈作品和没有舞谱的舞蹈作品，如芭蕾舞、秧歌舞等。

杂技艺术作品，是指杂技、魔术、马戏等通过形体动作和技巧表现的作品。考虑到我国有丰富的杂技艺术作品资源，著作权法将杂技艺术作品纳入著作权保护的客体。

上述音乐、戏剧、曲艺、舞蹈和杂技艺术作品是艺术领域的一组具有共同特征的作品，是典型的表演类艺术作品，需要借助相关的表演活动来表现和实现。但是，需要明确的是，这里的音乐、戏剧、曲艺、舞蹈、杂技艺术作品，不包括表演者对上述作品的表演，表演者在传播作品时付出的创造性劳动，由著作权法通过邻接权，即与著作权有关的权益②给予保护，本书也会在后面的相关章节进行具体的讨论。

4. 美术、建筑作品

美术作品，是指绘画、书法、雕塑等以线条、色彩或者其他方式构成的有审美意义的平面或者立体的造型艺术作品。

绘画是最常见的美术作品。根据不同的分类标准，可以分为许多种类。如根据题材的不同，可以分为人物画、风景画、动物画等；根据材料和技术的不同，可以分为油画、水彩画等。

书法是一种特殊的美术作品，它所表现的是文字本身的艺术性。

---

① 黄勤南主编：《知识产权法》，中央广播电视大学出版社2003年版，第267页。
② 我国著作权法上将作品的传播者在传播作品过程中享有的相关权利称为"与著作权有关的权益"，这就是理论上的"邻接权"。本书在不同的场合基于表述上的需要会用不同的概念，但二者的含义相同。

雕塑是雕、塑、刻一类作品的总称，是一种立体的艺术作品。

美术作品属于一类比较难界定保护范围的作品。美术作品本身分为陈设工艺和实用工艺。陈设工艺是专供陈设欣赏的工艺美术品，比如象牙雕刻；实用工艺是经过装饰加工的供人们日常生活使用的美术品，如家具工艺等。著作权法所保护的只是工艺美术品中具有创造性的造型或者美术图案，不包括生产过程中的那一部分工艺；只保护实用工艺品的创造性的造型艺术，而不保护其实用功能。我国的著作权法未明确地将实用工艺品列入著作权法的保护客体。但是，国务院在我国加入伯尔尼公约前颁布的《实施国际著作权条约的规定》第6条，规定了伯尔尼公约成员国的实用工艺品在我国可以受到著作权法保护。所以，在我国，实用工艺品的艺术方面可以按照美术作品保护，外观设计可以按照工业产权保护。

建筑作品，是指以建筑物或者构筑物形式表现的有审美意义的作品。我国2001年之前的著作权法规定的"作品"范围中并不包括建筑作品；2001年修订之后的著作权法明确了建筑作品是该法的保护客体，即建筑物或构筑物本身是受该法保护的作品。与建筑物相关的工程设计图和模型则作为单独的客体给予保护，将其归入工程设计图和模型作品。需要强调的是，受著作权法保护的是建筑物本身，其构成材料、建筑方法不受该法的保护。

在确定美术作品的范围时，需要明确两个问题：第一，受著作权法保护的工艺美术作品，只是工艺美术作品中具有创造性的造型或者美术图案，而不包括制作工艺美术作品的工艺，即工艺美术作品保护的是成型的作品造型或图案而不是作品的制作工艺。工艺美术作品的制作工艺如果具有一定的技术特征、符合专利法规定取得专利的条件，可以依法取得专利权受专利法的保护，或者以商业秘密受相关法律的保护。第二，受著作权法保护的实用艺术作品，其所具有的创造性造型艺术受法律保护，而其在日常生活中所具有的使用功能不受法律保护。换句话说，实用艺术作品既具有艺术性又具有实用性，其艺术性，即所体现的具有独创性的造型受法律保护，而其使用功能不受法律保护。比如，某艺术家创作的具有独特艺术造型的花瓶，其花瓶造型因为具有独创性而受法律保护，但是，花瓶所具有的摆放鲜花的功能则不受法律保护。著作权法的立法宗旨是通过对文学、艺术以及科学作品的保护而鼓励创作，因此，保护工艺美术作品的艺术性内容而非实用性内容是与著作权法的立法初衷以及立法宗旨一致的。

对于建筑作品的范围，需要明确的是，建筑作品的范围界定仅指建筑物本身。而且，如果建筑物的形式、外观没有独创的设计成分，那么它们也不构成作品，不受著作权法保护。另外，受著作权法保护的是建筑物本身，其构成材料、建筑方法不受著作权法保护。

5. 摄影作品

摄影作品，是指借助器械在感光材料或者其他介质上记录客观物体形象的艺术作品。如照片、电影电视片中单独予以取出的镜头等等。但是，属于翻拍照片、翻拍文件、书刊等纯复制性的照片不是摄影作品，因为这些照片的背后不存在创作活动，所产生的照片也因为单纯复制被拍摄对象而不具有独创性。

6. 电影作品和以类似摄制电影的方法创作的作品

电影作品和以类似摄制电影的方法创作的作品，是指摄制在一定介质上，由一系列有伴音或者无伴音的画面组成，并且借助适当装置放映或者以其他方式传播的作品。它包括故事片、科教片、美术片等。电影是一种特殊作品，它是由众多作者创作的综合性艺术作品，是由小说作者、将小说改编成剧本的作者、将剧本改编成分镜头剧本的作者（导演）、拍摄影片的摄影作者、配曲配调的词曲作者、美工设计的作者等共同创作合成的。以拍摄电影方式制作的电视片、录像片，并以拍摄电影的步骤制成的电视片、录像片与电影一样属于作品。如果是单独复制性地录制他人报告、讲学等制作的电视片、录像片、电视大学制作的某教授讲课等的录像片，因为不具有创作性而不属于作品。

7. 工程设计图、产品设计图、地图、示意图等图形作品和模型作品

图形作品，是指为施工、生产绘制的工程设计图、产品设计图，以及反映地理现象、说明事物原理或者结构的地图、示意图等作品。

工程设计图是指在工厂、矿山、铁路、桥梁及建筑工程建设之前所创作的能为建设施工提供依据的设计图纸及其说明，如初步设计、施工图设计等。这里仅指印刷、复印、翻拍等复制形式使用图纸及其说明，不包括按照工程设计、产品设计图纸及其说明进行施工、生产的工业品，后者的使用，适用其他有关法律的规定。

地图，是指运用制图原理来表示地面自然现象和社会现象的图，如地形图、气候图等。

示意图是只用简单的线条或符号来表示某一概念和现象的图，如人体解剖图、植物构成图等。

另外，除地图和示意图外，图形作品还包括其他以线条、符号来显示某一概念和现象的图形作品，如与科技有关的指示图等。

模型作品，是指为展示、试验或者观测等用途，根据物体的形状和结构，按照一定比例制成的立体作品，如建筑模型等。

8. 计算机软件

根据我国《计算机软件保护条例》第2条的规定，计算机软件是指计算机程序及其有关文档。计算机程序包括源程序和目标程序。同一程序的源文本和目标文本应当视为同一作品。源程序是指用高级语言或汇编语言编写的程序；目标程序是指源程序经编译或解释加工以后，可以由计算机直接执行的程序。文档是指用自然语言或者形式化语言编写成的文字资料和图表，用来描述程序的内容、组成、设计、功能规格、开发情况、测试结果及使用方法，如程序设计说明书、流程图等。由于计算机软件不同于传统的文字作品，与其他形式的文学艺术作品也有很大的区别，因此，我国采取专门立法的方式对计算机软件给予著作权保护。

受著作权法保护的软件必须是由开发者独立开发，并已固定在某种有形物体上。实际上是要求该计算机程序已经相当稳定、相当持久地固定在某种载体上，而不是一瞬间的感知、复制、传播程序。

9. 法律、行政法规规定的其他作品

是指除了上述8项受著作权法保护的作品之外，由法律、行政法规规定的具有著作权的其他作品，这属于典型的兜底条款。法律之所以设置这样的兜底条款是因为，随着文化和科学事业的发展，有可能出现新的思想表达形式，如计算机软件就是随着现代科学技术的出现而出现的作品表现和表达形式。今后还可能会出现其他的新的作品形式需要列入著作权法保护的范围。

（二）适用特殊规定保护的作品

我国《著作权法》第 6 条规定："民间文学艺术作品的著作权保护办法由国务院另行规定。"可见，在我国，民间文学艺术作品是适用特殊规定保护的作品。

由于民间文学艺术作品具有民间产生、民间传承的特点，大多数民间文学艺术作品都是在长时期的传承过程中保留下来的，大部分作品在产生上具有集体性，在传承上具有长期性。换句话说，很多的民间文学艺术作品是老祖宗在长期的生产、生活和劳作过程中集体创作或产生的作品，然后经由大量的人以各种方式传承下来，具有很高的文学艺术价值，但是较难确定具体的创作者和传承者。由于民间文学艺术作品的上述特征使得对这些作品的保护不同于一般意义上的作品，所以，我国著作权法对民间文学艺术作品的保护态度是：民间文学艺术作品受著作权法保护，但具体的保护办法由国务院另行规定。

2011 年 2 月 25 日，第十一届全国人民代表大会常务委员会第十九次会议通过了《中华人民共和国非物质文化遗产法》（以下简称非物质文化遗产法）。根据该法第 2 条的规定，非物质文化遗产，是指各族人民世代相传并视为其文化遗产组成部分的各种传统文化表现形式，以及与传统文化表现形式相关的实物和场所。包括：（1）传统口头文学以及作为其载体的语言；（2）传统美术、书法、音乐、舞蹈、戏剧、曲艺和杂技；（3）传统技艺、医药和历法；（4）传统礼仪、节庆等民俗；（5）传统体育和游艺；（6）其他非物质文化遗产。

除界定非物质文化遗产的范围之外，非物质文化遗产法主要针对非物质文化遗产的调查、非物质文化遗产代表性项目名录、非物质文化遗产的传承与传播及相关的法律责任做出了规定。综观整部法律，这主要是一部非物质文化遗产行政管理与保护工作的法律，是关于国家如何保护非物质文化遗产的笼统性规定，并未涉及对具体的非物质文化遗产的保护，也没有涉及非物质文化遗产的权利主体、权利内容、权利行使方式、侵权法律责任等具体内容。

可以说，目前对于应当受著作权法保护的非物质文化遗产中的文学艺术作品应该如何享有、行使权利，如何保护非物质文化遗产上存在的著作权，仍然没有明确的法律规定。

国家迟迟没有拿出保护民间文学艺术作品的具体规定，这与我国民间文学艺术作品的多样性、复杂性有着十分密切的关系。我国属于多民族国家，地域范围广，民族多并且各民族的文化历史发展差异大。各民族在自己的发展历程中都产生和积累了大量的民间文学艺术形式和民间文学艺术作品。对这些民间文学艺术作品的采集、确认以及保护都面临非常大的难度。

现实中，民间文学艺术作品中有大量属于戏剧舞蹈作品，但是，由于民间文学艺术作品的著作权保护还具有很多不够明确的问题，所以，本书在讨论戏剧舞蹈作品的著作权时，主要指现实中由作者创作的戏剧舞蹈作品的著作权，不涉及民间戏剧舞蹈作品的著作权问题。

二、戏剧舞蹈作品及其特点

（一）戏剧作品及其特点

关于戏剧的定义，法律领域和文学艺术领域的界定有所不同。

按照《现代汉语词典》（第7版）的解释，戏剧有两个含义，第一个含义是指通过演员表演故事来反映社会生活中的各种冲突的艺术。是以表演艺术为中心的文学、音乐、舞蹈等艺术的综合。分为话剧、戏曲、歌剧、舞剧等，按作品类型又可以分为悲剧、喜剧、正剧等。戏剧的第二个含义是指剧本。而剧本的含义是指戏剧作品，由人物对话或唱词以及舞台指示组成，是戏剧排练、演出或影视剧拍摄的依据。

按照戏剧的第一个含义，戏剧是一门高度综合的艺术形式，是时间与空间的综合艺术。戏剧融合了文学、音乐、绘画、雕塑、建筑以及舞蹈、灯光等多种艺术表现手段。这些手段在戏剧中分别表现为剧本以及造型艺术的布景、灯光、道具、服装、化装，还有作为音乐艺术的音响、插曲、配乐以及曲调和舞蹈动作等。戏剧艺术以演员的表演为本体，对多种艺术成分进行吸收与融合，构成了戏剧艺术的统一外在形式。可见，戏剧作为文学艺术领域的一类作品，是一种表演的艺术形式。

如果将这样一种综合性极强的文学艺术作品作为著作权法的保护对象，会给权利主体的界定、权利内容的确定以及权利的行使带来很大的难题。所以，我国著作权法在规定戏剧这种作品形式时，采用的是戏剧的第二个含义，即剧本。

笔者认为，将受著作权法保护的戏剧作品界定为"剧本"而不是一台集文学、音乐、舞蹈、绘画等为一体的综合性艺术作品，这是法律的选择，而非在艺术上给戏剧的定性。因此，戏剧本身并不等同于法律上的戏剧作品。既然法律已经明确做出了选择，我们也就没有必要非把戏剧中使用的如音乐作品等也当作戏剧作品来加以界定和保护，那些在戏剧中使用的其他相关作品、要素或者与之相关的其他主体的权利应该在著作权法的其他部分寻找答案。有关戏剧作品界定的理论观点，在本书其他章节有进一步论述。

在明确了著作权法规定的戏剧作品的含义和范围之后，我们来分析一下戏剧作品的特点。作为"供舞台演出的作品"，戏剧作品具有以下几个特点：

1. 文字性

因为戏剧作品在著作权法上的含义是话剧、歌剧、地方戏曲等的"剧本"，所以，戏剧作品具有文字性的特点，是利用文字进行创作产生的、供戏剧表演的作品。当然，这里的"文字"属于泛指，应当包括文字、数字、字母、符号、图表等各种表现形式。另外，如果我们不对作品的表现形式做出十分严格的界定，笔者认为口述表达并以一定的形式固定下来的作品也可以是戏剧作品。所以，戏剧舞蹈作品的"文字性"仅指其以文字形式呈现，而非必须是书面的文字形式呈现。

2. 独立性

戏剧作品的独立性可以从两个方面理解：一方面戏剧作品独立于文学艺术意义上的、具有综合性的戏剧，即戏剧作品与在舞台上表演的戏剧是相互独立的；另一方面，戏剧作品区别于小说、散文等其他的文字作品，属于一种独立的文学艺术作品形式。

3. 可供表演性

这是戏剧作品区别于小说、散文、诗歌等文字作品的最重要特征。在小说、散文、诗歌等文字作品中，人们仅通过相关文字的阅读即可体会作品的全部内容，不需要借助其他的形式来展现、展示作品。而戏剧作品作为供舞台表演的"剧本"，因为其创作的最终目的是通过戏剧表演和各种艺术手段的综合应用将作品的内容展现、表演给观众，并借此表达创作者的某种观念或者态度。所以，如果仅仅是文字阅读，普通的阅读者往往无法体会作品的内容或者作者拟要表达的思想，作品的价值会因此大打折扣。所以，戏剧作品只有通过表演者的表演才能够有充分的展现，而为了让表演者对作品有充分的把握，戏剧作品在文字和语言应用上必须做到"可供表演"，作品可供表演才称得上是戏剧，才构成戏剧的剧本。所以，可供表演性是戏剧作品的最重要特征。

4. 对表演的依赖性

剧本虽然属于文字作品，也具有一定的可读性，但是究其本质，戏剧作品内容的展现对借助各种手段完成的表演具有很强的依赖性，简单的文字对戏剧内容的展现是非常有限的。或者换句直白的话说，人们可以读小说、散文、诗歌体会作品的内容，达到欣赏作品的目的，但是极少有普通的读者会选择通过阅读剧本来欣赏戏剧。对剧本的阅读并不能起到欣赏戏剧的作用。戏剧作品要真正展现和传播，必须借助表演来完成。所以，对表演活动的依赖也是戏剧作品的重要特征。这也是戏剧作品著作权在行使和保护过程中必然会牵涉众多如音响、色彩、化装、演员等其他相关主体的原因。

（二）舞蹈作品及其特点

关于舞蹈的含义，也存在现实和法律上的不同解释问题。

《现代汉语词典》（第7版）中舞蹈也有两个含义：作为名词，舞蹈是指以有节奏的动作为主要表现手段的艺术形式，可以表现出人的生活、思想和感情，一般用音乐伴奏；而作为动词，舞蹈的含义是指表演舞蹈。

舞蹈是人体动作的艺术。广义上讲，是一种凭借人体有组织、有规律的运动来表达感情的艺术形式。舞蹈作为一门时间性与空间性紧密结合的综合艺术，往往综合了音乐、诗歌、戏剧、绘画、杂技等手段而成为独立的艺术门类。舞蹈有自己独特的表现形式和特点。舞蹈含有舞蹈表情、舞蹈节奏和舞蹈构图三个基本要素。这三个要素统一于舞蹈这一独特的艺术形态之中。

作为法律上的概念，在我国著作权法中受保护的舞蹈作品是指"通过连续的动作、姿势、表情等表现思想情感的作品"。它是经过人的提炼、组织和艺术加工，通过人的肢体语言、神态表情、节奏等表达人的思想和情感的作品。包括有舞谱的舞蹈作品和没有舞谱的舞蹈作品，如芭蕾舞、秧歌舞等。

需要明确的是，舞蹈作品不是舞蹈表演，舞蹈作品是指创作者对舞蹈动作的设计、创作，并在此基础上以一定形式表现、记载出来的作品。

作为受著作权法保护的舞蹈作品具有以下两个方面的特点：

1. 文字性或符号性

舞蹈虽然属于利用肢体动作进行表现的艺术，很多舞蹈作品尤其是一些流传于民间的舞蹈、民族舞蹈并没有文字表述或者舞谱记载，但是，大部分的舞蹈作品尤其是现代舞蹈作品都是通过文字或者舞谱符号记载并表现出来的。虽然我们不排除作者创作的、以文字或符号表现形式之外的其他形式的舞蹈也可能存在，但是，文字或符号记载的舞蹈作品相当于供舞蹈表演的脚本，属于著作权法上所称的舞蹈作品的主要形式。

2. 可供表演性和对表演的依赖性

与戏剧作品特点相同，舞蹈作品也是可供舞蹈表演的作品，同时也是对表演高度依赖的作品。舞蹈作品要可以通过表演者的表演来展示、展现，并且只有通过表演者的表演才能体现其舞蹈价值，表现出舞蹈创作者想要表现的故事、思想和情感。

第二节　戏剧舞蹈作品受保护的条件

并不是任何智力成果都可以成为著作权法保护的对象，著作权法只保护属于文学、艺术和科学技术领域的并且具备一定条件的作品。和其他作品一样，戏剧和舞蹈作品要想取得著作权并获得著作权法的保护就必须具备下列条件：

一、独创性

独创性也称原创性或初创性，是指一部作品是经作者独立创作产生的，是作者独立构思的产物，而不是对已有作品的抄袭。判断作品是否有独创性，应看作者是否付出了创造性劳动。

作品的独创性并不要求作品必须具备较高的文学、艺术或科学价值，即作品的独创性与作品的文学、艺术、科学价值的大小无关。

作品的独创性也不要求作品必须是首创的、前所未有的，即使该作品与已有作品相似，只要该作品是作者独立创作完成的，也具备独创性。

另外，著作权法对作品的保护，其保护的不是作品所体现的主题、思想、情感以及科学原理等，而是作者对这些主题、思想、情感或科学原理的表达或表现。著作权法保护的表达或表现不仅指文字、图形等最终形式，当作品的内容成为作者表达思想、主题的表现形式时，作品的内容亦受著作权法保护；当这种表达是公知的，或者是唯一的形式时，则不受著作权法保护。

所以，对于戏剧舞蹈作品来说，即使作品使用了其他作品中已有的思想、信息或者创作技法，但是只要创作者运用了与别人不同的表现手法或者表现形式，而没有对已有作品借以表达这种思想和信息的结构和语言进行完全的或实质的模仿，与已有作品存在差异，就具有独创性。例如，同样是反映亲情的题材，不同的创作者运用不同的手法对相同的思想或情感进行表现，所创作的作品就都具有独创性。

二、可感知性

虽然文学、艺术和科学技术的创作通常要经历作者十分复杂的心理过程和实践过程，这些心理过程和实践过程有很多是无法感知的，但是，基于无法感知的心理和实践过程而创作产生的作品要想获得法律给予的保护，就必须通过一定的客观形式来表现，使人们能够通过其视觉、听觉等感觉器官感受、欣赏作品的内容。无法感知的内容因其无法感知而无法成为法律确认和保护的对象，不能称之为作品。所以，要想享受著作权法的保护，作品必须具有可感知性。

戏剧舞蹈作品属于可供舞台表演的作品，其可感知性要求更高。一方面，戏剧舞蹈作品的创作者要让戏剧舞蹈作品的表演者感知，只有让表演者相对充分、有效地感知其作品想要表达的故事、思想和情感，表演者才能够通过对作品的感知完成对作品的表演，并且通过表演尽可能准确地表现出作品想要表达的故事、思想和情感。另一方面，戏剧舞蹈作品的创作者还要通过作品的表演者让观众感知作品所要表达的内容，因此，其作品在相关内容上的设计也要力求让观众能够充分、有效地感知。这些都要求作品的创作者在创作作品时充分考虑并提高作品的可感知性。

三、可复制性

可复制性，是指作品应当能够用一定的物质载体所固定并能制造一份或数份。不能被复制的智力成果是不能成为著作权法保护的作品的。当然，作品的可复制性并不当然要求作品必须固定在有形载体上，如口述作品、舞蹈作品在产生时不一定具有有形载体，但是通过记录、录音、录像等方式可以轻而易举被复制并出版，这实际上就体现了作品的可复制性，使得作品具备被著作权法保护的条件。

第三节　不受著作权法保护的作品

一、著作权法规定范围之外的作品

法在本质上是统治阶级意志的体现，属于上层建筑的范畴。法律对权利的确认与否取决于一个国家政治统治、社会管理和经济发展的需要。法律保护和维护的都是合法权利和权益，任何非法的东西都是法律不保护、甚至是禁止的。所以，并不是所有属于文学、艺术和科学技术领域的作品，都可以获得著作权法律的保护。

根据我国《著作权法》第3条的规定，包括文字作品、口述作品在内的9类作品属于著作权的客体，相关作品可以获得著作权法的保护，而规定范围之外的其他作品不受著作权法的保护。换言之，属于《著作权法》第3条列举的作品的，受著作权法保护，其他作品，不受著作权法保护。

二、著作权的行使违反法律规定的作品

我国《著作权法》第4条规定："著作权人行使著作权，不得违反宪法和法律，不得损害公共利益。国家对作品的出版、传播依法进行监督管理。"

根据上述规定，作品的著作权人在行使其著作权时，必须按照法律规定的要求行使，包括对作品的使用、传播等。实践中，某些戏剧舞蹈作品具有低俗、色情、充满暴力色彩的内容，虽然这些作品可能享有著作权，但是，这些作品的传播有可能违反法律或者损害社会公共利益。因此，著作权法强调著作权的行使不得违法宪法、法律，也不得损害社会公共利益。

三、其他不受著作权法律保护的作品

（一）公共类作品

根据我国《著作权法》第5条的规定，下列作品不受著作权法的保护：（1）法律、法规，国家机关的决议、决定、命令和其他具有立法、行政、司法性质的文件，及其官方正式译文；（2）时事新闻；（3）历法、通用数表、通用表格和公式。

上述列举的3类作品不是不受法律保护，而是不受著作权法的保护，即相关作者不会因为相关作品的创作、制作而享有法律赋予的排除他人未经许可而

使用的专有权。不赋予上述作品的作者独占性权利，一方面是为了保证这些作品的相关信息如法律、法规、时事新闻等能够正常传播和被社会公众使用；另一方面也是因为这些作品的内容如历法、通用表格等具有通用性而不具备作者的独创性智力投入，没有要求法律给予保护的基础。

1. 法律、法规等文件

法律、法规等文件不享有著作权，一方面是因为这些文件不具有由某一位作者创作产生的独创性，同时，这些文件又应当是保障每个社会公众都有权及时获取的公共文件。所以，这类文件不应给予任何主体专有权，社会公众都可以用适当的方式获得和使用相关资料或文件。

2. 时事新闻

时事新闻不给予著作权保护的原因一方面是为了促进新闻的传播，另一方面，通常时事新闻类的作品都仅具有描述客观事实的特征，内容的独创性特征亦明显不足。所以，无论是为了促进新闻事件的传播，还是作品本身的独创性不足，各国通常都不把时事新闻作为著作权法保护的客体。当然，如果在时事新闻的基础上做深入的挖掘和研究，进而形成的带有作者一定思考、观点和角度的新闻作品，因为其不再是简单地描述客观事实并且内容具有了一定的独创性而应当受到著作权法的保护。

3. 历法、通用数表、通用表格和公式

历法、通用数表、通用表格和公式之所以不受著作权法的保护，原理也很简单，即这类知识本身就已经属于通用性知识，不应专属于哪一个主体、被哪一个主体控制和使用。

对于戏剧舞蹈作品来说，一般不会涉及法律类、时事类或者通用知识类的内容，如果有涉及对上述内容的利用，也不会产生对他人著作权的尊重和保护问题。换句话说，戏剧舞蹈作品的创作者可以根据自己作品的创作需要而对上述三类作品内容自由使用，而不必担心出现违法或者侵权风险。

（二）侵犯他人合法权利的作品

根据著作权法的一般原理以及民法关于权利不得滥用的基本原则，作者在创作作品时，除法律规定的合理使用以及法定许可的情形外，未经许可不得侵犯他人已有的著作权及其他合法权利。比如，小说作者不得剽窃他人的作品，戏剧舞蹈作品的作者不得未经小说作者的许可将其小说改编为戏剧舞蹈作品，小说作者或者戏剧舞蹈作品的作者不得借所创作的作品泄露他人的隐私、毁损他人的名誉权等等。如果作品出现侵害他人合法权益的情形，不但不会得到法律的保护，其作者还会被要求承担相关的法律责任。

所以，戏剧舞蹈作品的创作者，在创作戏剧舞蹈作品时要尊重和维护他人的合法权益，避免因为侵害他人权益而无法获得法律保护。

第四节　典型案例评析

一、皮影舞蹈《俏夕阳》著作权纠纷

（一）案件的基本情况①

"前弓后倚皮影步，朴质灵动俏夕阳。"2006年1月28日，在央视春节联欢晚会上，来自唐山市的皮影舞蹈《俏夕阳》惊艳四座，12位退休老人与24个孩子的精彩表演给全国观众留下了深刻印象，获得了观众最喜爱的节目歌舞类一等奖，也让这个来自河北省唐山市社区舞蹈队的节目随之红遍全国，舞蹈队被各地邀请去有偿演出。

就在舞蹈队名声大噪、《俏夕阳》舞蹈获得巨大商业成功的同时，作为舞蹈的原创编导和著作权人范锦才认为，唐山市老干部活动中心和王金霞擅自组织演员表演《俏夕阳》并获取商业利益，未经自己许可，也未向自己支付任何报酬，是对自己著作权的侵权。于是，2007年，因为《俏夕阳》著作权权属

---

① 见河北省高级人民法院（2014）冀民三终字第97号民事判决书。

问题，舞蹈编导范锦才作为原告将唐山市老干部活动中心、舞蹈队员王金霞起诉至河北省唐山市中级人民法院，要求确认皮影舞蹈《俏夕阳》的著作权归原告所有；判令二被告人停止侵权行为，未经范锦才同意不许使用"俏夕阳"字样；消除影响，公开赔礼道歉，并赔偿原告经济损失50万元；要求被告支付律师代理费2万元，公证费2700元以及律师声明广告费3500元；由被告承担本案的诉讼费用。

案件的一审法院经审理后查明：范锦才早年提出将皮影改编成真人舞蹈的创意，并于1997年开始致力于皮影舞蹈《俏夕阳》的创作，同年创作完成。皮影舞蹈《俏夕阳》在2006年中央电视台春节联欢晚会的演出中获得成功，并获得当年春节联欢晚会节目歌舞类一等奖（创作一等奖）。2006年3月23日，河北省版权局为范锦才颁发了著作权登记证书，该证书中显示作品名称为"皮影舞蹈《俏夕阳》"，作品类型为"舞蹈作品"，作者和著作权人为"范锦才"，作品完成日期为"1997年"。皮影舞蹈《俏夕阳》在中央电视台2006年春节联欢晚会的演出中获得成功后，二被告在未经创作人范锦才同意的情况下，多次组织部分表演者到全国各地进行皮影舞蹈《俏夕阳》的商业性演出，获取商业利益，并在网络上刊登公布皮影舞蹈《俏夕阳》对外演出的联系电话，将皮影舞蹈《俏夕阳》的动作原创变更为米瑞、张耀光。

（二）案件的审理结果

1. 案件的一审结果

案件的一审法院在查明案件事实的基础上认为：河北省版权局于2006年3月23日已将范锦才登记为皮影舞蹈《俏夕阳》的著作权人，并为其颁发了著作权登记证书，亦无相反证据能够证明唐山市老干部活动中心、王金霞或他人对该作品享有著作权，故无须法院再次予以确认；作为皮影舞蹈《俏夕阳》的著作权人，范锦才享有该舞蹈作品的发表权、署名权、修改权、表演权、信息网络传播权、改编权、汇编权、保护作品完整权、获得报酬权等应当由著作权人享有的权利，任何人不得侵犯。唐山市老干部活动中心和王金霞使用范锦才的皮影舞蹈《俏夕阳》作品进行对外演出，应当取得著作权人范锦才许可并支付报酬。对于唐山市老干部活动中心和王金霞未经范锦才许可而使用其作品进行对外演出的行为，构成了侵权，依法应对范锦才承担相应的法律责任。范锦才基于二者的上述侵权行为，要求二者停止其侵权行为，符合法律规定，应予支持；对于范锦才要求赔偿各项经济损失52万余元的诉讼请求，因其并未提供该损失数额的相应证据，因此不予全部支持，考虑到范锦才遭受经济损失的实际情况，酌定由唐山市老干部活动中心和王金霞分别赔偿原告经济损失3万元和2万元，并承担连带赔偿责任。最终判决：唐山市老干部活动中心和王金霞立即停止对范锦才享有的皮影舞蹈《俏夕阳》著作权的侵权行为；唐山市老干部活动中心和王金霞于判决生效后10日内分别赔偿范锦才各项经济损失3万元和2万元，二者相互承担连带赔偿责任；驳回范锦才的其他诉讼请求。

2. 案件的二审结果

案件的两名被告人对一审判决结果不服，上诉至河北省高级人民法院。两名被告人的上诉理由概括如下：

（1）范锦才对《俏夕阳》不享有著作权。人民法院应对著作权的归属给予明确的判决，而非以河北省版权局的著作权登记证书代替人民法院的确权功能。根据著作权法及实施细则的规定，著作权的取得采取自动保护原则，即创造一经完成，只要具备了法律规定的作品属性，即取得著作权。而不管是否登记，著作权自著作权人完成作品后自动产生。因此，著作权登记证书不能证明著作权的归属。

（2）一审判决关于"范锦才早年提出将皮影改编成真人舞蹈的创意，并于1997年开始致力于皮影舞蹈《俏夕阳》的创作，于同年创作完成"的事实认定错误。两名被告认为，通过有些新闻材料可以获知，范锦才仅仅是舞蹈的编创参与人之一，而非单独创作人。

（3）2006年春节晚会前的皮影舞还不是著作权法所称的"作品"，范锦才不应享有著作权。具体理由包括：第一，从著作权法所称作品的概念及特征分析，春晚前的皮影舞《俏夕阳》不属于著作权法所称作品。独创性是著作权法所称作品的重要特征，要求作品必须是作者创造性地完成，不是抄袭而来。但是真人表现皮影舞这一艺术形式却非范锦才独创。早在20世纪80年代初期，开滦的米瑞、张耀光等几位文艺骨干，即提出用真人演绎皮影人动作的创意，并完成了皮影舞基本舞蹈动作的设计，同时以开滦文工团演员为主，进行皮影舞蹈的创作与表演，并且成功编导了《矿山情话》《安全为天》等最初的皮影舞蹈。范锦才也是当初参与皮影舞创作的人员之一。而老太太们表演的皮影舞除了服装和演员发生了变化外，其舞蹈动作与当初的《矿山情话》《安全为天》等皮影舞几乎同出一辙。老太太们所表演的皮影舞不过是范锦才在最初的皮影舞的基础上进行了部分加工，而非范锦才自己"独创性"地完成了智力成果的创作。因此，被上诉人范锦才对老太太表演的2006年春晚前的皮影舞不享有著作权，因为这些舞蹈不具独创性。第二，从《著作权法》所称舞蹈作品的含义和特征角度进行分析，2006年春晚前的皮影舞《俏夕阳》也不属于著作权法所称的舞蹈作品。著作权法实施条例规定，舞蹈作品是指通过连续的动作、姿势、表情等表现思想情感的作品。舞蹈作品要能够反映、表现或表达一定的思想情感，否则就不能称之为舞蹈作品。而且一部作品只能拥有一个固定的内容和一个不变的主题。而2006年春晚之前的皮影舞《俏夕阳》，在王金霞等老太太表演之前，由开滦文工团的演员表演，配上安全生产的词，跳出来就叫《安全为天》；戴上矿帽，就叫作《矿山情话》；动作基本还是那些动作，表现主题却大相径庭。在王金霞等老太太表演之后，还是同样的缩头耸肩的动作，配上《洗刷刷》的曲子，此舞蹈在湖南卫视就叫作《洗刷刷》；元宵晚会上，同样的老太太，同样的动作，舞蹈又被叫作《元宵乐》；还是同样的舞蹈动作，换成孩子来表演，舞蹈又被称作《影娃娃》。这样一个换上不同服装、配上不同音乐、变更不同表演者就可以马上改变舞蹈名称、改变舞蹈表达情感的舞蹈，不属于"舞蹈作品"。因此，皮影舞《俏夕阳》在参加2006年春晚之前，虽然已经名声在外并多次获得大奖，但还不属于真正著作权法意义上的舞蹈作品，被上诉人范锦才对此不享有著作权。

（4）2006年春节晚会上表演的舞蹈《俏夕阳》才是法律意义上的舞蹈作品，但是范锦才仅是创作的参与者，无权对此主张著作权。为了突出2006年春晚"老少同欢千家乐，天地人和万事兴"的晚会主题，春晚剧组和唐山市老干部活动中心以及开滦集团对舞蹈进行了重新编创，按照春晚主创人员的要求和春晚舞蹈类导演赵明的要求，完全改变了以前的表演形式，重新设计了音乐、动作、舞美、服装和道具（见记者董泽民《俏夕阳第一，开滦人真行》一文），增加了孩子看皮影、隔辈人交流、为奶奶捶背等剧情，体现了老少同欢、和谐社会等内容，把此次晚会主题渲染得淋漓尽致。至此，一部真正法律意义上的舞蹈作品《俏夕阳》才真正诞生。但是，被上诉人范锦才仅是这部舞蹈作品的创作参与者，无权就此主张著作权。中央电视台于2006年2月12日为范锦才颁发的获奖证书清楚地表明，范锦才仅仅是春晚版舞蹈《俏夕阳》的创作参与者。被上诉人自己提交的央视邀请函也证明央视邀请范锦才也仅仅是参与改编创作。《俏夕阳》类似的参与者还有很多，如导演赵明、作曲家卞留念、孟可等，这些人都参与了春晚版舞蹈《俏夕阳》的创作。但这些人都不属于著作权人，因为这是集体创作的结果，是集体智慧的结晶。

舞蹈《俏夕阳》获此殊荣，不是范锦才个人作品，是集体智慧的结晶。首先，词曲作者刘振奎先生功不可没，刘振奎先生无偿地为舞蹈队谱写了脍炙人口的《俏夕阳》音乐，并赐予了这个舞蹈一个响亮的名称《俏夕阳》。其次，这些年过花甲的老人赋予了这支舞蹈以生命。最后，舞蹈《俏夕阳》的成功也离不开唐山市老干部活动中心的帮助与支持。

另外，两被告还主张其从未组织人员进行过商业演出，更未取得商业利益。因此，一审法院在判决上诉人唐山市老干部活动中心和王金霞分别赔偿范锦才各项经济损失3万元和2万元的情况下，又要求二上诉人相互承担连带赔偿责任于法无据。

针对两名被告人的上诉，二审法院又对案件进行了认真的审理，在补充查明了一些作品创作和演出事实的基础上，认为案件争议的焦点有3个：一是范锦才是否是舞蹈《俏夕阳》的著作权人；二是唐山市老干部活动中心和王金霞是否侵犯了《俏夕阳》的著作权；三是如果唐山市老干部活动中心和王金霞侵犯了《俏夕阳》的著作权，应承担何种法律责任。

二审围绕案件的3个焦点分别做出总结和认定：

关于焦点问题一，范锦才是否是舞蹈《俏夕阳》的著作权人的问题。2006年之前有关《俏夕阳》的若干获奖证书都能证明舞蹈《俏夕阳》作品在2006年之前就已存在，并且通过演出获得了若干殊荣。两被告称2006年之前的《俏夕阳》不属于舞蹈作品的主张不能成立，不予支持。

范锦才为证明其为舞蹈《俏夕阳》的著作权人，除提供《俏夕阳》著作权登记证书之外，还提供了若干获奖证明和证人证言。而且，两被告唐山市老干部活动中心和王金霞在上诉状中对无论是2006年之前还是2006年之后范锦才都是舞蹈《俏夕阳》的创作者之一这一事实是认可的，只是认为米瑞和张耀光也是该舞蹈的创作者。首先，这些其他的创作者从来没有对在本案中所涉舞蹈作品《俏夕阳》提出权利主张。其次，两被告提供了记者董泽民撰写的《俏夕阳第一，开滦人真行》一文，来证明《俏夕阳》的创作时间及该舞蹈还有其他编导，但两被告没有提供登载该文章的相关报纸、杂志原件或书写人的签名等，对该证据二审法院不予认可。即便该文章中所述内容是真实的，该文章也不能证明《俏夕阳》还有其他的编导，恰恰证明《俏夕阳》的编导是范锦才。

关于焦点问题二，唐山市老干部活动中心和王金霞是否侵犯了范锦才《俏夕阳》舞蹈的著作权的问题。根据证人冯某、王某证言，唐山市中信公证处公证的载有4篇文章的网页的证据，证明在2006年春节晚会之后，唐山市老干部活动中心和王金霞组织联系《俏夕阳》舞蹈队参加了多次商业性演出（在法院查明的事实中列举了商业性演出的时间和参加具体演出的晚会或电视节目等的名称），获取了演出费，但未经著作权人范锦才的同意，也未向范锦才支付报酬，侵犯了范锦才对《俏夕阳》舞蹈的著作权。因此，一审法院认定唐山市老干部活动中心和王金霞侵权并无不当，应予维持。

关于焦点问题三，唐山市老干部活动中心与王金霞侵犯了范锦才的著作权，应承担何种法律责任的问题。根据《著作权法》第49条规定："侵犯著作权或者与著作权有关的权利的，侵权人应当按照权利人的实际损失给予赔偿；实际损失难以计算的，可以按照侵权人的违法所得给予赔偿。赔偿数额还应当包括权利人为制止侵权行为所支付的合理开支。权利人的实际损失或者侵权人的违法所得不能确定的，由人民法院根据侵权行为的情节，判决给予50万元以下的赔偿。"本案中，权利人范锦才未提供证据证明其实际损失和侵权人唐山市老干部活动中心和王金霞的侵权所得，一审法院考虑作品类型、合理使用费、侵权行为性质、后果等情节综合确定唐山市老干部活动中心赔偿3万元、王金霞赔偿2万元，并无不妥，应予维持。

据此，二审法院于2014年12月最终做出驳回上诉、维持原判的终审判决。至此，历经7年的围绕皮影舞蹈《俏夕阳》产生的著作权纠纷，终于尘埃落定。

（三）对案件的法律分析

1.《俏夕阳》作品是否为舞蹈作品以及其权利归属的认定

一部作品能否受著作权法保护需具备以下要件：是否为著作权法所保护的作品范围；是否具有独创性；是否能以某种形式复制。3个条件，缺一不可。判定范锦才所主张的《俏夕阳》是否为其独立创作的舞蹈作品，这是认定其作品是否被侵权的前提条件。

根据我国《著作权法实施条例》第4条第6项的规定，舞蹈作品，是指通过连续的动作、姿势、表情等表现思想情感的作品。舞蹈作品由哪些部分构成，理论界存在着一定的争议，主要存在两种观点。其中的一种观点以郑成思先生为代表。他认为舞蹈作品实际保护的是舞蹈动作的设计，这种设计可以是书面的，如利用舞谱记录的，也可以是以其他形式固定下来的。[①] 另外一种观点以刘春田先生等为代表，该观点认为舞蹈是表演的艺术，舞蹈是由舞蹈表情、舞蹈节奏和舞蹈构图三个要素构成。他明确提出把用文字或者其他符号形式表现的舞蹈设计等同于舞蹈艺术作品是不确切的。[②] 我国著作权法实施条例的规定与后一观点较为相似。伯尔尼公约同样认为舞蹈作品是在观众面前表演的作品，而不仅是供读者阅读欣赏的手稿。[③]

《著作权法实施条例》第2条规定："著作权法所称作品，是指文学、艺术和科学领域内具有独创性并能以某种有形形式复制的智力成果。"构成著作权法保护的舞蹈作品须具有独创性。本案中，范锦才所主张的《俏夕阳》是否构成舞蹈作品受到争议。王金霞和唐山市老干部活动中心辩称："一部作品只能拥有一个固定的内容和不变的主题，而《俏夕阳》在2006年春节之前表现主题经常发生变化，不属于著作权法所称的舞蹈作品。为了突出2006年春节晚会的主题，春晚剧组、唐山市以及开滦集团对舞蹈进行了重新编创，故而才产生了真正意义上的舞蹈作品。"对此，范锦才向法院提供了若干奖励证书：1998

[①] 郑成思：《知识产权法》，法律出版社2003年版，第287页。
[②] 刘春田：《知识产权法》，中国人民大学出版社2002年版，第53页。
[③] Sam Ricketson: The Berne Convention for the Protection of Literary and Artistic Works: 1886-1986 (1987). Centre for Commercial Law Studies, Queen Marry College, p.244.

年范锦才获得荣誉证书载明其作品《俏夕阳》获得优秀编导奖；2000年河北省文化厅颁发证书载明《俏夕阳》舞蹈编舞为范锦才；2002年，范锦才因参赛节目《俏夕阳》荣获编导奖；2006年，范锦才参赛节目《俏夕阳》获得编导金奖。对于《俏夕阳》作品获得的上述奖项，唐山市老干部活动中心和王金霞均没有意见。

最高人民法院《关于审理著作权民事纠纷案件适用法律若干问题的解释》第7条规定："当事人提供的涉及著作权的底稿、原件、合法出版物、著作权登记证书、认证机构出具的证明、取得权利的合同等，可以作为证据。在作品或者制品上署名的自然人、法人或者其他组织视为著作权、与著作权有关权益的权利人，但有相反证明的除外。"最高人民法院《关于民事诉讼证据的若干规定》第73条第1款规定："双方当事人对同一事实分别举出相反的证据，但都没有足够的依据否定对方证据的，人民法院应当结合案件情况，判断一方提供证据的证明力是否明显大于另一方提供证据的证明力，并对证明力较大的证据予以确认。"本案中，范锦才为证明自己创作了《俏夕阳》作品向法院提供了自己获奖的证书。唐山市老干部活动中心、王金霞辩称将舞蹈动作原创变更为米瑞和张耀光是事实的再现，并不构成侵权，但未提供证据佐证米瑞和张耀光系《俏夕阳》的创作人。案件审理过程中，没有其他创作人就《俏夕阳》作品主张著作权利。河北省版权局于2006年为范锦才办理著作权登记证书，在无相反证据足以推翻其结论的情形下，法院可以认定范锦才所创作的《俏夕阳》作品是一部真正的舞蹈作品，且范锦才为合法的著作权人。

2. 涉案作品是单独创作还是全体演职人员集体创作的作品

在该案审理的过程中，原告范锦才主张对皮影舞蹈《俏夕阳》的著作权，而被告的代理律师提出：虽然要充分肯定范锦才在创作中几乎不计报酬、提供技术指导所做的突出贡献，但是，舞蹈《俏夕阳》是一个品牌，凝聚了演员、作曲、编导等众多人的力量，而不仅仅是范锦才一个人的创作成果。2006年春晚《俏夕阳》才是真正意义上的著作权保护作品，但范锦才只是参与者，并不具备要求著作权保护的权利。该律师的观点认为，不存在原告单独创作的舞蹈作品，涉案作品属于全体演员共同参与、通过舞台活动完成和呈现的舞台作品。所以，案件的争议焦点是：《俏夕阳》作品是单独创作的舞蹈作品还是在全体人员的参与下形成的集体作品。

关于范锦才是舞蹈《俏夕阳》作品的"编创"还是"编创之一",二审法院在判决文书中释明得非常清楚,现有资料能够证明范锦才进行了《俏夕阳》舞蹈的编创工作,甚至作为被告之一的王金霞也亲口承认其舞蹈是跟范锦才学的。虽然两名被告人主张存在其他的舞蹈编创人员,但是,因为没有能够提供充分有效的证据予以证实,所以,法院亦不能支持其主张。因此,关于范锦才的编导或编创身份,因为无其他相反证据,法院应当根据范锦才提供的创作证据、版权登记证书等资料予以确认。

就该案作品的完成时间问题,被告代理律师所主张的"2006年春晚后的《俏夕阳》才是著作权法上规定的可以享有著作权的作品"实际上是混淆了舞蹈作品和舞蹈表演的界限。根据我国现行的著作权法规定,舞蹈作品是指"通过连续的动作、姿势、表情等表现思想情感的作品",包括有舞谱的舞蹈作品和没有舞谱的舞蹈作品。可见,法律上所确认和保护的舞蹈作品是"供表演"的作品,而非通过舞台表演呈现出来的作品。

舞蹈作品涉及舞蹈的编创、背景音乐的创作、舞蹈演员的表演等多个不同的活动,不同主体针对自己所做出的上述不同的创作和表演活动享有法律上规定的不同权利,即舞蹈作品的编创人员对自己所编创的舞蹈作品享有著作权,背景音乐的创作主体则对自己创作的音乐享有音乐作品的著作权,舞蹈表演人员对自己的表演活动享有规定的表演者权利。也正是因为法律对不同主体所做出的不同智力成果规定了不同的权利,所以,其他人员在舞蹈作品上表演投入或者其他配套作品(如背景音乐)的创作投入并不能影响和改变舞蹈编创人员对自己编创的舞蹈作品的著作权。因此,被告的代理律师以其他人员在舞蹈作品《俏夕阳》上的表演投入和音乐作品创作上的投入而否认原告范锦才是涉案作品的著作权人,在法律上是不成立的。

当然,如果继续延伸讨论皮影舞蹈《俏夕阳》的舞台表演,我们则肯定承认表演者对其表演活动所享有的权利,如表明表演者身份的权利、保护表演形象不受歪曲的权利等等。同时,如果在舞蹈表演的过程中,使用了单独创作、可以独立存在的音乐作品,则音乐作品作为独立的著作权客体由创作人享有著作权。但是,仍然如前所述,表演者的表演以及其他独立存在的作品都不能影响舞蹈作品编创人员对自己投入编创活动所产生的舞蹈作品的著作权。

3.二被告的行为是否构成侵权

在确认原告范锦才对皮影舞蹈《俏夕阳》作品著作权人身份的基础上，原告所享有的著作权内容就十分明确了。在本案中，原告享有对自己的作品的表演权以及获得报酬权。根据表演权的内容，原告有权自行或者许可他人表演涉案作品，他人未经许可而擅自表演其作品的行为会构成侵权，原告有权要求侵权者停止侵权并承担赔偿责任。而判令二被告连带承担赔偿原告5万元的判决结果则是对著作权人获得报酬权的确认和保护。

除上述权利和对应的侵权责任外，因为著作权还具有一定精神权利的内容，因此，通常情况下法院还会根据案件的具体情况裁判侵权人在一定范围内承担赔礼道歉、消除影响等侵权责任。这种侵权责任形式的存在和使用，不但可以在一定程度上弥补著作权人因侵权行为而受到的精神伤害，也可以在一定范围内提升社会公众对他人著作权的尊重和保护意识。

就是否构成侵权，唐山市老干部活动中心、王金霞辩称自己从未组织人员进行过商业演出，更未取得商业利益，所以自己并未构成侵权。一审庭审过程中，法官就《俏夕阳》节目是否参与商业演出并收取费用的问题进行询问并向证人取证，王金霞和唐山市老干部活动中心代理人张某均认可演出并收取一定的费用的事实。问及是否经过范锦才同意后才商业演出，唐山市老干部活动中心代理人称2006年下半年辞退范锦才之后的演出未经过范锦才同意。根据《著作权法》第48条的规定，未经著作权人许可，表演其作品的，构成侵权行为。范锦才被确定为《俏夕阳》作品的合法权利人，未经同意的表演行为构成侵权。

4.唐山市老干部活动中心、王金霞承担何种法律责任

在确认唐山市老干部活动中心、王金霞侵犯了范锦才著作权的基础上，根据《著作权法》第47条和第49条规定，权利人范锦才未提供证据证明其实际损失和侵权人唐山市老干部活动中心和王金霞的侵权所得，一审法院根据最高人民法院《关于审理著作权民事纠纷案件适用法律若干问题的解释》，考虑作品类型、合理使用费、侵权行为性质、后果等情节综合确定唐山市老干部活动中心赔偿3万元、王金霞赔偿2万元并无不妥。

5.王金霞和唐山市老干部活动中心是否承担连带责任

本案中,唐山市老干部活动中心和王金霞是共同侵权人。《中华人民共和国侵权责任法》(以下简称侵权责任法)第8条规定:"二人以上共同实施侵权行为,造成他人损害的,应当承担连带责任。"另外,《侵权责任法》第14条规定:"连带责任人根据各自责任大小确定相应的赔偿数额;难以确定责任大小的,平均承担赔偿责任。"可见,唐山市老干部活动中心和王金霞作为共同侵权人,应当对权利人承担连带赔偿责任,法院根据唐山市老干部活动中心和王金霞的过错大小确定了赔偿数额也是符合侵权责任法关于责任承担的规定的。

二、舞剧《大梦敦煌》改编作品侵犯著作权案

(一)案件的基本情况[①]

原告许维是小说《沙月恨》的作者,对作品享有著作权。许维在观看了兰州省歌舞剧院的大型舞剧《大梦敦煌》后,发现该剧剧情竟与自己的小说《沙月恨》极其相似,认为大型舞剧《大梦敦煌》侵犯了自己作品的改编权。于是将舞剧《大梦敦煌》的编剧赵大鸣、苏孝林以及兰州省歌舞剧院起诉至法院。许维在诉讼中称,舞剧《大梦敦煌》与自己1987年发表的小说《沙月恨》所反映的时代背景和地理环境相同、主要人物设置及相互关系相同、故事的脉络主干相同、故事情节基本相同,舞剧《大梦敦煌》抄袭、剽窃了小说《沙月恨》,侵犯了其著作权,要求法院判令《大梦敦煌》编剧赵大鸣、苏孝林,兰州省歌舞剧院三被告立即停止对其版权的侵害,舞剧《大梦敦煌》未经原告许可不得再演出,在媒体上公开道歉,并赔偿直接经济损失50万元和精神损失费10万元。

---

① 见甘肃省兰州市中级人民法院(2006)兰法民三初字第010号民事判决书。

（二）案件的审理结果

该案历经曲折，先是 2005 年 5 月 8 日，兰州市中级人民法院以证据不足为由，一审判决许维败诉。后许维不服一审判决，上诉至甘肃省高级人民法院。甘肃省高院二审认为一审判决的事实不清、证据不足、违反法定程序，裁定撤销一审判决，发回重审。

2006 年 12 月与 2007 年 4 月，兰州市中院两次开庭审理此案。2011 年 6 月，许维收到了兰州市中院送达的判决书，这份判决依然驳回了许维的诉讼请求。之后，许维再次向甘肃省高院提起上诉。2011 年 8 月 23 日，甘肃省高院对该案进行公开审理。通过法院与双方当事人多次协调，最终，兰州省歌舞剧院自愿补偿许维 13 万元，许维也表示理解并同意撤回起诉。至此，这起历时 6 年的著作权之争，终于尘埃落定。

（三）对案件的法律分析

该案历时长久，一波三折，并且最后以调解、撤诉方式结案，所以，除媒体以及国家版权局官方网站上公开的信息外，我们并没有获知案件多次审理的细节，如双方提交了哪些证据、围绕哪些焦点进行了辩论、法院如何出现违反法定程序问题等等。但是，我们仍然可以分析在舞蹈作品作为改编作品出现时所涉及的著作权问题。

1.《大梦敦煌》与《沙月恨》作品的改编权

根据本案的基本情况可以看出，先有原告许维创作的小说作品《沙月恨》，后有大型舞剧《大梦敦煌》，二者在内容上存在一定程度的相似，而且从案件最后的调解结果来看，二者之间的相似也不是简单的相似，而是有可能构成了实质上的相似，即被告的作品在一定程度上构成了对原告作品著作权的侵犯。

在两部作品中，原告许维的小说作品《沙月恨》是原作品，被告的大型舞剧《大梦敦煌》属于在原作品上的改编作品。根据作品著作权的内容，对《沙月恨》作品的改编权，即自行改编或者授权他人改编的权利属于原告许维，他人未经许可在原作品上进行的改编行为构成对原告许维改编权的侵害。

而在本案中，大型舞剧《大梦敦煌》的两名编剧赵大鸣、苏孝林在未经许维许可的情况下，根据许维的作品《沙月恨》改编作品，构成了对许维《沙月恨》的改编权的侵害。

2. 兰州省歌舞剧院对《沙月恨》作品著作权的侵害

根据《著作权法》第12条的规定："改编、翻译、注释、整理已有作品而产生的作品，其著作权由改编、翻译、注释、整理人享有，但行使著作权时不得侵犯原作品的著作权。"

同时，《著作权法》第37条规定："使用他人作品演出，表演者（演员、演出单位）应当取得著作权人许可，并支付报酬。演出组织者组织演出，由该组织者取得著作权人许可，并支付报酬。使用改编、翻译、注释、整理已有作品而产生的作品进行演出，应当取得改编、翻译、注释、整理作品的著作权人和原作品的著作权人许可，并支付报酬。"

根据上述规定，兰州省歌舞剧院作为涉案大型舞剧《大梦敦煌》的表演主体，在依据作为改编作品存在的《大梦敦煌》剧本进行歌舞表演的时候，应当同时取得原作品作者和改编作品作者的双重许可，并按规定支付报酬。

3. 本案侵权主体的法律责任

虽然本案的结果是调解结案，但是，结果也已经证明了大型舞剧《大梦敦煌》两名编剧以及兰州省歌舞剧院存在侵权行为，除承担经济赔偿责任外，还需要承担停止侵害等法律责任。停止侵害，即意味着大型舞剧《大梦敦煌》在未经原作品著作权人许可的情况下，不得再以原有作品内容进行使用和演出，这印证了侵权作品不受法律保护的法律态度。

第二章 戏剧舞蹈作品作者的权利

第一节 作者的著作权概述

狭义的著作权，是指文学、艺术和科学作品的作者对其作品依法享有的专有权利。广义的著作权，除了狭义的著作权外，还包括著作邻接权，即出版者、表演者、录制者、广播电台、电视台等作品传播者对其传播的作品依法享有的权利。我们此处讨论的作者的权利仅指狭义的著作权，即作品的创作者对作品享有的专有权利，对于戏剧舞蹈作品来说，就是戏剧舞蹈作品的创作者享有的权利，而戏剧舞蹈作品的表演者或者其他参与作品表演和传播的主体的权利属于本书著作邻接权一章讨论的内容。

根据著作权法的规定，戏剧舞蹈作品作者的著作权包括人身权和财产权两部分内容。

一、著作人身权

著作人身权，又称精神权利，是指作者对其作品享有的各种与人身相联系而没有直接财产内容的权利。伯尔尼公约对人身权的定义是，不受作者经济权利的影响，甚至在经济权利转让之后，作者仍保有其作品作者身份的权利，并有权反对对其作品的任何有损其声誉的歪曲、割裂或者其他更改，或其他损害行为。

著作人身权具有永久性、专属性和不可剥夺性的特点。其中，永久性是指对著作人身权的保护在一般情况下不受时间的限制。专属性，是指著作人身权是与人联系的，著作人身权与作者本人是不可分割的，不能转让或者继承。不可剥夺性，是指任何单位和个人不得随意剥夺作者的著作人身权，除非依据法律规定给予限制。根据我国著作权法的规定，戏剧舞蹈作品作者享有的著作人身权包括发表权、署名权、修改权和保护作品完整权四项内容。

（一）发表权

发表权，即"决定作品是否公之于众的权利"。对于戏剧舞蹈作品来说，发表权就是只有作者才有权决定其作品是否公之于众，以及何时、何地、以何种方式公之于众。发表权是著作人身权中的一项重要的权利，因为如果作者完成作品后，不将其发表，那么他的任何人身权和财产权都无法实现。因此，发表权与其他的著作人身权利相比较，具有一定的特殊性。

理论上，对于发表权的性质存在两种观点：一种观点认为，发表权仅仅属于著作权中的人身权范畴，不具有财产权的内容；另一种观点则认为发表权兼具人身权和财产权的双重属性。此外，还有学者认为，发表权首先是一种人身权，其次才是一种财产权，因为发表权与作者经济利益的实现息息相关。发表权可以说是实现经济利益的前提。以戏剧舞蹈作品为例，戏剧舞蹈作品发表后并不当然带来经济利益，但是，如果作品没有发表则肯定不会有经济利益的产生。再有，依据法律规定，发表权确实与其他三类著作人身权不同，即发表权有保护期限的限制，这一点与著作财产权相同，而与其他三类人身权的无限期保护不同。

作者将作品"公之于众"的权利，从公开的对象来看，应当被认为是向不特定的多数或者社会公众公开，而不仅仅局限于亲人、好友等特定的个体；从公开的方式上来看，可以是让不特定多数人或者社会公众获取作品的各种方式，如出版、公开演讲、公开展示、公演、公映、公开讲授等等。

需要明确的是，发表权有时与隐私权、肖像权存在着联系。如果未经作者许可，擅自发表作者尚未发表的作品，不仅侵犯了作者的著作权，而且侵犯了作者的隐私权。以人体画像和肖像为内容的作品，在发表前必须征得被画人的同意，否则就侵犯了别人的肖像权。

（二）署名权

署名权，即"标明作者身份，在作品上署名的权利"。这是确认创作人身份的重要法律依据。署名权的内涵是丰富的，包括作者有权署名，也有权不署名；有权署真名，也有权署假名、笔名、别名、化名、艺名等等；更有权禁止与作品创作无直接关系的人未经自己许可擅自在作品上署名，也就是我们通常所说的"冒名"问题。

根据署名权的内容，当作者的作品署名发表后，其他任何人以出版、广播、表演、翻译、改编等形式进行传播和使用时，必须注明原作品作者的名字。

（三）修改权

修改权，即"修改或者授权他人修改作品的权利"。作品是作者智慧的结晶，是作者思想和情感的体现，作者当然地享有对作品进行修改的权利。作品发表后，如果作者认为其作品已经不能更加完美地反映其思想或者观点，那么，他有权对作品进行修改，这也是作者对社会公众负责任的一种表现。

修改与否、怎么修改都应当由作者自己决定。作者有权自行修改作品的内容，也可以授权他人修改其作品的内容。需要明确的是，修改是对作品内容进行局部性的调整和文字用语的修改；而改编是在不改变作品基本内容的前提下，改变作品的类型，如从小说改编为剧本等。修改的作品可以是已经发表的，也可以是尚未发表的。作者在创作过程中，适时对作品进行修改是不可避免的，完全可以任意修改。但是，在作品公开发表后，作者对作品的修改将会受到一定的限制。行使修改权时不能造成或者应尽量减少对他人合法权益的损害，如对已经出版的图书的修改，应当在图书再版时进行。

（四）保护作品完整权

保护作品完整权，即"保护作品不受歪曲、篡改的权利"。作者有权保证其作品的完整性，有权保护其作品不被他人丑化；未经作者许可，任何人不得对作品内容进行删减、修改。这既是为了维护作者的尊严和人格，也是维护作品纯洁性的需要。

保护作品完整权是修改权的延伸，在保护力度上更进一步，不仅禁止作者以外的任何人对作品进行修改，而且禁止他人在以改编、注释、翻译、制片、表演等方式使用作品时对作品进行歪曲性的理解或者改变。但是，作者在出版发表过程中，出版人、编辑者对出版作品所做的必要的技术性处理，如引证的确认、文字和语法错误的更改，不属于侵犯作者的保护作品完整权。

二、著作财产权

著作财产权，又称经济权利，是与著作人身权相对的权利，指著作权人自己使用或者授权他人以一定方式使用作品而获取物质利益的权利。与著作人身权的永久性、专属性和不可剥夺性不同，著作财产权可以转让、继承或者放弃。另外，著作财产权具有知识产权所具有的时间性特点，即其不同于一般的财产权，具有保护期限的限制。

对著作财产权的确认和保护是著作权法律制度的重要内容，对于作者著作权的内容以及实现具有十分重要的意义。因此，著作财产权在著作权制度中具有举足轻重的地位。也正是基于著作财产权的这种法律地位，无论是英美法系国家还是大陆法系国家，抑或保护著作权的国际公约，都对著作财产权做了明确而详尽的规定。而且，随着技术的不断进步，作品的适用范围的不断扩大，使用方式不断增多，各国都经历了逐步扩大著作财产权内容的过程，作者的著作财产权内容越来越丰富。

根据我国著作权法的规定，作者依法享有的著作财产权主要包括复制权、发行权、出租权、展览权等多项权利。

（一）复制权

复制权，即以印刷、复印、拓印、录音、录像、翻录、翻拍等方式将作品制作一份或者多份的权利。因为复制是使作品能够广泛传播和使用的重要手段，所以复制权是著作财产权中最基本的权利。

复制的方式很多，概括起来有两类：一类为手工复制，即主要通过手工工具或者手工劳动所完成的复制，如手抄、复写、临摹、拓印、仿制等；另一类为机械复制，即主要借助机械设备完成的复制，如印刷、录音、录像、翻录、翻拍、照相、静电复印等。然而复制一直在随着技术的发展而增加新的内容，将一部文字作品输入计算机中，现在在一些国家也被列入"复制"，《世界知识产权组织版权条约》（简称 WIPO 版权条约）也规定了以数字形式在电子介质中存储作品，应属于"复制"。①

（二）发行权

发行权，即以出售或者赠与方式向公众提供作品的原件或者复制件的权利。发行权是著作权人享有的一项重要传播权。一般认为，作品复制后，如果不是向社会发行就会限制作品的传播，难以满足公众的合理需求，更无法实现作品的价值，因此发行权是一项重要的财产权，许多国家的著作权法以及著作权的相关国际公约都有规定。

发行权意味着著作权人有权确定作品发行的方式、范围，并有权选择发行者。发行应当具备三个条件：（1）发行的对象只能是社会公众，即不特定的多数人；（2）发行的方式是出售或者赠与；（3）发行的客体可以是原件，也可以是复制件。随着现代传播技术的发展，复制作品、复印件的情形会大量出现。

另外，还需要明确的是，发行的方式既可以是出售，也可以是赠与。可见，发行的目的并不仅仅局限于经济利益的实现。

（三）出租权

出租权，即有偿许可他人临时使用电影作品和以类似摄制电影的方法创作的作品、计算机软件的权利，计算机软件不是出租的主要标的的除外。

著作权法上的出租与一般意义上的出租存在着相似性，都是将物在一定的时间内供他人使用并收取一定的租金。但是，二者又有区别，著作权法上的出租是特定的，指的是出租载有作品的物，如载有电影作品或计算机程序的光盘，出租权指向的对象是作品本身，是无形的智力成果，著作权人不一定拥有

---

① 黄勤南主编：《知识产权法》，中央广播电视大学出版社2003年版，第283页。

作为电影作品或者计算机软件的载体,如光盘的所有权。租赁经营者只有经过审批获得租赁经营权、租赁物的所有权以及经过著作权人的授权,才可以出租载有电影作品或者计算机软件的光盘。

出租权是伴随着图书、软件出租业的出现和繁荣而产生的。因为消费者直接购买作品原件或者复制件的成本太高,负担过重,出租却能较好地兼顾消费者和著作权人的利益。从20世纪80年代早期开始,出租电影作品、音像制品在许多国家的出租业迅猛发展,大有取代销售业之势,如果不加以规范,必然损害著作权人的利益,打击作者的创作积极性。为了避免这一消极影响,各国陆续规定了出租权。

我国著作权法对作品出租权的规定也经过从无到有的发展历程。根据世界贸易组织《与贸易有关的知识产权协定》(以下简称 TRIPS 协定)的规定[1]:"至少对于计算机程序及电影作品,成员应授权其作者或者作者之合法继承人许可或者禁止将其享有版权的作品原件或者复制件向公众进行商业性出租。对于电影作品,成员可不承担授予出租权之义务,除非有关的出租已导致对作品的广泛复制,其复制程序又严重损害了成员授予作者或作者之合法继承人的复制专有权。对于计算机程序,如果有关程序本身并非出租的主要标的,则不适用本条义务。"

根据 TRIPS 协定的上述规定,我国 2001 年在修订著作权法时规定了对电影和以类似摄制电影的方法创作的作品以及计算机软件作品的出租权,对于其他作品没有出租权的规定。

关于计算机软件的出租权,则区分两种情况:一是计算机软件本身只是计算机机器的一部分,那么即使计算机内装有计算机程序,计算机程序本身也不是出租的标的,作者不得主张计算机软件的出租权并且向使用方收取租金;二是计算机软件是单独的作品,如对载有计算机软件程序的光盘,著作权人则可以向出租人收取租金。

---

[1] 黄勤南主编:《知识产权法》,中央广播电视大学出版社2003年版,第285页。

（四）展览权

展览权，即公开陈列美术作品、摄影作品的原件或者复制件的权利。各国的著作权法都有关于展览权的规定，但是对于哪些作品适用于展览权的对象却有较大的差别。如日本规定展览仅仅限于美术作品或尚未发行的摄影作品；法国、意大利等国则规定只有原件或者未发表、发行的作品才有展览权；美国则将展览权适用范围列得很宽，只要具有著作权的文学、戏剧、舞蹈、哑剧、绘画、刻印、雕塑等都可以成为展览权的对象，而且，美国对展览的形式也规定得很宽泛，包括幻灯片、电视等方式。

我国著作权法规定的展览权中的展览是向不特定的多数人公开，供不特定的多数人欣赏。展览权的客体仅包括美术作品和摄影作品。作品是否公开发表过并不是必要条件，因此，许可他人展览未发表的作品，应当推定为展览人同时取得了作品的发表权。

（五）表演权

根据伯尔尼公约的规定：戏剧作品、音乐戏剧作品或音乐作品的作者享有下述专有权利：(1)授权公开表演和演奏其作品，包括用各种手段和方式公开表演和演奏；(2)授权用各种手段公开播送其作品的表演和演奏。

根据伯尔尼公约的上述规定，表演权的客体是戏剧作品、音乐戏剧作品或音乐作品；表演的方式包括各种手段的公开表演、演奏。

我国著作权法规定的表演权，即公开表演作品，以及用各种手段公开播送作品的表演的权利。可见，我国著作权法规定的表演权与伯尔尼公约的规定是一致的。

另外需要明确的是，表演包括现场表演和非现场的表演。现场表演是演员直接或者借助技术设备以动作、声音、表情公开再现作品或者演奏作品。例如，将剧本通过舞台表演出来等。以"各种手段公开播送作品的表演"即非现场表演，指的是借助录音机、录像机等技术设备将表演公开传播。包括使用录放设备播送唱片、录像等，但是不包括广播电台、电视台的无线播放，也不包括电影作品的放映。这些传播方式所涉的是著作权人的其他著作权内容。

（六）放映权

放映权，即通过放映机、幻灯机等技术设备公开再现美术、摄影、电影和以类似摄制电影的方法创作的作品等的权利。放映权主要适用于美术作品、摄影作品和电影作品。规定放映权的主要意义在于电影著作权人有权禁止未经其许可公开放映其电影作品的行为。

（七）广播权

广播权，即以无线方式公开广播或者传播作品，以有线传播或者转播的方式向公众传播广播的作品，以及通过扩音器或者其他传送符号、声音、图像的类似工具向公众传播广播的作品的权利。

广播是指通过无线电波传播声音和（或者）图像，以使公众收听、收看。传播是指以任何适当的方式使一般人，而不限于某一个私人团体的特定个人，听到、看到某一作品、表演、录音制品或者广播电视节目。[①] 这个概念比出版的含义更广，还包括公开表演、广播、有线传播或者向公众直接传播收到的广播电视节目等各种使用作品的形式。有线传播是指通过有线网络以声音或者图像向接受者传播作品、表演、录音制品或者广播电视节目，接收者并不限于某一个私人团体的特定个人。转播是指同时广播从另一来源收到的广播节目，或者指后来重新播送以前广播过的或者事先收录的节目。

（八）信息网络传播权

根据我国著作权法的规定，信息网络传播权是指以有线或者无线方式向公众提供作品、表演和录音录像制品，使公众可以在其个人选定的时间和地点获得作品、表演和录音录像制品的权利。

显然，信息网络传播权是一种无形方式使用权，与信息网络技术方式有关。信息网络传播具有与广播相同的特点：向公众提供权利客体，但是，又具有与广播单向传播不同的特点：双向或者交互式传播，使公众可以在其个人选定的时间和地点获得权利客体。为了不与广播权含义重叠，信息网络传播权

[①] 黄勤南：《知识产权法》，中央广播电视大学出版社2003年版，第286页。

的核心是，使公众可以在其个人选定的时间和地点获得作品、表演和录音录像制品的权利。因此，信息网络传播权又称为使公众获得权（right of making available to the public）。

与信息网络传播权相比，使用公众获得权表述更恰当，尽管两者权利内容一样。首先，这一表述摆脱对特定技术——信息网络的依赖，面对未来新的传播方式包容性更强；其次，法律所规制的是人类行为，不能规制信息网络等独立于人之外的东西（规制物质世界的不是法律，而是规律），技术型术语在法律中宜于少用、甚至不用；最后，《WIPO版权条约》第8条规定，使公众获得权属于向公众传播权（right of communication to the public），《世界知识产权组织表演与录音制品条约》第10条规定表演者享有提供固定演出的权利（right of making available of fixed performances），第14条规定录音制作者享有提供录音制品的权利（right of making available of phonograms）。

信息网络传播权有双重含义：一种属于著作权，其客体是作品，主体是著作权人；另一种属于邻接权，其客体是表演、录音录像制品，相应的主体是表演者、录音录像制作者。但是，依据我国目前的著作权法，作为邻接权主体时，出版者和广播电视组织不享有信息网络传播权。

信息网络传播权能控制公众范围内作品的传播，但不能控制家庭和社交圈子等"私人"范围内作品的使用，对"公众范围"的界定和理解不能损害著作权人和邻接权人的使用权利。

信息网络传播权是一种专有权利，不仅可以授权利用，而且可以禁止未经授权的非法使用。其权能包括三个方面：一是许可权，任何组织和个人通过信息网络向公众提供他人的作品、表演、录音录像制品，应当取得权利人的许可；二是获酬权，通过信息网络向公众提供他人的作品、表演、录音录像制品，应当向权利人支付报酬；三是转让权，权利人可以转让信息网络传播权。

（九）摄制权

摄制权，即以摄制电影或者类似摄制电影的方法将作品固定在载体上的权利。摄制权是著作权人的权利，除法律另有规定外，以摄制电影或者以类似摄制电影的方法将他人享有著作权的作品固定在载体上，需经著作权人同意并支付报酬。根据法律规定，行使摄制权形成的电影作品和类似摄制电影的方法创作的作品由制片者享有，但编剧、导演、摄影、作词、作曲等作者享有署名权，并有权按照与制片者签订的合同获得报酬。电影作品和以类似摄制电影的方法创作的作品中的剧本、音乐等可以单独使用的作品的作者有权单独行使其著作权。

（十）改编权

改编权，即改编作品，创作出具有独创性的新作品的权利。改编是一种再创作的行为。被改编的作品称为原作，改编后的作品称为改编作品。改编权同著作权中的其他权利一样，是著作权人的专有权利。未经著作权人许可，他人不得将其作品擅自改编并发表。改编作品的作者对其作品享有著作权。改编作品的著作权与原作的著作权一样包括人身权和财产权，但是改编作品的作者在行使自己的著作权时，不得侵害原作的著作权。

（十一）翻译权

翻译权，即将作品从一种语言文字转换成另一种语言文字的权利。翻译作品主要涉及文字作品和口述作品。翻译权是作者的一项专有权利，即作者有权决定其作品被翻译成什么样的语言出版或者传播。除法律另有规定外，未经著作权人的许可，不得翻译其作品，否则构成著作权侵权行为。翻译也是一种再创作，译者对自己的译作享有著作权。但是译者在行使著作权时不得侵犯原作的著作权。

（十二）汇编权

汇编权，即将作品或者作品的片段通过选择或者编排，汇集成新作品的权利。汇编作品的独创性体现在作品内容的选择或者编排上。汇编人在汇编他人作品时，须经被汇编的作品的著作权人的许可。汇编作品的著作权是对整个汇编作品而言的，汇编作品中选用的作品的著作权仍旧由各自著作权人享有。汇编作品的著作权由汇编人享有，但行使著作权时，不得侵犯原作品的著作权。

（十三）应当由著作权人享有的其他权利

著作权人除享有上述著作财产权外，著作权法还设置了一个兜底条款，即著作权人还享有"应当由著作权人享有的其他权利"。这一规定使得著作权的内容有扩充的余地，也给法官留下了自由裁量的空间。

这是一条兜底性的规定。著作权法难以穷尽列举所有的著作财产权，因为著作财产权与作品的使用方式密切相关，而作品的使用方式并不是一成不变的。实际上，技术的不断进步使对作品的使用方式呈现出增多的趋势，著作财产权的内容也将越来越丰富。

第二节　戏剧舞蹈作品作者的人身权利

对于戏剧舞蹈作品的作者来说，其著作人身权的主要内容包括：

一、戏剧舞蹈作品的发表权

因为戏剧舞蹈作品的"发表"途径主要是将作品付诸表演或者演出，而不是将作品出版或者交付出版主体发表，所以，如果戏剧舞蹈作者将自己创作完成的作品交付给某个表演主体并授权其公开演出即视为其将作品发表。当然，因为戏剧舞蹈作品的公开演出时机、场合等都可能成为影响作品是否成功的因素，所以，作者可以在授权演出主体表演其作品时对公开演出的时间、场合等做出约定，这种约定也是作者行使发表权的内容。

还需要明确的一个问题是，因为绝大部分戏剧舞蹈作品的创作者并非作品的表演者，戏剧舞蹈作品的发表主要是通过表演者的表演来完成的，所以，戏剧舞蹈作品作者发表权的行使必定还会涉及作品的表演主体的权利。换句话说，戏剧舞蹈作品的发表必定会涉及戏剧舞蹈作品的表演者权利，那么，戏剧舞蹈作品的表演者权利是否会对戏剧舞蹈作品作者的发表权形成制约和影响呢？

我国《著作权法》第37条第1款规定："使用他人作品演出，表演者（演员、演出单位）应当取得著作权人许可，并支付报酬。演出组织者组织演出，由该组织者取得著作权人许可，并支付报酬。"该条第2款规定："使用改编、翻译、注释、整理已有作品而产生的作品进行演出，应当取得改编、翻译、注释、整理作品的著作权人和原作品的著作权人许可，并支付报酬。"

同时，《著作权法》第38条规定："表演者对其表演享有下列权利：（一）表明表演者身份；（二）保护表演形象不受歪曲；（三）许可他人从现场直播和公开传送其现场表演，并获得报酬；（四）许可他人录音录像，并获得报酬；（五）许可他人复制、发行录有其表演的录音录像制品，并获得报酬；（六）许可他人通过信息网络向公众传播其表演，并获得报酬。

"被许可人以前款第（三）项至第（六）项规定的方式使用作品，还应当取得著作权人许可，并支付报酬。"

根据上述规定不难看出，戏剧舞蹈艺术作品的创作者和表演者之间权利的先后顺序：创作者的权利在先，表演者取得创作者许可之后才可以对作品进行表演，才产生基于自身表演有关的权利。如果说戏剧舞蹈作品的表演者"许可他人从现场直播和公开传送其现场表演"的权利属于表演者的公开发表权，那么该权利的行使也是在戏剧舞蹈作品的创作者权利之后，需要"取得著作权人许可，并支付报酬"。所以，戏剧舞蹈作品创作者的发表权不会受制于表演者对其表演作品发表权的行使，相反，表演者对自己表演作品的发表权要受制于作品创作者的发表权，即如果未经创作者的同意，表演者不得表演作者的戏剧舞蹈作品，不得以表演形式发表作者创作的戏剧舞蹈作品。

当然，戏剧舞蹈作品除了以"表演"的方式发表外，还有可能通过印刷、出版等方式来发表。如果戏剧舞蹈作品通过印刷、出版等方式发表，其作者发表权的行使与其他的普通文字作品发表权的行使基本相同，不再具体介绍。

二、戏剧舞蹈作品的署名权

署名权也是戏剧舞蹈作品创作者的重要人身权利。由于大多数戏剧舞蹈作品要通过表演来表现和存在，因此，戏剧舞蹈作品的创作者除可以在自己的作品上署名之外，还享有在表演者表演作品及其他相关作品上的署名权。两种情况下的署名权是戏剧舞蹈作品不可分割的权利内容。

作者的署名权需要与表演者"表明表演者身份"的权利相区分。作者的署名权属于作者对作品享有的著作权，而表演者在表演作品时享有的"表明表演者身份"的权利只是类似于作者署名权的权利，它是表演者的人身权，在性质上属于与著作权有关的权利，即邻接权。另外，表演者的表明表演者身份的权利在行使时要受到作品传播方式的影响，如果作品的传播方式不能做到向公众表明表演者身份，如现场表演，则可以不表明表演者身份；而如果表演作品以视频、录音录像制品、电影作品或者以类似摄制电影的方法创作的作品等形式传播的话，则应当以适当方式表明表演者身份。

还有，表演者享有的表明表演者身份权利仅是其对自己的表演活动所享有的权利，不代表表演者对其表演的戏剧舞蹈等作品享有署名权。

三、戏剧舞蹈作品的修改权

根据作者修改权的法律规定，戏剧舞蹈作品的创作者可以自行修改作品，也可以授权他人修改作品。在实践中，对戏剧舞蹈作品的修改权，大部分情况下是在戏剧舞蹈作品的演出表演过程中由作品的编导、表演者等进行的。编导、表演者在演出过程中对作品进行修改的前提条件是获得作品作者的授权，即作品的表演者（含演员、演出单位）在取得作者的演出授权的同时，应该同时获得对作品约定范围内的修改权。

四、戏剧舞蹈作品的保护作品完整权

和其他作品作者一样,戏剧舞蹈作品作者也享有"保护作品不受歪曲、篡改的权利"。而且由于戏剧舞蹈作品的传播途径和传播方式的特点决定了,戏剧舞蹈作者保护作品完整权的必要性和意义更加明显。

戏剧舞蹈作品的传播途径和传播主体具有非单一性的特点,即一部戏剧舞蹈作品可能会先后被多个演出主体进行表演和传播。而且,每个演出主体对以文字或符号表现的戏剧舞蹈作品的理解、把握以及表现各不相同。在这个过程中,表演主体对戏剧舞蹈作品的改编有时是不可避免的。如何保证作品在表演、改编的过程中不被歪曲是很多戏剧舞蹈创作者都十分关心和密切关注的问题。

第三节　戏剧舞蹈作品作者的财产权利

戏剧舞蹈作品的作者对其戏剧舞蹈作品享有著作权法规定的各项著作财产权,依据对作品的不同使用方式,作者的著作财产权内容不同。鉴于通常情况下,戏剧舞蹈作品的使用较少涉及展览权、摄制权等,因此,此处重点讨论戏剧舞蹈作品常见的财产权内容。

一、戏剧舞蹈作品的复制权

复制权是指"以印刷、复印、拓印、录音、录像、翻录、翻拍等方式将作品制作一份或者多份的权利"。戏剧舞蹈作品的作者对自己所创作的作品享有复制权,有权自行复制作品,也有权许可他人复制自己的作品,有权禁止他人未经许可对自己作品的复制行为。

需要明确一点,我们这里讨论的戏剧舞蹈作品是指戏剧舞蹈作品的脚本,该作品虽然具有文字性、可阅读性,但是,一部戏剧舞蹈作品要通过表演者

的表演才可以展现、实现其艺术价值，简单的剧本、舞谱作品并不能让人们真正认识戏剧舞蹈作品、体会作者的艺术创作内容。对剧本和舞谱等文字、符号作品的复制使得作品传播并且获得财产利益的可能性不大。当然，我们也不排除将舞蹈戏剧作品的脚本或舞谱出版成书供研究者、表演者、学习者等人群学习研究的可能性，此时，戏剧舞蹈作品的复制权则与普通文字作品的复制权相同。实践中，大量的戏剧舞蹈作品是通过表演展现之后又被以各种形式复制的，所以，戏剧舞蹈作品作者复制权通常是和表演者的复制权结合在一起行使和实现的。

根据《著作权法》第38条的规定，表演者对其表演享有"许可他人录音录像，并获得报酬""许可他人复制、发行录有其表演的录音录像制品，并获得报酬"的权利，这是表演者对自己的表演活动享有的复制权和发行权。但是，根据该条第2款的规定，作为被许可人的表演者要行使上述权利"应当取得著作权人的许可，并支付报酬"。

综上所述，笔者认为，戏剧舞蹈作品作者的复制权包含两个方面的内容：对戏剧舞蹈作品的复制权；对戏剧舞蹈表演作品的复制权。前者仅涉及对戏剧舞蹈脚本作品的复制，该复制权由戏剧舞蹈作品的作者单独享有，而后者涉及了作品的表演者，其行使应该尊重表演者的权利。

二、戏剧舞蹈作品的发行权

发行权是指"以出售或者赠与方式向公众提供作品的原件或者复制件的权利"。戏剧舞蹈作品作者对自己所创作的作品享有发行权。

与前述复制权相同，戏剧舞蹈作品作者的发行权也与表演者的发行权密切相关，即戏剧舞蹈作品的作者，除对自己单独的文字、符号作品享有独立的发行权之外，还享有受表演者权利影响的、对表演者表演作品的发行权。这主要是因为戏剧舞蹈作品的发行通常需要借助表演者的表演活动实现。因此，如果某经营主体想要对戏剧舞蹈作品的表演活动以某种方式发行，则既要获得戏剧舞蹈作品的著作权人的发行许可，又要获得戏剧舞蹈作品表演者的发行许可，并且应当同时向两类著作权主体按照约定或者法律规定支付报酬。当然，如果发行的仅是戏剧舞蹈的脚本则只涉及戏剧舞蹈作品作者的发行权，由戏剧舞蹈作品的作者独立行使或者单独取得戏剧舞蹈作品作者的发行许可就可以了。

三、戏剧舞蹈作品的表演权

表演权是指作者享有的"公开表演作品，以及用各种手段公开播送作品的表演的权利"。表演权是戏剧舞蹈作品创作者的最基本、最主要权利。根据该权利，戏剧舞蹈作品的作者有权自己表演或者许可他人表演自己的作品，有权禁止未经许可表演其作品的行为并要求侵权者赔偿损失，同时，戏剧舞蹈作品的创作者享有以各种手段公开播送作品的表演的权利。

需要明确的是，这里的表演权和表演者权属于不同的权利范畴，具有不同的权利内容。表演权是指作者享有的公开表演作品以及运用各种手段公开播送表演作品的权利。实践中，表演组织或者个人表演的戏剧舞蹈作品可以是已经进入公有领域的作品，也可以是处于保护期内的自己的或者他人的作品。对已经进入公有领域的戏剧舞蹈作品，任何人都可以合法进行表演，并且基于对作品的表演而取得与表演活动相关的权利；对尚处于保护期内的作品，表演权分为作者的表演权和他人对作者作品的表演权。作者对自己作品的表演权基于法律的规定直接产生，而他人对作者作品的表演权可以基于许可、赠与或者继承等法律事实取得。无论是哪种情形下的表演权，其权利内容都是对作品的表演权利。而表演者权利是作品的表演者对自己的表演形象、表演活动所享有的权利，具体又分为表演者的人身权和财产权，具有较为丰富的权利内容。这一点我们在本书第八章戏剧舞蹈作品的表演者权部分会做具体论述。

四、戏剧舞蹈作品的信息网络传播权

信息网络传播权，是指"以有线或者无线方式向公众提供作品，使公众可以在其个人选定的时间和地点获得作品的权利"。在互联网技术已经获得飞速发展，网络已经进入千家万户、越来越多的人习惯利用网络来获取各种信息的今天，作品通过网络传播已经不可避免。这一方面需要法律赋予作品权利人通过互联网传播自己作品的权利，另一方面也需要法律通过各种手段打击那些未经许可利用网络传播和使用作者作品的行为，实现在网络环境下对作者著作权的保护。

基于信息网络传播权，戏剧舞蹈作品的作者可以自己或者授权他人将自己的戏剧舞蹈脚本或舞谱作品通过互联网进行传播，同时，对于表演者所表演的戏剧舞蹈作品，作者同样享有信息网络传播权，即自己或者授权他人将表演作品通过互联网进行传播的权利。当然，以表演形式存在的作品，因为附加了表演者的表演活动和法律规定的表演者权利，所以，戏剧舞蹈作品的作者在行使自己对作品的信息网络传播权时，也必须关注和尊重表演者的权利。因此，与复制权、发行权类似，戏剧舞蹈作品的信息网络传播权既包括对作品本身的信息网络传播权，也包括对因自身或表演者的表演而产生的表演作品的信息网络传播权。虽然二者权利内容和权利行使方式稍有不同，但都构成戏剧舞蹈创作者的著作权法上的权利。

五、戏剧舞蹈作品的改编权

改编权，是指"改变作品，创作出具有独创性的新作品的权利"。这是著作权人享有的不同于修改权的权利。修改是在不改变作品内容和表现形式的情况下对作品内容进行局部性的调整和文字用语的修改；而改编是在不改变作品基本内容的前提下"改变作品"，这里的改变作品主要是作品类型或者表现形式的改变，比如从小说改编为剧本、从戏剧剧本改编为电影剧本等。现实中，就已经出现了把一些经典戏剧作品改编为电影的例子，比如莎士比亚创作的很多经典剧本被改编为电影，著名电影导演冯小刚导演的电影《夜宴》被称改编自莎士比亚的经典剧作《哈姆雷特》。[1]

---

[1] 360百科，http://baike.so.com/doc/5416388-5654533.html，最后访问日期：2017年2月10日。

根据法律规定，戏剧舞蹈作品的创作者可以自己、也可以授权他人对自己的作品进行改编，有权禁止他人未经许可对作品的改编行为并要求侵权者赔偿损失。

六、戏剧舞蹈作品的摄制权

摄制权，是作者以摄制电影或者类似摄制电影的方法将作品固定在载体上的权利。根据该权利，除法律另有规定外，以摄制电影或者以类似摄制电影的方法将他人享有著作权的作品固定在载体上，需经著作权人同意并支付报酬。

对于戏剧舞蹈作品而言，摄制权是戏剧舞蹈作品作者的一项重要权利。这是因为，大部分戏剧舞蹈作品都以表演并且传播为主要创作目的。在各种作品可以借助影院、电视、网络等传播媒介迅速广泛传播的今天，戏剧舞蹈作品除借助现场的表演形式传播外，要想持续地、在更大范围内传播，可以采取的有效方式应该是以摄制电影或者类似摄制电影的方法将作品固定在某种载体上，然后借助广播电视、影院以及网络等传播媒介进行广泛的传播。所以，在实践中，戏剧舞蹈作品的编导或表演主体在获得戏剧舞蹈作品作者的表演许可时，通常都会同时取得摄制权许可，这样即可以获得将表演活动以摄制电影或者类似摄制电影的方法将作品固定在载体上的权利，为表演活动的后续传播奠定基础。当然，基于摄制权而固定在某类载体上的戏剧舞蹈作品通常会涉及戏剧舞蹈作品作者的著作权和表演者的表演权，在后续传播和使用的过程中仍然应当充分尊重和保护相关主体的合法权利。

七、戏剧舞蹈作品的其他权利

根据我国法律规定的著作权内容，戏剧舞蹈作品的作者还享有汇编权、翻译权、放映权、出租权等权利。由于这些权利与普通作品的著作权内容基本相同，不再一一展开论述。

第四节 典型案例评析

一、越剧《西厢记》著作权归属及侵权纠纷案[①]

（一）案件的基本情况

1989年，浙江著名剧作家曾昭弘教授将元曲《西厢记》改编成同名越剧，并交由浙江小百花越剧团演出。浙江小百花越剧团基于该剧本的演出获得了极大的成功，当时很多媒体对演出的评价是"一炮打响"。该剧先后获得国家文华奖大奖、中国第三届戏剧奖及优秀剧本奖及剧作奖等多项殊荣。剧团载誉反复演出于我国内地省市和港、澳、台地区及日本、美国等多国，给小百花越剧团带来了丰厚的经济利益，多位演员获得全国最高表演奖"梅花奖"。

然而，浙江小百花越剧团在此后历经十年多的演出过程中，对于其幕后剧本创作人曾昭弘先生却未按照法律规定支付报酬。该剧多次获得国家及省级大奖所得的奖金，曾昭弘也未得到分文。另外，剧团还在曾昭弘不知情的情况下同杭州大自然音像制品发行有限公司（以下简称大自然公司）签订协议，允许大自然公司将剧团演出的《西厢记》制成VCD公开销售，所得收入也未向曾昭弘支付。后在1999年11月17日，曾昭弘在杭州市场上发现了公开出售的《西厢记》VCD光盘，才知晓小百花越剧团在其不知情、未经其同意的情况下将《西厢记》的复制权许可给了大自然公司。之后，曾昭弘多次与小百花越剧团以及大自然公司联系作品著作权确认以及作品使用报酬的事情，均未果。于是，曾昭弘于2001年11月29日，将小百花越剧团和大自然公司作为被告起诉至浙江省杭州市中级人民法院，要求法院判令二被告人停止侵权、在当地报

---

① 见杭州市中级人民法院（2001）杭经初字第641号民事判决书。

纸上赔礼道歉、判令小百花越剧团按法定标准支付剧本上演报酬及获奖奖金，大自然公司支付因制作 VCD 造成原告的损失费，合计 9.9 万元。

2002 年 3 月 12 日，杭州市中级人民法院公开开庭审理了该案。就原告曾昭弘提出的诉讼请求，二被告人均认为自己的行为不构成侵权，并陈述了各自的答辩意见。

小百花越剧团就《西厢记》作品的著作权归属提出的抗辩意见认为：曾昭弘确为越剧《西厢记》的改编者，但小百花上演的《西厢记》包括了导演、艺术指导、表演、舞台设计等人的共同劳动，其著作权应归剧团所有。1990 年，小百花越剧团决定排演一部符合当代观众审美需求的《西厢记》，便向曾昭弘约稿。此前该团导演杨小青和艺术指导金宝花已对《西厢记》改编提出一些设想，并将此设想与曾昭弘商榷。后曾昭弘完成了初稿，经剧团排演后发现不能满足当初创意的需要，所以于 1992 年在第一稿演出的基础上多方征求意见，在全体主创人员、主要演员的修改讨论的基础上写成如今的《西厢记》小百花本。基于作品的上述创作过程，小百花越剧团认为越剧《西厢记》为剧团多人共同创作完成，其著作权应当属于小百花越剧团。故按照《著作权法》的有关规定，越剧《西厢记》的著作权属浙江小百花越剧团所有，曾昭弘作为改编者只享有署名权。同时剧团还享有复制、发行、放映、翻译等权利，故与中国录像出版社及大自然公司签订的出版录像带及 VCD 合同的行为，不构成对原告的侵权。对于曾昭弘要求剧团支付法定报酬的请求，小百花越剧团辩称，虽然剧团与曾昭弘未签订有关合同，但剧团自 1990 年 6 月起先后依法付给其创作稿费及按演出场次收入的提成费共计 2.6 万余元。因此，也不同意再向曾昭弘支付作品使用费用。

案中的第二被告杭州大自然公司辩称，其对越剧《西厢记》VCD 的制作和发行行为是依据其与浙江小百花越剧团的作品许可协议而进行的，其复制、发行的越剧《西厢记》VCD 是经表演者浙江小百花越剧团的许可，由表演者浙江小百花越剧团提供的表演录音、录像制品，且 VCD 复制、发行事项均按法律的规定与表演者浙江小百花越剧团订立了协议，并支付了报酬和著作权费等费用，所以不构成侵权。

（二）案件的审理结果

1. 案件一审结果

杭州市中级人民法院经过对案件的审理后认为，根据确认的证据及当事人在庭审中及庭审后的陈述，认定《西厢记》越剧剧本著作权属于曾昭弘。法院基于戏剧作品的"即时、流动"等特征认为不宜等同于电影作品作为一个整体加以保护，而须采取不同的方式，即赋予剧本作者以著作权、赋予演员以禁止他人未经许可将其表演录音录像等行为的禁止权以及一项非独立的与著作权人等共享的授权他人对其表演进行录音录像等的许可权。不予支持小百花越剧团将越剧作品归类于以类似摄制电影方法创作的作品的抗辩理由。同时，对小百花越剧团提出剧本系集体创作，因证据不足，法院也不予采信。

但法院也认为曾昭弘指控小百花越剧团侵犯其获酬权证据不足。曾昭弘提出的有效证据指向的行为均发生在2001年10月27日前，本案适用修改前的著作权法的规定，即在作品已公开发表且作者没有申明不得使用的情况下，表演者可不经作者许可使用其作品进行营业性演出，只要支付报酬即可。小百花越剧团从1990年起一直陆续支付曾昭弘作品使用费，由曾昭弘签名后亲自领取，曾昭弘未就报酬低于法定标准问题向小百花越剧团主张过权利。从其行为可推定其认可了小百花越剧团的付酬标准。即便曾昭弘对此确有异议，也因其主张权利的时间超过两年的诉讼时效期间，法律不再予以保护。

在曾昭弘关于自己作品复制权受到侵犯的主张上，法院认为，大自然公司制作、复制、发行小百花越剧团演出的越剧《西厢记》VCD激光视盘，不仅要取得小百花越剧团的许可，还应取得剧本作者曾昭弘的同意，大自然公司未经曾昭弘许可，使用其作品制作VCD激光视盘的行为，侵犯了曾昭弘的复制权。法院根据小百花越剧团与大自然公司的协议约定，认定小百花越剧团许可大自然公司将其演出的录像复制成VCD激光视盘出版发行，但未有与其共同复制VCD激光视盘的意思。故大自然公司单独实施了侵犯曾昭弘复制权的行为，曾昭弘指控小百花越剧团与大自然公司共同实施侵权行为证据不足。

综上，杭州市中级人民法院一审判决认定，曾昭弘系《西厢记》越剧剧本的著作权人，其合法权益应受国家法律保护。大自然公司未经曾昭弘许可，使用其作品制作 VCD 激光视盘的行为，侵犯了曾昭弘的复制权，曾昭弘对大自然公司的侵权指控成立，其要求大自然公司赔偿 9000 元的诉讼请求在合理范围内，予以支持。曾昭弘指控小百花越剧团侵犯其获酬权、复制权的证据不足，要求小百花越剧团支付获奖奖金的诉讼侵权于法无据，均不予支持。依据相关法律规定判决：杭州大自然音像制品发行有限公司立即停止侵犯曾昭弘著作权的行为；杭州大自然音像制品发行有限公司赔偿曾昭弘经济损失人民币 9000 元，于判决生效之日起 10 日内履行完毕；杭州大自然音像制品发行有限公司于判决生效后 30 日内在《钱江晚报》上刊登声明向曾昭弘赔礼道歉（内容须经法院审核）；驳回曾昭弘对浙江小百花越剧团的诉讼请求。

2. 案件二审结果

针对一审判决结果，一审原告曾昭弘以及一审被告杭州大自然音像制品发行有限公司向浙江省高级人民法院提出上诉。浙江省高级人民法院组织双方进行了调解。2002 年 9 月 24 日，在浙江省高级人民法院的主持下，诉讼各方达成了民事调解协议[①]：浙江小百花越剧团确认作为表演者在使用曾昭弘改编剧本进行表演的同时，未充分保障其作为著作权人所应享有的权利；并自愿补偿曾昭弘 62000 元（包括 2002 年 3 月浙江小百花越剧团表演《西厢记》应付曾昭弘的酬金）。杭州大自然音像制品发行有限公司自愿补偿曾昭弘 4000 元。案件至此有了最终结果。

（三）对案件的法律分析

1. 越剧《西厢记》作品的著作权归属

在该案中，原告曾昭弘先生主张越剧《西厢记》属于其创作的作品，享有完整著作权。作为被告之一的浙江小百花越剧团则认为越剧《西厢记》是剧团多人共同创作的成果，因此其著作权应属于剧团。双方争议的焦点在作品的归属。

在该案中，原告主张其享有越剧《西厢记》剧本著作权的依据是其对作品的创作过程。原告称《西厢记》的改编，原告早已酝酿多年，1989 年恰逢被

---

① 见（2002）浙经二终字第 69 号民事调解书。

告小百花越剧团向其约稿，原告遂潜心对其进行改编，并一气呵成。在改编的整个过程中，并无第一被告的人员参与共同创作。改编定稿后，原告即交第一被告进行排演。因此，剧本属于原告独立完成，原告基于对剧本的独立创作而取得作品"作者"的法律地位，应当依据著作权法的规定享有完整、独立的著作权。

另外，依据案件原告代理律师的观点，我们也可以从其他角度否定小百花越剧团所提出的其享有作品著作权的主张：

首先，原告曾昭弘与被告小百花越剧团并没有雇佣关系，所以，原告的创作行为并非职务行为，所产生的创作成果当然也不属于职务作品，因此，在确认了原告对作品的创作行为之后，被告小百花越剧团不能主张对作品的著作权。

其次，原告曾昭弘与被告小百花越剧团之间的"约稿"关系形成法律上的委托创作关系。虽然双方并没有就该委托创作关系签订书面合同，但是，该委托创作关系真实存在，原告曾昭弘属于受托方，被告小百花越剧团属于委托方。而根据我国《著作权法》第17条的规定："受委托创作的作品，著作权的归属由委托人和受托人通过合同约定。合同未做明确约定或者没有订立合同的，著作权属于受托人。"可见，曾昭弘接受小百花越剧团"约稿"而创作的《西厢记》剧本著作权属于曾昭弘。

最后，表演者在表演剧目时的付出不影响剧本著作权的归属，表演者享有法律规定的其他权利。根据戏剧以及其他相关表演类作品的特性，戏剧作品的价值实现在一定程度上有赖于表演者的表演，只有通过表演者的表演，戏剧作品才能够展现在观众面前。而且，不同的表演者由于对作品的理解不同、表现能力不同、艺术水平不同等各方面的原因，最终会对作品做出不同的表演或展现，进而也会影响戏剧作品的表演效果。所以，表演者在对戏剧作品表演的过程中所付出的努力以及所进行的必要演绎应当被法律尊重和保护。这正是表演者权利最终被各国法律以及国际公约确认和保护的理论和现实依据。但是，对表演者的权利给予尊重和保护并不意味着表演者要分割剧本作者的著作权。剧本作品已经创作完成即具有独立性和完整性，表演过程中所产生的表演者权利已经通过法律中单独规定的表演者权利来体现，其权利的存在既不影响剧本作品的完整性，也不影响作品著作权的归属。因此，在该案中，即便小百花越剧团以及相关的表演人员在对《西厢记》剧目表演的过程中有体力和智力的双重付出，也不改变剧本应由曾昭弘享有完整著作权的法律事实。

根据《著作权法》第37条的规定："使用他人作品演出，表演者（演员、演出单位）应当取得著作权人许可，并支付报酬。演出组织者组织演出，由该组织者取得著作权人许可，并支付报酬。使用改编、翻译、注释、整理已有作品而产生的作品进行演出，应当取得改编、翻译、注释、整理作品的著作权人和原作品的著作权人许可，并支付报酬。"所以，在确认曾昭弘对越剧《西厢记》著作权的基础上，小百花越剧团应当获得著作权人的许可并按照规定支付报酬。

2. 戏剧作品著作权的主要内容

由于戏剧作品对表演的依赖性，因此，除可以依照法律规定确定著作权人的人身权利和财产权利外，我们将戏剧作品著作权人权利主要划分为许可权和获得报酬权。所谓许可权，是指作者将戏剧作品许可他人进行表演的权利；所谓获得报酬权，是指戏剧作品著作权人在许可表演者或者表演组织表演其戏剧作品后，依法或者依约获得报酬的权利。

在本案中，曾昭弘作为越剧《西厢记》剧本的著作权人，小百花越剧团在演出该剧目时，应当首先获得曾昭弘的许可并且按照规定或约定标准支付报酬。因为双方并未就作品的使用签署过任何书面协议，并没有约定的报酬支付标准，因此，曾昭弘可以根据相关的法律规定要求小百花越剧团支付报酬，具体的法律依据就是国家版权局1993年8月1日实施的《演出法定许可付酬标准暂行规定》。

《演出法定许可付酬标准暂行规定》第2条规定："演出作品采用演出收入分成的付酬办法，即从每场演出的门票收入抽取一定比例向著作权人付酬。付酬比例标准：按每场演出门票收入的7%付酬。但每场不得低于应售门票售价总额的25%。门票收入是指扣除演出场地费用后的实际收入。"第4条规定："演出改编作品，依第2条和第3条的规定确定具体报酬后，向作品的著作权人支付70%，向原作品著作权人支付30%。原作品已超过著作权保护期的，只按上述比例向被表演作品的著作权人付酬。"

曾昭弘可以依据上述规定，对有证据表明的小百花越剧团越剧《西厢记》的演出收入要求按比例分成。具体金额应以相关证据为准。

3. 戏剧作品的表演权的实现

根据我国《著作权法》第10条的规定，作者著作权中的"表演权"是指"公开表演作品，以及用各种手段公开播送作品的表演的权利"。根据表演权的上述含义，戏剧作品的作者享有自己或者授权他人公开表演作品的权利，也享有借助录音机、录像机等技术设备将表演公开传播，包括使用录放设备播送唱片、录像带等，但是不包括广播电台、电视台的无线播放，也不包括电影作品的放映。因为，根据我国著作权法的规定，将作品通过广播电台、电视台的无线播放涉及著作权中的广播权；电影作品的放映则涉及著作权中的放映权。因此，广播权、放映权是与表演权并存的著作权内容。

另外，我国《著作权法》第40条规定："录音录像制作者使用他人作品制作录音录像制品，应当取得著作权人许可，并支付报酬。录音录像制作者使用改编、翻译、注释、整理已有作品而产生的作品，应当取得改编、翻译、注释、整理作品的著作权人和原作品著作权人许可，并支付报酬。"第41条规定："录音录像制作者制作录音录像制品，应当同表演者订立合同，并支付报酬。"

上述规定从正反两个方面明确了戏剧作品表演权的内容。结合本案的情况，就是作为著作权人的曾昭弘对其作品《西厢记》享有自行表演或者许可他人表演的权利以及通过录音录像制品传播表演作品的权利。作为表演者的小百花越剧团在表演时须获得曾昭弘的许可并支付报酬，作为录音录像制作者的杭州大自然公司在制作录音录像制品VCD的时候也需要获得曾昭弘的许可并支付报酬。大自然公司仅以已经取得了表演主体小百花越剧团的许可而认为未侵犯曾昭弘的著作权，是没有法律依据的。这也是一审判决和二审调解协议中均确认杭州大自然公司承担相关赔偿责任的原因。

二、汤丽真诉云霄潮剧团侵犯戏剧作品署名权案[1]

（一）案件的基本情况

原告汤丽真，被告福建省云霄潮剧团（以下简称云霄潮剧团）。汤丽真原系云霄潮剧团导演。在任职期间，汤丽真与郭志贤共同执导了《碧血瑶阶》《围城记》等两部地方戏剧，其中《围城记》曾获省、市文化部门颁发的优秀导演奖。1995年9月，云霄潮剧团应新加坡浮光陈氏公会（民间组织）邀请，组团赴新加坡进行"云霄潮剧之夜"演出。为了提高云霄潮剧团的知名度和上座率，浮光陈氏公会根据云霄潮剧团提供的材料，在演出期间印发了《云霄潮剧之夜》的宣传画册，推出多出全省汇演得奖剧目。在宣传材料中，剧照《围城记》《碧血瑶阶》的导演只署郭志贤名，未署汤丽真名。剧团回国后，汤丽真从得到的上述宣传画册中发现该二剧目的导演没有署其姓名，即向云霄潮剧团提出异议。经双方协商解决未果，汤丽真于1995年11月21日向云霄县人民法院起诉称：潮剧《碧血瑶阶》《围城记》是我与郭志贤共同执导被告云霄潮剧团的保留剧目，其中《围城记》曾获省、市文化部门优秀导演奖。1995年9月，被告把该二剧目带到新加坡演出时，在宣传材料上只署导演郭志贤名，剥夺了我的署名权，给我的声誉造成损害。请求依法判令被告恢复我对该二剧目的导演署名权，赔礼道歉、赔偿精神损失。

被告云霄潮剧团辩称：潮剧《碧血瑶阶》《围城记》二剧目，原告汤丽真虽参与执导过，但随着时间的推移，该二剧演员也几经更替。作为赴新加坡演出的二剧目，已由郭志贤单独重新指导，且就戏剧导演而言，执导行为尚不能形成作品。因此，原告汤丽真不具有导演署名权。宣传材料系新加坡浮光陈氏公会所印发，我团并不构成侵犯原告汤丽真的导演署名权，请求驳回原告的诉讼请求。并反诉称：原告未经我团同意，擅自将我团作品潮剧《断鸿曲》的剧本带到新加坡"六一儒乐社"排演，直接侵犯了我团的著作权，请求判令汤丽

---

[1] 吴汉东、宋晓明主编：《人民法院知识产权案例裁判要旨通纂》（上卷），北京大学出版社2016年10月出版，第15页。

真赔礼道歉、赔偿损失。

(二)案件的审理结果

1. 案件一审结果

作为案件的一审法院,云霄县人民法院经依法公开开庭审理后认为:被告云霄潮剧团的潮剧《围城记》《碧血瑶阶》系郭志贤和原告汤丽真共同执导的地方戏剧,且《围城记》曾获省、市文化部门颁发的优秀导演奖。郭志贤和原告汤丽真共同执导所付出的智力劳动应予肯定,其智力创作成果应受法律保护。被告云霄潮剧团在赴新加坡演出期间的宣传材料中,就该二剧目的导演没有署原告汤丽真的姓名,显属不妥,侵犯了原告汤丽真的导演署名权。原告汤丽真主张该二剧目的导演署名权有理,依法应予支持。但原告汤丽真要求赔偿精神损失缺乏依据,不予支持。被告云霄潮剧团反诉原告汤丽真侵犯其作品《断鸿曲》的著作权,与本案不属同一法律关系,依法不予合并审理。据此,依照《中华人民共和国民法通则》(以下简称民法通则)第94条,《著作权法》第3条,《著作权法实施条例》第2条、第3条的规定判决:被告云霄潮剧团应在本判决生效后10日内向原告汤丽真公开赔礼道歉;驳回被告云霄潮剧团的反诉请求。

2. 案件二审结果

一审判决后,被告云霄潮剧团不服判决,以戏剧导演不是戏剧作品的著作权人,戏剧作品著作权属剧作家享有,汤丽真的执导活动、行为均没有创作出戏剧作品,为此不享有著作权中的署名权等理由,上诉至漳州市中级人民法院。

漳州市中级人民法院认为:汤丽真在云霄潮剧团任导演期间,与郭志贤共同执导了潮剧《围城记》《碧血瑶阶》,汤丽真对此付出了一定的智力劳动,应予肯定。云霄潮剧团在演出该二剧目时,只署导演郭志贤名,未署汤丽真的姓名不妥。但是,尚未形成电影、电视、录像作品的戏剧导演的署名权不属著作权法保护的客体,云霄潮剧团的行为未构成法律意义上的侵权。原审法院判决认定云霄潮剧团侵犯了汤丽真的署名权,没有法律依据,汤丽真的请求依法不予支持。云霄潮剧团上诉有理,应予支持。依照《中华人民共和国民事诉讼法》(以下简称民事诉讼法)第153条第1款第1、第2项,《著作权法》第15条第1款之规定判决:维持云霄县人民法院民事判决第二项;撤销云霄县人民法院民事判决第一项;驳回汤丽真的诉讼请求。

(三)对案件的法律分析

该案的一审、二审对于原告可以算是让人失望的逆转,对于被告方来说则算是峰回路转。之所以出现这样的结果,是因为一审法院在适用法律上出现了失误。一审法院对于著作权中"署名权"的权利主体理解上出现了偏差。

我国现行著作权法及其实施条例中关于署名权的规定包括以下内容:

《著作权法》第10条第2项规定,署名权,即表明作者身份,在作品上署名的权利。根据该规定,对作品享有著作权的"作者"才享有在作品上表明身份的署名权。

根据《著作权法》第11条第3款的规定:"由法人或者其他组织主持,代表法人或者其他组织意志创作,并由法人或者其他组织承担责任的作品,法人或者其他组织视为作者。"另外,根据《著作权法》第16条的规定,规定范围内的"职务作品,作者享有署名权,著作权的其他权利由法人或者其他组织享有,法人或者其他组织可以给予作者奖励"。

从上述两部分的规定可以看出,在作品上享有署名权的人只能是作者或者职务作品的作者,其他相关人员并不享有在作品上的署名权。

另外,《著作权法》第15条规定:电影作品和以类似摄制电影的方法创作的作品的著作权由制片者享有,但编剧、导演、摄影、作词、作曲等作者享有署名权,并有权按照与制片者签订的合同获得报酬。电影作品和以类似摄制电影的方法创作的作品中的剧本、音乐等可以单独使用的作品的作者有权单独行使其著作权。

可见,在我国现行的著作权法律制度中,仅对作品作者、职务作品的作者、电影作品以及类似摄制电影的方法创作的作品中的相关作者(编剧、导演、摄影、作词、作曲等作者)享有署名权有规定,并没有规定在戏剧舞蹈作品中负责"执导"工作的导演的署名权。

在该案中,涉案的戏剧为当地的地方戏,汤丽真、郭志贤是作为导演的身份负责戏剧的"执导"工作,而非戏剧作品的"创作"工作,因此,二人均不是涉案戏剧作品的"作者",不能因作者身份而获得署名权。同时,因为涉案作品仅属于戏剧作品,而不是法律上规定的"电影作品和以类似摄制电影的方法创作的作品",因此其"导演"也没有法律上的依据享有在戏剧作品上的署名权。只有当相关的戏剧作品以"类似摄制电影的方法创作"成为电影作品和以类似摄制电影的方法创作的作品时,作为导演的汤丽真和郭志贤才能够在相关作品里享有署名权。

基于以上法律规定,一审法院仅仅注意到了原告汤丽真在戏剧作品中的"导演"身份以及"执导"活动,而忽略了法律上的依据,所以,就出现了确认汤丽真署名权的情形。而二审法院在肯定汤丽真、郭志贤劳动和智力活动付出的情况下,纠正一审判决法律适用上的偏差,做出了驳回汤丽真主张对涉案作品署名权的诉讼主张的判决。

最后,我们也想凭借此案讨论一下我国现行著作权立法中相关主体署名权的规定。根据前述规定可以看出,电影作品和以类似摄制电影的方法创作的作品的编剧、导演、摄影、作词、作曲等作者才享有在作品上的署名权,而戏剧、舞蹈以及其他类似表演类作品(如小品、杂技、观赏类武术作品)的导演们,也会为相关作品的表演、呈现付出大量的智力活动,但是,只要这些相关作品没有转化为"电影作品和以类似摄制电影的方法创作的作品",这些导演们就没有法律上的根据享有署名权,或者换句话说,他们就没有法律上的"名分"!同样是导演和导演的工作,在法律上却区别对待,这显然不利于实现法律上的公平。

第三章　戏剧舞蹈作品著作权的主体

第一节　著作权主体概述

著作权主体,亦称著作权人,是指依法对文学、艺术和科学作品享有著作权的人,包括自然人、法人和其他组织,在一定条件下,国家也可能成为著作权主体。著作权主体的确认涉及各国著作权制度中的著作权取得原则以及不同作品的著作权归属规定等内容。

一、著作权取得原则的历史发展

著作权取得是指著作权对特定的著作权人的产生,是著作权受到法律保护开始的界限,[1] 也关系到著作权主体身份的确认。从整个著作权制度的发展来看,著作权的取得经历了从登记取得到自动取得的转变过程。

英国1709年通过的《安娜法》标志着现代著作权法律制度的形成,该法明文规定了"登记"的取得要件,登记权取得的要件是在书籍行会的登记簿上进行登记。随后,英美法系国家和少数大陆法系国家纷纷效仿。但是,著作权登记取得制度可能会导致那些未及时登记的作品受到侵害,也不能保护与著作

---

[1] 百度百科,http://baike.baidu.com/link?url=vV5OImJDFLJ4k5Q4VPPB5cw5ZF0BJTJEQAkRI4dfa5P1XLpYICTV8rRQWbph0ec4ZOPhsXmjDkKKDbaPiXI-nK,最后访问日期,2015年11月9日。

权取得原则相悖的国家的著作权人的合法权益。于是，1886年的伯尔尼公约规定了作品著作权的自动取得原则。后来，越来越多的国家采取了与伯尔尼公约精神一致的著作权自动取得原则。我国也对作品的著作权取得遵循自动取得原则，即只要符合著作权法要求的作品创作完成即自动取得著作权，著作权的取得无须履行任何法定手续[①]。

基于著作权自动取得原则，戏剧舞蹈作品的创作者自作品创作完成之日起就取得著作权，无论作品是否发表，也不以是否进行著作权登记为前提条件。

二、著作权取得的种类

（一）原始取得

所谓"原始取得"系指权利的取得不是以他人已经存在的权利为取得基础，而是初始性地取得权利的情形。通过原始取得所获得的著作权是完整的著作权，包括人格权和财产权的全部著作权的权能。著作权的原始取得主要包括如下具体情形：

1. *自然人的原始取得*

根据法律规定，自然人因对作品的创作而取得作品的著作权。该著作权取得方式即为典型的原始取得。

2. *法人或其他组织的原始取得*

根据法律规定，法人或其他组织因组织相关人员对作品的创作行为并且对相关的创作行为、创作成果承担法律责任而可以成为著作权人，享有相关作品的著作权。该取得即是法人或其他组织原始取得著作权的情形。

---

① 作品的著作权取得并不需要作者到任何国家机关进行登记，但是现实中，为了维护自身的著作权，为了在发生著作权认定或侵权纠纷时，能够获得来自官方的有力证据，越来越多的作者自愿选择进行版权登记。版权登记虽然不是作者取得作品版权的必要条件，但是却可以为相关法律问题的处理提供重要的参考依据。

3. 自然人、法人或其他组织的推定原始取得

我国《著作权法》第 11 条第 4 款规定:"如无相反证明,在作品上署名的公民、法人或者其他组织为作者。"这是法律上推定著作权主体的规定。根据该规定,当自然人是否实施了创作行为有争议时,或者法人、其他组织是否符合法律规定作为著作权人有争议时,在没有充分证据否定于作品上署名的自然人或者法人等组织是作者的情况下,法律直接推定在作品上署名的自然人或法人等组织是作者。因为此种情况下并没有之前可以确认的著作权主体存在,所以,被推定为著作权的公民、法人或其他组织也是原始取得著作权。

(二)继受取得

所谓"继受取得"系指权利的取得是以他人既存权利为基础的派生性取得权利的情形。根据前述著作权的主体也可以看出,自然人、法人或者其他组织除可以在原始取得著作权外,还可以通过合同约定、继承或者其他法律规定而从其他先前著作权主体处获得著作权,这些情形下著作权的取得均为继受取得。

三、著作权主体的分类

我国《著作权法》第 9 条规定:"著作权人包括:(一)作者;(二)其他依法享有著作权的公民、法人或者其他组织。"

(一)作者

作者是著作权的原始主体,享有完整的著作权。关于作者的含义,不同法系的国家有着不同的理解。有的国家未做出规定,如美国,其著作权法没有给"作者"一词做出定义,但该法第 201 条第 1 款明确使用"作者"这个概念:"原始归属——本编保护之作品的著作权原始地授给作品的作者或者作者们;合作作品的作者是作品著作权的共有人。"有的国家著作权法明确对作者做了定义性规定,如日本《著作权法》第 2 条第 2 项规定:"作者:指创作作品的人。"

对于作者的范围是否包括法人或组织，不同的国家规定也不尽相同。西班牙著作权法认为"创作作品的自然人系作者"，不承认自然人之外的其他组织或社会团体可以作为作者。俄罗斯、瑞士、法国等也有类似的规定。日本著作权法第15条第1款就规定："按照法人或使用者的提议，从事该法人等业务的人在履行职责时做出的作品（程序作品除外），该法人等以自己的名义发表这种作品时，只要在其做成时的合同、工作章程中无另外规定，则该法人等视为作者。"根据该条款，法人等其他使用者（单位）虽然不直接参与作品的创作，但只要其具备发出提议、提供名义、合同无另外规定等要件，就可以被"视为作者"。1988年的英国著作权法第9条的规定，也显示出自然人和法人都可以成为作者。

我国《著作权法》第11条对作者做了如下解释性规定："创作作品的公民是作者。由法人或者其他组织主持，代表法人或其他组织意志创作，并由法人或其他组织承担责任的作品，法人或其他组织视为作者。"可见，我国的著作权立法对作者以及作者的范围都做出了定义性规定，明确规定自然人是当然的作者，法人或者其他组织可被视为作者。所以，在我国的著作权制度中，作者包括自然人作者和非自然人作者。

自然人作者，是指直接创作作品的自然人，而且是指对作品的产生有实质性贡献的自然人，那些仅仅为他人创作进行组织工作、提供咨询意见、物质条件或者进行其他辅助工作的人，均不是对作品的创作做出实质性贡献的人，不能成为作者，也就不能成为著作权的主体。

根据我国《著作权法》第11条的规定，虽然法人或其他组织并不能进行实质意义上的创作，但是，为了保证法人的意志得以表达和获得保护，无论是保护知识产权的国际公约，还是各国的知识产权保护制度，均将法人和其他组织列为著作权的主体，规定其对符合法定条件的作品享有著作权。同时，实际上对作品进行创作的自然人不再享有著作权，而是根据有关制度和规定享有其他的权利，如获得物质报酬的权利、署名权等等。

（二）其他著作权人

其他著作权人，是指作者以外的其他依法享有著作权的公民、法人、其他组织和国家。包括因继承而取得著作权的人、因合同而取得著作权的人、外国人以及国家。其中,国家是著作权的特殊主体。国家成为著作权人主要有几种情况:一是国家通过著作权转让合同成为著作权人,二是国家接受赠与成为著作权人,三是国家依据法律规定直接享有某一作品的著作权。根据《著作权法》第19条的规定:"著作权属于法人或者其他组织的,法人或者其他组织变更、终止后,其著作财产权利在著作权法规定的保护期限内,没有承受其权利义务的法人或其他组织的,由国家享有。"此外,按照《中华人民共和国继承法》(以下简称继承法)的规定,公民死亡后,其著作财产权无人继承又无人受遗赠的,归国家所有。这些规定就是国家取得著作权的法律依据。

第二节 戏剧舞蹈作品的著作权人

戏剧舞蹈作品的著作权人包括作者以及对戏剧舞蹈作品享有著作权的其他著作权人。

一、戏剧舞蹈作品的作者

戏剧舞蹈作品的作者是戏剧舞蹈作品著作权的原始主体,享有对戏剧舞蹈作品完整的著作权。根据我国著作权法的规定,戏剧舞蹈作品的作者分为两类,一类是创作作品的自然人,另一类是符合法定条件,视同作者的法人或者其他组织。

(一)自然人作者

对于戏剧舞蹈作品来说,作者,是指直接创作戏剧舞蹈作品的自然人。自然人成为戏剧舞蹈作品作者的前提条件是创作出戏剧舞蹈作品,如编写出戏剧剧本、创作出舞蹈作品的脚本或者舞谱。所谓创作,是指直接产生文学、艺术和科学作品的智力活动。只有那些直接产生作品的智力活动才属于创作。直接产生作品，是指对作品的产生有实质性的贡献。因此，对于那些仅仅为他人创作作品进行一定的组织工作、提供了咨询意见、物质条件或者进行了其他辅助工作，均不视为创作，从事这些工作的人，也不能成为作者。

（二）非自然人作者

由于创作活动只能由自然人完成，所以，戏剧舞蹈作品的创作者只能是自然人，但并不是只有自然人才能成为法律上规定的戏剧舞蹈作品作者。根据《著作权法》第11条第3款的规定："由法人或者其他组织主持，代表法人或者其他组织意志创作，并由法人或其他组织承担责任的作品，法人或者其他组织视为作者。"这是法人或者其他组织成为戏剧舞蹈作品作者的法律依据。

法人或者其他组织虽然不能从事具体的创作工作，但是具有独立的法律人格，能够独立承担法律责任。如果一部戏剧舞蹈作品反映的是法人或者其他组织的意志，并由其承受法律上的后果，将法人或者其他组织视同作者是合理的。之所以"视为作者"是因为法人或者其他组织不是作品的直接创作人，不是事实上的作者，只是法律拟制的作者。但是，法律拟制的作者和当然的作者一样，享有完整的著作权。在法人或者其他组织视同作者时，具体进行作品创作的自然人在法律上不再对作品享有著作权，但是可以根据法律规定享有署名权以及就其付出的劳动取得报酬。

现实中，随着我国文化产业的发展，越来越多的以文化产品创作和经营为目的的法人或者其他组织在利用自身的物质、技术条件组织人员进行戏剧舞蹈作品的创作，所创作的戏剧舞蹈作品通常并非某一个参与创作的自然人的单独创意、单独意志的体现，并由法人或者其他组织为后续的表演、演出等进行物质投入，在这种情况下，作品理应由组织创作的法人或者其他组织享有著作权。

二、戏剧舞蹈作品的其他著作权人

戏剧舞蹈作品的其他著作权人，是指作者以外的其他依法享有著作权的公民、法人、其他组织和国家。

（一）因继承取得著作权的人

根据我国继承法的规定，公民所享有的著作权中的财产权利可以作为遗产，在公民死亡后由其继承人继承。著作权法也规定，著作权属于公民的，公民死亡后，著作财产权在法律规定的保护期内，依照继承法的规定转移。可见，通过继承而取得著作权的公民，能够成为著作权法律关系的主体，即著作权人。在实践中，由于一些老的戏剧舞蹈艺术家或作者已经去世，他们的继承人已经基于继承取得了这些老艺术家的戏剧舞蹈作品的著作权或者与著作权相关的其他权利，如表演者权等。

（二）因合同取得著作权的人

这里的合同主要指委托创作合同和著作权转让合同。对于委托创作的作品，当事人可以在合同中约定著作权的归属。如果委托创作合同的当事人在戏剧舞蹈作品委托合同中约定作品的著作权归委托人所有，则委托人取得该戏剧舞蹈作品著作权的方式即为基于合同取得，而不是基于对戏剧舞蹈作品的创作活动而取得著作权。在实践中，如果一些演出单位或者演出组织与一些创作人员签订戏剧舞蹈作品的委托创作合同，然后又在合同中约定所产生的戏剧舞蹈作品的著作权归委托方的，这些演出单位或者演出组织就是因合同而取得著作权的人。

另外，著作财产权利可以依法转让，相关戏剧舞蹈作品的著作权就可以基于著作权转让合同而在原著作权人和新著作权人之间转移，受让方可以通过著作权转让合同取得戏剧舞蹈作品的著作财产权，成为戏剧舞蹈作品著作财产权的主体。

（三）国家

国家在特殊情况下也可以成为戏剧舞蹈作品著作权的主体。国家成为著作权主体主要包括以下几种情形：一是国家通过著作权转让合同成为著作权人；二是国家接受赠与成为著作权人；三是国家依法律规定而直接享有某一作品的著作权，如著作财产权无人继承又无人受遗赠的，国家取得相关著作权。

（四）外国人

这是依国籍标准确定的著作权人身份。根据我国著作权法的规定，符合条件的外国人的戏剧舞蹈作品可以在中国享有著作权，受中国著作权法律的保护。

第三节 典型案例评析

舞蹈排练教师主张《千手观音》舞蹈著作权案[①]

（一）案件的基本情况

2005年7月，与《千手观音》舞蹈有关的刘露将张继钢起诉至北京市海淀区人民法院，就《千手观音》舞蹈作品的著作权归属提起诉讼。

在案件的一审诉讼过程中，原告刘露诉称：2000年6月底我应中国残疾人艺术团《我的梦》歌舞晚会总导演李福祥邀请，为12名聋哑姑娘创作了"千臂观音""半臂观音""短臂观音""莲花造型"等具有独创性的舞蹈动作所组成的舞蹈作品，该作品被定名为《千手观音》，并重新编配了音乐。我在对作

---

① 见北京市海淀区人民法院（2005）海民初字第17304号民事判决书。

品编创的基础上,指导12名聋哑姑娘排练,最终形成了12人版本的《千手观音》舞蹈作品。该作品于2000年8月30日在北京进行了首场演出,之后在国内外进行了多次演出。2002年12月我又以12人版的《千手观音》为基础,为18名聋哑姑娘编导了《千手观音》的舞蹈。2005年中央电视台春节晚会上,在没有任何人事先正式通知我的情况下,出现了21人版的《千手观音》舞蹈演出。2005年春节后,残疾人艺术团和张继钢未经我同意,在对《千手观音》申请著作权登记时,竟然将12人版的《千手观音》舞蹈作品和21人版的《千手观音》舞蹈作品的作者均登记为张继钢,而张继钢亦向媒体广泛宣传自己是《千手观音》的作者。我认为,自己才是12人版《千手观音》舞蹈作品的作者,21人版的《千手观音》是在未经原作者同意的情况下进行的稍加改动,该改动并不具备实质性的创新,只是换了音乐、增加了演员人数而已,因此,不足以构成一个新作品。综上,张继钢的行为侵犯了我作为作者的署名权,故请求:(1)依法确认我为舞蹈作品《千手观音》的作者;(2)判令张继钢向我支付精神损害赔偿费5万元;(3)判令张继钢停止侵害、消除影响并在《法制日报》《中国文化报》《中国青年报》和搜狐、新浪、网易网站上发表致歉声明;(4)判令张继钢承担本案的诉讼费用。

在一审诉讼过程中,被告张继钢辩称:2000年5月,艺术团委托我创作新的舞蹈作品《千手佛》(最终命名为《千手观音》)。大约从2000年7月初开始,我陆续邀请和指定不同专业的主创人员、辅导老师和排练老师,确定了舞蹈《千手观音》演员人数为12人,并指定邰丽华为领舞。由于当时艺术团的聋人舞蹈演员跳舞水平还处在业余状态,必须找一位曾受过专业舞蹈训练的女演员来辅导、排练,经李福祥推荐,我同意由刘露和手语老师王晶共同负责排练《千手观音》。我对音乐进行了具体分析并编创舞蹈动作(包括"千手观音""莲花观音"的动作画面、舞姿开端、队形变化、造型连接、节奏处理等),也多次亲自到排练厅给聋哑演员排练,不断创作新的画面和动作舞蹈。《千手观音》首次在21世纪剧院舞台合成(包括演员调度、舞美、服装、灯光的综合把握)均是由我调度决定,从而完成了舞蹈《千手观音》第一版(2000年版)创作的全过程。刘露只是该舞蹈的排练老师,并不承担独立的创作工作责任;舞蹈《千手观音》的第二版和第三版更是与刘露没有任何关系。综上,我作为舞蹈《千手观音》的编导，应该被署名为作者，故请求驳回刘露的诉讼请求。

(二) 案件的审理结果

1. 案件的一审结果

一审海淀区人民法院在查明相关作品的创作过程的基础上，结合双方提交的各种证据，综合认定原告刘露所提交的证据并未建立其与作品之间的排他的固定的联系，也未打破张继钢与作品之间的已有联系，其主张证据不足。因此判决驳回了原告刘露的诉讼请求。

2. 案件的二审结果[①]

刘露不服一审判决结果，上诉至北京市第一中级人民法院。

刘露上诉称：原审判决未对2000年我应邀参加《我的梦》剧组时《千手观音》舞蹈作品尚未形成问题做出认定，而这一事实是我是否应为《千手观音》舞蹈作品作者的前提，我来剧组时，尚无《千手观音》舞蹈作品。就舞蹈创作而言，编和导不可分离，整个舞蹈由编导在给演员编排完成之后，排练老师才能进入工作。而在《我的梦》剧组，张继钢从未给演员做过舞蹈编排，那么排练老师的排练工作也无从谈起。原审判决认定张继钢署名在先，由此认定由我承担"张继钢不是作者"的证明责任是错误的。同时，原审判决片面孤立地看待我所提供的证据，得出我的主张缺乏证据支持的结论，该认定也是错误的，且存在适用法律不当问题，据此上诉请求：确认我为舞蹈作品《千手观音》的作者，判令张继钢支付我精神抚慰金5万元，并在《法制日报》、《中国文化报》、《中国青年报》、搜狐、新浪和网易网站上公开致歉。

被上诉人张继钢辩称：2000年5月，我接受中国残疾人艺术团（以下简称残疾人艺术团）邀请，出任总编导和艺术指导，策划、创作一台赴美演出的晚会。我将构思已久的"观音舞蹈"提供给总撰稿赵越，最后由我定名为《千手观音》。我不止一次地向赵越和晚会总导演李福祥讲述舞蹈《千手观音》的总体构思和主要画面及动作。7月底在刘露进入剧组前，舞蹈《千手观音》的

[①] 见北京市第一中级人民法院（2006）一中民终字第8897号民事判决书。

主体动作、画面的创作已基本完成，正式被列为赴美晚会节目。上述事实有赵越、李福祥和王晶的证词为证。7月底，经我审定后刘露正式成为舞蹈排练老师，王晶成为哑语手语老师，和刘露一起负责对12位聋哑演员排练《千手观音》动作。舞蹈《千手观音》的音乐创作完成后，我又对已有动作进行完善，多次当着赵越、李福祥和王晶的面将动作、节奏处理传授给刘露，我还拟定了详细的排练计划，指定刘露和王晶负责日常排练，并将排练情况汇报给我。舞蹈的编创与排练不同，前者署名编导，后者署名指导。编导是舞蹈的创作人，编导可以亲自排练其编创的舞蹈，也可以委托排练人协助排练，这是舞蹈界公认的常识。刘露有意混淆两者的概念，认为编导一定要在排练场通过排练完成编创，这与舞蹈创作的客观实际不符，尤其对于《千手观音》这样的大型舞蹈，编创人不可能一边面对众多舞蹈演员，一边即兴进行编排创作，这是有悖创作该舞蹈的客观现实的。作为本诉讼的提起人，刘露负有证明其创作的义务，然而其所提交证据均不能证明其主张，相反我却提供了大量证据证明我是舞蹈《千手观音》的作者。综上，请求法院驳回刘露上诉，维持原判。

二审法院综合审查双方提交的各种证据以及法院调查获取的证据，在进一步查明了相关作品的创作以及署名情况后认为：舞蹈作品，是指通过连续的动作、姿势、表情等表现思想情感的作品。据此，判定舞蹈作品的创作事实构成应当由主张创作事实的人对动作如何衔接、姿势如何设计、表情如何表现等创作经历加以证明。就本案而言，同时还需要证明通过对观音生动表现，传达人对善爱、给予和帮助等思想追求的创作构思是如何产生并由谁完成。就现有证据而言，能够用于判断上述事实的直接证据仅限于双方提交的手稿草图，虽然该草图均未标明时间和作者，但本院根据草图绘制风格，结合绘制人对舞蹈编创或排练备忘的自然需求特性，并本着对等原则，对该证据均予认定，即双方均是各自草图的绘制人，但仅凭草图尚难确定草图的绘制行为究竟属于编创还是属于排练，显然对该事实的判断仍需结合他证做出判断。

就本案而言，证人证言是证明创作事实的主要证据形式，鉴于该类证据的主观特性，本院依照最高人民法院《关于民事诉讼证据的若干规定》第78条，考虑证人与本案利害关系的程度、证明内容与事项，对该证据的客观性及对"待证事实"的印证力做出判断。虽然双方没有提出共同证人，但双方各自的证人曾经互为工作关系，尚无证据显示证人相互间存在利害关系，并足以导致伪证情况的发生，尽管双方彼此均提出对方存在证人证明行为受到妨碍的情况，双方证明效力均受到对等的削弱，但其他证人证言依然有效，故此本院认为，应当给予双方证人证明行为以充分信任，并根据证明内容与证明事项做出相应判断。

鉴于双方争议的焦点之一是刘露的行为属于"编导"还是"排练"，且刘小成、王原、王晶、李福祥、赵越等的证词均证明刘露是经张继钢同意，以排练老师的身份参与到组织活动中来，除韩婷、朱蓉（反悔证词无效）外，其他5位演员的证词也证明了刘露承担了为演员排练的工作事实，对此本院予以确认。但是，刘露是否在排练中同时进行了编导创作，还应做进一步的证据分析。刘露方面的证人均表示刘露对舞蹈"一边修改一边编排"，但除骆丽君证词外，均未能具体说明刘露是"如何编排"舞蹈的、编排了哪些内容、修改部分又是什么内容，该事实正是本案争议实质所在，上述5位演员的证言对查明该事实缺乏足够的印证力。相比之下，除邰丽华（反悔证词无效）外，王晶、李福祥、赵越的证词均指出了张继钢对《千手观音》舞蹈动作的具体设计内容，包括：作品的主题表现是"只要你心地善良就会有一千只手来帮助你""邰丽华带动手臂运动（动作）""用莲花指起舞（动作）""依次一一出手臂（动作）""千手千眼（设计）""半臂观音（动作）""莲花观音（动作）"；" '半扇观音'手臂怎么藏，怎么上来一下、两下、三下，然后快速出'半扇'手臂""领舞者邰丽华从深呼吸开始，然后她身后的演员，每人一拍伸出兰花指的手势，这样依次出手完成《千手观音》的完整形象"等。由于集体组织节目，张继钢将舞蹈立意设计内容交代给刘露，又为其他在场人所听到和看到，上述证人证词内容合乎客观常理，对此本院予以采信。刘小成、王原等证词均证明《千手观音》舞蹈的创作来历系借鉴了已有舞蹈《敦煌彩塑》，是张继钢在与刘小成等确定节目时提出的"千手佛"题材，并于2000年6月将《千手观音》明确确定为准备节目之一。本院认为，因《敦煌彩塑》属于佛教色彩的舞蹈，由此可以联想到将同样是佛教色彩的题材《千手观音》编成舞蹈，上述证词内容并无有悖常理之处。综上，鉴于张继钢一方的证人作为舞蹈节目的组织人和传授人，与刘露一方的证人作为舞蹈作品的被组织人和被传授人，相比之下，就刘露是否编导了诉争作品一事，张继钢一方的证据与事实更加接近，更有能力说明编创过程。在此，本院适用证据优势规则，判定张继钢一方的证人所做证明成立，舞蹈《千手观音》系由张继钢所编导。

刘露、张继钢分别提交的证明创作构思《千手观音》时的照片、图片、文章等，因该类证据具有普遍性，可以用于证明寻求灵感、形成创意、完成构思的内心活动，但却证明不了是谁首先将构思宣布并确立为舞蹈作品题材，进而编成舞蹈作品等问题。显然，因刘露是在《千手观音》节目准备工作确定下来之后来到剧组，故此不存在刘露与张继钢共同提出将"千手观音"创意引入舞蹈作品的事实。由此，本院无法依据照片、图片形成是"刘露将'千手观音'创意引入舞蹈"这一事实的内心确信。

刘露提交的12人版《千手观音》VCD光盘、《千手观音》部分动作照片均没有编导署名情况、媒体的相关宣传报道中所提"群舞《千手观音》编导刘露老师"一语属于本案的待证命题、其获奖证书与张继钢提交的已有创作作品、获奖证书均与本案待证事实没有关联性，上述证据不能作为本案认定事实的依据，不予采信。

刘露作为排练老师，将舞蹈动作传授给演员，其传授的过程本身属于由演员将编导内容通过排练者演绎为舞蹈表演的过程。根据现有证据，本院可以认定，该舞蹈是边编导、边修改、边排练的完成过程，编导与排练无法截然分开，但本案编导的意志决定了排练者和舞蹈表演者的意志，虽不排除排练者在排练中也要通过智力活动完成排练过程，但该过程不具有本质上体现原创意义和主导意义的编创属性。

综上所述，二审法院认为原审法院认定刘露要求确认《千手观音》舞蹈作品系其创作，并要求张继钢承担侵权责任的主张缺乏证据，该认定并无不当，且适用法律并无不当，因此，维持了原审判决，驳回了刘露的上诉请求。

（三）对案件的法律分析

根据《著作权法实施条例》第3条的规定："著作权法所称的创作，是指直接产生文学、艺术和科学作品的智力活动。"为他人创作进行组织工作，提供咨询意见、物质条件，或者进行其他辅助工作，均不视为创作。

该案的法律关系是非常简单的，即原告刘露认为自己从事了舞蹈作品《千手观音》的创作，主张自己应当作为著作权人享有对作品的著作权；而被告则认为原告仅仅是作为《千手观音》舞蹈作品的排练老师存在的，其虽然付出了相关的劳动，但是，并未进行作品的创作，因此不能主张对作品的著作权。所以，双方争议的焦点就在于原告刘露是否直接进行了《千手观音》舞蹈作品的创作。

在两审诉讼过程中，作为承担主要举证责任的原告刘露为了证明自己对《千手观音》舞蹈的创作活动，向法院提交了大量的证据，包括设计草图、证人证言、图片、视频资料等各种证据，证明的目的只有一个，即刘露进行了《千手观音》舞蹈作品的创作活动。但是，针对原告刘露提交的各种证据，被告张继钢均提出了反驳性的质证意见。

该案的一审和二审法官对于案件事实以及证据都进行了非常细致的审查，得出的结论也具有较高的说服力，因此，该案件可以作为戏剧舞蹈类作品权利归属认定的典型参考，为戏剧舞蹈作品相关编创人员明确权利提供认识和分析依据。因此，我们根据案件的裁判文书对两审过程中的证据以及质证意见做详细介绍。

原告刘露在一审诉讼过程中提交的证明其参与《千手观音》舞蹈作品创作的证据以及被告张继钢提出的质证意见包括：

（1）手稿和排练草图

为证明自己创作所付出的智力劳动，刘露提交了12人表演的《千手观音》和18人表演的《千手观音》的铅笔手稿及排练草图，但在张继钢对此证据的真实性提出异议的情况下，刘露无法证明其绘制的时间，也不能证明这是舞蹈动作的原创还是对已编舞蹈动作的事后记录。

（2）照片和VCD

刘露提交了"八臂观音"的小佛像照片，称此为其创作思路的物证，但张继钢认为"以此作为创作舞蹈《千手观音》的艺术来源，显然是极为牵强的"。

刘露还提交了《千手观音》首次公开演出的VCD和部分动作的照片，张继钢对此证据的真实性无异议，但认为"与证明原告创编舞蹈根本没有关联性"。

（3）证人证言

刘露提交了12人表演的舞蹈《千手观音》中的演员张黎、林玲、王琼、朱蓉、谢玲、韩婷、骆丽君等7人的书面证言，证明"原告于2000年7—8月独自创作排练女子群舞《千手观音》的过程"，但所有的证人均未出庭，且证言内容缺少证人亲身感知的事实，而是代以评论性的语言。如韩婷证词（原文）："2000年7—8月份，刘露老师为我们12位聋哑女孩，创编了舞蹈《千手观音》是刘露老师为我们辛苦创作的舞蹈，为期两个月的时间，但刘老师确对我们所负出和辛苦太多太多。认真的心情是细小动作，还是我们的生活和其它，在这里，我只能真诚的说一声谢谢了，辛苦了。刘老师你对我们创编的舞蹈《千手观音》负出的一切。我会深刻留在心中。祝刘老师工作顺利、万事如意！武汉、韩婷 2005.7.4 号。"

张继钢对此提出异议，认为证人未出庭，无法确定证据的真实性，同时张继钢提交了韩婷的《补充说明》："我是2000年《千手观音》的演员，当时我不知道领导的分工，我给刘露的证明是在不知道打官司的内情下写的。韩婷2005年8月2日。"刘露对此的意见为："真实性不清楚，从关联性上，该证词并没有否认该证人先前出具证言的真实性。"

（4）媒体报道

刘露提交了新华网在2002年12月25日登载的署名"由中国残疾人艺术团供稿"的《无法逝去的情感与希望　诗乐舞演绎梦想天堂》一文，文中称《千手观音》是刘露创作的，但艺术团否认由其供稿。刘露还提交了凤凰卫视采访《我的梦》晚会剧组VCD光盘两张及《访中国残疾人艺术团》VCD，但通过对光盘的审查，只看到刘露排练演员的场景，对编排过程并没有体现。

二审法院对于相关证据的审查包括以下内容：

①舞蹈手稿和排练草图用以证明该舞蹈队形变化、站位造型的备忘记录，用点、线、箭头示意，有"左右手臂交换，依次打开动作""单臂造型""短臂动作""短促节奏短臂动作"等多种手臂动作和17种队形变换示意图，但该草图没有标明绘制时间、绘制人。与此同时，张继钢提交了"编舞者备忘手稿图"，显示该草图绘制风格与上述草图截然不同，以弧线、圈点示意，绘制有"半臂观音""全屏观音""半扇观音""大开屏"等12种手臂动作造型，注有

"动作要有爆发力,要像半个扇子,可称'半扇观音'"字样,22种队形变换包括"莲花造型""依次推骨牌动作"等示意内容。该草图同样未标明绘制时间、绘制人。在本院审理中,学过舞蹈并任哑语手语老师的王晶作为证人出庭作证,双方当事人对证人身份没有异议,经将上述两草图交予王晶指认,王晶回忆称,曾经看过后一草图,没有看过前一草图。

②7位参与12人版《千手观音》舞蹈表演的演员证词用以证明7位演员知晓刘露的创作经历。其中包括张黎、林玲、王琼、朱蓉、谢玲、韩婷和骆丽君,均证明舞蹈《千手观音》是由刘露老师于2000年7、8月份编排的,边修改边编排,韩婷、骆丽君均表示:"是刘露老师为我们创编了《千手观音》。"骆丽君还表示:"……还记得刘露老师感冒时坚持给我们编出半臂观音的动作,我们大家都觉得美极了。"有关7位演员未能出庭作证一节,刘露表示,由于她们都是残疾演员,且身处外地,出庭作证有困难。张继钢表示,认可这些演员证明刘露负责她们的舞蹈排练的事实,但不认可刘露编导的证明,同时表示韩婷、朱蓉现已承认上述证词是刘露强迫其写的。为此出具了韩婷2005年8月2日的《补充说明》,该证明显示韩婷说:"我是2000年《千手观音》的演员,当时我不知道领导的分工,我给刘露的证明是在不知道打官司的内情下写的。"在本院审理中,张继钢提交了朱蓉2006年1月11日给刘小成的信,信中有:"……刘露老师曾经逼我写过一份证明,……"

针对上述证人证言,张继钢提交了多位证人证词。包括总撰稿赵越、总导演李福祥、中国特殊艺术协会副主席刘小成、残疾人艺术团顾问王原、演员邰丽华、李国岩等证词,在本院审理中刘小成、王原、王晶、邰丽华等到庭。刘露对上述出庭证人身份没有异议,但不同意徐菲(残疾人艺术团团长助理)作为聋哑演员邰丽华的哑语翻译,其表示鉴于徐菲与残疾人艺术团的利害关系,不能给予做出如实翻译的信任,为此邰丽华未能于庭上做出陈述。

证人刘小成表示承认其原审期间向法院所做的书面证词。其证明:2000年5月,我代表中国残联和残疾人艺术团邀请总政歌舞团的张继钢担任艺术团艺术指导,并为访美巡演创编一台节目,我们将残疾人艺术团三届文艺演出资料交予张继钢,确定了《踏歌》《爱伲响铃》《雀之灵》等节目,并借用已有的女子三人舞《敦煌彩塑》音乐创作了体现千手佛和观音文化的舞蹈,后又重新作曲定名为舞蹈《千手观音》。6月张继钢担任总编导，组建由李福祥任总导演、赵越任总撰稿的编导组。7月邀请确定了舞美张继文、服装宋立、灯光王瑞国等人员，以及多位舞蹈排练老师，其中包括刘露。8月又邀请了刘诗昆、杨丽萍、毛阿敏、陈军等艺术家担任辅导老师。2000年自表演《我的梦》以来，所有的节目单、宣传册、海报、公开出版物的相关署名中一直署名"艺术指导张继钢""指导老师刘露等"。舞蹈《千手观音》是中国残联和残疾人艺术团组织和出资并委托张继钢创编的，当时有言在先，所有参与者都怀着向残疾人艺术奉献爱心，对艺术团提供无偿帮助，其著作权当然属于残疾人艺术团。

证人王原表示承认其原审期间向法院所做的书面证词。其证明：在看过《敦煌彩塑》后，张继钢认为这个舞蹈太单薄，提出要增加演员，并由张继钢亲自创编一个以"千手佛"为题材的舞蹈，即后来的第一版（指12人版）《千手观音》。由张继钢建议，并由中国残联发文邀请战友文工团的副团长李福祥作为总导演，指定总政歌舞团宋立老师为服装设计，武警文工团张继文为舞美设计，青年艺术剧院王瑞国老师为灯光设计，山西省歌舞团赵越老师为文学统筹，当时定下女子舞蹈节目5个，《踏歌》《爱佤响铃》《雀之灵》是引进作品，《手语诗"我的梦"》《千手观音》是新创编的作品，随后张继钢导演让李福祥团长从战友文工团调来了排练老师丁颖和刘露，刘露负责排练《千手观音》。在本院庭审中，王原明确表示《千手观音》舞蹈是2000年6月定下来的。

证人王晶表示承认其原审期间向法院所做的书面证词。其证明："当时排练这个舞蹈时，一般到晚上的时候张继钢把他的想法告诉我和刘露。"法庭问："怎样让演员排演出图中示意的内容？"王晶答："张继钢把立意确定好后，交给刘露，我作为手语和排练老师传授给演员。"刘露问："排练时，你传达的是张继钢的意思还是我的意思？"王晶答："张继钢不可能在现场，是前一天张继钢跟刘露说，然后在现场是传达刘露的意思。"王晶又说："你（指刘露）没有来之前是我给她们排练，张继钢可能看不起我们，就介绍专业的刘露老师过来，由我协助刘露排练这个舞蹈（指《千手观音》）。"刘露问："你知道舞蹈编导的创作过程吗？"王晶答："先是他的立意想法。"刘露问："怎么展现出来？"王晶答："我知道你想说明编导应当去现场给演员排练。"王晶还表示，张继钢说"只要你心地善良就会有一千只手来帮助你"表现的是舞蹈《千手观音》作品的主题。"邰丽华带动手臂运动（动作）""用莲花指起舞（动作）""依次一一出手臂（动作）""千手千眼（设计）""半臂观音（动作）""莲花观音（动作）"均由张继钢所提出。

李福祥 2005 年 8 月 7 日书面证明："我推荐的刘露，……原来她跳过《敦煌彩塑》独舞，跳得不错，……后来经张继钢同意，就作为排练老师参加在空军指挥部小楼工作，刘露来了以后就开始参加排练，……张继钢对舞蹈统一应该怎么做，做成什么样，在这样的框架下去交代给刘露，由刘露去负责排练。……张继钢尤其关于'半扇观音'等的创作讲解时，当时很多人在场，不只我一个，赵越也在，谢克也在，当然还有刘露。他关于'千手观音'手怎么藏，原来的手怎样背到后面把整个手臂藏起来，怎么上来一下、两下、三下，然后快速出'半扇'手臂，就这样，半扇出来了，当时舞蹈效果非常好，我当时记得很清楚……"

赵越 2005 年 8 月 7 日书面证明："……有一天，他（指张继钢）告诉我，他和李福祥已经定下由刚从解放军文艺学院毕业的刘露来给孩子们辅导。他说，刘露是战友文工团演员出身，她很会表演，扮起相来很好看。……我记得张继钢向刘露介绍《千手观音》的构思和想法。这个舞蹈 7 分钟，由 12 个人来跳，都是张继钢决定的。我记得张继钢还在纸上写写画画，向刘露做介绍，这个舞蹈的音乐也是由张继钢通过李福祥请王潞明同志来创作的，当音乐编好后，我记得是在别墅二楼的客房里播放的。张继钢一边听音乐，一边给刘露讲他自己的舞蹈构思：应该是随着音乐起，领舞者邰丽华从深呼吸开始，然后她身后的演员，每人一拍伸出兰花指的手势，这样依次出手完成《千手观音》的完整形象……"

邰丽华 2005 年 8 月 20 日书面证明："……在整个排练过程中刘露老师把她排出来的段落让张继钢和李福祥老师审看，有时张继钢老师会一个人到我们的排练厅看看，并亲自给我们排练，比如《千手观音》开头的几个手臂动作，他对大家提出要求把自己的手紧紧地藏在每个人的背后，这样可以让观众看不到我的后面还有几个人；还有'千手观音''孔雀半开屏''莲花观音'等……"

李国岩 2005 年 8 月 25 日书面证明："……从接触和排练时间看，刘露和王晶老师天天和我们在一起，指导大家。张继钢老师虽然来的次数很少，但很明显是张继钢老师说了算数，他提出的都是关键问题……"

刘露为证明邰丽华的证词受到残疾人艺术团的影响，不真实，向本院提交了其保留的邰丽华发给刘露的手机短信，内容有："刘露老师你好，……团里领导得知此事后不同意我给你写，……我只有服从团里安排，十分抱歉！"发送时间2005年7月10日。

在本院审理中刘露还增加了演员林玲2006年5月26日的书面证词，用以证明刘露对舞蹈《千手观音》边调整边修改。林玲说："……亲身经历刘露老师给我们编排《千手观音》舞蹈的真实过程。"

③"八臂观音佛像"照片用以证明刘露的舞蹈构思经过。对此，张继钢提交了"山西云冈石窟"画册、"山西平遥双林寺""五台山大显通寺""太原市崇善寺大悲殿"等千手千眼观音图片及资料证明其构思经过。

④12人版《千手观音》首次公演的VCD光盘及《千手观音》部分动作照片。其光盘中有关舞蹈《千手观音》节目的前后没有关于编导署名的内容，节目开始前英文署名：表演邰丽华（领舞），邰丽华及其他人等。《千手观音》部分动作照片无署名。

⑤媒体的相关宣传报道。香港凤凰卫视采访残疾人艺术团节目报道中采访刘露部分有旁白："今天群舞《千手观音》编导刘露老师正在用汗水和爱心重新诠释着歌中的意境。"

张继钢在原审期间提交的《作品登记证书》载明：

作品名称：舞蹈《千手观音》
作者署名：张继钢
著作权人：残疾人艺术团
作品完成时间：2000年8月10日
作品登记时间：2005年1月14日
登记机关：北京市版权局

为佐证自己的创作业绩，刘露还提交了《我的梦》指导老师获奖证书；张继钢还提供其已有的诸多创作作品以及获奖证书等。

上述事实有在原审期间，刘露提交的节目单、铅笔绘制的舞蹈手稿和排练草图、7位参与12人版《千手观音》舞蹈表演的演员证词、"八臂观音佛像"照片、12人版《千手观音》VCD光盘、《千手观音》部分动作照片、媒体的相关宣传报道、获奖证书;张继钢提交的节目单、证人证言、"千手千眼观音"图片及资料、《作品登记证书》、已有创作作品、获奖证书,以及双方在本院审理期间提交的证人证言等证据在案佐证。

通过上述一审和二审期间对证据的审查和比对,一审和二审法院均认为在案证据不能充分证明刘露参与了《千手观音》舞蹈作品的创作活动,而主要作为舞蹈排练老师为《千手观音》的排练投入了大量劳动。虽然作为排练老师,刘露在《千手观音》舞蹈的排练过程中有大量劳动投入,也不排除其基于对作品的理解而对《千手观音》所做的演绎和调整,为《千手观音》舞蹈作品在广大观众面前的完美呈现做出了不可否认的贡献。但是,这些努力和付出在法律上并不能成为其主张《千手观音》舞蹈作品著作权的依据,也不能否认经版权机构登记确认版权的张继钢对作品的著作权,这也是一审和二审法院均未支持其诉讼请求的事实和法律依据。

第四章　戏剧舞蹈作品著作权的归属

戏剧舞蹈作品的著作权归属解决的是产生于戏剧舞蹈作品的著作权利由谁享有的问题。著作权归属是著作权法领域的重要概念，它与作品著作权人、著作权利内容等著作权概念息息相关。著作权归属还关系到权利人具体权利的确定。除此之外，著作权归属的确定更涉及著作权诉讼主体资格的问题，因此，明确戏剧舞蹈作品的著作权归属具有十分重要的现实意义。

第一节　戏剧舞蹈作品著作权归属的原则

一、著作权归属的一般原则

戏剧舞蹈作品属于我国著作权法规定的著作权客体。依据我国《著作权法》第11条之规定，戏剧舞蹈等作品的"著作权属于作者，本法另有规定的除外"。此外，该条还规定，"创作作品的公民是作者；由法人或者其他组织主持，代表法人或者其他组织意志创作，并由法人或者其他组织承担责任的作品，法人或者其他组织视为作者"。关于"作者"的判断原则，该条还规定，"如无相反证明，在作品上署名的公民、法人或者其他组织为作者"。应注意的是，我国著作权法意义上的作者不仅包括我国公民，还包括外国人与无国籍人，由他们创作完成的作品如果符合条件也能够受到我国著作权法的保护。

可见，我国关于著作权归属的原则性规定首先确立了著作权主体与作者之间的关系，即著作权归属于作者，而后通过对"作者"概念的描述进一步明确了著作权的归属原则。

（一）著作权归属于作者

我国《著作权法》第11条的规定确定了著作权归属的一般性规则，即著作权属于作者，但著作权法另有规定的除外。我国著作权法实施条例等规定从侧面印证了著作权归属的这一原则。根据"著作权自作品创作完成之日起产生"[1]"中国公民、法人或者其他组织的作品，不论是否发表，依照本法享有著作权"[2]等著作权法相关法律规定，结合《著作权法》第11条不难得出以下结论：创作作品的行为是事实行为；公民、法人或者其他组织对其创作完成的作品获得著作权的基础方式是基于创作的原始取得，著作权原则上由作者享有。由于作为作者的公民取得著作权无须登记或发表，因此不存在类似于专利申请权受让人从发明人处取得申请专利的权利后成为专利权人的著作权取得方式，著作权的原始取得方式与"著作权归属于作者"的著作权归属原则性规定不谋而合。

如前所述，我国著作权法原则上将作者作为著作权的主体，其原因主要在于，作者在著作权客体的完成过程中付出了创造性的脑力劳动并根据脑力劳动完成了作品的创作，因此形成了如下因果关系：作者付出脑力劳动产生戏剧舞蹈等作品，作品完成自动成为著作权客体并且产生著作权。可见，作者的脑力劳动正是作品以及著作权产生的源头。我国《著作权法》第1条规定，著作权的立法目的包括"保护文学、艺术和科学作品作者的著作权，以及与著作权有关的权益"，这正是出于对作者创造性的劳动成果的保护的目的。著作权法作者作为作品著作权的权利人也是对作者劳动成果保护的体现。

（二）著作权归属原则的国际公约与国外立法实践

不仅我国著作权法确立了上述著作权归属的原则，国际公约和其他国家也在立法实践中将保护作者的权利置于著作权法立法的首要目的。例如《伯尔尼

---

[1] 《中华人民共和国著作权法实施条例》第6条。
[2] 《中华人民共和国著作权法》第2条第1款。

公约》①第1条即确定，该公约旨在达成保护文学艺术作品作者权利的同盟；该公约第2.6条明确，该公约的成员国应对作品的作者及其权利继承人提供保护；《伯尔尼公约》还在第7、8、9、10、11条等规定了作者得以在保护期限内享有对电影、摄影、翻译、戏剧、音乐、音乐剧等文学艺术作品的相关权利。

此外，美国版权法规定，作品的原始版权属于作品的作者，合作作品的作者为作品版权的共同所有人②；英国版权法规定，作品的作者是该作品所有版权的原始所有人，并且作者除了自然人以外还包括录音制品的制作者（包括制作单位）、电影的制片者与总导演、广播的制作者（包括制作单位）以及出版物的版式设计出版者等主体③；德国著作权法的规定强调，受保护的作品只能是自然人个人的智力创作，只有作者能够原始地获得著作权，法人或者其他组织由于没有创作能力而不具有这种资格④；日本著作权法明确规定，创作作品的人是作者，作者享有著作人格权和著作权，不需要履行任何手续⑤。

上述国际公约与外国著作权法的规定均体现了作者是著作权主体的原则，均通过授予著作权的方式承认作者对作品做出的智力贡献，符合著作权制度设立的首要目的。根据上述著作权归属原则，戏剧舞蹈作品的著作权应当由作者享有。虽然各国均规定包括戏剧舞蹈作品在内的作品的著作权由作者享有，但是大多数国家并没有排除戏剧舞蹈作品著作权归属的其他例外情形。

（三）明确著作权法中"作者"的含义

《著作权法》第11条对"作者"的内涵进行了概括性描述。"作者"这一概念在一定程度上决定着著作权的权利主体（主要指原始著作权人）、著作权客体类型以及作品的保护期等重要内容，因此是著作权制度中极其重要的概念，应予以明晰。

---

① 法律出版社法规中心编《中华人民共和国知识产权法典》，法律出版社2015年版，第528—531页。
② 美国《版权法》第201条（a）、（b）。
③ 英国《版权法》第9条。
④ 德国《著作权法》第2条、第7条。
⑤ 日本《著作权法》第2条（二）、第17条。

1. 作者的界定

作者原则上是作为自然人的公民[①],但法人或者其他组织可以被视为作者。从著作权法的立法目的来看,我国著作权法保护的是作品的"创作和传播"[②]。其中,"创作"是指创作主体对文学或者艺术等领域作品产生独创性成果的智力活动,这一过程显然不能由不具备脑力活动或者智力活动的法人以及其他组织等虚拟的人完成,因此严格说来作者只能是作为自然人的公民。著作权法规定法人或者其他组织可以被"视为作者",这一表述一方面明确了只有公民个人才能成为真正意义上的作者,另一方面能够满足现实中某些情形下保护非自然人的法人或者其他组织的需要,例如戏剧舞蹈作品领域存在大量的法人作品。法人或者其他组织被视为作者的条件有三:其一,由该法人或者其他组织主持作品的创作工作。其二,作者代表该法人或者其他组织意志创作作品。其三,由该法人或者其他组织对作品承担责任。

2. 作者的民事行为能力要求

著作权法并不要求完成作品的自然人具备民法意义上的完全民事行为能力。依著作权相关法律规定,"著作权自作品创作完成之日起产生",故创作作品的行为属于法律行为中的事实行为而非民事行为。事实行为的生效发生不要求行为人具备行为能力,因此,即便未成年人甚至是存在智力缺陷甚至精神疾病的非完全民事行为能力人也能够成为作者而享有著作权。但应明确的是,著作权的行使应依托于民事行为,因此要求行为人具备相应的民事行为能力,前述不具备完全行为能力的著作权人可以通过其监护人行使著作权。

3. 作者的本质

"作者"应是对文学、艺术和科学领域内作品做出独创性贡献的人。这一限制源于著作权法对能够得到著作权保护的著作权客体的要求。举例来说,戏剧舞蹈等作品成为著作权法客体的必备要件是具备独创性,单纯临摹或者复制

---

① 由于著作权法对我国公民、法人或者其他组织以及外国人、无国籍人规定了不同的著作权取得方式,在此不考虑作者是外国人或者无国籍人的情形,仅讨论我国公民、法人或者其他组织为或被视为作者的情形。

② 《中华人民共和国著作权法》第1条。

完成的成果不能成为著作权法所保护的作品；反之亦然，没有对戏剧舞蹈作品做出独创性贡献的人不能成为著作权法意义上的作者。这是合作作者区分于投资者、出资者的重要特征，即作品投资者、出资者并未对作品的产生提供创造性智力贡献。现实中的戏剧舞蹈作品存在较多投资、赞助的情形，这些作品的投资和赞助者没有对戏剧舞蹈作品提供智力上的创造性贡献，不能成为戏剧舞蹈作品的作者。

综上所述，我国著作权法规定的著作权归属原则是"著作权属于作者"，但著作权法另有规定的除外。其中，这里的作者一般情况下是指自然人，但符合条件的法人或者其他组织可以被视为作者。著作权法还规定了著作权归属于作者的例外情形，其典型即如电影作品的制片人不是电影作品的作者却依法律规定而享有著作权，以及特殊职务作品由单位享有除作品署名权以外的著作权利。作为完成独创性作品的人，只有具备智力活动能力的自然人才能成为真正意义上的作者，但符合条件的法人或者其他组织能够依法被视为作者从而享有著作权。

二、著作权归属的例外原则

我国著作权法将其他主体取得著作权的规定作为作者取得著作权的例外，这一规定在戏剧舞蹈作品领域有较多体现。在实践中，很多戏剧舞蹈作品的著作权都由作者以外的法人或者其他组织享有，例如由剧团、舞团等享有相关戏剧舞蹈作品的著作权。笔者通过比较各国的立法实践，认为作者以外的主体取得著作权的途径主要是依据约定或者根据法律的直接规定。

（一）作者以外的主体依据约定取得著作权

实践中，作品由一个作者单独完成的情形，其著作权归属往往比较简单，即由作者享有著作权。但如果作品的创作过程涉及多个主体，在认定著作权归属时将会产生多个主体之间利益的冲突，例如在雇佣作品、委托作品中，将会在作品的实际作者和作者的雇主、作品的委托人之间产生利益不一致的情形。

此时为了协调各方利益，各国著作权法大多规定上述主体可以约定著作权的归属。如此既能解决著作权的归属问题，也能促进作品主创人员与雇主或者投资人之间关系的和谐，有利于减少著作权纠纷，鼓励作品的创作。

各国著作权法大多以"除非当事人之间另有约定，著作权归属于作者"的方式规定当事人可以就著作权的归属做出约定。例如，英国版权法规定，除非雇佣合同另有规定，当文字、戏剧、音乐、艺术作品，或者电影是雇员在雇佣过程中完成的，其雇主是该作品版权的原始所有人。[1]此外，日本、韩国等大陆法系国家的著作权法也有类似规定。[2]

戏剧和舞蹈作品由于自身的特性，存在较多属于法人作品、职务作品、合作作品和委托作品等情形，这些情形均属于著作权归属原则的例外情形，我们将在其他章节具体讨论。

（二）法律特别规定著作权的归属

除作品的著作权属于作者这一主流法律原则之外，大多数国家还基于作品创作和产生的不同情况直接规定某些作品的著作权归属于作者之外的其他主体，如法人或其他组织。电影作品著作权的归属，是法律直接规定作者以外的主体享有著作权的典型代表。例如，日本著作权法规定，著作人与电影制片人商定，参加该电影著作物的制作时，该电影著作物的著作权归属于该电影制片人[3]；又如德国著作权法规定，参加制作电影的义务人如果获得电影著作权，在有争议情况下授予电影制作者以各种已知的使用方式使用电影著作以及该电影著作的译文本和其他电影性质的改编物或改动物的专有权利[4]。

我国《著作权法》第11条第3款规定：由法人或者其他组织主持，代表法人或者其他组织意志创作，并由法人或者其他组织承担责任的作品，法人或者其他组织视为作者。法人或者其他组织可以依据该规定享有作品的著作权。

---

[1] 英国《版权法》第31条。
[2] 日本《著作权法》第15条、韩国《著作权法》第9条。
[3] 日本《著作权法》第29条第1款。
[4] 德国《著作权法》第89条第1款。

另外,我国《著作权法》第15条也规定:电影作品和以类似摄制电影的方法创作的作品的著作权由制片者享有。

(三)"编委会""创作组"等署名作品的著作权归属

在实践中,戏剧舞蹈作品也存在由"某某编委会""某某创作组"创作完成的情形。虽然我国《著作权法》第9条明确规定"其他组织"能够成为著作权主体,但这并不意味着"某某编委会""某某创作组"能够成为著作权主体并且享有著作权主体的资格。笔者认为,根据最高人民法院《关于适用〈中华人民共和国民事诉讼法〉的解释(法释[2015]5号)》第52条规定,其他组织是指"合法成立、有一定的组织机构和财产,但又不具备法人资格的组织,包括(1)依法登记领取营业执照的个人独资企业;(2)依法登记领取营业执照的合伙企业;(3)依法登记领取我国营业执照的中外合作经营企业、外资企业;(4)依法成立的社会团体的分支机构、代表机构;(5)依法设立并领取营业执照的法人分支机构;(6)依法设立并领取营业执照的商业银行、政策性银行和非银行金融机构的分支机构;(7)经依法登记领取营业执照的乡镇企业、街道企业;(8)其他符合本条规定条件的组织"。其中,"合法成立"是指该其他组织应当具备上述第(1)至(8)项中任意一项所要求的合法组织形式;"有一定的组织机构和财产"则分别要求该组织具备独立的组织机构形式与一定的独立财产。前述所说戏剧舞蹈作品中的"编委会""创作组"显然不能满足民事诉讼法司法解释中对"其他组织"的要求,不属于《著作权法》第9条规定的"其他组织",因此不能成为戏剧舞蹈作品的著作权主体。

既然"编委会""创作组"无法作为戏剧舞蹈作品的著作权人享有戏剧和舞蹈作品的著作权,那么由"某某编委会""某某创作组"署名的作品又该如何认定其著作权归属呢?首先,我们应当明确,由于不具备著作权主体资格,"某某编委会""某某创作组"的署名不发生著作权法上规定的表明作者身份的效力。其次,"编委会""创作组"的创作形式与合作作品的创作形式相同,即"编委会""创作组"内部各个自然人成员通力合作共同完成作品的创作,因此该作品依《著作权法》第13条的规定属于合作作品,由"编委会""创作组"各自然人成员共同享有。

三、著作权归属原则的法理基础

正如我们在前面章节讨论过的，我国著作权法将作者享有著作权作为确定戏剧舞蹈等作品著作权归属的基本原则，而将作者以外主体享有著作权作为例外规则。任何法律制度的背后都隐藏着这一制度所遵循的法理学基础，著作权的归属原则也不例外。这一部分将讨论我国著作权归属原则所蕴含的法理学基础，以求为明确戏剧舞蹈作品权利归属的原则提供理论借鉴和支持。

（一）著作权归于作者的法理基础

作品的创作者是作者，由作品的作者享有作品的著作权，这是著作权领域著作权归属的最普遍原则。我国《著作权法》第11条规定，著作权属于作者，但另有规定的除外。此外，这里的作者原则上是指自然人，但符合条件的法人或者其他组织可以被视为作者。因此，我国著作权归属于作者的原则包含两种情形，在此，我们仅讨论著作权归属于自然人作者的情形，权利归属于法人或者其他组织的情形我们将在后面章节展开讨论。

著作权法中"著作权归属于自然人作者"的这一原则能够从罗马法中找到理论渊源。古罗马时期的法学家认为，当人民通过自己的劳动与努力实际控制某物时，认为该物成为他的财产是公平的。在罗马法学家看来，人们通过自己的劳动和努力所创造的东西属于他自己。值得一提的是，古罗马时期的法学家们认为，"物"既包括有体物，也包括没有实体的财产或权利，例如盖尤斯曾在《法学阶梯》中指出："有些物（或财产）是有体的，另一些是无体的。有体物（或财产）是能触摸到的，如土地、奴隶、衣服、金、银及数不胜数的其他物；无体物（或财产）是不能触摸到的，如权利，比如遗产继承权、用益权及以任何形式设定的债权。"[①] 因此，著作权的相关权利归属于创作者的理论自罗马法时期就已经存在。依据上述理论，如果我们将著作权一分为二，其中属于财产权性质的著作权利从理论上来说应当天然地属于创作这一作品的作者。

---

① ［意］桑德罗·斯奇巴尼选编，范怀俊译：《物与物权》，中国政法大学出版社1993年版，第1页。转引自江平：《中国物权法教程》，知识产权出版社2007年版，第2页。

另外，根据自然法学派学者约翰·洛克的观点，他人经过劳动而获得财产的权利应当得到世人的尊重，他认为"谁把橡树下拾得的橡实或者树林的树上摘下的苹果果腹时，谁就确已把它们拨归己用"，其理由是，"他使任何东西脱离自然提供的和那个东西所处的状态，他就已经掺进他的劳动，在这上面掺和他自己所有的某些东西，因而使它成为他的财产"。① 从这一角度理解，似乎更能直观地理解付出智力劳动的自然人作者为何能够享有作品的著作权。

可见，著作权归属于作者这一原则的背后，是个人应得权利、利益的彰显。上述理论是对作品著作权归属于作者的理论支撑。正是这些观点长久以来对人类观念潜移默化的影响，才最终形成了当前关于包括戏剧和舞蹈等在内的作品的著作权由作者享有的普遍观念。

（二）著作权归属于作者以外主体的法理基础

这里所说的著作权归属于作者以外的主体，包括了《著作权法》第11条规定的法人或者其他组织被视为作者的情形。此外，作者以外的其他主体还包括通过约定或者法律直接规定而取得著作权的自然人、法人或者其他组织。他们取得著作权并非依据前述罗马法中的财产权归属理论和"劳动者"理论。这些其他主体取得著作权的理论依据包括以下几种：

1. 合同理论

根据著作权法的规定，在某些情形下当事人可以就著作权的归属做出约定。从著作权的本质特征上来看，著作权人享有的权利属于民事权利，并且著作权属于权利义务具体、特定的私权利。如果涉及作品著作权的当事人之间具备平等的民事主体地位，当事人在不违反法律强制性规定的情形下对著作权的归属做出约定，作者以外的主体依据该约定取得著作权，这是合同理论与民法意思自治原则的具体体现。例如，根据《著作权法》第17条的规定，允许委托作品的作者与委托人就著作权的归属做出约定。在委托创作关系中，作品的实际创作人是受托方，如果委托人基于双方的约定而成为著作权人，其著作权

---

① ［英］约翰·洛克著，叶启芳、瞿菊农译：《政府论（下）》，商务印书馆1981年版，第19—20页。

取得的基础就是其与作者之间的合同关系。

2. 作品投资关系理论

根据一般的作品创作实践，作品的创作需要资金支持，包括戏剧舞蹈在内的一些大型作品的创作和完成更需要大量的资金支持。现实中，很多优秀作品的产生不仅需要作者的创作活动，更需要大量的资金投入。只有作者的创作和资金实现有效的结合才能够产生优秀的作品。所以，作品的创作投资是当今著作权制度发展的重要动力。当事人之间的出资、投资关系也对著作权法的立法产生了一定的影响。

基于这种现实情况，很多国家在立法中都对作品创作过程中投资方的权利做出了明确规定。例如，世界上多数国家的著作权法均规定，电影作品的著作权原则上归属于制片人，这一规定源于现代电影作品的创作特点。由于一部电影在拍摄中获得的资金支持对于电影作品能否拍摄完成以及电影作品取得的效果好坏起到决定性作用，著作权法为了促进对电影行业的投资，特别规定电影的主要投资人即制片人享有著作权。由于电影等作品投资人的投资愿望将决定电影作品完成后的经济价值，著作权法在规定电影等作品的著作权归属问题时必须考虑对投资人的激励措施。再如，中央歌剧舞剧院投资制作的大型舞剧《红色娘子军》，其著作权就应属于中央歌剧舞剧院。据此，包括电影制片人、戏剧舞蹈作品的投资方在内的投资主体取得作品著作权无须再经过当事人之间的合同约定，直接通过法律规定即可获得著作权，其理论基础是投资人的投资关系。

3. 法人意志理论

世界各国著作权法大多规定了职务作品制度，我国也不例外。《著作权法》第11条第3款规定，由法人或者其他组织主持，代表法人或者其他组织意志创作，并由法人或者其他组织承担责任的作品，法人或者其他组织视为作者，这是我国著作权法关于作品可以由法人或者其他组织取得著作权的法律规定。另外，《著作权法》第16条第2款规定，法人或者其他组织在某些条件下可以享有除署名权以外的其他权利。法人或者其他组织享有著作权的法理基础在于：作品的创作完成是法人整体意志的体现。如果作品虽然由自然人作者创作完成，但作品所具备的表达方式、结构安排、情节处理方式以及作品所表达的创作思想等均体现的是法人的整体意志，则应由法人或者其他组织享有作品署名权以外的权利。

综上所述，包括戏剧和舞蹈在内的作品的著作权能够由作者以外主体享有的制度主要是随着契约精神以及人类经济的不断发展而产生的。正是出于作品著作权经济价值方面的考虑，才使得作者以外主体享有著作权的情形愈发普遍。反过来讲，也正是作者以外主体能够享有作品的著作权，才促进了戏剧舞蹈等著作权制度以及人类文明的蓬勃发展。作者以外的主体逐渐成为著作权主体的重要组成部分，代表着著作权制度对社会经济与文化水平的发展起到了更加丰富的推动作用。如果说作者作为著作权主体的一般原则是保护个人利益的体现，那么法律将作者以外的主体纳入著作权主体的范围则是著作权制度社会作用的体现。因此，著作权主体的多样化与著作权制度的发展以及人类文明的繁荣之间相互促进，彼此相得益彰。

四、戏剧舞蹈作品著作权的归属原则

（一）戏剧作品著作权归属

1. 戏剧作品的本质含义

著作权的产生以文学、艺术和科学领域创作产生的作品为基础。从我国著作权法的立法模式来看，无论是著作权主体的认定，还是著作权具体人身权利和财产权利的确定，多有赖于著作权客体类型的明晰，例如文学作品与电影作品的著作权的归属规则差异较大，不同的著作权客体在很大程度上决定了著作权的归属。因此，笔者认为戏剧作品著作权的归属原则的确定，首先应明确戏剧作品的本质含义与涵盖范围。

关于戏剧作品的本质，理论与实践中一直存在较大争议。一种观点认为，戏剧作品是指戏剧表演的剧本，其依据是我国《著作权法实施条例》第4条第4项，"戏剧作品，是指话剧、歌剧、地方戏等供舞台演出的作品"。由于可供舞台演出的作品只能是剧本而不是整个舞台表演，因此这里的戏剧作品从字面上理解是指戏剧作品的剧本。另根据《伯尔尼公约》第11条第2款，"戏剧作品或音乐戏剧作品的作者,在享在对其原作的权利的整个期间应享有对其作品的译作的同等权利",在这里,能够被"翻译"的作品也只能是戏剧的剧本。此外,我国著作权法将表演者所享有的权利脱离于著作权而予以单独规定,戏剧作品的表演者所享有的只能是著作表演权而不是著作权。从我国著作权关于表演者所享有权利的立法情况来看,戏剧作品的著作权主体不包括表演者,戏剧作品不应当包括表演者的表演等内容。另一种观点认为,戏剧作品不仅仅是戏剧表演的剧本,而应是一整台完整的戏剧舞台演出。① 如刘春田教授认为,依戏剧艺术理论,戏剧是借以舞台的演出形式而存在的综合艺术,它包含了对话、旁白、配乐、配词等内容。他认为,这一理论并不否定戏剧的一部分是文学,但戏剧作品绝不单单是等同于剧本的文学作品,而应是一种独立的艺术存在形式。②

我们将上述两种观点分别归纳为"剧本主义"和"综合艺术主义"。不同的观点下,戏剧作品的著作权归属原则是不同的。依"剧本主义",戏剧作品等同于戏剧表演的剧本,剧本则类似于文学作品,依《著作权法》第11条第1款,其著作权原则上归属于作者。而"综合艺术主义"论者认为,戏剧作品的创作过程与电影等作品极为相似,是在戏剧剧本的基础之上,通过导演、舞台美术设计、灯光设计、音响设计等工作人员共同参与、通力配合完成的作品,其特征为创作环节复杂、参与主体多元化,因此采用合作作品的著作权归属原则较为合理。依据《著作权法》第13条的规定,合作作品的著作权由合作作者共同享有,故此种观点认为戏剧作品的著作权应归属于共同完成戏剧作品并在此过程中付出创造性劳动的编剧、导演、舞台美术、灯光与音响等工作人员共同享有。

对于戏剧作品的本质,笔者认为,虽然依据当前我国著作权法以及著作权法实施条例的规定来看,立法者采取的态度是戏剧作品的本质是戏剧演出的剧本,但是,将整台戏剧表演作为著作权客体的观点也存在一定道理,原因在

---

① 陈红:《戏剧作品著作权特殊性与疑难问题研究——以戏曲作品中权利主体构成者与传播者的权利分配为视角》,载《知识产权法研究》2008年第2期。

② 刘春田:《知识产权法》(第四版),高等教育出版社2010年版,第60页。

于，这一观点对于戏剧作品这一法律概念的概括反映了戏剧等艺术形式在现实生活中所展现的性质与特征，使得戏剧作品体现了它与文学作品等文字作品的本质区别。

在现实生活中，戏剧等艺术形式区别于一般文字艺术之处在于戏剧艺术能够通过舞台表演的形式向公众展现戏剧艺术所蕴含的戏剧内容，甚至可以说，戏剧艺术最大的意义即在于此。但就戏剧剧本本身而言，单纯的文字描述无法同舞台表演一样带给受众多方面的剧情展现力、演员艺术表现力与现场表演的气氛感染力，而这些恰恰是戏剧艺术在文艺市场红火的当下赖以为生的特征与竞争优势，对其作品的保护也应顺应其本质的特征。同时，戏剧舞台表演不仅仅是剧本创作的结果，戏剧导演对于表演的编排构思，舞台美术、服装、音响等设计人员对于剧本的创造性展示都是对于剧本的深度创作，其创作环节复杂、参与主体多元化，因此可以说戏剧艺术是戏剧的共同创作人员创造性脑力劳动的体现而不单单是编剧一人创造性劳动的成果。如若仅仅将戏剧剧本认为是戏剧作品加以保护，则在整个戏剧艺术表演过程中发挥了创造性智力劳动的导演、舞台美术设计、灯光设计、音乐词曲作者、音响设计等人员的权益将无法通过著作权得到保护。如果将一整台戏剧舞台演出作为戏剧作品，则使得著作权主体这一概念能够最大限度地囊括参与戏剧演出并付出智力劳动的创作人员，使他们的合法权益得到著作权法的保护。综上，笔者认为将整台戏剧演出作为戏剧作品著作权的客体的观点在理论上具备一定的合理性。

2.戏剧作品的归属

在当前我国著作权法制度下，戏剧作品的本质含义是戏剧的剧本。据此，依据著作权法的相关规定，戏剧剧本的作者是戏剧作品的著作权人，而戏剧表演的其他参与者对各自能够形成著作权法客体的作品享有著作权。

从戏剧艺术整体的角度出发，将戏剧舞台表演看作是戏剧著作权的客体，则戏剧作品包括创作（包括剧本与舞台创作等）和表演（包括演员表演与灯光、音响等演出）两部分内容，戏剧作品的著作权由戏剧作品的作者，即由编剧、导演、舞台美术设计、灯光设计、配乐词曲作者、音响设计等人员作为共同作者享有著作权。但是，我们也应看到这种观点与当前我国立法存在较大的冲突，我国著作权法并不支持表演者取得著作权的观点，表演者只能通过表演者权的行使保护自己的合法权利。在实践中，大部分戏剧作品的创作属于《著作权法》第 11 条第 3 款规定的由法人或者其他组织主持完成的，其作品的著作权归属应属于法人或其他组织。至于与戏剧作品有关的编剧、导演、灯光、舞美等人员，他们不是作品的著作权人，但是可以依据相关法律规定享有署名权以及获得物质报酬的权利。

（二）舞蹈作品著作权归属

1. 舞蹈作品的本质含义

确定舞蹈作品著作权的归属同样应以明确舞蹈作品著作权的对象为前提。根据《著作权法实施条例》第 4 条第 6 项之规定，舞蹈作品是指通过连续的动作、姿势、表情等表现思想情感的作品。著作权法实施条例对舞蹈作品的这一定义具有以下特征：其一，该定义是对舞蹈作品的概括性定义，仅列举了舞蹈作品应具备的"连续的动作、姿势、表情""表现思想情感"等特征要素，没有概括出舞蹈作品的本质。其二，该定义过于抽象，没有对舞蹈作品的形式、规模等进行更为具体的描述，并且目前也没有相关的法律法规做出补充，不利于现实中舞蹈作品著作权纠纷的解决。由于现实中的舞蹈艺术存在多种形式，例如类似戏剧舞台演出的舞剧艺术，又如舞蹈教育教学与等级评价考试中供学生练习或由老师、学生创作的舞蹈艺术，再如以民间舞蹈艺术形式存在的舞蹈艺术，这之中每一类的舞蹈艺术都具有其自身的特征，因此有必要对舞蹈作品进行较为具体的定义。但我国著作权法并未明确规定舞蹈作品的类型、形式与表演规模等内容，这在一定程度上反映了我国著作权法对舞蹈作品的保护力度还存在不足。

总之，从字面上对舞蹈作品的定义加以理解，著作权法实施条例所指的舞蹈作品是舞蹈作品作者对舞蹈动作的设计，但究竟何种形式所表达的舞蹈动作设计能够成为著作权法保护的客体？无论是著作权法、著作权法实施条例，还是最高人民法院《关于审理著作权民事纠纷案件适用法律若干问题的解释》，都没有给出关于舞蹈作品内涵的明确答案。立法上的模糊性与不确定性导致学者们对于舞蹈作品的本质这一问题众说纷纭，总结起来主要有三种观点：其一，舞蹈作品是以文字或者其他符号等形式表现舞蹈设计的舞谱。其二，舞蹈作品是以录音或者录像等形式表现动作设计的音像制品。其三，舞蹈作品是指舞蹈表演者通过肢体所展现的舞蹈语言，即舞蹈作品是舞蹈动作。

笔者认为，舞蹈作品表现的是舞蹈创作者对舞蹈动作的独创性设计，舞蹈作品本身无疑是著作权法所保护的对象。著作权法所保护的舞蹈作品，应满足著作权法对于作品的要求，即（1）属于文学、艺术和科学领域内的智力成果；（2）须具有表达上的独创性；（3）能通过有形的形式加以复制。依据当前我国著作权法的规定，笔者认为，舞蹈作品是指以文字或者其他符号等形式表现舞蹈设计的舞谱。

关于舞蹈作品的涵盖范围，以歌舞剧形式或者汇编而成的晚会形式出现的舞蹈表演艺术不能成为舞蹈著作权保护的对象。舞蹈作品是以舞蹈语言展现舞蹈创作者创造性编排的作品，其著作权由舞蹈创作者所享有。而类似于戏剧舞台演出的舞剧演出是集舞蹈创作者、舞台导演、舞美设计者、服装设计者以及配乐设计者等等人员智力劳动的共同创造性成果，就其整体而言应属于著作权由合作作者共同享有的合作作品，因此不是由舞蹈创作者一人享有全部著作权的舞蹈作品。与之相似，以汇编晚会等形式出现的舞蹈演出，属于著作权法所说的汇编作品，即属于将他人作品或者他人作品的片段通过内容上选择或者顺序上的编排，汇集而成的新作品。汇编作品的作者对整个汇编作品享有著作权，但其汇编著作权并不影响被汇编的作品权利，原作品的著作权仍由原作者享有。可见，以汇编晚会形式存在的舞蹈演出属于汇编作品而不是单一的舞蹈作品。但其他形式的舞蹈艺术，例如舞蹈教学中创作的舞蹈作品、改编自民间舞蹈艺术的舞蹈作品等等，在符合著作权法关于作品要求的前提下，能够成为著作权法所规定的舞蹈作品，其权利应得到著作权法的保护。

对于舞蹈作品的表现形式，笔者认为，我们不能苛求所有舞蹈作品均需要以文字或者其他符号的形式加以表达，因为舞蹈艺术本身并不单单是动作的表现，而是舞蹈动作、表演者的表情、姿势、音乐节奏等诸多要素的结合，其中很多要素难以通过文字与符号的形式固定下来。因此，在满足著作权法对于作品之要求的前提下，应允许通过录音、录像、舞蹈动作甚至口头描述等形式对文字或者其他符号所表达的舞谱做出补充。另外，根据伯尔尼公约以及我国著作权法的相关原理，没有舞谱即兴发挥的舞蹈动作所形成的舞蹈作品也应当被认为是著作权法保护的对象。

2. 舞蹈作品的归属

基于对舞蹈作品本质的上述分析，同时结合《著作权法》第11条第1款之规定，舞蹈作品的著作权应当归属于以文字或者其他符号创作完成舞谱的作者。此外，法人或者其他组织依据《著作权法》第11条第2款可以被视为作者而享有舞蹈作品的著作权。

第二节　戏剧舞蹈作品著作权归属的界定

一、戏剧作品著作权归属界定

（一）戏剧作品著作权归剧本作者

如前所述，如果认为戏剧作品的本质是戏剧的剧本，那么戏剧作品的著作权应归属于剧本的创作者。这是目前我国著作权法律制度中的观点。

如果认为戏剧作品著作权的客体为整台的戏剧舞台演出而不仅仅是戏剧的剧本，则与之相对应的戏剧作品的著作权应归属于在戏剧的合作创作过程中付出创造性智力劳动的全体成员，即包括编剧、导演、舞台美术设计、灯光设计、配乐词曲作者、音响设计等在内的人员共同享有戏剧作品的著作权，但符合条件的法人或者其他组织仍然可以成为戏剧作品著作权的主体。虽然当前我国立法实践中并不支持这一理论，但这并不妨碍我们对这一理论的立法实践做出探讨，这样才能不断推动我国戏剧著作权制度的发展。

（二）戏剧作品其他参与者的权利

戏剧演出是多方人员共同参与完成的表演，但由于戏剧演出与戏剧作品概念并不等同，演出的参与人员并不都是戏剧作品的著作权人，因此有必要区分不同的参与人员，对他们的权利义务加以界定。在这里，我们根据参与戏剧演出的程度不同，主要就戏剧导演、舞台美术、道具、服装、音响设计、戏剧配乐词曲作者以及戏剧表演者等人员，并对他们各自享有的相关权利加以确定。

1. 戏剧导演、舞台美术、道具、服装、音响设计者享有的权利

在现实中，大多数戏剧作品的创作除了作者以外，离不开导演、舞美设计、服装设计、音响效果设计等人员的创造性贡献。除去作者或者剧团等法人或者其他组织主持创作的法人作品，其余戏剧作品的参与者也有权对作品享有一定的权利。但应注意的是，上述主体不能对作品的整体享有著作权，而是根据其工作内容享有在戏剧作品上的署名权和获得物质报酬权等权利。

2. 戏剧配乐词曲作者享有的权利

按照"剧本理论"的观点，配乐的词曲作者并不享有戏剧作品的著作权，但如果配乐能够单独成为音乐作品，那么词、曲作者能够就配乐单独享有著作权。

我国《著作权法》第3条明确规定了音乐作品能够成为著作权法保护的客体，我国著作权法实施条例对于音乐作品的定义是"歌曲、交响乐等能够演唱或者演奏的带词或者不带词的作品"。类似于戏剧剧本作者，由于能够单独构成著作权法保护的作品，戏剧作品中配乐的词曲作者能够单独享有音乐作品的著作权并能够单独行使其权利。

3. 戏剧表演者的权利

戏剧演员，确切的说法是戏剧作品表演者，是指戏剧舞台表演中以表演的方式展现戏剧作品的人。戏剧作品表演者通过对剧本的创造性演绎，借助其声音、形体、表情等肢体动作构成对戏剧作品的另一种形式的再造重现，赋予了戏剧作品生机活力与艺术感染力。

关于戏剧作品表演者的权利，详见本书第八章的内容。

二、舞蹈作品著作权归属界定

（一）舞蹈作品著作权归作者

根据著作权法的相关规定，舞蹈作品的著作权原则上由作品作者享有。因此，舞蹈舞谱的创作者能够享有舞蹈作品的著作权。著作权法的这一规定满足作者对其劳动成果享有权利的法理学观念，这也是法律对劳动者权利最基本的保障。

（二）不同类型舞蹈作品著作权归属

不同于戏剧舞台演出，舞蹈艺术表演依表演规模、体裁、舞种等的不同具有多种不同的存在形式，小到个人设计的一系列舞蹈动作，大到如戏剧表演班的整台舞蹈剧作，都是舞蹈艺术的存在形式。虽然说舞蹈作品的著作权原则上由舞谱的作者享有，但现实中依据舞蹈艺术的形式不同，舞蹈作品著作权的最终归属可能存在一定的差别。在此，笔者将根据舞蹈艺术演出的不同类型，讨论舞蹈作品的著作权归属界定中的特殊问题。

1. 舞蹈剧类型的舞蹈艺术形式

舞蹈剧类的舞蹈艺术是指类似于戏剧舞台演出的集合舞蹈表演、舞美设计、服装设计、音响设计等于一体的综合性艺术形式，例如舞蹈剧《云南印象》。这一类型的舞蹈艺术不单单是舞蹈作品作者的智力劳动成果，同时凝结了导演、舞美设计、灯光设计、配乐设计等人员的创造性智力劳动，因此可以说，舞蹈剧类的舞蹈艺术形式是舞蹈作品与其他作品相结合的产物，但就其整体而言，不再属于著作权法上规定的舞蹈作品的范畴，故不在这里展开讨论。笔者认为，这一类型的舞蹈艺术形式，是舞蹈创作者与其他形式的作品或者非作品创作者智力成果的结合，实质上是多方主体合作完成的。对于其中的舞蹈作品，其作者可以单独享有该部分舞蹈作品的著作权。

2. 舞蹈晚会类汇编舞蹈艺术形式

舞蹈晚会类舞蹈艺术是指汇编若干舞蹈作品、舞蹈作品片段或者不能构成舞蹈作品的舞蹈设计而成的舞蹈艺术形式，例如一台由各个舞蹈节目编排而成的舞蹈主题晚会。汇编类的舞蹈艺术，满足著作权法关于汇编作品的构成要求的，可以成为舞蹈汇编作品受到著作权法的保护。依据著作权法对于汇编作品的规定，汇编作品的作者就汇编而成的作品享有著作权，但其著作权与原作品的著作权并不相互干涉。因此，在汇编舞蹈艺术作品中，各个舞蹈节目的舞蹈作者享有各自舞蹈作品的著作权。

3. 民间艺术流传的舞蹈艺术作品

民间文学艺术是指由某一区域或者某一民族的群体以传统文化为依据，世代相传所创作出的反映该地域或民族文化和社会特征的文学艺术形式。虽然民间文学艺术作品依据《著作权法》第6条"民间文学艺术作品的著作权保护办法由国务院另行规定"而成为我国著作权法所规定的作品，但遗憾的是我国目前仍未出台有关法规规章对民间文学艺术作品著作权的归属与保护加以规定，民间文学艺术作品只能通过申请非物质文化遗产等方式寻求法律的保护。

当前民间舞蹈艺术作品的保护、研究与传播工作主要在两类主体的参与下进行：民间舞蹈作品整理者与改编者。其中，前者是指对散落于民间的舞蹈艺术作品或者以文字、图画等形式存在的对舞蹈作品的描述等材料进行梳理或者抢救性发掘工作的人，后者是指在现有民间舞蹈艺术作品或者其他材料的基础上进行内容和表现形式上改编的人。

民间舞蹈艺术乃至整个民间文学艺术的特点是通过民众的口传心授等途径传播，往往没有明确的文字或者图形、符号形式的记载。一旦口传心授式的传播中断，民间舞蹈艺术将淹没在历史的长河之中。这就要求对民间舞蹈艺术进行抢救式保护。通过对现存舞蹈资料、线索的整理和发掘，同时向老一辈民间舞蹈艺人请教学习民间舞蹈艺术，民间舞蹈艺术整理者通过自己的劳动拯救了一批批具有中华民族特色的民间舞蹈艺术。有争议的是，这里的"整理"是否等同于《著作权法》第12条所规定的归属于演绎行为的整理活动。1991年实施的著作权法实施条例曾对"整理"做出如下定义，"整理，指对内容零散、层次不清的已有文字作品或材料进行条理化、系统化的加工，如古籍的校点、补遗等"。根据这一定义，对民间舞蹈艺术作品的保护性梳理与记录应属于整理行为，整理成果应属于演绎作品。但1991年著作权法实施条例的这一规定已经在2001年新的著作权法实施条例中予以删除，对此的解释是"整理就是

'对内容零散、层次不清的已有文字作品或材料进行条理化、系统化的加工，如古籍的校点、补遗等'……这个说法基本上是不正确的……如果整理仅指古籍的校点、补遗等，就不存在整理权了……整理权属于演绎权，作者行使整理权产生的整理作品属于演绎作品……而古籍的校点、补遗并不产生演绎作品，只会产生制版权，即著作权法第三十五条规定的版式设计的权利"①。笔者认为，仅仅对民间舞蹈作品进行梳理与再现，不能构成著作权法意义上的新作品。以民间舞蹈艺术作品的整理为例，整理者的"劳动"是最大力度保持民间舞蹈艺术特征的保护性记录，不具备著作权法所要求的创造性智力贡献，否则将可能构成改编。因此，民间舞蹈艺术的整理者原则上不能成为民间舞蹈艺术的著作权人，但应根据整理者对民间舞蹈艺术作品保护所做出的贡献给予其相应的报酬或者奖励，以鼓励民间文学艺术的延续与传播。

民间舞蹈的改编者则能够在民间舞蹈艺术的基础之上，付出创造性的智力贡献，创作出具有独创性的新的舞蹈作品。有学者指出，在民间文学艺术作品的基础上进行再创作形成的作品属于演绎作品②，因此应适用演绎作品著作权的归属原则，改编者据此能够成为改编后舞蹈作品的著作权人。对此笔者并不认同。原因在于我们很难认定一切民间艺术作品都能构成著作权法意义上的作品，而只有对著作权法意义上作品的重新演绎才能构成演绎作品。据此，笔者认为改编者对改编的作品应享有原始的著作权。无论如何，改编者的著作权是在体现民族或者地域特色的民间舞蹈艺术的基础之上获得的，因此，其改编行为不得违背民间舞蹈作品的创作初衷，也不得改变民间舞蹈艺术中寄托民族和地域特色的情感与信仰的舞蹈动作等内容。

4. 舞蹈教育教学中创作的舞蹈作品

舞蹈教育教学中由学生、老师等创作的舞蹈，符合作品条件的能够成为著作权法所保护的舞蹈作品。其中，学生由于不存在任职于舞蹈学校的可能，其舞蹈作品不属于法人或者职务作品而应属于公民创作完成的作品，应由学生享

---

① 姚红：《中华人民共和国著作权法释义》，群众出版社2001年版，第105页。
② 陈锦川：《著作权审判原理解读与实务指导》（第一版），法律出版社2014年版，第29页。

有相关著作权法上的权益。对于老师创作的舞蹈作品，也应由公民个人享有著作权。原因在于，学校教师虽任职于舞蹈学校，但其本职工作是舞蹈艺术的教育教学而非舞蹈作品的创作，也不存在由舞蹈学校提供专门物质、资金和技术支持并承担责任的情形，不符合著作权法所规定的法人作品或者职务作品的构成条件。因此，此种类型的舞蹈作品仍应属于公民个人的作品。当然，如果该教师或者学生创作的舞蹈作品是由学校组织完成的或者主要利用了学校提供的物质技术条件，并由学校承担责任，相关作品应当属于职务作品，其著作权由学校享有。

第三节　著作权法规定的各类作品的归属

我国《著作权法》在第11条规定了著作权归属的一般原则。但是在现实生活中，戏剧和舞蹈作品的著作权往往不能简单地通过这一原则确定归属，因此，《著作权法》在第12至18条相继规定了特殊情形下著作权归属与行使的规则，具体来说，主要包括演绎作品、合作作品、汇编作品、职务作品、委托作品等作品的著作权规则。这些规则的运用能够帮助我们确定复杂的戏剧舞蹈作品的著作权归属，因此这些规则可以看作是对著作权归属一般原则的辅助。

一、戏剧舞蹈涉及的演绎作品归属

（一）戏剧舞蹈演绎作品的概念和特征

根据《著作权法》第12条的规定，戏剧舞蹈的演绎作品是指对已有的他人戏剧舞蹈作品进行翻译、改编、注释或者整理等智力劳动而产生的新的作品，也叫派生作品。戏剧舞蹈的演绎作品具备原作品与新作品两重性质：一方面，它是原戏剧舞蹈作品的派生，其基础为原作品，是原作品再一次传播的重要方式，其创造性智力劳动以演绎作者对原作品充分、正确的理解和把握为基础，是对原作品的再创作，因此没有原作品，也就谈不上演绎作品；另一方面，戏剧舞蹈的演绎作品之所以能够成为著作权法意义上的作品，是因为演绎作品能够独立符合著作权法中构成作品的要件，即具备独创性，属于文学、艺术和科学范围，并且能够以有形形式复制，正如有学者概括的那样，演绎作品的特点就在于它既包含有演绎者的独创性劳动成果，又保留了原作品的基本表达。

由于要求独创性，戏剧舞蹈的演绎作品必须与原作品有所区别，并且要求足以被认定具备独创性才能成为"作品"，因此单纯的抄袭、剽窃产生的没有智力性创新的作品，不能成为演绎作品。演绎作品可以是对一个或者多个原作品的演绎，例如演绎的舞蹈作品，可以融合一段或者多段的原有舞蹈作品，通过重新编舞创作成为新的舞蹈作品。

（二）戏剧舞蹈演绎作品的著作权归属

确定戏剧舞蹈的演绎作品的著作权归属与行使规则，应注意以下问题：第一，根据著作权法的规定，演绎作品的著作权属于演绎作者，例如根据小说改编的话剧剧本，其著作权归属于话剧剧本的作者。第二，演绎作者的演绎原则上应征得原作品作者的同意。依《著作权法》第10条的规定，改编权是著作权人享有的专属权利，在作品的著作权保护期限内未经其同意任何人不得擅自改编该作品，如将音乐作品改编成交响乐等其他形式，应征得原作者的同意。第三，演绎作者即便得到了原作品作者的同意，其改编、翻译、注释或者整理等智力活动也不得侵犯原作品作者的权利，例如翻译作品的作者应注明原作者姓名，否则将侵犯原作品作者的署名权。第四，戏剧舞蹈演绎作品一经创作完成，便产生独立的演绎作品著作权，这一新的著作权与原作品的著作权相互独立，互不干涉，例如原作品的著作权已过著作权保护期限，但演绎作品仍在保护期限内，则演绎作品的相关权益仍应受著作权法的保护。第五，原作者与演绎作者以外的第三人对演绎作品的使用，除应经过演绎作者的许可，也应征得原作者的同意。

此外，有学者对于未经原作者许可的改编作品作者是否享有著作权的问题存在争议。笔者认为，一方面，未经许可的演绎作品，是演绎作者的创造性智力劳动成果,从客观上满足著作权法对作品要件的规定,同时不存在阻止其被授予著作权的法定消极理由。另一方面,著作权法领域仍属私法域空间,应遵循"法无禁止则允许"之原则,既然演绎作品能够符合著作权法的规定而成为"作品",如果没有关于"未经原作者同意的演绎作品作者不享有著作权"的明确规定,则应承认著作权法对未经许可之演绎作者付出的创造性智力劳动的保护,承认其作者享有演绎作品的著作权。但应注意,即便承认未经许可的演绎作品著作权有效,其权利的行使仍存在很多障碍,因为演绎作者著作权的行使极有可能由于侵犯原作者的著作权而应承担侵权责任。可以认为,著作权法将规制未经同意的演绎行为的选择权交由原作者,原作者同意演绎的可以追认,不同意演绎的可以主张演绎作者的侵权责任。例如未经原作者同意的改编行为,本身侵犯了原作者的著作权,改编作者的复制权、发行权等其他权利也将因侵权而受限,但如果原作者认为改编行为将有利于其作品的传播而授予改编作者许可,则改编作者著作权的行使将不存在侵权事由。这样的处理原则,体现了著作权法上著作权的获得与著作权的行使相分离的特征,即承认未经许可的演绎作品可以取得著作权,但不意味着未经许可的演绎作品的作者可以随意行使其著作权以及随意许可他人使用其作品。[①]

二、戏剧舞蹈涉及的合作作品归属

(一)戏剧舞蹈合作作品的概念和特征

戏剧舞蹈合作作品是指两人以上共同通过创造性的智力劳动合作完成的戏剧舞蹈作品。"合作"有以下几层次含义:首先,要求作者为两人以上,只有一名作者的作品不能成为合作作品。其次,署名作者之间需要存在共同创作的合意,即存在相互协助、共同完成创作的主观意图。合意可以表现为明示约定的合意,即通过口头或者书面协议约定共同完成合作作品;也可以表现为默示

[①] 陈锦川:《著作权审判原理解读与实务指导》(第一版),法律出版社2014年版,第64页。

推定的合意，即没有明确约定，但从数名作者的某些共同创作行为推定其具备合作的意图。最后，著作权法要求每一名合作作者均对合作作品做出创造性智力贡献，没有付出创造性贡献的参与者不能成为合作作者，但这并不要求每一名合作作者参与到作品每一部分或者每一步骤的创作。依合作作品可以分割的程度，戏剧舞蹈合作作品分为可以分割的合作作品与不可分割的合作作品。

（二）戏剧舞蹈合作作品的著作权归属

由于戏剧舞蹈演出的内容和规模一般比较宏大，因此以合作方式完成的戏剧舞蹈作品并不罕见。依《著作权法》第13条与《著作权法实施条例》第9条、第14条等规定，我们可以总结出戏剧舞蹈合作作品的权利归属与行使的具体规则：第一，合作完成的戏剧舞蹈作品，其著作权由参加合作的作者共同享有。第二，可以分割使用的戏剧舞蹈合作作品的著作权具有两重性：一方面，每一合作作者对合作作品整体享有著作权；另一方面，每一合作作者可以对各自创作的可以分割的部分单独享有著作权，但单独行使著作权不得侵犯合作作品整体的著作权。第三，不可分割的戏剧舞蹈合作作品，其著作权由各合作作者共同享有，通过协商一致行使；不能协商一致，又无正当理由的，任何一方不得阻止他方行使除转让权以外的其他权利，但是所得收益应当合理分配给所有合作作者。第四，戏剧舞蹈合作作者之一死亡后，其对合作作品享有的著作权法规定的经济权利无人继承又无人受遗赠的，由其他合作作者享有。第五，戏剧舞蹈合作作品保护期限的计算，以最后一个合作作者死亡为准。

三、戏剧舞蹈涉及的汇编作品归属

（一）戏剧舞蹈汇编作品的概念和特征

根据《著作权法》第14条的规定，汇编作品是指汇编若干作品、作品的片段或者不构成作品的数据或者其他材料，对其内容的选择或者编排体现独创性的作品。汇编戏剧舞蹈作品的著作权由汇编人享有，但行使著作权时，不得侵犯原作品的著作权。

汇编而成的戏剧舞蹈作品具有集合性与独创性双重特征。集合性是指汇编作品是将他人作品、作品的片段或者不构成作品的数据或其他材料集合而成，所汇集的各个作品之间可以相互独立，也可以具备体裁、主题等等的关联性，例如整合了多段舞蹈作品的舞蹈演出就属于集合了众多舞蹈作品的汇编作品。独创性是指汇编的戏剧舞蹈作品在内容的选择或者编排上须体现作者的独创性智力成果。这里的独创性，并不是指汇编作者对原始作品进行内容上的独创性创造，而是指作者对汇编作品内容的选择与编排上具有独创性。独创性也是构成汇编作品的实质性要件，不具备独创性，则不能成为汇编作品。

（二）戏剧舞蹈汇编作品的著作权归属

戏剧舞蹈汇编作品的著作权由汇编作者享有，但并不意味着戏剧舞蹈汇编作品中集合的一切作品、作品片段以及不构成作品的数据或者其他材料的版权均由汇编作者享有。对于戏剧舞蹈汇编作品所集合的他人作品、作品片段，其著作权仍归原作者享有，汇编作者权利的行使不得侵犯原作者的著作权，而不构成作品的数据或者其他材料不能因为被收入汇编作品而获得著作权。具体来说，戏剧舞蹈汇编人对已受著作权法保护的戏剧舞蹈素材、作品片段等进行汇编的，必须征得原戏剧舞蹈素材、作品片段等著作权人的许可，不得擅自汇编，但法律另有规定的除外。此外，戏剧舞蹈汇编权是原作者享有的著作权中的财产性权利，汇编作者虽然得到了汇编该作品的许可，但无权干涉原作者对其作品的发行权或者再次许可他人汇编其作品的权利。最后，戏剧舞蹈汇编者还应向原作品的作者支付报酬。

四、戏剧舞蹈作品涉及的职务作品归属

（一）戏剧舞蹈职务作品的概念和特征

职务作品是现实中舞蹈和戏剧作品最为重要的存在形式。所谓职务作品，是指公民为完成法人或其他组织的工作任务而创作的作品。在欧美国家，职务作品又称雇佣作品，是指雇员在雇佣关系下所创作的作品。对于自然人在受

雇期间为了完成雇主交付的任务而创作的作品，许多国家的著作权法都规定雇主可以享有一定的著作财产权，或是允许雇主通过与作者签订合同而取得全部或部分财产权。如美国版权法和日本著作权法规定：对职务作品，视雇主为作者。

根据我国《著作权法》第16条第1款规定，公民为完成法人或者非法人单位工作任务所创作的戏剧舞蹈作品是职务作品。构成戏剧舞蹈职务作品，要求作者与单位之间存在劳动关系，即作者应当是单位的工作人员。这里的工作人员，包括正式的在编人员与临时从其他单位借调的工作人员，但不包括为完成某项戏剧舞蹈创作工作或者创作某个戏剧舞蹈作品而与单位缔结非劳动关系的人员。后者与单位之间关系实质上为委托关系，其创作完成的戏剧舞蹈作品应当作为委托作品处理。

（二）戏剧舞蹈职务作品的著作权归属

根据我国《著作权法》第16条的规定，戏剧舞蹈职务作品的著作权归属存在两种情形：

第一，一般职务作品的著作权归作者享有。通常情况下，职务作品的著作权归属于作者，但法人或者其他组织有权在其业务范围内优先使用。根据《著作权法》第16条第1款的规定，公民为了完成法人或者其他组织工作任务而完成的戏剧舞蹈作品，著作权由作者享有，但是，在作品完成两年内，未经单位同意，作者不得许可第三人以与单位使用的相同方式使用该作品；经单位同意，作者许可第三人以与单位使用的相同方式使用作品所获报酬，由作者与单位按约定的比例分配。作品完成两年的期限，自作者向单位交付作品之日起计算。① 这是我们常说的一般职务作品或者普通职务作品。

第二，特殊职务作品除署名权以外的著作权归单位享有。《著作权法》第16条第2款规定了作者享有署名权、由法人或者其他组织享有著作权的其他权利的特殊职务作品。特殊职务作品主要包括两类，其一是主要是利用法人或者其他组织的物质技术条件创作，并由法人或者其他组织承担责任的工程

---

① 《中华人民共和国著作权法实施条例》第12条。

设计图、产品设计图、地图、计算机软件等职务作品。这里的"物质条件"是指该法人或者该组织为公民完成创作专门提供的资金、设备或者资料。① 其二是法律、行政法规规定或者合同约定由法人或者其他组织享有著作权的职务作品。

在确定戏剧舞蹈职务作品的归属时，还应注意区分职务作品与法人作品。法人戏剧舞蹈作品，依《著作权法》第11条第3款的规定，是指由法人或者其他组织主持，代表法人或者其他组织意志创作，并由法人或者其他组织承担责任的戏剧舞蹈作品，法人或者其他组织视为该作品的作者，享有该作品著作权。而职务作品与法人作品最大的区别在于，职务作品体现的是作者自己的意志，而法人作品的创作者则代表法人或其他组织的意志完成作品的创作，其创作过程没有付出自己的独创性智力贡献。由于著作权法保护的是作者的独创性智力成果，上述区别也导致了虽然同为戏剧舞蹈作品的自然人创作者，但最终职务作品的作者能够享有著作权，而法人作品的创作者只能享有获得报酬的权利。

五、戏剧舞蹈作品涉及的委托作品归属

（一）戏剧舞蹈委托作品的概念和特征

戏剧舞蹈委托作品是指作者接受他人委托而创作的戏剧舞蹈作品。对于委托作品来说，一般双方当事人会约定，受托人按照合同要求创作作品，创作完成后应当提供给委托人使用，而委托人应当按照约定的范围和方式使用并向受托人支付报酬。由于委托作品在很多方面与雇佣作品相似，所以在欧美国家一般把委托作品归入雇佣作品，或者视为雇佣作品的一种特殊情形。

戏剧舞蹈委托作品一般具有以下几个特点：第一，委托作品的创作不是作者自发进行的，并且作者不能根据自己的意志决定作品的内容和形式，而

---

① 《中华人民共和国著作权法实施条例》第11条第2款。

要受委托人特定要求的约束；第二，委托作品的内容由委托人对外承担责任，而不是由受托人承担；第三，委托创作一般是有偿的，即委托创作完成后，委托人应当向受托人支付创作的报酬，支付的数额、方式和期限等由委托合同约定。

（二）戏剧舞蹈委托作品的著作权归属

根据《著作权法》第17条的规定，受委托创作的戏剧舞蹈作品，著作权的归属由委托人和受托人通过合同约定，合同未做明确约定或者没有订立合同的，著作权属于受托人。这一规定一方面尊重委托人与受托人在委托合同中表现的自由意志，有效促进委托作品的使用与传播。另一方面，原本在委托关系中处于一定被动、弱势地位的受托人的合法权益，在合同没有规定委托作品著作权归属的情况下也得到了一定的保护。当然，由于委托作品是受托人基于委托人的委托而产生的作品，即便在双方对作品著作权归属没有约定而由受托人享有著作权的情形下，委托人仍然可以在委托合同中约定的使用范围内使用该作品[1]，受托人在行使著作权时不得妨碍委托人的正当使用。在依照委托合同由委托人享有委托作品著作权的情形下，受托人不享有委托作品著作权的财产性权利，而只能依据委托合同向委托人主张获得报酬。我国著作权法关于委托戏剧舞蹈作品的著作权归属的原则更多地体现了契约精神，有利于委托双方在戏剧舞蹈作品创作过程中自由意志的表现和对双方权利的保护。

---

[1] 最高人民法院《关于审理著作权民事纠纷案件适用法律若干问题的解释（法释[2002]31号）》第21条。

第四节 典型案例评析

一、茅迪芳诉张继钢等侵犯著作权纠纷案[①]

(一) 案件的基本情况

2005年春晚,中国21个平均年龄21岁的聋哑演员将舞蹈《千手观音》演绎得惟妙惟肖,领舞邰丽华和编导张继钢也随着该舞蹈走红成为家喻户晓的人物。然而,在演出成功后不久,2006年9月,原告茅迪芳以舞蹈《吉祥天女》著作权人的身份向法院起诉,称被告张继钢、中国残疾人艺术团侵犯了其舞蹈作品《吉祥天女》的著作权。原告茅迪芳诉被告张继钢(被告一)、被告中国残疾人艺术团(被告二,以下简称艺术团)侵犯著作权纠纷一案,由北京市海淀区人民法院进行公开审理。

原告茅迪芳诉称:1987年12月,原告编导的《吉祥天女》舞蹈作品在北京军区政治部战友文工团"纪念建团五十周年"首次公开演出;此后由于时代背景以及演出形式的需要,舞蹈《吉祥天女》也叫《千手观音》《大佛》。2005年春节,被告一以编导身份署名并由被告二在中央电视台公开演出《千手观音》,《千手观音》在结构、道具、表演者性别设置、静态造型、动态造型、音乐篇章、节奏等方面与《吉祥天女》是一致的,而且刘露是《吉祥天女》的领舞又是《千手观音》的辅导排练老师,从而二被告行为构成侵权。综上,原告请求法院判令:(1)被告一停止侵权;(2)二被告在《新浪网》《中国法制日报》《北京青年报》《北京晚报》《中国时报》《北京青年周末》《南方周末》上澄清事实真相并公开向原告赔礼道歉;(3)二被告连带赔偿原告经济损失和精

---

① 见北京市海淀区人民法院(2006)海民初字第26765号民事判决书。

神损害共100万元,其中经济损失90万元,精神损害10万元。

被告张继钢、艺术团共同辩称:第一,《吉祥天女》是茅迪芳与顾晓舟共同创作的职务作品,著作权属于北京军区政治部战友文工团,茅迪芳不是舞蹈《吉祥天女》的著作权人,并非本案适格的原告;第二,《千手观音》与《吉祥天女》是本质上不同的两个舞蹈,不构成实质相似,两者在主题立意、舞蹈结构、音乐、人物形态、舞蹈画面、动作韵律、表演情绪、舞美服饰等各个方面,均存在本质上的不同,原告采用的对比方式存在问题;第三,刘露并未参与《千手观音》的创作;第四,原告的起诉违反了诚实信用原则,属于滥用诉权行为。

(二)案件的审理结果

海淀区人民法院经审理认为:

1. 关于舞蹈《吉祥天女》的著作权的权属

舞蹈的创作需要必要的物质技术条件(专门的资金、设备、资料等)并应由权利人承担相应的责任,以保证演员排练完成连续的动作、姿势、表情以表现思想情感;必要时,人体的动作还应与音乐、服装等因素相结合以表达特定的主题,如传统芭蕾舞《天鹅湖》中演员的动作与柴可夫斯基的音乐合拍,再比如舞蹈《红色娘子军》中女演员穿军装以表明战士的身份。

在本案中,《吉祥天女》舞蹈是文工团为参加全军第五届文艺会演而组织创作、全额投资的作品。作为文工团的编导,茅迪芳、顾晓舟参加创作是其本职工作,二人既未提供专门的资金、设备、资料(茅迪芳的一元购书款由单位付出),也无须对此承担责任(二人均无须为演员支付工资报酬),鉴于舞蹈的音乐、服装、灯光、舞美另有设计人员,茅迪芳只享有编导的署名权,其主张整体著作权,无事实与法律依据,证据不足,本院不予支持。

2. 关于《千手观音》是否构成对《吉祥天女》的侵权

从本案两舞蹈的对比情况来看:

(1)音乐、服装、舞美、灯光都可以与动作结合表达特定的主题和思想情感,如使用《吉祥天女》舞蹈的音乐将《吉祥天女》舞蹈与《千手观音》舞蹈比较,需改变动作的节奏,才能构成相似;又比如,《千手观音》演员改穿《吉祥天女》的演员的服装表演《千手观音》舞蹈，将难以实现原有的艺术效果。因此，在进行两个舞蹈的比较时，这些因素应给予必要的注意。《吉祥天女》和《千手观音》的这些因素并不相同，据此不能确定两个舞蹈实质性相似。

（2）动作比较。动作的比较应是两个舞蹈连续性的可表达一定思想情感的完整动作的比较。在本案中，茅迪芳选择了《吉祥天女》与《千手观音》舞蹈26处部分演员的部分动作进行比较，很多动作造型并不相同，不能构成实质性相似，而且：

①不是完整的舞蹈结构和舞蹈画面的对比，而是选择画面的片段进行对比，如同选择两部小说中的字、词甚至笔画进行对比一样，据此并不能判断作品的思想表达相同或相近似。

②改变两个舞蹈的动作节奏和顺序，甚至进行错位粘贴，进行动态比较，事实上改变了原舞蹈的内容。

③顺风旗、商羊腿是我国传统舞蹈动作，大佛的形象亦属于公有领域的信息，据此创作出的舞蹈静态动作不可避免地会出现相同或相近似的情况，但这种公有领域的思想内容不应为个人所独占。

综上，茅迪芳作为《吉祥天女》署名编导，有权主张自己的署名权，二被告辩称其未经另一署名编导顾晓舟的同意不能单独起诉，于法无据，本院不予支持。虽然刘露原为《吉祥天女》的领舞又是《千手观音》的辅导排练老师，但鉴于茅迪芳并不享有署名权之外的其他权利，且《吉祥天女》舞蹈与《千手观音》舞蹈并不构成实质性相似，故茅迪芳以《吉祥天女》著作权人的名义主张二被告的《千手观音》舞蹈构成侵权，要求二被告承担侵权责任，与事实不符，与法相悖，本院不予支持。

据此，北京市海淀区人民法院做出一审判决，驳回了原告茅迪芳的全部诉讼请求。案件宣判后，原、被告双方均服从判决，没有提出上诉。

（三）对案件的法律分析

1. 对本案案由的分析

本案案由为侵犯著作权纠纷。具体来说，原告主张其为舞蹈《吉祥天女》的作者，享有完整的著作权；二被告的舞蹈作品《千手观音》构成了与《吉祥天女》的实质相似，本质上就是自己的作品《吉祥天女》；二被告在使用该作品过程中没有标明原告是作者，也没有向原告支付费用，侵犯了原告的署名权与著作经济权利。

对于民事侵权案件，侵权法理论"四要件说"认为侵权行为成立的一般要件包括：侵权行为的违法性、存在损害事实、侵权行为与损害事实之间存在因果关系以及行为人主观上存在过错。但就著作权领域的侵权行为，其构成要件与一般侵权行为存在一定差异。笔者认为，上述四要件中，只有侵权行为的违法性能够成为著作权侵权行为的成立要件，亦即著作权侵权行为只要求该行为违反著作权法的相关规定即构成对著作权人的侵权行为。其理由在于：第一，著作权客体等智力成果是无形财产，不同于所有权等对应的有形财产，无形财产的损失与否难以判断，且遭受损失以后难以进行补救，因此对著作权的保护应解决"即发"侵权行为，而不应等到有了实际损害才能提起保护，故"四要件说"中的存在损害事实之条件无须适用。① 第二，既然不要求损害作为著作权法的侵权要件，自然无须要求侵权行为存在损害结果与行为之间的因果联系，因此"四要件说"中的因果联系要件便无从适用。第三，从我国《著作权法》第47、48条"有下列侵权行为的，应当根据情况，承担停止侵害、消除影响、赔礼道歉、赔偿损失等民事责任……""有下列侵权行为的，应当根据情况，承担停止侵害、消除影响、赔礼道歉、赔偿损失等民事责任……"等可知，著作权法的侵权行为并不要求行为人认识到自己的行为侵犯了他人的著作权，只要符合了著作权法的规定即应承担相应责任，例如未经著作权人许可，发表其作品即构成侵犯著作权的行为，不论行为人主观认识如何，甚至不论是否造成损失。

侵犯著作权的行为的构成要件只有存在侵犯著作权的违法行为。据此，构成著作权侵权行为，即本案原告的主张成立需具备以下实质条件：（1）被侵犯

---

① 《中华人民共和国著作权法》第50条规定，"著作权人或者与著作权有关的权利人有证据证明他人正在实施或者即将实施侵犯其权利的行为，如不及时制止将会使其合法权益受到难以弥补的损害的，可以在起诉前向人民法院申请采取责令停止有关行为和财产保全的措施"。可见，我国著作权法未禁止将保护著作权的底线置于损失发生之后。这一立法取舍能够证实著作权法未将损害作为侵权行为成立之要件。

对象属于著作权法保护的范围;(2)受侵犯的权益属于著作权范围;(3)受侵犯著作权人的著作权合法、有效;(4)存在违法行为,且该行为不属于著作权法规定的合理使用等情形。在本案中,争议舞蹈作品属于著作权法所规定的客体,舞蹈作品作者的署名权与相关财产权利属于著作权法所规定的合法权益且本案不存在合理使用等情形。因此,本案争议焦点为原告是否是舞蹈作品《吉祥天女》的著作权人、《吉祥天女》与《千手观音》是否构成实质性相似以及被告的行为是否违反著作权法的规定。

2.《吉祥天女》的著作权归属

根据本书的观点,舞蹈作品的著作权原则上归属于舞蹈作品的作者,其例外即如特殊职务作品中的作者仅享有署名权,而其他权利由单位享有。《吉祥天女》是特殊职务作品之典型。

法院在认定《吉祥天女》属于职务作品的过程中,重点考察了以下几个方面:

(1)作品创作的物质技术条件。"舞蹈的创作需要必要的物质技术条件(专门的资金、设备、资料等)并应由权利人承担相应的责任",必要时还与音乐、服装等因素相结合以表达特定的主题。《吉祥天女》的投资、演职人员工资与其他费用均由文工团承担,且相关技术手段的支持也由文工团提供。

(2)作品的完成时间。《吉祥天女》是由原告与案外人顾晓舟任职于某文工团期间完成的工作任务。因此,该作品的创作是基于原告的本职工作任务而进行的,属于职务作品。

(3)作品创作的目的与组织工作。《吉祥天女》是文工团为参加全军第五届文艺会演,组织创作、全额投资制作的作品。该舞蹈作品的创作工作是在文工团的组织与支持之下展开的,其创作过程并非完全基于原告一人的意愿。

综上,《吉祥天女》属于《著作权法》第16条第2款规定的"主要是利用法人或者其他组织的物质技术条件创作,并由法人或者其他组织承担责任"的特殊职务作品,其作者享有署名权,著作权的其他权利由该文工团享有。因此,即便法院认定《千手观音》与《吉祥天女》实质相同,原告也不能成为《千手观音》完全的著作权人,更不能主张被告赔偿其经济损失。

3.《千手观音》与《吉祥天女》的比对

由于舞蹈作品自身的特殊性，作品与被控侵权作品之间的比对成为延缓舞蹈著作权制度发展的重大阻力。这也将是我国著作权纠纷处理机制不断发展的进程中不可避免的一战。

本案中，人民法院结合静态与动态对比，比较二者特定主题与情感的表达方法，对比二者的舞蹈动作、节奏与编排，最终认为这两部舞蹈作品不能构成实质性的相似。所谓静态对比，是依据舞蹈或其他作品能够以文字与符号等直观、静态形式所展现的作品特征，对不同作品进行比较，判断是否相同或相似。所谓动态对比，是依据舞蹈等作品通过演员的肢体语言、表情变化以及舞蹈动作编排等所展现的动态特征，对不同作品进行比较，判断是否相同或相似。由于舞蹈作品的特殊性，单纯的静态或者单纯的动态均不足以展现舞蹈作品全部的特征，因此简单地通过静态对比或者动态对比，均不足以完整判断不同舞蹈作品是否实质上相似。由于判断两个作品是否构成实质相似是判断是否存在侵权的重要过程，因此只有通过静、动结合的比对方式，才能完整、全面地对不同舞蹈作品是否成立侵权加以判定。

根据法院的判决及理由，我们可以得出以下结论：

（1）整体舞蹈所表达的思想不能仅凭不完整的舞蹈结构、舞蹈画面甚至精心选择画面进行比对，而应从舞蹈整体的情感展现入手，结合音乐、节奏的变化加以考察。

（2）舞蹈作品是通过舞蹈动作及其编排的设计展现情感的作品，因此，舞蹈动作的相同或者相似不代表舞蹈所展现的思想相同或者相似，同样不代表舞蹈作品的相同或者相似。

（3）传统舞蹈动作与公有领域信息所代表的思想感情难免出现相同或者相似，这一类思想内容如果被独占，将是著作权的滥用。

从整体上来讲，本案是著作权侵权纠纷案件中极具代表性的案件，法院对两部舞蹈作品著作权归属的判断与相似程度的判定为今后舞蹈作品侵权纠纷案件的审理与判决做出了指引。一方面，人民法院注重舞蹈作品著作权归属的认定，而后紧密围绕著作权的归属问题判断侵权等纠纷是否成立。另一方面，法院强调在判断舞蹈作品侵权与否之时，以作品整体思想情感表达为基础，注重寻找舞蹈等作品静、动两方面的差异，绝不能仅凭微观层面的相同或者相似而认定作品宏观上面的相同或者相似。

4.《千手观音》是否构成侵权

如前所述，著作权侵权行为的构成要件包括受侵犯著作权人的著作权合法、有效以及存在违法行为等。在本案中，由于原告并不对舞蹈作品《千手观音》享有合法、有效的著作权，也就不存在针对合法、有效著作权而为的违法行为，即不存在侵权行为。

5. 总结

本案审理过程中主要有两个关键问题：

（1）争议作品的著作权归属认定。根据前面的分析可知，原告虽然是舞蹈作品《吉祥天女》的创作者之一，但由于该作品属于特殊职务作品，原告仅享有《吉祥天女》作品的署名权，著作权的其他权利由该文工团享有。

（2）通过比对，人民法院最终认定《吉祥天女》与《千手观音》不存在实质性相同，也就是说两部舞蹈作品相互独立，互相不干涉对方的权利行使。

据此，作为《千手观音》的著作权人，二被告对其著作权的合理行使不受《吉祥天女》作品著作人身权和财产权的限制。原告主张二被告侵犯其著作权与其他财产权利的理由不能成立，人民法院做出如上判决。

第五章　戏剧舞蹈作品著作权的保护期限

一般来说，著作权制度旨在保护在文学、艺术和科学领域具有独创性并能以某种有形形式复制的智力成果的作者对其作品所享有的合法权利。这里的"保护"是指著作权法意义上的著作权人所享有的著作人身权与财产权不受他人侵犯，同时著作权人在著作权法的框架内得以最大限度地传播、利用其作品并从中获得精神与财产上的权益。但我们也应看到，任何法律对权利的保护都是有条件、有限制的，而没有限制的保护将成为垄断。体现在著作权法上，作者的著作权会受到时、空两重限制。我国实行著作权自愿登记制度，因此著作权产生于作品的创作完成而不要求经过行政管理部门的登记或者注册。但是，著作权的取得无须登记、注册并不意味着著作权是无时间限制的永恒权利。依据我国著作权法的规定，著作权人的著作权受到保护期限的限制，超过保护期限，则权利人将丧失其权利。

根据著作权法对著作权保护期限的规定可知，保护期限的一大重要意义在于衡量著作权主体的权益是否仍处于著作权的保护之下。如前述，原则上作为戏剧舞蹈作品创作者的作者能够成为其作品著作权主体享有著作权，但这并不意味着著作权人都能够享有永恒的著作权。因此，我国司法实践中往往将著作权是否超过保护期作为一项重要的事实在案件审理过程中加以明确，例如在戏剧舞蹈著作权侵权案件中，侵权事实的成立须以著作权存在且未超过保护期为条件。若经法院查明，争议的戏剧舞蹈作品已经超过了著作权法所规定的著作权保护期限，则被控侵权的行为将因涉案作品不存在合法权利而不能成立。

第一节　戏剧舞蹈作品作者人身权的保护期限

一、著作人身权保护期限的一般原则

著作人身权,也被称为著作精神权利,是著作权法中的重要内容。对于戏剧舞蹈作品来说,著作人身权是指戏剧和舞蹈等作品的著作权人对其作品所享有的与人身属性密切相关而又不直接涉及财产性内容的权利。依著作权法的规定,戏剧舞蹈作品的著作人身权包括发表权、署名权、修改权与保护作品完整权。

世界各国对于著作权中人身权利的规定略有差异,大体存在两种体例:其一,通过立法明确规定著作权人的人身权利的保护期限,如法国著作权法明确规定了著作权法中的精神权利是不可分割、无期限以及不可侵犯的。[1] 其二,未明确规定人身或者精神权利的期限而规定著作权统一的保护期限,如日本著作权法,仅仅规定了著作权的保护期限存续到作者死亡后50年。[2]

我国戏剧与舞蹈作品著作人身权的保护期限,由我国著作人身权保护期限的一般原则确定。我国《著作权法》第20条对除发表权以外的著作人身权的保护期限进行了规定,即作者的署名权、修改权、保护作品完整权的保护期不受限制。原则上著作人身权由创作完成作品的自然人享有,但法律规定法人或者其他组织能够被视为作者而享有著作人身权。在此,著作权法并没有对作者的类型加以区分,原因在于既然都是无期限的保护,则没有必要区分自然人还是法人或者其他组织。对于发表权的保护期限,我国著作权法对自然人与法人或者其他组织进行了不同的规定。《著作权法》第21条第1款规定,公民的发

---

[1] 法国《版权法》第4章。
[2] 日本《版权法》第51条第2款。

表权保护期为作者终生及其死亡后50年,截止于作者死亡后第50年的12月31日,合作作品的保护期限计算以最后死亡的作者为准。该条第2款规定,法人或者其他组织的作品、著作权(署名权除外)由法人或者其他组织享有的职务作品,其发表权保护期为50年,截止于作品首次发表后第50年的12月31日,但作品自创作完成后50年内未发表的,著作权法不再保护。应注意的是,伯尔尼公约对于期限的起算时间有着不同的规定,即作者死后的保护期和其他期限从其死亡或其他事件发生之时开始,但这种期限应从死亡或者所述事件发生之后次年的1月1日开始计算。对比这两条的规定,可以看出伯尔尼公约规定的期限起算方式相对来说更为具体,有利于减少纠纷的发生。

二、戏剧舞蹈作品著作人身权的保护期限

对于戏剧作品与舞蹈作品,我国著作权法没有也不宜单独规定其著作权的保护期限。理由在于,不同种类、不同作者性质的作品具有较为统一的保护期限计算规则体现了著作权法保护期限规定的一致性。一致性的意义在于为作品著作权的保护期提供了一定的确定性,降低作品的著作权与所有权流转关系中的交易成本,降低交易风险,同时能够有效减小不同著作权法管辖地域的作品流转中因保护期限计算产生诉讼的风险,促进作品市场交易。这样的一致性不仅体现在我国著作权法,也在其他各国著作权立法甚至著作权国际公约中得到体现。一致性并不要求不同类型的作品具有相同的保护期限,只要相同类型的作品能够得到著作权法相同时间长度上的保护即可,这是著作权保护期限特殊性的体现。此外,特殊性也体现在国际立法层面,即我们无法要求所有国家关于著作权保护期限制定相同的计算规则。尽管如此,仍存在通过国际公约使得保护期限在一定范围内达成一致的先例,例如伯尔尼公约规定,公约对著作权予以保护的期限为作者终生及其死后50年,参与伯尔尼公约的许多国家纷纷效仿,以作者终生及其死后50年作为著作权的保护期限。这一做法能够在一定程度上缓解各个国家之间著作权保护期限的差异,促进智力成果的国际交易。综上,我国著作权法没有针对戏剧与舞蹈作品制定特殊的保护期限,故戏

剧舞蹈作品的保护期限仍应遵循著作权保护期限的一般原则。

三、戏剧舞蹈作品不同著作人身权的保护期限

（一）戏剧舞蹈作品署名权、修改权与保护作品完整权的保护期限

戏剧舞蹈作者的署名权、修改权和保护作品完整权不存在保护期限的问题，不论作者是公民还是法人或者其他组织，其著作人身权应永久受到著作权法的保护。这一规定意味着戏剧和舞蹈作品的作者能够永久地享有对戏剧和舞蹈作品的署名与修改等权利，而无论该作品是否得到发行，只不过作者的权利有可能由其权利继承人享有。笔者认为，署名权、修改权与保护作品完整权是作者所享有的最基本的权利，它们不存在权利超过时效而丧失的问题，即作品不会因为上述权利超过时效而进入公共领域，恰恰相反，这三项权利是对著作权人权利最基本的保护，属于著作权私领域的范围。

此外，依据《著作权法实施条例》第15条的规定，戏剧舞蹈作品作者死亡后，其著作权中的署名权、修改权和保护作品完整权由作者的继承人或者受遗赠人保护。若戏剧舞蹈作品的著作权无人继承又无人受遗赠的，其署名权、修改权和保护作品完整权由著作权行政管理部门保护。

（二）戏剧舞蹈作品发表权的保护期限

通常来讲，作品的发表是作品传播的开始，而著作权的一系列财产性权利正是由于作品的发表与传播才能得到体现，作品所具有的财产性价值才能得以彰显。若赋予作者以永恒的发表权，会产生戏剧和舞蹈等作品发表的消极氛围，不利于戏剧舞蹈作品的积极发表与传播，这是有违著作权法保障文学、艺术与科学领域作品有效传播的立法初衷的。这正是发表权与作者所享有的其他人身权利最大的区别。因此，著作权法将作者发表权与著作财产权规定相同的保护期限，能够在保障作者相关权益的同时，有效促进作品的发表、流通与传播，体现了公共利益与作者个人权益的平衡。

不同于署名权、修改权与保护作品完整权，戏剧舞蹈作品作者发表权的保

护期限不是永恒的，著作权法对发表权的保护期限采取了与著作财产权相同的规定。根据《著作权法》第 21 条的规定，戏剧和舞蹈作品作者的著作发表权始于作品完成，保护期限为 50 年。

此外，《著作权法实施条例》第 17 条还规定了遗作作品的发表方式，即作者生前未发表，且未明确表示不发表的，作品继承人或者受遗赠人可以在作者死亡后行使发表权；没有继承人或者受遗赠人的，可以由作品的原件所有人行使发表权。戏剧和舞蹈领域的遗作作品仍然适用该规定，但应注意的是，无论该作品由谁发表，都应当在作者死亡后的 50 年内进行。

（三）戏剧舞蹈合作作品的发表权保护期限

根据《著作权法》第 21 条的规定，戏剧舞蹈合作作品发表权保护期限起始时间的计算以最后死亡作者的死亡时间为准，该规定仅适用于合作作者全部为自然人的情形。由于法人或者其他组织并没有死亡一说，因此由法人或者其他组织与自然人完成合作作品以及数个法人或者其他组织完成的合作作品不能适用该条规定。对于这两种合作作品，笔者认为，由于数个法人或者其他组织共同创作的合作作品仍然只有一个首次发表时间，因此以该首次发表时间向后推算 50 年的保护期限不存在争议，故由法人或者其他组织完成的合作作品保护期限仍然是自该作品首次发表起算，并截止于首次发表后第 50 年的 12 月 31 日。对于自然人与法人或者其他组织共同完成的合作作品，由于存在自然人作者死亡以及作品首次发表两个著作权保护期的起算点，可能在计算著作权保护期限的过程中会出现争议。出于保护著作权人的考虑，应明确该类合作作品的发表权与财产性权利保护期限参照自然人作者的著作权保护期限与法人或者其他组织作者的著作权保护期限，以二者中相对较长的期限为准。

（四）法人或者其他组织的戏剧舞蹈作品发表权保护期限

法人作品与职务作品是我国戏剧和舞蹈作品存在的重要形式。由于一般职务作品、法人作品和特殊职务作品在权利归属与著作权期限确定方式等问题上存在一定的差异，所以，厘清相关作品发表权的保护期限问题至关重要。根据《著作权法》第 21 条第 2 款的规定，法人或者其他组织的作品、著作权（署名权除外）由法人或者其他组织享有的职务作品，其发表权的保护期限为 50 年，以作品首次发表为起算点，但作品自创作完成后 50 年内未发表的，将不再受著作权法的保护。这一规定与限制发表权保护期限的作用相似，是为了督促作品著作权人积极地行使其著作权利，发挥着促进著作权作品有效利用与流转的作用。而根据《著作权法》第 16 条第 1 款的规定，一般职务作品的著作权由完成作品的公民享有，实质上仍属于"公民的作品"，其作者发表权与其他著作财产权保护期的确定仍应遵循《著作权法》第 21 条第 1 款之规定。

此外，上述第 21 条第 2 款规定使用了"法人或者其他组织的作品、著作权（署名权除外）由法人或者其他组织享有的职务作品"的表述，再次明确了特殊职务作品不是法人作品。可见，特殊职务作品的著作权人获得著作权的法律依据不是法人或者其他组织被视为作者，而是依据法律的直接规定取得著作权。

第二节　戏剧舞蹈作品财产权的保护期限

一、著作财产权保护期限的一般原则

著作财产权同样是著作权人的重要权利。著作财产权主要包括戏剧和舞蹈等作品的著作权人对作品以复制、发行、出租、展览、放映、广播、网络传播、摄制、改编、翻译、汇编等方式使用的权利。一直以来，与上述作品使用方式紧密连接的著作财产权都是著作权人的重要权益，随着国家对著作权保护力度的不断加大，著作权人的财产性权利得到了有效的保护。

著作权人能够通过行使相关财产性权利获得著作权上的财产收益，但是，这样的财产性权利不是无限制的。对著作财产权最为普遍的限制就来自于著作权法规定的著作财产权保护期限，一旦著作财产权超过保护期限，著作权人的

相关权利将不再受到法律保护。我国《著作权法》第 21 条就规定，公民作品的著作财产权保护期限为作者终生及其死亡后 50 年，截止于作者死亡后第 50 年的 12 月 31 日，如果是合作作品，截止于最后死亡的作者死亡后第 50 年的 12 月 31 日。

二、戏剧舞蹈作品著作财产权的保护期限

如前所述，著作权法并未对戏剧舞蹈作品著作财产权的保护期限做专门规定，因此，戏剧舞蹈作品的著作财产权保护期限仍应依据《著作权法》第 21 条的规定加以确定。

（一）自然人戏剧舞蹈作品的著作财产权保护期限

属于自然人作品的戏剧舞蹈作品，其著作财产权的保护期限为作者有生之年直至死亡后第 50 年的 12 月 31 日。这一规定同样适用于作者是自然人的外国人或者无国籍人的情形。

（二）法人或者其他组织戏剧舞蹈作品的著作财产权保护期限

属于法人或者其他组织作品的戏剧舞蹈作品，其著作财产权的保护期限为作品首次发表至首次发表后第 50 年的 12 月 31 日；未发表的作品，自创作完成后超过 50 年的不再受著作权法保护。

（三）戏剧舞蹈合作作品的著作财产权保护期限

对于合作作品著作财产权的保护期限，应当区分以下不同的情形：

（1）合作作者为多名自然人的戏剧舞蹈作品，其著作财产权的保护期限应以合作作者中最后死亡的一方计算，即保护期限为最后死亡的作者有生之年直至死亡后第 50 年的 12 月 31 日。

（2）合作作者包括自然人与法人或者其他组织的戏剧舞蹈作品，其作品著作财产权的保护期限应比较两个时间长度来确定，即选择时间跨度较大的期限作为该合作作品著作财产权的保护期限。此情形涉及两个时间跨度，第一个时

间跨度为自然人作者终生及其死亡后第 50 年的 12 月 31 日，第二个时间跨度为作品首次发表至首次发表后第 50 年的 12 月 31 日，二者分别对应了自然人为作者以及法人或者其他组织为作者的保护期限长度。通过时间跨度的比较我们可以得出这样的结论，即在自然人作者有生之年发表的作品应以第一个时间跨度为著作财产权的保护期限，而在自然人作者死后发表的作品，其著作财产权保护期限的长度则以第二个时间跨度为准。

（四）作者身份不明时作品的著作财产权保护期限

根据我国《著作权法实施条例》第 18 条的规定，作者身份不明的作品，其著作财产权的保护期限截止于作品首次发表后第 50 年的 12 月 31 日。作者身份确定后，适用著作权法关于作品保护期限的规定。

根据上述规定，若在实践中，出现作者身份不明的戏剧舞蹈作品，其著作财产权的保护期限截止于作品首次发表后第 50 年的 12 月 31 日。待作者身份确定后，仍应适用《著作权法》第 21 条的一般性规定。

（五）作品通过转让等方式流转对著作权保护期限的影响

实践中，著作权价值通常是通过作品以及著作权的流转实现的，而著作财产权的流转将会导致著作权主体的变化，例如公民将自己享有著作权的戏剧舞蹈作品的财产权转让给法人或者其他企业的情形，这样的转让是否会导致著作财产权保护期限的变动？著作权法并未对著作财产权转让或者通过其他方式转移著作财产权后的保护期限变动做出规定，但根据著作权保护期限的一致性原则，保护期限的随意变动将带来作品价值的不确定性，会导致著作权交易风险的陡增，不利于实现著作权法的制定目的。此外，如果允许著作财产权保护期限根据作品的流转而发生变动，将会产生以延长作品保护期限为目的的恶意转让，不利于作品的充分、有效利用。因此，笔者认为无论著作财产权通过转让，还是赠与等方式流转，以至著作权的继承，都不能改变作品的保护期限。即作品通过转让等方式流转对作品著作财产权的保护期限不产生影响，相关作品仍在原规定期限内受法律保护。

第三节　戏剧舞蹈作品进入公共领域的保护

一、著作权公共领域概述

（一）公共领域的概念与特征

"公共领域"这一概念在 19 世纪的伯尔尼公约中首次被应用于知识产权领域。早期学者对于公共领域的描述是："没有附属任何私人权利的知识产权将成为公共领域中的共有产权"。① 在著作权领域，它是指超过著作权保护期的作品和著作权法所明确声明不予保护的作品及其他客体所处的抽象空间，处于公共领域内的作品没有附加任何私权利。应当注意，这里的私权利应当只包括财产权利，原因在于世界大多数国家均规定著作权法对著作人身权利的保护不受时效限制，因此不存在作品超出著作人身权保护范围而进入公共领域的问题。

由于公共领域这一概念过于抽象，对于我们的理解造成了一定的困难。笔者认为，可以从与"公共领域"相对应的概念"私有领域"入手加以理解。由于著作权人对于其作品的著作权在一定范围内享有排他性的权利，这一排他性的权利使得著作权保护的客体处于著作权人的私有领域之内，而超出著作权保护期限的作品以及著作权法明确规定不属于著作权客体范围的作品则不在私有领域之内，这些作品所处的范围形成的抽象空间就是著作权法上的公共领域，例如超出著作权保护期限的戏剧和舞蹈作品将进入公共领域而得到更为广泛的利用。

公共领域的特征在于公共领域内的作品之上未附加任何的私人财产权利。因此，公共领域内的作品可以由社会公众自由使用。

---

① ［美］哈丁：《公地的悲剧》，载《科学》1968 年。

（二）公共领域理论的发展

曾经的主流观点一度认为，著作权意义上的作品一旦进入公共领域就意味着作品耗尽了其经济价值，而作品经济价值的耗尽是对著作权人权利的剥夺，因此当时的人们认为应当尽量延长著作权时效并尽量扩大著作权法的客体范围。事实上，许多国家的立法实践亦如此，著作权扩张主要体现在以下几方面：第一，著作权客体的扩张。自1709年世界上第一部著作权法——英国的《安娜法》颁布至今，著作权的客体从最初的文字作品以及书面形式的美术、音乐作品逐渐扩展至文字作品、口述作品、音乐、戏剧、曲艺、舞蹈、杂技艺术作品、美术、建筑作品、摄影作品、电影作品、计算机软件作品等等。第二，著作权权利内容的扩张。著作权的权利内容从最初的复制权、发行权扩展至复制、发行、演绎、传播以及信息网络传播权等等方面。第三，著作权保护期限的扩张。著作权法的保护期限也从《安娜法》规定的14年逐渐扩大到当前伯尔尼公约以及世界多数国家规定的50年，澳大利亚、意大利、法国等国家甚至规定著作权的保护期限为70年。在这样的立法精神指导之下，著作权的作用不断受到公众的重视，著作权客体的保护范围呈现出不断增加的趋势，而著作权法上的公共领域则不断衰减。自20世纪晚期以来，著作权范围的过度延伸逐渐显现其弊端，即新作品的创作过程极易触犯受著作权保护的作品导致侵权行为的发生，这一现象造成社会范围内包括戏剧和舞蹈作品在内的不同类型的作品创新能力的严重下降。

目前，美国与欧洲一些国家的学者已经意识到公共领域不断衰减的严重后果，通过开展理论研讨等方式不断探讨公共领域问题的重要性。就此而言，我国学界对于著作权公共领域问题的研究仍然十分薄弱，也有一些学者对这一问题在不断进行着理论探讨，但尚没有较为系统的著作对这一问题进行完整论述。相信随着近年来公共领域问题热度的不断提升，理论中对于这一问题讨论的不断深入将会促进著作权制度的整体发展与进步。

（三）公共领域与著作权的关系

从公共领域的概念我们可以看出，它与著作权领域存在互补关系，它是指没有被著作权法所保护的作品的集合。但另一方面，我们也应该看到公共领域具备重要的正面价值，对于著作权制度的发展至关重要。

1. 公共领域的正面价值

如前所述，公共领域内的作品最初被认为是不具备经济价值的。而公共领域存在的积极意义是在著作权范围不断扩大、社会创造能力下降的情况下逐渐被人们认识到的。但无论如何，公共领域的重要正面价值已经得到重视。

谈到公共领域的正面价值，我们不得不对于作品的创作过程加以了解。关于作品的创作过程，美国知识产权学者冈茨和罗切斯特在《数字时代，盗版无罪？》一书中描述道："所有的艺术不都是模仿而来的吗？自从荷马（Homer）以来，述说故事的人不都是取自别人的创意吗？莫奈不是学自塞尚？海明威不是学自屠格涅夫？昆汀·塔伦狄诺不是学自戈达尔吗？"[①] H.威廉斯（H.Williams）对于人类的创作做出如下描述："作品的创作过程在本质上是通过对当前已存资料的一种再解读、组合、变革和再解读，产生新的资料、新作品的过程。这一过程从客观现存的资料开始，而这种资料既包括作者自己的经验，也包括作者可以从他处获取的故事、价值、观念等，这些资料都处于一个社会文化背景当中。因此，创作的过程既是创造的过程，又是被给予的过程。"[②] 作者实际上是处于"创作链"上的，每个作者都是早先作者的后续作者，而其自身也不过是后续作者的早先作者罢了。[③]

笔者认为，任何作品的创作完成都有赖于其他现存作品的存在，现存作品对于新作品而言既可能是创作灵感，也可能是作品借鉴。公共领域的存在正是为著作权客体的产生起到促进与帮助作用，它是作品创作的重要基础。从历史发展的角度来看，也正是存在作品经由创作完成取得著作权并经过著作权时效后作品进入公共领域的过程，使得人类文化在不断的发展进程之中仍然存在不竭的创新能力。

---

① [美]约翰·冈茨、杰克·罗切斯特著，周晓琪译：《数字时代，盗版无罪？》，法律出版社 2008 年版，第 31 页。

② Susan H. Williams. A Feminist Reassessrnent of Civil Soeiety. *Indiana Law Journal*, 1997: 126.

③ 冯晓青：《知识产权法利益平衡论》，中国政法大学出版社 2006 年版，第 604 页。

2. 公共领域与著作权领域的辩证关系

历史上曾有观点认为公共领域的存在不利于著作权人的权利得到法律的保护，这是典型的公共领域与著作权相互对立的观点。随着人们对于公共领域认识的不断深入，当前的主流观点认为公共领域与著作权的"私领域"存在辩证的关系。一方面，著作权的存在产生和发展了公共领域。公共领域的产生有赖于著作权"私领域"的界定，同时，著作权私领域超过保护期限的作品不断进入公共领域，公共领域因此吸纳了不被著作权私领域保护的作品以及超过著作权时效的作品。另一方面，公共领域的存在又为后续作品的创作提供了宝贵的创作源泉与借鉴。毫不为过地说，公共领域如同人类创作的摇篮，它来源于著作权作品，又哺育了著作权作品的产生。

（四）公共领域的保护原则

由于公共领域对于作品的创作创新作用显著，在著作权制度不断完善的当今社会，法律不能再一味强调作者权利的强化与保护，而应当协调作者以及公共大众等各方面的利益，使得著作权与公共的创新能力以及社会的文化底蕴得以共存、共赢发展。因此，对公共领域的保护应当遵循利益平衡原则。

我国《著作权法》第1条对于著作权法的立法目的做出了如下描述，"为保护文学、艺术和科学作品作者的著作权，以及与著作权有关的权益，鼓励有益于社会主义精神文明、物质文明建设的作品的创作和传播，促进社会主义文化和科学事业的发展与繁荣，根据宪法制定本法"。可见，著作权制度的设定应当符合兼顾各方利益的利益平衡原则。利益平衡原则是指，著作权法应当在发展著作权人权利的同时注意对社会公共利益的保护。保护公共领域就是要兼顾各方利益，实现利益平衡。著作权客体范围的不断扩大，著作权权能的不断增加，著作权期限的不断延长等等，都体现了著作权法对著作权人权益保护的不断加强。而我们知道，实现利益平衡，即实现著作权人个人权利义务与社会公众权利义务的平衡，必然要求解决当前存在的社会公共利益与著作权人利益严重冲突的问题，否则公共领域受到不断的侵蚀，社会公众的公共利益将难以得到保障。这就要求著作权法将著作权人的排他性权利确定在一个合适的范围之内，在允许著作权人就其作品享有排他性权利的同时，注重保护社会公众从公共领域获得使用公共作品的权利，兼顾鼓励作品的创造与创新以及社会创造能力与文化背景等利益。笔者认为，在保障著作权人权利的同时，应当加大力度发展公共文化事业，加强保障公共言论的自由，鼓励公共领域作品的传播、交流与合理利用，使得公众文化需求得以满足，促进公共文化资源向文学等作品的转化。

二、戏剧舞蹈作品的公共领域问题

（一）一般戏剧舞蹈作品的公共领域问题

公共领域对于戏剧、舞蹈以及其他著作权法保护的作品而言，意义在于公共领域内的作品能够得到社会公众的充分使用，而这些作品的充分使用又会进一步促进新作品的产生。如果说公共领域以外的私领域是公民、法人或者其他组织个人著作权益的体现，与之相对，公共领域则是公众文化、艺术与科教权利的体现。同时，公共领域内作品形式、种类、体裁与内容等的丰富与否代表着一个国家科学文化事业以及著作权制度的发达程度。

此外，由于不满足著作权法对于"作品"要件的规定，数据、公式或者法律法规等不能构成作品，这些没有受到著作权法保护的数据、公式以及法律法规等内容自然地处于公共领域之中，可以由公众使用。正如有学者指出的那样，公共领域的存在有其正当性。[1] 任何作品的创作都不能说纯粹是单个作者的努力的成果，无论戏剧作品的编剧在他人戏剧表演基础上编写的新的剧本，还是舞蹈艺术家对其他舞蹈动作、作品进行的改编或者重新编排而成的新的舞蹈作品，都需要利用到他人已经创作完成的成果。这体现了创作的本质属性，但也使得我们在作者所创作的作品中难以清晰地区分作者使用的创作原材料与作者的独创性成果。这里所说的创作原材料正是源于公共领域中的作品、作品片段甚至不能构成作品的戏剧创意、为人熟知的舞蹈动作等材料。可以说公共领域为新作品的创作提供了不竭的源泉与动力，而过分强调著作权的私属性将

---

[1] 冯晓青：《著作权法中的公共领域理论》，载《湘潭大学学报》（哲学社会科学版）2006年第1期。

不断挤压公共领域，使得作品的创作与使用陷入著作权私领域的包围之中。因此，公共领域的这一重要特质也为公共领域存在的正当性提供了有力支撑。

笔者认为，对于著作权领域的作品，判断其是否进入公共领域的标准在于该作品是否附着有能够阻碍他人对该作品进行"使用"的私权利，特别是私属性财产权利，而无论这种使用是否带有商业目的。例如，任何人都可以在网络上发布一首李白的诗词，没有人有权主张其行为侵权，但任何人将他人创作的尚在著作权保护期内的歌曲用于商业目的的使用，则应承担对该音乐作品著作权人的侵权责任；即便是不具备商业目的的使用，也可能存在侵犯他人发表权等权益的情形。侵权责任就是对社会公众使用作品行为的阻碍。在上述例子中，前者我们认为李白的作品已经进入了公共领域而可以被社会公众所使用，后者则由于作品上附着有著作权法上的财产性权利或者发表权而仍未进入公共领域。当然，需要明确的是，侵犯作者署名权、修改权以及保护作品完整权产生的侵权责任不属于这里所说的对公众使用作品的阻碍，因为，即便使用已经进入公共领域内的作品仍应对作品作者享有的上述三项人身权利给予充分的保护，这是著作权法制度的底线，而非公、私领域的界线。在著作权法所规定的著作财产权保护期限内，作品将处于私人权利的干涉之下，任何公民对该作品的使用均受到私属性的发表权与财产权的限制与制约。这种限制使得著作财产权保护期限内的作品将不能进入公共领域，而超过著作权保护期限的作品进入公共领域将得到社会公众的广泛使用。综上所述，戏剧舞蹈作品进入公共领域以该作品所附着的发表权以及著作财产权利的保护期限届满为标志，即戏剧舞蹈作品自作者发表权与著作财产权保护期限届满之日起进入公共领域。

另外，有学者提出，相比于美国与欧盟等国家和地区的规定，当前我国著作权法规定的保护期限较短而应予以延长。[1] 笔者认为，公共领域的观点意味着著作权保护期限并不是越长越好。随着著作财产权保护期限的强化，过度保护著作权人利益的趋势将导致公共领域的范围一步步受到限制与压缩。由于公共领域为公众的创作活动提供了大量可用的素材与创作原材料，公共领域的缩减将意味着公共层面作品创新能力的下降。因此，表面看来延长著作权保护的

---

[1] 马屈玉：《浅析著作权保护期限延长的原因》，载《知识经济》2012年第19期。

期限将有利于著作权人精神与财产权利的实现,但这恰恰意味着公众权益的丧失。任何事物都需要找到相互制约、平衡的平衡点,著作财产权与公共权益的平衡不应被轻易打破。一旦延长著作财产权的保护期限,无疑将进一步限制我国文学、艺术以及科学领域的创造能力,不利于我国文学、艺术和科学事业的繁荣与发展。

(二)民间文学艺术作品的公共领域问题

传统著作权理论认为,民间艺术作品本身并不属于著作权客体范围,而只有经过改编等方式再创作而成的作品能够受到著作权法的保护。因此,民间文学艺术作品与著作权法中"作品"概念的内涵存在较大差异。笔者认为,民间文学艺术作品应属于公共领域,它是公共领域内某一区域民族、民族传统文化的存在方式,也是著作权中传统文学作品的重要来源。例如,我国具有丰富的民间戏剧和舞蹈作品等民间文学艺术资源,著作权法不能直接将这些珍贵的民间文学资源认定为某一个私人主体所有,因为一旦将某一民间戏剧舞蹈艺术作为著作权客体加以保护,其他人未经许可无法再就该艺术作品进行传播、演绎或者再创作,因此会给本就流传范围有限的民间戏剧舞蹈艺术作品的传播与推广带来更大限制,这是对民间传统文化的浪费与不当保护。

笔者认为,某一民族或者地区的民间戏剧舞蹈艺术作品,是基于该地区自身的文学和社会基础以及民众自然的生活方式,为了满足传统社区自身的需要而创作,并在长期的历史过程中得以不断发展、延续的文化传统,它是该民族或者地区全体民众所共有的财富。民间戏剧舞蹈艺术作品客观上无法满足著作权的条件,因为并不存在确切的作者可以享有民间戏剧舞蹈艺术作品的著作权,或者说,自古以来这一民族或者这一地区的全体成员均对作品的传承、发展、演变做出了各自的贡献。民间戏剧舞蹈作品仍然处于不断的传承、演变和发展过程中,如果对其给予著作权保护,可能会人为地干预和影响民间戏剧舞蹈作品的自然延续方式,甚至阻断它的流传与延续。对民间戏剧舞蹈艺术作品的保护,应当注重对民族、地区传统文化的保护与传承,但这一保护与传承显然无法完全通过授予著作权的方式完成。

另外,属于民间文学艺术的戏剧舞蹈等作品,它们反映的是某一个民族、某一个区域或者某一个国家所特有的文化现象。公共领域的观点认为，它们是一种区域性的公地财产，属于某一小范围的公地成员所有，①而排除该公地成员外的成员。②民间文学艺术总是在特定的群体、地区内延绵不断地进行活态、有变异性的传承，只要某一民间文学艺术仍然在某一传统社区流传，就仍然处于该社区群体创作的过程中，并且属于该群体。③在世界多元文化共同发展的今天，应当更加注重我国传统民间戏剧舞蹈艺术的保护，使其免受外来文化的影响，以保持传统艺术的民间特色。

第四节 典型案例评析

胡蓉蓉等诉上海芭蕾舞团侵犯著作权纠纷案④

（一）案件的基本情况

原告胡蓉蓉、林泱泱、程代辉、肖炎、彭文文、彭焱焱与被告上海芭蕾舞团侵犯著作权纠纷一案，经上海市中级人民法院审理，并达成调解。

原告胡蓉蓉、林泱泱、程代辉、肖炎、彭文文、彭焱焱诉称，原告胡蓉蓉于1960年起任上海市舞蹈学校（以下简称舞校）副校长。1963年，她在运用西方芭蕾舞的表现手法，并汲取中国民族民间舞蹈的基础上，改编歌剧《白毛

---

① ［澳］彼得·德霍斯著，周林译：《知识财产法哲学》，商务出版社2008年版，第67－68页。
② 黄汇：《公共领域作品保护问题探讨》，载《知识产权》2008年版第3期。
③ 李杨：《祸合与超越：传统知识保护的知识产权困境解读》，载《大连理工大学学报》（社会科学版）2009年第3期。
④ 改编自（2007）沪一中民五（知）初字第191号民事调解书。

女》，于 1964 年 6 月完成小型芭蕾舞剧《白毛女》的创作，傅艾棣（已故）任编导助理。1964 年 10 月，中型芭蕾舞剧《白毛女》创作完成，同年在徐汇剧场演出，获得观众好评和市委领导的肯定，并指示将中型芭蕾舞剧《白毛女》发展为大型芭蕾舞剧。1964 年末，原告林泱泱、程代辉加入创作组，与胡蓉蓉、傅艾棣共同创作大型芭蕾舞剧《白毛女》。四位编导先完成剧本的创作，再根据剧本情节和人物特点设计、创编舞蹈，然后根据舞台效果的需要等对整场芭蕾舞剧进行综合加工、排练。1965 年 5 月，大型芭蕾舞剧《白毛女》创作完成，并于"上海之春"首演成功，1994 年荣获"中华民族 20 世纪舞剧经典作品"金奖。被告成立于 1979 年，前身为舞校《白毛女》剧组，胡蓉蓉为首任团长。1984 年，被告开始芭蕾舞剧《白毛女》的演出，至今演出近 2000 场，获得了巨大经济利益，却从未向原告支付作品使用报酬。

六原告认为，大型芭蕾舞剧《白毛女》的剧本编写和舞蹈设计、编导由原告胡蓉蓉、林泱泱、程代辉和傅艾棣四人共同完成，为成功创作芭蕾舞剧《白毛女》，原告付出了艰辛的创造性劳动，按照著作权法的规定，原告对该剧的剧本和舞蹈享有著作权。被告迄今演出该剧近 2000 场，却从未向原告支付报酬，显然有悖法律、法规。原告肖炎、彭文文、彭焱焱作为傅艾棣的继承人，依法享有包括获得报酬权在内的相关权利。在多次与被告交涉无果的情况下，六原告请求本院依法判令被告立即停止演出芭蕾舞剧《白毛女》。

（二）案件的审理结果

经人民法院主持调解，双方当事人自愿达成如下调解协议：

（1）原告胡蓉蓉、林泱泱、程代辉、肖炎、彭文文、彭焱焱承认被告上海芭蕾舞团享有芭蕾舞剧《白毛女》的整体著作权和演出权。原告胡蓉蓉、林泱泱、程代辉以及傅艾棣作为芭蕾舞剧《白毛女》的编导人员，依法享有在芭蕾舞剧《白毛女》上署名并获得报酬的权利。

（2）六原告放弃对被告 2004 年 12 月 31 日前演出芭蕾舞剧《白毛女》报酬的追偿。

（3）对 2005 年 1 月 1 日起至 2007 年 12 月 31 日内的演出，被告自本调解书生效之日起 5 日内一次性向六原告支付报酬人民币 40000 元。

（4）对2008年1月1日起至芭蕾舞剧《白毛女》舞蹈著作权保护期内的演出，被告应按照每场演出收入3.5%的标准向六原告（或其继承人）支付报酬。

（5）对2008年1月1日起至芭蕾舞剧《白毛女》舞蹈著作权保护期内的其他收入（即除演出之外的收入，包括出版光盘、图书、许可第三方演出等），被告也应按照该收入3.5%的标准向六原告（或其继承人）支付报酬。

（6）六原告同意：自本协议签署后如有任何第三人向被告主张与六原告相同的版权，且该第三人提供的材料能够证明其主张的，则被告应支付给芭蕾舞剧《白毛女》编导的报酬标准中应包含该第三人，具体分配比例与被告无关，由六原告与该第三人协商。

（7）被告保证向六原告提供的其2005年1月1日至芭蕾舞剧《白毛女》舞蹈著作权保护期内收入的情况真实。六原告（或其继承人）享有核实被告收入情况的权利，且为保证六原告（或其继承人）的前述权利，被告应向六原告（或其继承人）提供所涉演出的场次明细表（内容包括时间、地点、票价、收入统计）以及演出合同等，并应于每年年末向六原告（或其继承人）提供上述材料。被告提供的收入情况应当真实和准确，如经双方核实后确认收入有缺少的，对于缺少的部分，被告应及时补足。若经六原告催款后仍不补足的，被告应按差额的两倍支付给六原告（或其继承人）。

（8）六原告内部分配自行解决，与被告无关。

（9）本协议经双方当事人签字或盖章后生效。

（10）本协议生效后，双方均应严格遵守。若有违约，应承担违约之责任。

（11）本协议未尽事宜，双方可协商或按照相关法律解决。

（12）双方当事人无其他争议。

（三）对案件的法律分析

本案中，六原告认为大型芭蕾舞剧《白毛女》的剧本编写和舞蹈设计、编导由原告胡蓉蓉、林泱泱、程代辉和傅艾棣四人共同完成，按照著作权法的规定，四名作者对该剧的剧本和舞蹈享有著作权，原告肖炎、彭文文、彭焱焱作为傅艾棣的继承人，依法享有包括获得报酬权在内的相关权利，故在法定保护期限内有权主张被告停止其侵权行为。

本案属于著作权侵权纠纷。根据在《千手观音》一案中的分析，我们曾经得出了关于著作权侵权纠纷的构成要件，即被侵犯对象属于著作权法保护的范围、受侵犯的权益属于著作权范围、受侵犯著作权人的著作权合法、有效以及被控侵权行为违法且不属于"合理使用"等情形。明确争议作品的著作权归属情况仍是著作权侵权审理的重中之重，原因在于这一争议的解决将在很大程度上有助于法院查明原告是否享有合法、有效的著作权，这也是厘清本案权利义务关系的关键。

另外，本案原告肖炎、彭文文和彭焱焱主张著作权的前提条件是他们作为著作权人的继承人能够享有著作权法规定的起诉、应诉的权利。我国《著作权法》第19条第1款规定，著作权属于公民的，公民死亡后，其本法第10条第1款第5项至第17项规定的权利在本法规定的保护期内，依照继承法的规定转移。因此，继承人享有的著作权并不是无限的，只有在著作权保护期限内，继承人才能够主张被继承人在著作权法上的相关权利。此外，本案原告主张被告承担著作权法规定的侵权责任，这一要求也只有在著作权的保护期限之内才能够得到法院的支持。可见，确定本案涉案作品的著作权保护期限是审理本案的前提。

另外，下面就本案的一些具体问题再简要分析如下：

1.《白毛女》的著作权归属

本案中，原告主张争议作品《白毛女》的剧本编写和舞蹈设计、编导由原告胡蓉蓉、林泱泱、程代辉和傅艾棣四人共同完成。虽然经过人民法院主持的调解，原被告双方达成调解协议，原告承认被告上海芭蕾舞团享有芭蕾舞剧《白毛女》的整体著作权和演出权，但由于原被告双方在调解协议中为达成调解协议或者和解的目的做出妥协所涉及的对案件事实的认可，不得在其后的诉讼中作为对其不利的证据，[①] 我们不能因此认为法院经过审理认定了《白毛女》的著作权归属于上海芭蕾舞团。正相反，通过争议作品的创作时间与被告成立时间上的推算，我们大致可以确定《白毛女》舞剧是在被告单位成立之前

---

① 最高人民法院《关于民事诉讼证据的若干规定》第67条。

完成创作并首次发表的作品，因此该作品既不是原告任职于被告单位时完成的职务作品，也不是由被告单位单独完成的法人作品。被告单位若主张享有对舞剧《白毛女》的著作权，其可能的途径只能是通过其前身上海市舞蹈学校继承而来。

争议作品是主创人员之一胡蓉蓉任职于上海市舞蹈学校期间创作的舞蹈作品，由于创作舞蹈作品并非舞蹈学校的本职工作任务，即原告胡蓉蓉的创作行为并非为完成其工作任务，若没有证据证明该作品的完成主要使用了舞蹈学校的物质技术条件并由舞蹈学校承担责任，则可以排除争议作品属于职务作品的可能。此外，也没有充分证据能够证明该作品是由舞蹈学校主持、代表舞蹈学校意志创作、并由舞蹈学校承担责任的作品，可以排除该作品属于法人作品的可能。因此，可以排除被告单位从其前身上海市舞蹈学校处继承《白毛女》之著作权的可能。笔者认为，如果没有充足的证据能够认定争议作品属于上海市舞蹈学校或被告单位的法人或者职务作品，应承认四名主创人员共同创作完成该作品，并享有该合作作品的著作权。在此情形下，原被告双方在调解协议中对争议作品著作权归属做出了不同的约定，如不损害国家、社会和他人的合法权益，应视为合法协议。

2.《白毛女》舞剧是否构成侵权

虽然本案以调解结案，人民法院并未对本案原告主张的侵权事实做出认定，但根据前文的分析，笔者认为，争议作品的著作权应由四名原告共同享有，而被告行为已经构成了对原告合法、有效著作权的侵犯，应由被告承担相应的侵权责任。

3.《白毛女》作品保护期限的确定

根据著作权法的相关规定，著作权的保护期限严格与作品创作者的身份相挂钩，即除所有作品作者的署名权、修改权、保护作品完整权不受保护期限制以外，作者的发表权与其他著作财产权的保护期依创作主体的身份不同而存在差异。其中，公民的作品，其发表权与其他著作财产权的保护期为作者终生及其死亡后50年，截止于作者死亡后第50年的12月31日；法人或者其他组织的作品，其发表权与其他著作财产权的保护期截止于作品首次发表后第50年的12月31日。应注意，这里的"公民的作品"与"法人或者其他组织的作品",并非指作品的作者是公民或者法人,而是指作品著作权的原始权利人是公民还是法人或者其他组织。可见,明晰作品创作人员以及作品的性质是确定作品保护期的关键所在。

在本案调解书中,没有明确提及《白毛女》的著作权保护期限,这导致我们只能从该作品的作者,准确来讲是从该作品的原始著作权归属情况来推断其保护期。根据我们先前的推论,在本案调解书生效之前舞剧《白毛女》不属于法人作品或者特殊职务作品,其著作权并非由上海市舞蹈学校或者后来成立的被告单位所享有。依著作权归属的原则,我们可以认为该作品的原始著作权由作品的四名创作者享有,即本案争议作品属于作者均为公民的合作作品。本案中的特殊情形在于,原、被告双方通过调解协议再次约定了著作权的归属,这一约定将著作权人从公民变更为法人或者其他组织。笔者认为,这一约定的意义类似于作品的赠与,实质上是著作权的流转,但无论著作权如何流转、著作权人如何变更,都不能改变作品的保护期,否则著作权的投资与交易将变得不再安全,不利于鼓励作品的创作以及维护著作权交易市场的健康发展。

根据《著作权法》第21条之规定,舞剧《白毛女》作者的署名权、修改权、保护作品完整权不受保护期限制;作者发表权与其他著作财产权的保护期为作者终生及其死亡后50年,截止于作者死亡后第50年的12月31日。另由于本案作品属于合作作品,其保护期应截止于最后死亡的作者死亡后第50年的12月31日。依本案原、被告双方达成的调解协议,原告在上述期限内将享有按比例获得舞剧演出报酬及其他收入的权利,同时将有权知晓舞剧获得的收入情况。

第六章　戏剧舞蹈作品著作权的限制

第一节　著作权限制概述

一、著作权限制的含义

著作权的限制又称"著作权的例外",是指国家在建立著作权保护制度的同时,为了国家的经济、文化和科技事业的发展,以及社会公共利益的需要,在法律上对作者及其他著作权人所享有的著作权做出的某些限制性规定的制度。著作权限制制度建立的理论基础是利益平衡,其主要的功能在于平衡作品创作者与社会公众的利益,确保公众能接触和使用作品,从而促进整个社会科学文化事业的进步。[①] 目前,国际公约、各国著作权法在提供了对著作权人合法利益保护的同时,均规定了对著作权人的权利限制条款。

对著作权进行保护的目的不但在于保护作者的正当权益,鼓励他们创作文学、艺术和科学作品的积极性,而且在于促进作品的传播与使用,丰富人们的精神文化生活,推动经济的发展和人类社会的进步。著作权法在保护作者及其他著作权人和传播者利益的同时,还必须保护国家、社会、使用者的公共利益。因此,著作权人在享受权利的同时,也应当承担一定的义务,这些义务主要通过对著作权的限制来体现。

---

① 刘铭:《浅谈著作权限制》,载《京都律师》2014 年 2 月。

二、著作权限制的内容

著作权限制的内容主要包括保护范围的限制、保护期限的限制、保护地域的限制和权能的限制。

（一）保护范围的限制

保护范围的限制是指著作权所保护的客体的范围是由法律确认的。我国《著作权法》第3条对著作权的客体做了明确规定，只有规定范围内的作品才能够受到著作权法的保护。另外，我国《著作权法》第5条将具有通用性质的历法、通用数表、通用表格、时事新闻以及法律、法规等官方文件、资料等排除在著作权客体的范围之外，这也进一步说明并不是所有的作品都能获得著作权的保护。

（二）保护期限的限制

保护期限的限制，是指各国根据本国情况对著作权的保护期做了不同的规定，期限届满，作品进入公共领域，人人都可以自由使用。我国著作权法对于著作权保护期限也有具体的规定，对著作人身权保护期限，我国《著作权法》第20条做了规定，即作者的署名权、修改权、保护作品完整权的保护期不受限制。作者的署名权、修改权、保护作品完整权与作者的人身联系最为紧密，即使是作者死亡后，他人也不得侵犯。法人或其他组织作品的著作人身权，由法人或其他组织享有，享有著作人身权的法人或其他组织变更、终止时，其著作人身权由承受其权利义务的法人或其他组织进行保护；没有承受其权利义务的法人或其他组织的，著作人身权则由国家主管部门保护其不受侵犯。对作品著作财产权保护期，绝大多数国家著作权法均规定，公民的作品的著作财产权保护期为作者有生之年加死后50年，我国在制定著作权法时，参照伯尔尼公约要求的最低标准，规定了作者有生之年加死后50年的著作财产权保护期。对于法人或其他组织的作品的保护，我国著作权法规定，法人或其他组织的作品，著作权（署名权除外）由法人或其他组织享有的职务作品，其发表权、《著作权法》第10条第1款第5项至第17项规定的权利的保护期为50年，截止于作品首次发表后第 50 年的 12 月 31 日，但作品自创作完成后 50 年内未发表的，著作权法则不再保护。另外，我国著作权法规定，对著作人身权中的发表权，其保护期与著作财产权保护期相同，为作者终生加死后 50 年。

关于戏剧舞蹈作品著作权保护期限的问题，详见本书第五章的内容。

（三）保护地域的限制

保护地域的限制，主要是指在一国境内获得的著作权，仅在该国境内有效，该国原则上没有保护外国作品的义务，除非该国法律另有规定。我国著作权的地域限制主要体现在第 2 条第 3 款的规定："外国人、无国籍人的作品首先在中国境内出版的，依照本法享有著作权"，以及第 4 款的规定："未与中国签订协议或者共同参加国际条约的国家的作者以及无国籍人的作品首次在中国参加的国际条约的成员国出版的，或者在成员国和非成员国同时出版的，受本法保护。"

（四）权能的限制

权能限制是指著作权人行使权利时所受到的限制。这种限制主要包括合理使用、法定许可和强制许可等。通常意义上我们讲的著作权的限制是著作权在行使上的限制，即权能限制。在我国著作权法中主要规定了合理使用与法定许可两种制度。

对于戏剧舞蹈作品而言，戏剧舞蹈作品是人类宝贵的精神财富，是历经多年甚至数千年形成的文化瑰宝，尤其是一些传统的戏剧舞蹈艺术等需要进一步的传承和发展。为了鼓励这些文学艺术作品的传播和使用，对于受著作权法保护的戏剧舞蹈作品，其著作权人负有容忍该作品被他人在著作权法规定的范围内合法利用的义务。

第二节　戏剧舞蹈作品著作权的合理使用

一、合理使用概述

合理使用是指根据著作权法的规定，著作权人以外的人在某些情况下使用他人已经发表的作品。即行使依法本属于著作权人有权行使的权利，可以不经著作权人的许可，不向其支付报酬，但应当指明作者的姓名、作品名称，并且不得侵犯著作权人的其他权利。[①]

合理使用是现代各国著作权法普遍采用的一项法律制度，以此作为对著作权的限制，这一制度是在维护作者权益基础上对作者、使用者及社会公众之间利益的平衡。关于合理使用的称谓，英美法系国家多称为"合理使用"，英国、加拿大等国以"fair dealing"一词来表述，美国著作权法第107条则使用"fair use"一语。在大陆法系国家的著作权法中一般不直接采用"合理使用"术语，而将该制度规定在"著作权的限制"名目中。但个别国家的称谓有所不同，如意大利著作权法使用"自由使用"一词，日本著作权理论则称之为"光明正大地使用"或"公正地使用"。[②]

合理使用制度始于英国判例法，从1740年到1839年，英国法官在其审判活动中创制了一系列规则，即允许后来作者未经前任作者同意而使用其作品，首创了有关合理使用的范围、功用及法理基础。1841年美国法官约瑟夫·斯托里（Joseph Story）在审理福索姆诉马什（Folsom VS. Marsh）一案中对此规则和理念进行了继承和发扬，他将英国判例法中关于合理使用的规则创造性地运用于该案，并做出了理论化、系统化的说明，即著名的合理使用三要素，包括

[①] 刘春田:《知识产权法》（第三版），高等教育出版社、北京大学出版社2007年版，第122页。

[②] 曾荇:《论我国著作权的合理使用制度》，载《湖南商学院学报》2006年8月。

（1）使用作品的性质和目的；（2）引用作品的数量和价值；（3）引用对原作市场销售及存在价值的影响程度。在这一案件的影响和推动下，著作权合理使用制度的基本思想得以形成，后来成为美国著作权立法的基础，并对各国著作权立法产生了深远的影响。①

"合理使用"的衡量标准，目前主要有"三步检验法"与"四个标准检验"。"三步检验法"，即合理使用应当符合3个法定要件：（1）有关的使用是就具体的特殊情况而言；（2）该特殊情况下的使用没有影响著作权人对于作品的正常使用；（3）该特殊情况下的使用也没有不合理地损害著作权人的合法利益。"三步检验法"被规定在《伯尔尼公约》第9条和《WIPO版权条约》第10条，并将其使用到所有的权利内容。

1976年美国著作权法规定了合理使用的4条标准。这4个标准即：（1）使用的目的和性质，即是营利性还是非营利性，一般非营利性构成合理使用的可能性大；（2）享有著作权作品的性质，即该作品已经出版还是没有出版、是事实性的技术还是创造性的描绘，一般对已经出版的事实性记述作品的利用构成合理使用的可能性大；（3）同整个著作权作品相比所使用的部分的数量和质量；（4）使用对著作权作品潜在市场或价值的影响。这四个条件必须综合权衡考虑，在美国判例中，通常使用的目的和性质与使用对著作权作品潜在市场或价值的影响是法官首先考虑的因素。②

二、戏剧舞蹈作品著作权的合理使用

目前，合理使用制度已成为各国著作权法中通行的制度。在我国，同英美法系的国家相同，也采用"合理使用"的表述。

---

① 玄红莲：《著作权合理使用制度的起源》，http://bjgy.chinacourt.org/article/detail/2013/03/id/930879.shtml。

② 张坤：《关于著作权合理使用制度的评价和完善》，载《知识经济》2012年5月。

（一）我国著作权法规定的合理使用情形

根据我国《著作权法》第 22 条的规定，在下列情况下使用作品，可以不经著作权人许可，不向其支付报酬，但应当指明作者姓名、作品名称，并且不得侵犯著作权人依照本法享有的其他权利：

（1）为个人学习、研究或者欣赏，使用他人已经发表的作品；

（2）为介绍、评论某一作品或者说明某一问题，在作品中适当引用他人已经发表的作品；

（3）为报道时事新闻，在报纸、期刊、广播电台、电视台等媒体中不可避免地再现或者引用已经发表的作品；

（4）报纸、期刊、广播电台、电视台等媒体刊登或者播放其他报纸、期刊、广播电台、电视台等媒体已经发表的关于政治、经济、宗教问题的时事性文章，但作者声明不许刊登、播放的除外；

（5）报纸、期刊、广播电台、电视台等媒体刊登或者播放在公众集会上发表的讲话，但作者声明不许刊登、播放的除外；

（6）为学校课堂教学或者科学研究，翻译或者少量复制已经发表的作品，供教学或者科研人员使用，但不得出版发行；

（7）国家机关为执行公务在合理范围内使用已经发表的作品；

（8）图书馆、档案馆、纪念馆、博物馆、美术馆等为陈列或者保存版本的需要，复制本馆收藏的作品；

（9）免费表演已经发表的作品，该表演未向公众收取费用，也未向表演者支付报酬；

（10）对设置或者陈列在室外公共场所的艺术作品进行临摹、绘画、摄影、录像；

（11）将中国公民、法人或者其他组织已经发表的以汉语言文字创作的作品翻译成少数民族语言文字作品在国内出版发行；

（12）将已经发表的作品改成盲文出版。

前款规定适用于对出版者、表演者、录音录像制作者、广播电台、电视台的权利的限制。

（二）戏剧舞蹈作品的合理使用

通常情况下，戏剧舞蹈作品的合理使用涉及以下具体情形：

1. 为个人学习、研究或者欣赏，使用他人已经发表的戏剧舞蹈作品

根据著作权法的规定，已经发表的戏剧舞蹈作品是指著作权人以著作权法规定的方式公之于众的作品。在日常生活中，个人使用他人已发表的戏剧舞蹈作品情况很多，比如为了学习而使用他人的戏剧舞蹈作品，为了自娱自乐而表演他人的戏剧舞蹈作品等等。随着人们文学艺术生活的日渐丰富，个人使用他人戏剧舞蹈作品进行学习、研究和欣赏的情况极为普遍，利用作品的范围又相当广泛。在这种情况下，要求每个人在每次使用他人戏剧舞蹈作品时均征得著作权人同意并支付报酬是不可能也是不合理的，而且也不利于作品的利用和传播，因此，著作权法将这些情况下的使用列入合理使用的范围。

构成上述情况下的合理使用须具备两个条件：第一，使用他人戏剧舞蹈作品的目的，是为了个人学习、研究或者欣赏，不能用于营业性表演，制作发行录音录像带，在电台、电视台播放，展览，摄制电影、电视等。第二，使用他人戏剧舞蹈作品是著作权人已经发表的，如果该作品尚未公之于众，在未经著作权人同意的情况下，即使是为了个人学习研究或欣赏的目的而使用作品，也不能认为是合理使用。

2. 为介绍、评论某一作品或者说明某一问题，在作品中适当引用他人已经发表的戏剧舞蹈作品

在文学艺术作品的传播过程中，介绍、评论是一种重要的传播手段。介绍或评论前人的研究成果或者作品，不可避免地要涉及对相关作品内容的引用或者借鉴。对于戏剧舞蹈作品的介绍、评论而言，如果对所要介绍或者评论的作品内容引用得当，不但能够丰富评论、介绍作品的内容，而且使得该作品更加具有表现力和说服力。

构成上述的合理使用必须具备3个条件：第一，为了介绍或者评论他人戏剧舞蹈作品而引用他人作品的，必须引用他人已发表的作品，他人未发表的作品不得引用，否则其行为属于侵权行为。第二，引用的比例必须适当。引用他人戏剧舞蹈作品必须限定在合理的范围内，尤其是引用作品的部分不能比评

论、介绍的部分还长。引用也不等于抄袭,抄袭是对他人劳动成果据为已有的一种不劳而获的行为,为法律所禁止。第三,引用他人的戏剧舞蹈作品,应当指明作者的姓名、作品的名称,并且不得侵犯著作权人依照著作权法享有的其他权利。

3. 为学校课堂教学或者科学研究,翻译或者少量复制已经发表的戏剧舞蹈作品,供教学或者研究人员使用,但不得出版发行

学习研究和创作作品都离不开对已有作品的利用,如果限制这种利用,就会阻碍文学艺术成果的传播以及科学技术的发展。因此,许多国家的著作权法以及国际条约都规定,为教学或者科学研究的目的而少量复制享有著作权的作品,属于合理使用的范围。如《伯尔尼公约》第10条第2项规定:"本同盟成员国法律以及成员国之间现有或将要签订的特别协议得规定,可以合法地通过出版物、无线电广播或录音录像使用文学艺术作品作为教学的解说的权利,只要是在为达到目的的正当需要范围内使用,并符合合理使用。"该条第3项又规定:"前面各款提到的摘引和使用应说明出处,如原出处有作者姓名,也应同时说明。"

戏剧舞蹈作品由于本身的特殊性,它是不同时代的艺术家们在对前人艺术成果学习、借鉴、继承的基础上,并结合不同时代的特点,以新的表现形式和手法对作品进行丰富和创作的结果。戏剧舞蹈作品的创作以及对传统文化的传承,都涉及较强的专业知识,通常需要通过教学或者研究的方式才能得以传授。所以,法律应当允许戏剧舞蹈作品在课堂教学和科学研究中的合理使用。

构成上述合理使用必须具备两个条件:第一,在这一合理使用的情形中,翻译或少量复制他人戏剧舞蹈作品的目的,必须是限于学校课堂教学或科学研究。翻译可以是已有作品的一部分,也可以是全部,译多译少,根据课堂教学或者科学研究的需要而定。"少量复制",一般说来,不应超出课堂教学或科学研究的需要。翻译或者少量复制的目的是供教学或科研人员为学校课堂教学或科学研究使用,不能用于出版发行。第二,翻译或复制的必须是他人已经发表的戏剧舞蹈作品,未发表的作品必须征得许可才能进行使用。在课堂教学和科学研究活动中使用他人作品时应当指明作者姓名、作品名称,不得侵犯著作权人依照著作权法享有的其他权利。

需要注意的是,合理使用中涉及的"课堂教学"一词是有严格限制的,相关戏剧舞蹈专业的考前辅导班、一些社会力量举办的艺术类培训班等以营利为目的的教学不属于"课堂教学",其对作品的使用属于经营性使用,不在法律规定的合理使用范围内。

4. 为报道时事新闻,在报纸、期刊、广播电台、电视台等媒体中不可避免地再现或者引用已经发表的戏剧舞蹈作品

时事新闻有传递信息、服务社会生活的功能,日益成为现代人精神消费的重要形式,成为社会覆盖面大,极具大众化色彩的重要信息传播渠道。为报道时事新闻,在报纸、期刊、广播电台、电视台等媒体中不可避免地会再现或者引用已经发表的戏剧舞蹈作品,这对于宣传戏剧舞蹈作品,弘扬中国传统文化,具有重要的意义,也属于著作权法规定的合理使用的范围。

为了时事报道而再现或者引用他人戏剧舞蹈作品,构成合理使用需要符合以下4个条件:第一,再现或者引用他人作品的目的是为了报道时事新闻;第二,再现或者引用的作品必须是他人已经发表的戏剧舞蹈作品;第三,再现或者引用他人作品应当指明该戏剧舞蹈作品的作者姓名、作品名称、作品出处,并且不得侵犯著作权人依照著作权法享有的其他权利;第四,再现或者引用他人已经发表的作品,是为报道时事新闻而不可避免地引用。

5. 免费表演已经发表的戏剧舞蹈作品,该表演未向公众收取费用,也未向表演者支付报酬

免费表演已经发表的戏剧舞蹈作品,构成合理使用必须符合如下条件:第一,表演的是他人已经发表的戏剧舞蹈作品。如果作品没有发表,即使演出是免费的,也要经著作权人许可;第二,表演应当是免费的。这里所说的免费表演是指非营利性的表演,既不向观众收费,也不向表演者支付报酬。第三,免费表演他人已经发表的作品,应当指明作者的姓名、作品的名称,并且不得侵犯著作权人享有的其他权利。

在实践中,以下几种情况的表演可能会被误认为是免费表演:第一,观众观看表演不需要交费,但表演者从主办者手里获得报酬,这是一种变相收费,不能视为免费表演。第二,观众观看表演需要交费,比如表演者为了残疾人、

为了救灾等进行的义演，这类义演尽管表演者自己不获得报酬，但观众要交费给主办方或者组织者，所以，这类演出不属于免费表演。义演演出的收入无论捐赠给哪个单位都视为是表演者的赠与行为，实际上是表演者对其演出活动所获取的收入在享有所有权的基础上行使了财产的支配权，因此，此类义演仍然被视为表演者的一种营利活动。

6. 国家机关为执行公务在合理范围内使用已经发表的戏剧舞蹈作品

国家机关为了执行公务，可以在"合理范围"内使用他人的戏剧舞蹈作品。所谓的"合理范围"应当以满足国家公务执行需要为界限，其使用他人作品的行为不得影响作者对作品的正常利用，也不得无故损害著作权人的利益。

三、戏剧舞蹈作品在其他情况下的合理使用

除了上述情况之外，我国《著作权法》第22条第8项还规定了图书馆、档案馆、纪念馆、博物馆、美术馆等为陈列或者保存版本的需要，复制本馆收藏的作品情形下的合理使用。对于戏剧舞蹈作品而言，档案馆、博物馆等对其收藏的戏剧舞蹈作品，如果是为了陈列或者保存版本的需要，可以对该作品进行复制，该复制行为属于合理使用的范围。

此外，《著作权法》第22条第4、5、10、11、12项还规定了作品在其他情况下合理使用的情形，由于戏剧舞蹈作品通常不涉及上述相关情形下的合理使用问题，所以在此不再展开讨论。

第三节 戏剧舞蹈作品著作权的法定许可

一、法定许可制度概述

（一）法定许可的概念和特征

法定许可，又称非自愿许可，是相对于自愿许可而言的。法定许可是著作权法给予作品使用者的一种特别许可，即可以不经作者或其他著作权人同意而使用其已发表的作品。依据法定许可而使用他人作品时，应当按照规定向作者或者其他著作权人支付报酬，并应当注明作者姓名、作品名称和出处。

法定许可是对著作权的一种限制，是现代著作权立法普遍采取的制度，其所涉及的权利项目包括表演权、录制权、广播权、汇编权等，但各国法律的规定不尽一致。其主要目的都是为了鼓励和促进作品的使用和传播，使得作品能够更好地满足广大公众的需要，从而协调作者个人利益和社会利益的关系。

综观各国著作权法关于法定许可制度的规定，可以看出这一制度具有以下特征：

第一，法定许可的情形除部分涉及原创作者与一般使用者的关系外，其使用者多为表演者、唱片制作者、广播组织者等，即该种许可使用主要涉及著作权人（作品作者）与邻接权人（作品传播者）的关系。这一制度设定的目的就是为了简化著作权手续，促进作品广泛、迅速地传播。

第二，使用的对象只能是已发表的作品。因此，法定许可使用实际上是作品的"二次使用"（secondary use），这种使用未损害著作权人的发表权。如果著作权人事先声明不许使用的，所谓法定许可使用亦不能成立。该种声明是一种对法定许可的"保留权"。但是，一旦著作权人将收回的许可使用权又通过约定许可的方式使用，则意味着原有的"保留权"放弃，即法定许可条款重新生效，任何一个符合法定条件的主体都可以对其作品进行使用。

第三，使用不得损害原著作权人的权益，并应向原著作权人支付报酬，其支付方式为：或直接支付给著作权人，或支付给著作权集体管理机构。

西方发达国家的法定许可制度，除具有上述法律特点外，还往往带有自己的"国情"特征。由于各国政治、经济、文化、科技等方面发展水平的差异，就法定许可使用的范围而言，公有制国家的许可范围一般宽于资本主义国家，发达国家对许可范围的限定则严于发展中国家。例如，1956年英国《著作权法》第12条第6款曾规定，一部作品已由作者授权某个公司或个人录制成唱片发行，在这种情况下，其他所有人都可以不必再申请原作者的同意而录制，只要录制者付给法定的版税。同样，作者可将其作品授权给某个公司或个人录制，此后其他人均可再录制，但应加上必要的注记并付版税。然而，1988年英国著作权法在修订时取消了这一条款。原苏俄民法典曾规定有比较宽泛的法定许可使用类型，共4种：公开演出已经出版的作品；为了公开复制或发行，用胶片或其他方式录制已经发表的作品，但不包括通过电影、广播或电视使用作品；作曲家利用已经出版的文学作品创作有文字的音乐作品；在工业产品中利用造型工艺作品和摄影作品。此类法定许可使用已不适当地涉及原作者表演权、制作权、演绎权的利益。苏联解体后，俄罗斯于1993年7月颁布新的著作权法时，取消了上述条款，其法定许可使用范围极为有限，仅作为表演者权、唱片制作权的例外，允许他人不经作品的作者、表演者和唱片制作者的同意，在支付报酬的条件下，以个人使用为目的而复制视听作品或者作品的录音制品。在西方国家中，意大利对法定许可使用则规定了一个相对宽泛的范围，包括公映有声电影或者电影插曲、配乐的词曲；公共场所以附扬声器的收音机收播节目；对剧院、音乐厅或其他公共场所所表演的著作权作品进行广播；复制发表在报刊上的与公众利益有关的人物、时事或者事件的摄影作品；使用他人的舞台布景设计；使用工程设计图和其他有关技术问题原始解决方案的类似作品；以营利为目的的而在广播、电影、电视中或者舞厅等公共场所使用唱片或者类似录音制品。此外，意大利著作权法还规定了在给予补偿的条件下实行国家征收作品的制度。这些在西方国家相关立法中都是不太多见的。

西方发达国家的法定许可使用制度近年来还深受传播技术发展的影响。随着新技术革命的出现而产生了一些新的传播方式，使得法定许可使用的效力有所扩大，即"由版权法确定某一种许可证被版权人发出后，即暗示着另外几种传播权的许可"①。西班牙1987年著作权法最先对此做出回应，该法第36条规定，著作权人一旦许可广播组织广播其作品，即意味着同时许可该组织使用电缆系统传播其作品以及通过卫星转播其作品。与此同时，在新技术革命的冲击下，传统合理使用中的某些类型也转变为法定许可使用。在西方国家，版权工业集团对限制合理使用的要求，主要针对个人、家庭、图书馆复制和录制作品的情形，其中涉及保护垄断权利与促进知识传播的关系、个人利益与社会利益的关系等诸多问题。自20世纪70年代以来，德国、英国、瑞典、荷兰、澳大利亚等国，创立了一种公共借阅权，即规定图书馆在出租有著作权的图书时，应向作者支付借阅版税。尽管在有的国家，借阅版税是从国家特设的公共基金中支付，但这一举措无疑使公共图书馆变成了一个纯商业性机构，既不符合其法人宗旨，也增加了管理负担。虽然已有法例在先，但舆论多有微词。至于个人复制与家庭复制已如前述，不少西方国家都采用了版税制。关于录制版税，德国、奥地利、瑞典的规定，不仅适用于录音、录像设备，而且延及音像空白载体；征收对象除录制设备及其空白载体的制造商外，还包括进口上述录制设备及其空白载体的经销商；版税受益人则为全体权利人，包括作者及其他著作权人、表演者、音像制作者以及广播组织。关于复制版税，日本、英国、法国、德国、意大利等国都规定，为个人使用目的而复制他人作品，应向著作权人支付法定的报酬。上述新版税的征收，已在部分复制、录制领域内，使合理使用变成一种法定许可使用。②

（二）我国著作权法规定的法定许可情形及条件

我国《著作权法》第23条规定："为实施九年制义务教育和国家教育规划而编写出版教科书，除作者事先声明不许使用的外，可以不经著作权人许可，在教科书中汇编已经发表的作品片段或者短小的文字作品、音乐作品或者单幅的美术作品、摄影作品，但应当按照规定支付报酬，指明作者姓名、作品名

---

① 郑成思：《版权法》，中国人民法学出版社1990年版，第270页。
② 吴汉东、曹新明、王毅、胡开忠：《西方诸国著作权制度研究》，中国政法大学出版社1998年版，第191页。

称,并且不得侵犯著作权人依照本法享有的其他权利。前款规定适用于对出版者、表演者、录音录像制作者、广播电台、电视台的权利的限制。"该条规定是著作权法定许可制度以及具体法定许可情形的法律依据。

根据上述规定,法定许可使用应具备以下条件:(1)被使用的作品必须是已经发表的作品;(2)法定许可使用要向著作权人支付报酬;(3)著作权人未发表不得使用的声明;(4)不得损害被使用作品和著作权人的权利。

各国版权法对法定许可都有规定,但所做的规定没有附加任何条件,我国法定许可中规定了"除作者事先声明不许使用的外",是附加的但书条款,也是目前学术界存在争议的地方。

(三)著作权法定许可与合理使用的比较

法定许可与合理使用都是对著作权限制的制度,但两种制度有着共同点的同时,有许多不同之处。

两种制度的相同点表现在:(1)使用人基于合理使用和法定许可而使用的他人作品都应是已经发表的作品;(2)在使用他人作品时都无须经过该作品著作权人的许可,但使用人必须指明作品作者的姓名、作品名称,并且不得侵犯著作权人依照著作权法享有的其他权利;(3)作品的使用形式以及使用目的等须遵守法律的规定,不得超出法律规定的范围。

两种制度的不同之处表现在:(1)两种制度立法的目的不同。合理使用设立的目的主要是从教育、信息和文化方面的考虑出发,考虑的是社会公共利益。而法定许可设立的目的是为了使人们能够适当地获得使用作品的机会,为了鼓励和促进作品的使用和传播,使得作品能够更好地满足广大公众的需要,从而协调作者个人利益和社会利益的关系;(2)是否要求支付报酬不同。合理使用人不需要向著作权人支付报酬,但是基于法定许可使用他人作品的人必须向著作权人支付报酬。(3)主体不同。合理使用的主体是不特定的,只要是作者或者其他著作权人以外的人均可以成为合理使用制度的主体,包括自然人、法人、其他组织甚至是国家。法定许可的主体是特定的,限于法律规定的特定主体,如录音制作者、广播电台、电视台等。(4)是否能利用作品营利不同。使用人对作品的合理使用是非营利性的,而使用人基于法定许可使用作品通常是营利性的。(5)事先声明的限制不同。在合理使用的情形下,著作权人一般不得以事先声明的方式限制他人的使用,而法定许可在有著作权人事先声明不得使用的情形下,他人不得使用,否则构成侵权。

法定许可在各国法律中都有规定,其所涉及的权利包括汇编权、表演权、录制权等等,但是各国法律的规定不尽相同。就法定许可使用的范围而言,公有制国家的许可范围一般宽于资本主义国家,发达国家对许可范围的限定范围严于发展中国家。比如,美国法定许可的对象主要是录音制品,在立法理念上体现了谨慎的思想[①]。而相对来说,我国法定许可涉及范围较广,报刊、广播电台、电视台转载或播放他人已发表的作品等等,都可以成为法定许可的对象。

二、戏剧舞蹈作品著作权的法定许可

(一)我国法定许可制度的具体规定

我国《著作权法》第23、33、40、43、44条对法定许可的情形做了明确的规定。根据上述规定,我国存在五种情形法定许可使用的情况,具体包括:

1. 教科书的法定许可

根据《著作权法》第23条第1款的规定,为实施九年制义务教育和国家教育规划而编写出版教科书,除作者事先声明不许使用的外,可以不经著作权人许可,在教科书中汇编已经发表的作品片段或者短小的文字作品、音乐作品或者单幅的美术作品、摄影作品,但应当按照规定支付报酬,指明作者姓名、作品名称,并且不得侵犯著作权人依法享有的其他权利。

根据上述规定,我国著作权法规定了教科书编纂者的法定许可,但同时为了保护著作权人的合法利益,又为教科书的编纂者设置了法定许可使用的限制性条件。

---

① 李永明、曹兴龙:《中美著作权法定许可制度比较研究》,载《浙江大学学报》(人文社会科学版)2005年7月。

2. 报刊转载的法定许可

报刊转载的法定许可，是指当某一作品在报刊上发表后，其他报刊可以不经著作权人许可而转载和摘编，但是应当按照有关的规定支付报酬。我国《著作权法》第33条第2款规定："作品刊登后，除著作权人声明不得转载、摘编的外，其他报刊可以转载或者作为文摘、资料刊登，但是，应当按照规定向著作权人支付报酬。"

著作权法规定报刊转载的法定许可，显然是为了便于某些重要的文章得以尽快传播，让更多的社会公众了解有关的内容。

3. 制作录音制品的法定许可

制作录音制品的法定许可，又称为机械复制权的法定许可。该种法定许可只是针对音乐著作权人"机械复制权"的许可。规定机械复制权的法定许可，主要是为了防止第一家获得许可的录音制品制作者垄断有关的录音制品市场。[1]

我国《著作权法》第40条第3款规定："录音录像制作者使用他人已经合法录制为录音制品的音乐作品制作录音制品，可以不经著作权人许可，但应当按照规定支付报酬，著作权人声明不许使用的不得使用。"

4. 播放已发表作品的法定许可

播放已发表作品的法定许可，是指广播电台、电视台可以不经著作权人许可而播放他人已经发表的作品，但应当按照规定支付报酬。对已经发表的作品给予广播电台、电视台播放法定许可，其目的是将已经发表的作品更广泛地传播给社会公众。

我国《著作权法》第43条第2款规定："广播电台、电视台播放他人已发表的作品，可以不经著作权人许可，但应当支付报酬。"

5. 播放录音制品的法定许可

我国《著作权法》第44条规定："广播电台、电视台播放已经出版的录音制品，可以不经著作权人许可，但应当支付报酬。当事人另有约定的除外。具体办法由国务院规定。"

该条是关于广播电台、电视台播放录音制品法定许可的规定。根据该规

---

[1] 李明德、许超：《著作权法》，法律出版社2003年版，第120页。

定,广播电台、电视台播放录音制品应当向著作权人支付报酬,双方约定不支付报酬的,也可以按照约定执行。

(二)戏剧舞蹈作品的法定许可

对于戏剧舞蹈作品而言,涉及的法定许可的情况具体分析如下:

1. 戏剧舞蹈作品在教科书中的法定许可

对于已经发表的戏剧舞蹈作品,如果其中的片段或者短小的文字作品、音乐作品等被使用于符合著作权法规定的为实施九年制义务教育和国家教育规划而编写出版的教科书中,则构成法定许可使用,即该使用无须征得著作权人的同意,但是应当按照规定支付报酬。当然,该种情形下使用的戏剧舞蹈作品还必须是作者未声明不许使用的作品。

2. 戏剧舞蹈作品在报刊转载中的法定许可

根据著作权法的规定,如果作为脚本的戏剧舞蹈作品在刊登后,除著作权人声明不得转载、摘编的外,其他报刊可以转载或者作为文摘、资料刊登,但应当按照规定向著作权人支付报酬。

实践中,虽然戏剧舞蹈作品的主要使用方式是用于表演,但是,基于作品介绍、研究、传播目的的刊登、刊载也时有发生或者在相关专业刊物上也是常态。这些普通刊物或者专业刊物在刊发著作权人已经发表的戏剧舞蹈作品时,可以基于著作权法规定的报刊转载的法定许可制度直接刊发作品,无须事先征得著作权人的同意,但是,需要按照规定向著作权人支付报酬。

3. 戏剧舞蹈作品制作录音录像制品的法定许可

随着大众对戏剧舞蹈作品传播形式多样化需求的发展,除了观看现场表演外,戏剧舞蹈作品尤其是很多的戏剧作品被制作为录音录像制品供人们欣赏的情形也日渐增多。根据《著作权法》第40条第2款的规定,如果戏剧舞蹈作品已经被合法制作为录音录像制品,其他的录音录像制作者使用该合法录制的录音录像制品再制作录音录像制品的,可以不经著作权人许可,但应当按照规定支付报酬;著作权人声明不许使用的不得使用。即除著作权人声明不得使用外,录音录像制作者可以基于法定许可直接使用已经合法录制的戏剧舞蹈录音录像制品。

4. 戏剧舞蹈作品在广播电台、电视台播放中的法定许可

依据《著作权法》第 43 条第 2 款的规定，已经发表的戏剧舞蹈作品，广播电台、电视台可以不经著作权人的许可而进行播放，但应当支付报酬。

虽然，按照普通社会公众的认知，主要作为表演使用、以表演形式展现的戏剧舞蹈作品极少应用于广播电台、电视台的播放，但是，这并不影响普通的广播电台、电视台基于介绍、传播的目的以广播、播放的形式使用戏剧舞蹈作品，也不影响专门的广播电台、电视台基于供观众研究、学习的目的而广播、播放戏剧舞蹈作品。无论是普通广播电台、电视台，还是专门广播电台、电视台，它们在使用已经发表的戏剧舞蹈作品时，都可以基于法定许可制度直接使用。

当然，广播电台、电视台作为传播文化的重要媒体，国家为了保证其传播文学艺术作品时的顺畅、无障碍，通过法律允许其播放他人已发表的戏剧舞蹈作品，可以不经作者许可，但并不是无偿使用，事后必须向作者或著作权人支付报酬。

第四节　典型案例评析

一、白先勇诉上海电影（集团）有限公司、上海艺响文化传播有限公司、上海君正文化艺术发展有限公司、第三人上海电影制片厂有限公司著作权权属、侵权纠纷案[①]

（一）案件的基本情况

台湾著名作家白先勇是白崇禧之子，小说《谪仙记》是白先勇"留学生"系列小说之一，作者在其中寄寓了深刻的人生阐释。1989 年，经授权，上海电

---

① 见上海市第二中级人民法院（2014）沪二中民五（知）初字第 83 号民事判决书。

影制片厂将《谪仙记》改编为电影《最后的贵族》，由谢晋担任导演，潘虹等主演，作为谢晋的转型之作，该电影具有广泛的社会知名度。

2013年10月起，上海电影集团为主办单位，上海艺响文化传播有限公司（以下简称艺响公司）、上海君正文化艺术发展有限公司（以下简称君正公司）作为承办单位陆续在各大报纸、网站上进行宣传，称其将电影《最后的贵族》改编为同名话剧进行演出。为此，白先勇委托律师发函给上海电影集团等，要求立即停止侵权行为，但改编后的话剧仍连续六天在上海人民大舞台公开演出。白先勇起诉至上海市第二中级人民法院。

原告认为，三被告利用电影《最后的贵族》进行话剧演出时，除了取得电影著作权人的许可外，还应同时取得原作品《谪仙记》的著作权人即原告的许可，并向原告支付报酬。但三被告并未取得原告的许可，也未支付报酬，擅自使用电影《最后的贵族》进行话剧演出，侵犯了原告的著作权。被告上海电影集团在将其电影作品改编成其他形式时，也应取得原告的同意，其未经许可擅自以改编、表演等方式使用经原告作品改编的电影作品，同样侵犯了原告的著作权。原告请求判令三被告立即停止侵权；在报刊和网站上刊登声明公开赔礼道歉、消除影响；赔偿经济损失50万元，并赔偿合理开支5万余元，总计554 934元。

被告上海电影（集团）有限公司（以下简称上影集团）辩称，上影集团从未参与利用电影《最后的贵族》改编话剧，主办单位的署名不实。上影集团仅无偿地许可案外人葛宏伟（话剧制片人）利用该电影改编话剧，其授权范围也仅限于电影作品。上影集团也未从该话剧的演出中获得任何经济利益。综上，上影集团请求法院驳回原告的诉讼请求。

被告上海艺响文化传播有限公司、被告上海君正文化艺术发展有限公司共同辩称，两被告改编话剧的行为是获得了上海电影集团的授权，不存在侵权行为。并且话剧《最后的贵族》的演出属于纪念谢晋导演诞辰90周年的公益活动，属于亏本演出，两被告未获利。因此请求法院驳回原告诉讼请求。

（二）案件的审理结果

作为案件的审理法院，上海市第二中级人民法院经审理后认定，将《最后的贵族》改编为话剧演出，需要取得电影作品《最后的贵族》制片者上影厂的许可，还需要同时取得原文学作品小说《谪仙记》作者白先勇先生许可。艺响公司、君正公司只取得了上影公司的授权，没有得到原作品作者白先勇许可，就将电影作品《最后的贵族》改编为同名话剧并进行演出，侵害了白先勇享有的对其小说作品《谪仙记》的著作权，包括署名权、改编权及获得报酬的权利。但鉴于演出六场后未再继续，而且大部分出票为赠票，获利应为有限。法院判决由艺响公司、君正公司赔偿白先勇经济损失和合理费用共计25万元。原告虽然主张上影集团参与了改编和演出活动，但没有提供相应的证据，所以法院对原告要求上影集团予以共同赔偿的诉讼请求未予以支持。

（三）对案件的法律分析

本案是一起侵犯演绎作品中原作品著作权人权利的案件。我们可以从以下几方面分析该案件：

1. 本案中几个作品的关系

演绎作品，又称派生作品，是指对已有作品进行翻译、改编、注释、整理等而产生的作品。演绎作品虽然是原作品的派生作品，但并非是对原作品的简单复制，而是演绎者在正确理解、把握原作品的基础上，通过创造性的劳动产生的新作品，演绎作品后续创作行为所形成的作品保留了原作的基本人物、人物性格、人物关系、事件、情节、场景、对话、动作等基本形式，相反，如果没有保留原作的基本表达，就不是演绎作品。演绎作品的著作权由演绎作品的作者享有。

本案中，白先勇创作的小说《谪仙记》可以被视为原作品，电影《最后的贵族》是在《谪仙记》基础上进行改编的作品，并且这一改编经过小说作者的授权，因此是演绎作品，上影集团是演绎作品电影《最后的贵族》的著作权人。话剧《最后的贵族》演出是在电影《最后的贵族》基础上的进一步的演绎，属于第三人使用演绎作品的情况。

2. 本案中话剧《最后的贵族》侵犯了原作者的著作权

演绎作品的著作权由演绎作品的作者享有，但由于演绎作品是在原作品基础上派生的，因此演绎作者对演绎作品享有的著作权，并不是完整的著作权，演绎作品的作者仅对演绎的部分享有著作权，除法律另有规定外，如果第三人使用演绎作品，应当取得演绎作品著作权人和原作品著作权人的双重许可，并支付报酬。

本案中话剧《最后的贵族》作为第三人使用演绎作品电影《最后的贵族》，在取得演绎作品著作权人上影集团许可的同时，还应当取得原作品著作权人白先勇的许可并支付报酬。本案中，被告艺响公司、君正公司只取得了上影公司的授权，没有得到原作品作者白先勇许可，就将电影作品《最后的贵族》改编为同名话剧并进行演出，侵犯了原作者的署名权、改编权及获得报酬等权利。

3. 本案中话剧《最后的贵族》的演出不是免费表演，不属于合理使用的范围

我国《著作权法》第22条是对合理使用的规定，其中第9项规定"免费表演已经发表的作品，该表演未向公众收取费用，也未向表演者支付报酬"属于合理使用的范围。因此，免费表演应当具备以下条件：（1）表演的是他人已经发表的作品。（2）表演应当是免费的，这里的免费需要注意是非营利的，既不向观众收费，也不向表演者支付报酬。（3）免费表演他人已经发表的作品，应当指明作者的姓名、作品的名称，并且不得侵犯著作权人享有的其他权利。

本案中，被告上海艺响文化传播有限公司、被告上海君正文化艺术发展有限公司声称话剧《最后的贵族》的演出属于纪念谢晋导演诞辰90周年的公益活动，尽管是公益活动但是不能等同于免费表演，免费表演必须同时满足既不向观众收费、也不向演员支付报酬两个条件，并且缺一不可，在话剧《最后的贵族》演出中，虽然大部分票是免费的赠票，但仍然存在获利的情况，只不过数额有限，因此不能适用合理使用的规定。法院在判决时也考虑到被告演出的目的以及场次，获利也有限，并没有完全支持原告的赔偿请求，最终判决由被告艺响公司、君正公司赔偿白先勇经济损失和合理费用共计25万元。由于原告没有提供上影集团参与改编和演出活动的相应证据，所以法院对原告要求上影集团予以共同赔偿的诉讼请求未予以支持。

二、向朝涤与遵义市川剧团、徐棻著作权权属、侵权纠纷案[①]

（一）案件的基本情况

向朝涤系川剧团职工，为国家二级演奏员，从1994年12月起任川剧团艺委会主任职务，于2000年4月退休。2003年，其因川剧《红妹》剧本受到侵权以遵义市川剧团、徐棻为被告向法院起诉。

原告诉称，1995年4月，其构思创作完成大型现代川剧《红妹》剧本（以下简称《红妹》），经修改后于1996年3月发表在遵义《文苑》刊物上，在征得其同意后，川剧团使用该修改稿投排演出，获得好评，并引起文化部的重视，原遵义市曾将该剧的投排演出作为该市1997年精神文明建设的十件大事之一。为提高剧本质量，1996年11月和1999年7月，原告两次对剧本进行重大修改，将剧名改为《红军妹》分别发表在1999年的《遵义文艺》《戏剧家》和《成都艺术》等三个刊物上。2000年1月，川剧团未经原告同意，私自联系徐棻对其创作的《红妹》进行修改，更名为《红军妹子》，投入排练并进行售票演出。同年3月，川剧团邀请中央电视台进行录制，并于4月在中央电视台第三频道连续播放三次，严重侵犯了原告的著作权。据此请求判令川剧团、徐棻停止侵害，消除影响，公开赔礼道歉，支付稿酬2.5万元，并赔偿精神损失1万元。另外，原告于1996年6月、1997年3月还为川剧团两个《红妹》版本的排练演出进行音乐创作，川剧团承诺使用后支付稿酬，仍未兑现。据此，请求确认川剧团侵犯原告的音乐著作权，判令其停止侵害，消除影响，赔礼道歉，并支付音乐稿酬9500元。

被告川剧团答辩称，《红妹》创作意志是由文化部建议，原遵义市委宣传部、市文化局提起并策划所产生，我团是作为任务接受后交由在职人员向朝涤等人创作完成的，而且在创作和修改过程中，我团给向朝涤提供了补贴、差旅等费用，还出资租房为其创作提供条件，因此，《红妹》是向朝涤代表我团组织意志所创作的，构成职务作品，应由我团享有著作权。向朝涤的署名权和发

[①] 见贵州省高级人民法院（2003）黔高法民二终字第21号民事判决书。

表权是我团同意让渡给他的部分权利，但其并不因此享有除署名权和发表权以外的其他著作权。我团委托徐棻对剧本进行修改是行使修改权的行为，不构成侵权。我团对向朝涤的创作活动已支付相应报酬，不应另付稿酬。另外，向朝涤为剧本演出作曲的行为也是职务行为，该音乐作品为职务作品，仍应归我团享有著作权。因此，原告的诉讼请求缺乏事实和法律依据，请求予以驳回。被告徐棻辩称，其改编《红军妹》并更名为《红军妹子》是接受川剧团的委托进行的，川剧团承诺如由此产生著作权纠纷，由川剧团承担责任。因此，其不应承担本案责任。

（二）案件的审理结果

1. 案件的一审结果

案件的一审法院经审理认为：（1）向朝涤进行剧本创作的行为不是职务行为，向朝涤在川剧团的工作不是从事创作，没有从事剧本创作的职责，在诉讼过程中，川剧团未能举证证明给向朝涤下达过创作任务，因此，向朝涤进行剧本创作的行为不是职务行为，由此产生的作品不构成职务作品，为个人作品。向朝涤在完成《红妹》第一稿的创作过程中，川剧团没有提供物质或其他帮助，只是在《红妹》完成第一稿后，为帮助向朝涤提高作品的质量及宜于投排演出，才在物质、时间等方面给向朝涤修改剧本提供帮助，因此，这种帮助仅仅是一种协助行为，不能由此认定向朝涤的创作行为就是接受并完成工作任务的行为。另外，在向朝涤完成《红妹》第一稿后，叶上民、邹艺青等人对剧本的修改提出了许多有价值的修改意见，但剧本的主题思想、故事情节、人物设置等内容均未因此发生根本性的变化，因此，上述修改行为并非创作作品的行为，不能改变《红妹》剧本是向朝涤个人作品的性质。因此，《红妹》不是职务作品，其著作权应归属于向朝涤。向朝涤在《红妹》的基础上修改创作出《红军妹》，其著作权仍归属于向朝涤。（2）向朝涤是川剧团的演奏员，没有谱曲的工作职责。在诉讼过程中，川剧团未能举证证明艺委会主任负有谱写主旋律乐谱的职责或曾给向朝涤下达过谱曲任务，故向朝涤谱曲的行为系其个人行为而非职务行为，所谱写的《红妹》主旋律乐谱著作权应归其所有。（3）川剧团就川剧《红妹》于1996年、1997年、1999年，组织进行了多场次营利演出，川剧团对此予以否认，称其演出均未收费，系免费演出，其演出行为不构成侵权，也无须支付报酬。2000年初，川剧团未经向朝涤同意委托徐棻对《红军妹》进行修改，并进行演出和播放，侵犯了向朝涤享有的修改权、演出权和播放权。（4）本案中，在未获得著作权人向朝涤允许的情况下，川剧团委托徐棻修改《红军妹》并形成新作品《红军妹子》，显然侵犯了向朝涤的修改权，且川剧团和徐棻因委托关系而构成共同侵权。向朝涤要求川剧团和徐棻对其侵权行为赔偿损失主张，因川剧团虽委托徐棻对《红军妹》进行了修改，但该修改行为并未造成向朝涤的实际损失，在使用修改后的《红军妹子》时，川剧团没有进行营利演出，在中央电视台进行的播放也未造成向朝涤的实际损失，故对该诉讼请求不予支持。关于向朝涤要求川剧团赔偿精神损失1万元诉讼请求，因最高人民法院《关于确定民事侵权精神损害赔偿责任若干问题的解释》，没有关于因著作权受到侵害应当给予精神损害赔偿的规定，因此，该诉讼请求缺乏法律依据，不予支持。向朝涤要求川剧团支付使用《红妹》主旋律乐谱的稿酬，由于川剧团的使用已征得向朝涤的同意，且川剧团未进行营利演出，故该诉请缺乏事实依据，也不予支持。

一审法院最终判决：（1）遵义市川剧团和徐棻向向朝涤公开赔礼道歉，停止侵权，消除影响（由遵义市川剧团、徐棻在一家全国性的报纸上公开登报消除影响，登报内容须经本院审查），限判决生效后一个月内履行；（2）驳回向朝涤的其他诉讼请求。

2. 案件的二审结果

一审宣判后，向朝涤、川剧团、徐棻均不服判决，分别提出上诉。二审法院经审理查明，1995年8月，向朝涤完成作品《红妹》的创作，依法享有该剧本著作权。川剧团主张向朝涤完成的作品《红妹》属职务作品的上诉理由，因无事实和法律依据，不能成立。关于徐棻所著《红军妹子》在描写手法和剧情的编排上与《红妹》(《红军妹》)有较大不同，但其描写的以红妹为代表的众多代表人物和故事情节，又与向朝涤在《红妹》(《红军妹》)中的许多独创性的描写具有相似之处，这是对《红妹》(《红军妹》)改编才出现的情形，侵犯了向朝涤的改编权。虽然川剧团向徐棻出具的委托书中，含有徐棻免责的条款，但根据合同相对性的特点，合同关系只发生在特定当事人之间，而不能对抗本案著作权人向朝涤，故本案委托人川剧团和受托人徐棻均构成了对向朝涤著作权的侵权。同时，川剧团未征得向朝涤同意将《红军妹子》投排演出，并邀中央电视台对川剧《红军妹子》进行录制后在中央电视台第三频道播放的行为，还侵犯了著作权人向朝涤的表演权、广播权。关于川剧团应否向向朝涤支付投排演出《红妹》《红军妹》和主旋律的稿酬，川剧团在征得向朝涤同意后，于1996年至1999年期间，先后将《红妹》《红军妹》进行投排并免费演出，川剧团无须向向朝涤支付报酬。川剧团和徐棻的侵权行为给向朝涤造成了一定的精神损害，但徐棻是应川剧团的多次请求，为帮助该团在困境中生成发展下去提供一个更好的投排演出剧本，而并非为谋取个人名利，且被告亦未将向朝涤的作品进行恶意篡改、歪曲，故不会给向朝涤造成较大的精神痛苦，原审法院判令由川剧团和徐棻向向朝涤公开赔礼道歉已足以平服其精神损失，因此可不再对川剧团和徐棻适用精神赔偿。

二审法院认为本案一审法院认定的事实清楚，证据确实充分，应予确认，最终判决驳回上诉人向朝涤及川剧团、徐棻上诉；维持原判。

（三）对案件的法律分析

本案是改编作品侵犯戏剧作品原著作权人的案件，主要分析如下：

1. 原告的作品并非职务作品

我国《著作权法》第16条规定："公民为完成法人或者其他组织工作任务所创作的作品是职务作品，除本条第二款的规定以外，著作权由作者享有，但法人或者其他组织有权在其业务范围内优先使用。作品完成两年内，未经单位同意，作者不得许可第三人以与单位使用的相同方式使用该作品。有下列情形之一的职务作品，作者享有署名权，著作权的其他权利由法人或者其他组织享有，法人或者其他组织可以给予作者奖励：（一）主要是利用法人或者其他组织的物质技术条件创作，并由法人或者其他组织承担责任的工程设计图、产品设计图、地图、计算机软件等职务作品；（二）法律、行政法规规定或者合同约定著作权由法人或者其他组织享有的职务作品。"由此可见，职务作品应当具备以下条件：首先，作者与所服务的机构存在劳动关系，而不是临时为创作某作品而缔结的非劳动关系的人员；其次，创作作品应当属于作者应当履行的职责范围，属于单位要求职工完成的工作任务，或者经创作人员明确表示、该单位也同意纳入职务范围内的创作行为；最后，作品内容和单位的工作性质相关，是单位正常业务活动所必需的，或者应当直接服务于单位的法定业务宗旨。

本案中，原告向朝涤是川剧团职工，但其在川剧团的工作不是从事创作，也没有从事剧本创作的职责，并且被告川剧团没有提供明确的证据证明给原告下达过创作任务，因此剧本创作不是完成单位的工作任务。川剧团虽然在物质、时间方面向原告修改剧本提供过帮助，但这种帮助只是一种协助行为，原告在创作过程中没有主要利用川剧团的物质技术条件创作，由此产生的作品不构成职务作品，为个人作品。在诉讼过程中，川剧团对于原告谱曲的行为未能举证证明属于工作职责的范围或者下达过工作任务，因此原告谱曲的行为也是个人行为而不是职务行为，所谱写的《红妹》主旋律乐谱著作权应归其所有。

2. 侵权责任的确定

本案要注意在不同的时间川剧团使用原告的作品，是否构成侵权的结果是不同的。

（1）川剧团在1999年之前的演出适用合理使用制度的规定。1996年、1997年、1999年川剧团就川剧《红妹》组织进行了多场次演出，这几次演出取得了向朝涤的同意，而且是免费演出，依照我国1990年著作权法合理使用制度的相关规定，第22条第1款第9项规定"免费表演已经发表的作品，可以不经著作权人的许可，不向其支付报酬"，因此当时川剧团的演出行为属于合理使用的范围，不构成侵权，也无须支付报酬。

（2）经过法院认定，川剧院委托徐棻所著《红军妹子》是在原告作品基础上的改编作品，作为演绎作品的著作权人其对著作权的行使不得侵犯原作品的著作权，即对原作品改编应当得到原著作权人的同意。2000年初，川剧团未经原告同意委托徐棻对《红军妹》进行修改，并进行演出和播放，这一行为侵犯了原告戏剧作品和音乐作品著作权人享有的作品修改权、演出权和播放权。即使川剧团和徐棻之间的委托合同有徐棻免责的条款，但是这一条款不能对抗原告，因此川剧团和受托人徐棻构成了对原告著作权的共同侵权，但由于被告没有进行营利性演出，修改、演出、播放等行为没有造成原告的实际损失，也没有给原告造成较大的精神痛苦，因此原告的精神损害赔偿诉讼请求法院不予支持。

第七章 戏剧舞蹈作品著作权的利用

第一节 戏剧舞蹈作品著作权的许可使用

一、著作权的许可使用

（一）著作权许可使用的概念及特征

著作权利用是著作权法的一个重要制度，著作权利用使得著作权人的利益、传播者的利益、使用者的利益三者有机结合起来，真正实现著作权法的目的和理念。[①] 许可使用是著作权的主要利用形式之一。著作权许可使用是指著作权人授予他人对自己的作品以一定的方式、在一定的地域和时间内进行使用并收取报酬的行为。著作权的许可使用在各国著作权法中都有相应的规定，但是各国所使用的概念不尽相同，如俄罗斯使用的是"财产权转授"的概念，德国使用了"用益权授予"的术语。[②] 通过著作权的许可使用可以在许可人和被许可人之间产生一定的权利义务关系，通过著作权许可使用合同，著作权人可以将著作财产权中的一项或多项内容许可他人使用，同时向被许可人收取一定

[①] 吴汉东等：《西方诸国著作权制度比较研究》，中国政法大学出版社1998年版，第206页。

[②] 同①，第214页。

数额的著作许可使用费。

著作权许可使用有如下特征：

（1）从许可使用的主体来看，著作权许可使用并不改变著作权的归属，被许可人只能获得在一定期间内、在约定范围内、以一定的方式对作品的使用权，著作权仍然全部属于著作权人。

（2）被许可人的权利来源于合同的约定，被许可人不能擅自行使超出约定的权利，只能以约定的方式在约定的地域和期限行使著作权，同时被许可人不能擅自将自己享有的权利许可第三人使用，除非被许可人享有专有许可权，否则不能禁止著作权人将同样权利以同样方式许可他人使用。通常认为，著作权许可使用的期限可由双方当事人自由约定，但不能长于或等于著作权的存续期间。

（3）被许可人不具有著作权主体的资格。著作权的使用许可并不会导致著作权人的更迭，被许可人对第三人侵犯自己权益的行为一般不能以自己名义向侵权人提起诉讼。

（4）法律对作品著作权许可使用的时间、地域范围没有特别的限制，通常由当事人根据需要自由约定。著作权许可使用的期间一般以5至10年较为常见，永久性的许可使用比较少见。在后一种情况下，被许可方获得的使用权在著作权剩余保护期内一直有效，如果使用权是专有的，则与权利转让的效果区别不大。

著作权许可使用不同于著作权转让。首先，著作权许可使用中被许可人获得的仅是在特定条件下使用作品的权利，其只是作品使用者而不是著作权人，处分权受到严格限制。著作权的转让引起了著作权权利主体的变更，受让人在转让后成为新的著作权人，对作品享有相应的财产所有权，可以对其进行使用、处分并获得相应的收益。其次，著作权的使用许可通常有一定时间限制，而著作权的转让无所谓期限的问题，它总是将著作权或者其部分在整个著作权保护期内让渡给他人。最后，著作权的许可使用人对他人侵犯著作权的行为无权提出侵权诉讼，侵权诉讼权仍由原著作权人行使。因著作权的转让取得的著作权，原著作权人因权利转移，失去侵权诉讼权，而受转让取得人享有因侵犯著作权向人民法院提起诉讼的权利。

（二）著作权许可使用合同

1. 著作权许可使用合同的概念和特征

因著作权许可使用而设立的合同叫许可使用合同。根据我国著作权法的规定，使用他人作品应当遵循的原则是：除法律有例外规定，应当同著作权人订立许可使用合同。著作权许可使用合同包括下列主要内容：（1）许可使用的权利种类；（2）许可使用的权利是专有使用权或非专有使用权；（3）许可使用的地域范围、期间；（4）付酬标准和办法；（5）违约责任；（6）双方认为需要约定的其他内容。

著作权许可使用合同具有以下特征：

（1）著作权许可使用合同是诺成性合同。著作权许可使用合同的成立，不需要许可人实际将作品交付给被许可人，当事人各方的意思表示一致，合同即告成立。

（2）著作权许可使用合同是双务合同。双方当事人互负对待给付义务，任何一方不全面、及时履行合同义务，都需要承担相应的责任。

（3）著作权许可使用合同是有偿合同。作品的创作花费了作者大量的时间、精力，尤其是很多很优秀的作品更是倾尽作者一生的精力和智慧，被许可人要使用作品，必须向著作权人支付一定的报酬。

（4）著作权专有许可使用合同是要式合同。《著作权法实施条例》第23条规定，使用他人作品应当同著作权人订立许可使用合同，许可使用的权利是专有使用权的，应当采取书面形式，但是报社、期刊社刊登作品除外。因此，如果被许可人要获得作品的专有使用权，则必须与许可人签订书面许可合同，但是报社、期刊社刊登作品除外。

2. 著作权许可使用合同的分类

著作权许可使用合同的分类方式很多。首先，根据作品的不同表现形式，著作权许可使用合同可分为出版权许可使用合同，表演权许可使用合同，汇编权、改编权、翻译权许可使用合同等等。其次，根据许可方式的不同以及权利范围的大小，著作权许可使用合同可分为独占许可和一般许可。独占许可是著作权人将其作品使用权在一定期限内只授予一个使用人，自己不保留也不允许任何第三人享有对作品的使用权。而一般许可则是著作权人在授予某人在一定期间内使用许可的作品同时,仍保留自己使用该作品和再授权第三人使用的权利。最后,根据许可主体的不同可以分为职务作品的许可使用、委托作品的许可使用以及合作作品的许可使用等等。

不过我国著作权法并未对各种许可合同进行逐一规定,只在第四章相应的条文中涉及一些常见的许可使用合同,大致可以分为4种:

(1)出版合同,即著作权人许可出版者行使其作品的出版权的协议。因为作品的主要形式是图书和文章,所以出版合同可以大体分为图书出版合同和文章发表合同。

(2)表演合同,即著作权人许可表演者行使其作品的表演权的协议。除了属于合理使用范围内的表演外,表演他人作品都应该经过著作权人的许可,如果表演的是经过演绎创作的作品,不仅要征得演绎作品著作权人的许可,还要征得原作品著作权人的许可。

(3)录制合同,即著作权人许可录制者行使其作品的录制权的协议。录制者使用他人作品制作录音、录像制品应该取得著作权人的许可。如果被录制的作品是演绎作品,则还应取得演绎作品著作权人的许可。

(4)播放合同,即著作权人许可播放者行使其作品的广播权的协议。播放者使用他人未发表的作品时,应该取得著作权人的许可。另外,电视台播放他人已经发表的影视作品也应当取得著作权人的许可。[①]

二、戏剧舞蹈作品著作权的许可使用

(一)戏剧舞蹈作品许可的权利种类

戏剧舞蹈作品许可权利的种类,通常根据《著作权法》第10条第1款规定中的财产权来确定,即复制权、发行权、出租权、展览权、表演权、放映权、广播权、信息网络传播权、摄制权、改编权、翻译权、汇编权。根据《著

---

① 引自 http://www.110.com/falv/zhuzuoquanfa/zzqkeshiyong/2010/0709/65419.html。

作权法》第10条第2款的规定，著作权人可以许可他人行使上述著作财产权。但是，这些权利并不是每种类型的作品均可以具备的，由于不同类型作品的使用方式不同，许可使用所涉及的权利类型也不同。比如，作品的展览权通常只涉及美术作品和摄影作品；作品的放映权通常只涉及美术作品、摄影作品和电影作品等。因此，当事人在签订著作权许可使用合同时，为了使许可合同内容更清晰准确，除了使用著作权法明确界定的权利内容外，也可以采用双方具有共识并且符合行业惯例的方式来界定权利的名称和内容。

根据《著作权法》第24条第2款第2项的规定，当事人在合同中还应当明确许可使用的是专有使用权还是非专有使用权。另外，根据《著作权法实施条例》第24条的规定，专有使用权的内容由合同约定，合同没有约定或者约定不明的，视为被许可人有权排除包括著作权人在内的任何人以同样的方式使用作品。可见，在专有使用权许可使用中，被许可人获得授权，包括著作权人在内的其他任何人不得使用同样的权利。反之，在非专有使用权中，被许可人不得排除他人的使用。这意味着著作权人自己还可以用相同的方式使用作品，也可以许可第三人使用。至于获得许可使用权的人能否再许可或者转让其权利，《著作权法实施条例》第24条规定："……除合同另有约定外，被许可人许可第三人行使同一权利，必须取得著作权人的许可。"

对于戏剧舞蹈作品的著作权许可使用而言，在实践中，通常主要涉及表演权许可使用、录制权许可使用及广播权许可使用等。

1. 表演权许可使用

表演权是指公开表演作品，以及用各种手段公开播送作品的表演的权利，其特点在于必须面向不特定的多数人，以公开的方式进行。戏剧舞蹈作品的表演权是属于作品著作权人的权利，所涉及的表演包括现场表演和机械表演两种。现场表演是指戏剧舞蹈演出者运用演技，向现场观众表现戏剧舞蹈作品的行为，如表演舞蹈、演出戏剧等。戏剧舞蹈的机械表演是指运用唱片、光盘等物质载体形式，向公众传播被记录下来的戏剧舞蹈表演的行为，如商场、咖啡厅播放音乐、戏剧舞蹈视频等。[①] 无论是现场表演还是机械表演，它们都属于

---

① 尹伟：《戏剧中的表演权和表演者权及其保护制度——豫剧〈程婴救孤〉著作权纠纷案的思考》，引自 http://www.lawtime.cn/info/zscq/zzq/2010121055201.html。

公开表演作品的行为，应当取得著作权人的许可，并向其支付报酬。如果属于合理使用范围内的表演，如免费表演已发表的作品，可以不经著作权人的许可，不向其支付报酬，但应当指出作者的姓名、作品名称，且不得侵犯著作权人的其他权利；如果表演的是经过演绎创作的作品，不仅要征得演绎作品著作权人的许可，还要征得原作品著作权人的许可。

对于戏剧舞蹈作品作者而言，要让自己的戏剧舞蹈作品得以呈现，就需要通过许可使用的方式，许可他人表演自己的作品，同时，被许可方为了自己表演作品的市场优势，往往会选择与戏剧舞蹈作品的著作权人签订表演权的专有许可合同。

2. 录制权许可使用

录制权属于复制权的一种具体表现形式，是著作权人将其作品转化为录音、录像等作品的专有权。录音制品，是指任何对表演的声音和其他声音的录制品，录音制作者，是指录音制品的首次制作人。录像制品，是指电影作品和以类似摄制电影的方法创作的作品以外的任何有伴音或者无伴音的连续相关形象、图像的录制品。录像制品往往是将他人创作的作品和表演机械地加以录制，经过必要的技术处理制作而成的，如将舞蹈表演、戏剧表演等录制成录像制品。录像制作者，是指录像制品的首次制作人。录制者使用他人作品制作录音、录像制品应该取得著作权人的许可。对于戏剧舞蹈作品而言，必须取得戏剧舞蹈作品作者以及表演者的许可才能录制，如果被录制的作品是演绎作品，则应取得演绎作品著作权人、原作品著作权人以及相关表演者的许可。

3. 广播权许可使用

根据《著作权法》第10条第1款第11项的规定，广播权是指"以无线方式公开广播或者传播作品，以有线传播或者转播的方式向公众传播广播的作品，以及通过扩音器或者其他传送符号、声音、图像的类似工具向公众传播广播的作品的权利"。广播权主体是作品著作权人，广播权客体是作品，主要是文字作品、戏剧作品、音乐作品等。我国禁止私人创办广播台、电视台等，决定了很少有著作权人能直接行使广播权，著作权人往往只能通过授权许可广播台、电视台等行使这项权利。

基于舞蹈作品特殊的视觉观赏价值以及广播传播的局限性，舞蹈作品广播许可的情况并不多见。而随着我国老龄化进程的加快,越来越多的老年人愿意通过广播的方式来欣赏音乐、戏剧、评书等作品,戏剧、曲艺等作品通过广播传播的情形也日渐增多,戏剧作品广播权的价值也明显增加。一方面,戏剧作品的著作权人应当更加重视广播权的许可和使用,以促使作品通过广播途径传播;另一方面,广播媒体也应当关注市场需求,积极获得相关戏剧作品的广播权许可。

当然,需要注意的是,广播电台可以基于法定许可播放已经制作完成的戏剧录音录像制品,无须征得著作权人的同意,但是,需要按照规定支付报酬。

(二)戏剧舞蹈合作作品的许可使用

合作作品是两人以上合作创作的作品,是与"单人作品""独创作品"相对应的概念。在很多情形下,戏剧舞蹈作品不是一个人的智慧结晶,而是多人的共同努力合作创作完成,在著作权法上属于合作作品。对于合作作品的认定,各国法律的规定和学者们的认识是不一样的。主要存在两种观点:一种是"二要素说",认为合作创作作品,一是有合意,即有共同创作的动机和愿望;二是有合作创作的事实,即合作者都对作品的完成有实质性、直接的贡献。匈牙利、法国等国立法上都采取"二要素说"的规定。另一种是"三要素说",除了上述二要素外,还强调作品构成单一形态,是一个不可分割的整体。美国、日本等国采纳"三要素说"。关于合作作品,我国著作权法采取"二要素"说。需要注意的是,为他人作品的创作进行组织工作,提供咨询意见、物质条件或进行其他辅助性活动的人,不能成为合作作品的作者。美国、日本等国著作权法只规定了不可分割使用的合作作品,而我国、俄罗斯等国将合作作品分为不可分割使用的合作作品与可分割使用的合作作品。①

我国《著作权法》第13条规定:"两人以上合作创作的作品,著作权由合作作者共同享有。没有参加创作的人,不能成为合作作者。合作作品可以分割

---

① 卢海君:《合作作品的构成——以我国〈著作权法〉第13条的修订为背景》,载《知识产权》2009年6月。

使用的，作者对各自创作的部分可以单独享有著作权，但行使著作权时不得侵犯合作作品整体的著作权。"《著作权法实施条例》第9条规定："合作作品不可以分割使用的，其著作权由各合作作者共同享有，通过协商一致行使；不能协商一致，又无正当理由的，任何一方不得阻止他方行使除转让以外的其他权利，但是所得收益应当合理分配给所有合作作者。"

根据上述规定，戏剧舞蹈合作作品著作权的许可使用应当由合作作者共同享有。对于可分割使用的戏剧舞蹈合作作品，各作者对其独立创作的部分可以单独行使著作权的许可使用，只要该许可行为不侵犯合作作品整体的著作权。对于不可分割使用的戏剧舞蹈合作作品，其许可使用必须由所有作者协商一致，无法达成一致又无正当理由的，不同意许可的作者不得阻止其他作者的许可行为，但是所得收益必须在所有作者间进行合理分配。

当戏剧舞蹈合作作品的某一个或者几个作者死亡时，死亡作者的继承人或者受遗赠人依法取得相关作品的著作财产权。如果死亡作者没有继承人或者没有受遗赠人的，则根据《著作权法实施条例》第14条的有关规定，戏剧舞蹈合作作品的著作财产权由其他合作作者享有。

（三）戏剧舞蹈职务作品的许可使用

职务作品，是指公民为完成法人或者其他组织工作任务所创作的作品。职务作品的作者与所在单位之间存在劳动法律关系，因此，职务作品与公民所担任的职务紧密地联系在一起，它是法人或者其他组织安排其雇员或工作人员履行职责和任务而创造的成果。现实生活中有很多戏剧舞蹈作品属于职务作品，虽然我国著作权法对于职务作品的著作权归属做了明确规定，但是涉及职务作品的许可使用并未做出明确规定。由于职务作品存在不同情形，所以，我们需要区别不同的职务作品类型来分别确定其许可使用的相关问题。

根据我国《著作权法》第16条及《著作权法实施条例》第14条的有关规定，对于一般戏剧舞蹈职务作品，著作权由作者享有，但允许单位在业务范围内使用，作品完成两年内，未经单位同意，作者不得许可第三人以与单位使用的相同方式使用该作品。也就是说，一般职务作品在作品完成两年内，单位享有专有许可使用权，作者在此期间内许可第三人使用则构成侵权。对于特殊戏剧舞蹈职务作品，作者享有署名权，著作权的其他权利由法人或者其他组织享有，法人或者其他组织可以给予作者奖励。因此，此类戏剧舞蹈作品拥有许可权的主体是单位，而不是作者。

（四）戏剧舞蹈演绎作品的许可使用

演绎作品是指对已有作品进行翻译、改编、注释、整理等而产生的作品，也叫派生作品。演绎作品不是对原作品的简单复制，是以原作品为基础，以新的思想表达形式来表现原作品，因此，演绎作品的著作权由演绎作品的作者享有。

在实践中，很多戏剧舞蹈作品是在小说、民间传说、民间舞蹈等基础上进行加工改编而成的，尤其传统戏剧的很多剧本都是在中国古典小说基础上再创作后的演绎作品。当然，很多戏剧舞蹈作品也会被改编为其他的作品，比如根据传统戏剧舞蹈作品改编的小说、影视或者绘画作品等。

我国《著作权法》第12条规定："改编、翻译、注释、整理已有作品而产生的作品，其著作权由改编、翻译、注释、整理人享有，但行使著作权时不得侵犯原作品的著作权。"可见，戏剧舞蹈演绎作品的著作权由演绎者享有，但是，演绎者在行使演绎作品的著作权时不得侵犯原作品的著作权。所以，如果演绎者就自己的戏剧舞蹈演绎作品许可他人使用的，同时应当取得原作品作者的许可。

第二节　戏剧舞蹈作品著作权的转让

一、著作权的转让

（一）著作权转让的概述

著作权转让是指著作权作为一项财产权，包括复制权、发行权、出租权、展览权、公开表演权、改编权、翻译权、汇编权、整理权和注释权等，其中的任何一项或几项权能或全部著作财产权，从一个民事主体合法地转移到另一个民事主体支配下的行为。[1] 著作权转让可以是无偿的或者有偿的，可以通过买卖、互易、赠与或遗赠等方式完成。其中，让渡著作权的人为转让人，接受著作权的人为受让人。需要明确的是，只有著作财产权可以转让，著作人身权如署名权、发表权、修改权、保护作品完整权是不能转让的。著作权转让必然是权能完整的财产权的转让，即无论转让何种财产权，都必须将使用、收益、处分的权能一并转让。转让著作权俗称"卖断"或"卖绝"著作权，与许可他人使用作品不同，转让著作权的法律后果是转让人丧失所转让的权利，受让人取得所转让的权利，从而成为新的著作权人。如果受让人只能使用作品，而不能自由许可他人使用作品，或不能自由转让他的权利，这种权能不完整的转让实际上不是严格意义上的著作权转让，而是著作权的许可使用。

著作权不同于普通民事权利，其具有人身权和财产权的双重性，因此作品著作权能否转让，各国著作权法规定各不相同。大体上有三种不同的立法态度：第一种态度是不置可否。例如，《俄罗斯联邦著作权法与邻接权法》中没有关于著作权转让的规定，但整个法律文件中也找不到"不允许或禁止著作权

---

[1] 刘春田：《知识产权法》（第三版），高等教育出版社、北京大学出版社2007年版，第112页。

转让"的字眼。第二种态度是明确规定著作权可以转让。例如，法国《知识产权法典》第 L131—4 条规定："作者之著作权既可以全部转让，也可以部分转让。"英美法系国家与大多数大陆法系国家属于这种立法例。以英国为代表的大多数英美法系国家普遍认为，著作权作为一种个人动产财产权，可依法转让。以法国为代表的大多数大陆法系国家普遍认为，著作权的所有权不可转让，但使用权可以转让。第三种态度是持否定的立场，即在著作权法中明确规定著作权不能转让。例如，德国著作权法就明确规定"著作权不得转让"。明令禁止著作权转让的国家尚不多见。[1]

我国 1991 年的著作权法对于著作权的转让并未做明确规定，但随着我国先后加入伯尔尼公约、世界版权公约等，著作权法在 2001 年第一次修订后，增加了有关著作权转让的立法规定，2010 年第二次修订继续沿用了 2001 年的规定。

（二）著作权转让的分类

著作财产权的转让，依据不同的标准，大致可以划分为以下几种：

（1）以转让内容的多少可以分为全部转让和部分转让。全部转让是著作权人在著作权有效期内将其著作财产权全部一次性转让给受让人，也就是卖绝著作权。部分转让是指著作权人在著作权有效期内，将其著作财产权部分转让给受让人，如著作权人仅将作品的复制权转让给他人。允许著作权全部转让的国家有英国、美国等英美法系国家，而多数大陆法系国家禁止著作财产权的全部转让，只允许部分转让。根据我国《著作权法》第 25 条的规定，著作权人可以将所享有的全部或部分著作财产权转让。可见，除人身权外，我国允许著作权人转让全部著作财产权。

（2）以转让的时间为标准，分为无期限转让和有期限转让，无期限转让是指著作权人在著作权整个有效期内将其著作财产权的全部或部分权利转让给其他人，不再收回，一直到著作权保护期终止。有期限转让是指著作权人在著作权有效期内按约定的时间将著作财产权全部或部分转让给他人，约定期限届

---

[1] 吴汉东等：《知识产权基本问题研究》，中国人民大学出版社 2005 年版，第 328 页。

满，被转让的著作财产权仍回归转让人。

（3）以著作财产权的利用方式为标准，著作财产权的转让可以分为：复制权的转让、发行权的转让、表演权的转让、播放权的转让、展览权的转让、录制权的转让、翻译权的转让等等，实际上是对著作财产权中的使用权的转让。

二、戏剧舞蹈作品著作权的转让

（一）戏剧舞蹈作品著作权转让应当签订书面合同

大多数国家对著作权转让的形式、手续、程序等做了严格的规定，都要求著作权转让合同必须是书面的。如英国《著作权法》第36条第3款规定，著作权的转让（不论全部或部分）必须以书面为主，并须经著作权让与人签名盖章。有一些国家的著作权法还规定著作权转让必须履行登记手续，主要目的是通过登记的方式起到对抗和证据的作用。如日本《著作权法》第77条就规定著作权转让若未登记则不能与第三人对抗。

根据我国《著作权法》第25条的规定，转让著作权中的财产权利，当事人应当订立书面合同，但对于著作权转让是否要进行登记，我国著作权法没有强制性的规定，只是在《著作权法实施条例》第25条规定："与著作权人订立专有许可使用合同、转让合同的，可以向著作权行政管理部门备案。"可见，在我国，当事人如果转让戏剧舞蹈作品的著作权，必须签订书面合同，是否到著作权行政管理部门备案由当事人自行选择确定。

（二）戏剧舞蹈作品著作权转让合同的内容

根据《著作权法》第25条的规定，戏剧舞蹈作品著作权转让合同应当包括如下内容：

（1）戏剧舞蹈作品的名称。

（2）转让的权利种类、地域范围。当事人应当在合同中明确约定，转让的是戏剧舞蹈作品的复制权、发行权、表演权等著作财产权中的哪种权利，转让其部分还是全部权利，转让后使用的地域范围、使用的时间都应有一个明确的界定，以避免发生纠纷。

（3）转让的价金。也就是转让人应当获得的报酬。当事人之间约定转让的价金要根据转让权利的种类、戏剧舞蹈作品的质量以及在社会的影响程度等多种因素确定。

（4）交付转让价金的日期和方式。交付转让价金是受让人应承担的主要义务，转让价金交付的具体时间以及交付采取分期还是一次性付款等方式，当事人都应在合同中约定。

（5）违约责任。在合同中约定违约责任条款，可避免或减少纠纷，同时也可为发生纠纷后的处理提供依据。

（6）双方认为需要约定的其他内容。如诉讼的管辖问题、著作权转让的生效时间问题等，都可以在著作权转让合同中约定，防止以后发生争议。

（三）戏剧舞蹈作品著作权转让的注意事项

在戏剧舞蹈作品著作权转让过程中，除了应遵循著作权法的相关规定外，还应注意以下问题：

（1）对于戏剧舞蹈作品而言，其著作权中的各项财产权可以分别进行转让。例如，将表演权转让给表演团体，将录制权转让给音像公司，将广播权转让给广播电台等等。即使是著作权中的某一项财产权，也可以根据不同的使用方式分别转让给不同的受让人。例如，著作权人将表演权中的现场表演权转让给甲剧团，将机械表演权转让给乙电视台等等。戏剧舞蹈作品著作权转让后，引起了著作权权利主体的变更，在相关权利受到侵犯时，受让人享有完全的诉权，有权向法院提起诉讼。

（2）对于戏剧舞蹈合作作品著作权的转让，如果是可分割的合作作品，与使用许可相同，独立创作某一部分的作者在不侵犯合作作品整体著作权的情况下，可以单独转让该部分著作权。根据《著作权法实施条例》第9条的规定，对于不可分割使用的合作作品，其转让必须由所有著作权人协商一致才能进行。如果在转让中所有作者不能协商一致，不同意转让的作者即使无正当理由，该作品的其他作者也不能将作品的部分或全部著作财产权进行转让，也就是说，不同意转让的作者可以阻止其他作者的转让行为。

（3）作品原件物权的转让不视为戏剧舞蹈作品著作权的转让。作品必须通过一定的物质形式，也即作品的载体表现出来，例如，文字作品表现为书籍、报刊，视听作品表现为录音带、录像带等。作品载体所有权的转让不等于著作权的转让，比如，甲买了一张舞蹈剧的光盘，不等于甲取得了舞蹈剧的著作权，只是取得了这张光盘的所有权。同样，戏剧舞蹈作品的著作权人将自己的作品进行转让后，著作权人对其作品的原稿不因著作权的转让而丧失所有权。

三、戏剧舞蹈作品著作财产权的继承

自然人作品著作财产权的保护期限是作者有生之年加上死后 50 年，法人、其他组织的著作财产权的保护期限是自作品创作完成后的 50 年。这种保护期限的存在就使得著作财产权具有了继承的价值。

根据《著作权法》第 19 条的规定，著作权属于公民的，公民死亡后，其著作财产权在法律规定的保护期内，依照继承法的规定转移；著作权属于法人或者其他组织的，法人或者其他组织变更、终止后，其著作财产权在法律规定的保护期内，由承受其权利义务的法人或者其他组织享有；没有承受其权利义务的法人或者其他组织的，由国家享有。

继承人可以通过继承的方式取得被继承人戏剧舞蹈作品著作权的相关财产权利。此外，戏剧舞蹈作品著作人身权中的署名权、修改权以及保护作品完整权不受保护期限的限制，由作者永久享有，不存在继承人继承的问题。当然，即使上述三项著作人身权不能由继承人继承，但在涉及相关权利被侵害的时候，也存在继承人或者其他后人主张保护的问题。

四、戏剧舞蹈作品著作权的其他变动

除了著作权的许可使用、著作权的转让以及著作权的继承外，戏剧舞蹈作品著作权人在其作品的著作财产权上设定质押，也可能导致作品的著作财产权发生变动。

质押是我国担保法规定的一种债权担保方式。根据《中华人民共和国担保法》（以下简称担保法）第75条的规定，著作权中的财产权利可以质押。著作权质押是指债务人或者第三人依法将其著作权中的财产权出质，将该财产权作为债权的担保。债务人不履行债务时，债权人有权依法以该财产权折价或者以拍卖、变卖该财产权的价款优先受偿。其中债权人为质权人，债务人或者第三人为出质人。以著作财产权质押的，如果债务人到期不履行或者不能履行债务，质权人可以就债务人或者第三人质押的著作财产权依法通过法律规定的方式实现质权，在这一过程中，被质押的著作财产权会因为折价、被拍卖或者变卖等发生权利主体变动。

以戏剧舞蹈作品中的著作财产权设定质押需要明确以下几个方面的问题：（1）出质人既可以是债务人，也可以是第三人，但是无论是谁作为出质人，都应当是对作为质押标的物的著作权或者著作权中的一项或几项专有权利的完全所有人，即可以对作为质押标的物的著作权或者著作权中的一项或几项权利自由地处分；对于受到限制的著作权或者专有权，如果在质押担保期限届满时出质人仍不具有完整的处分权，那么，这样的著作权或专有权就不能作为质押的标的物出质。（2）作为质押标的物的著作权或其某项专有权必须是受法律保护的，即正处于法律规定的著作权的有效保护期限内，受保护的期限至少要存续至质押担保期限届满时为止。（3）作为质押标的物的著作权，只能是著作财产权而不能是著作人身权。（4）以著作权为标的物设定质押的，当事人之间必须有明确的意思表示，即应当签订书面的质押合同。[①]（5）以著作权为标的物设定质押的，出质人和质权人应当向著作权行政管理部门办理出质登记，质押合同自登记之日起生效。

为了配合著作权质押登记，国家版权局于1996年9月23日颁布实施了《著作权质押合同登记办法》。该《办法》对著作权质押的概念、著作权质押合同的内容、著作权质押合同登记的管理机关、办理著作权质押合同登记的手续等内容都做出了明确的规定。

需要明确的是，虽然我国著作权法和担保法都对著作财产权的质押做了明

[①] 吴汉东等：《西方诸国著作权制度研究》，中国政法大学出版社1998年版，第217页。

确的规定,但是,在现实中,由于著作财产权的无形性、多样性、不确定性等特点,使得著作财产权的价值较难确定,大量的债权人并不愿意接受著作财产权作为质押的标的物,因此,实践中以著作财产权出质的情形较少。但是,目前为了帮助相关以著作权为核心资产的文化产业主体获得金融支持,国家正在积极推进著作权质押业务的发展。

第三节　典型案例评析

一、周传康、章金元等诉浙江省戏剧家协会、浙江省文化艺术研究院、中国戏剧出版社著作权侵权纠纷案[①]

(一)案件的基本情况

七龄童,本名章宗信,是我国已故的著名绍剧表演艺术家,一生多才多艺,能编能导能演。本案原告周传康系七龄童的妻子,章金元、章金云、章金鉴、章金国系七龄童的儿子,均系七龄童的合法继承人。

七龄童曾改编过《孙悟空三打白骨精》《大破平顶山》两个绍剧剧本,东海文艺出版社于1958年出版了绍剧《孙悟空三打白骨精》的剧本,作者署名为"顾锡东、七龄童整理"。浙江省文化厅2009年关于已故绍剧表演艺术名家七龄童同志绍剧《孙悟空三打白骨精》原始署名的调查中予以确认,贝庚执笔的《孙悟空三打白骨精》是从七龄童改编的绍剧《孙悟空三打白骨精》和《大破平顶山》两剧改编的作品,1993年6月,中国戏剧出版社出版了由浙江省戏剧家协会、浙江省艺术研究所(浙江省文艺研究院前身)共同汇编的《陈静贝

---

① 见(2011)浙杭知初字第967号民事判决书。

庚金松剧作选》，将贝庚改编的绍剧剧本《孙悟空三打白骨精》作为贝庚的个人作品编入该书，且未注明任何出处或改编自何处，该书出版数量为2400本，自1993年出版面市至今，仍在各市场流转。

原告认为，作为七龄童的合法继承人，他们有权更有义务依法维护七龄童的著作权免受侵犯，因此请求法院判令：（1）请求确认贝庚执笔的《孙悟空三打白骨精》系七龄童（本名章宗信）戏剧作品《孙悟空三打白骨精》《大破平顶山》的改编作品（庭审后五原告书面申请放弃该项诉讼请求）；（2）请求判令三被告以任何方式再使用贝庚执笔的《孙悟空三打白骨精》时，须在该剧本前注明"根据七龄童（本名章宗信）戏剧作品《孙悟空三打白骨精》《大破平顶山》改编"，并销毁库存的《陈静贝庚金松剧作选》；（3）判令三被告在相关新闻媒体上公开发表启事，说明《陈静贝庚金松剧作选》中的错误及贝庚执笔的《孙悟空三打白骨精》系根据七龄童（本名章宗信）戏剧作品《孙悟空三打白骨精》《大破平顶山》改编，并赔礼道歉；（4）请求判令三被告连带赔偿原告损失5万元；（5）请求判令被告承担本案诉讼费用。

被告浙江省戏剧家协会、浙江省文化艺术研究院辩称：（1）五原告的起诉超过诉讼时效，应予驳回。被控侵权剧本即1993年贝庚版《孙悟空三打白骨精》，最早来源于1960年的绍剧《三打白骨精》，与之前1960年、1979年版的《三打白骨精》剧本，以及2005年《顾锡东文集》中的《三打白骨精》剧本，一脉相承，在剧情结构、人物设置、台词等方面基本相同。七龄童在1960年已经知道侵权行为存在；且涉案剧本自1960年公开发行以来，先后于1962年、1979年、1993年、2005年再版发行。五原告作为绍剧世家之人，早就应当知道被控侵权行为的存在。因此，其起诉超过两年的诉讼时效。即使五原告不知道上述事实，则在2007年贝庚继承人提起的《三打白骨精》侵权之诉中，由于该剧的来龙去脉已在该案中厘清，故从那时起，五原告也应该知道权利被侵害，但其没有主张权利。（2）被告浙江省戏剧家协会是《陈静贝庚金松剧作选》的汇编人，并非该剧本的著作权人，该剧本的作者是贝庚，若系改编作品侵权，则应由贝庚承担法律责任。因此，五原告主张省戏剧家协会应承担改编作品侵权的法律责任，缺乏事实及法律依据。（3）五原告请求赔偿的数额，没有事实依据。关于赔礼道歉的诉讼请求，因五原告是七龄童的继承人，虽然享有保护七龄童著作权不受侵害的权利，但其只继承了财产权而不能继承人身权，故赔礼道歉的请求没有法律依据。

（二）案件的审理结果

杭州市中级人民法院认为：五原告作为作者七龄童的继承人，享有保护作者著作人身权不受侵害的权利，因此，有权要求三被告在再次使用贝庚执笔的《孙悟空三打白骨精》剧本时，为七龄童署名，并销毁库存的侵权书籍。原告要求被告公开说明七龄童为原改编者的请求符合法律规定，但要求赔礼道歉是作者享有的著作人身权，五原告作为继承人，仅继承了著作财产权，没有继承著作人身权，故该请求不予支持。该院于2012年9月4日作出如下判决：

（1）浙江省戏剧家协会、浙江省文化艺术研究院、中国戏剧出版社在《钱江晚报》上发表声明，说明1993年6月出版的《陈静贝庚金松剧作选》中收录的贝庚版的《孙悟空三打白骨精》绍剧剧本，系改编自七龄童（章宗信）的同名剧本。

（2）浙江省戏剧家协会、浙江省文化艺术研究院、中国戏剧出版社销毁库存的涉案《陈静贝庚金松剧作选》。

（3）浙江省戏剧家协会、浙江省文化艺术研究院、中国戏剧出版社若再次使用贝庚版的《孙悟空三打白骨精》绍剧剧本时，需为原改编者七龄童（章宗信）署名。

（4）浙江省戏剧家协会、浙江省文化艺术研究院、中国戏剧出版社共同赔偿周传康、章金元、章金云、章金鉴、章金国经济损失及为本案支出的合理费用共计1.5万元。

（5）驳回原告周传康、章金元、章金云、章金鉴、章金国的其他诉讼请求。

一审宣判后，各方当事人均未提起上诉。

（三）对案件的法律分析

本案涉及著作财产权的继承问题。需要注意以下几点：

1. 著作权继承的问题

本案中《孙悟空三打白骨精》绍剧剧本，系七龄童、顾锡东共同改编的合作作品，七龄童、顾锡东均已去世，因此该案件涉及著作权继承的问题。《继承法》第3条规定："遗产是公民死亡时遗留的个人合法财产"，其中包括公民的著作权。我国《著作权法》第19条第1款规定："著作权属于公民的，公民死亡后，其作品的使用权和获得报酬权在本法规定的保护期内，依照继承法的规定转移。"可见，著作权中的财产权利和公民个人所有的其他合法财产一样，在公民死亡后，即成为公民个人遗产的组成部分，由其合法继承人继承。著作权继承不同于其他权利的继承之处在于，首先，著作权继承不能变更登记，而且也没有交付，是绝对权；其次，在继承完成后，著作权人身权为作者所有，著作财产权为继承人所有；最后，著作权的继承人行使权利要受到限制，比如不能任意修改继承的作品。

本案中涉及的作品系七龄童、顾锡东共同改编的合作作品，七龄童、顾锡东均已去世，因此七龄童的继承人配偶及子女周传康、章金元等人，顾锡东的继承人顾维铁等人共同享有该作品的著作财产权，由于顾锡东的继承人顾维铁等人已明确表示不参加本次诉讼，故七龄童的继承人周传康、章金元等人有权就本案单独提起诉讼。

2. 继承人有权利对作者的署名权、修改权和保护作品完整权进行保护

著作权的财产权即作品的使用权和获得报酬权是可以继承的，公民死亡后，其享有的著作权中的财产权利在法律规定的保护期限内，可以由著作权人的合法继承人继承。而关于著作人身权，继承人一般不能继承作者的著作人身权，但有责任对其进行保护。《著作权法实施条例》第15条规定："作者死亡后，其著作权中署名权、修改权和保护作品完整权由作者的继承人或受遗赠人保护。著作权无人继承又无人受遗赠的，其署名权、修改权和保护作品完整权由著作权行政管理部门保护。"

本案中，贝庚版的《孙悟空三打白骨精》绍剧剧本，是根据1958年七龄童、顾锡东创作的《孙悟空三打白骨精》绍剧剧本改编而来的作品，属于演绎作品，被告中国戏剧出版社出版了由浙江省戏剧家协会、浙江省文化艺术研究所共同汇编的《陈静贝庚金松剧作选》选编了贝庚版的《孙悟空三打白骨精》，

作为汇编作品是对该演绎作品的再次演绎，所以尽管演绎作品的作者对作品享有著作权，但是在行使著作权时不得侵犯原作品的著作权，《陈静贝庚金松剧作选》作为汇编作品没有对七龄童等原作品作者署名的行为，侵犯了原作者的署名权。七龄童的继承人虽然不能继承作者的著作人身权，但有责任对其进行保护，提出诉讼是维护作者著作人身权的正当行为。

二、高玉秋诉黄河音像出版社等侵犯著作权案

（一）案件的基本情况

高玉秋是著名的豫剧表演艺术家，常香玉亲传大弟子。1980年河南省豫剧一团重排传统豫剧《陈妙常》，高玉秋、王素君、周则生三人对原剧本进行了整理改编，高玉秋在其中饰演女主角陈妙常。《陈妙常》是以女主角名字命名的名剧，高玉秋根据自己多年的舞台表演经验，细致揣摩剧中人物心理，大胆创新，对原剧唱词进行了许多改正，将剧名也改为《必正与妙常》。该剧重新搬上舞台后，深受戏迷热爱，遂成为高玉秋的代表作之一。1997年高玉秋在焦作演出时，突然从她的一位学生那里知道，当年的那出戏已经出了磁带，找到之后才发现磁带是黄河音像出版社1984年出版的，但封面上的照片只有搭档王素君和其他演员合作的剧照，随后她又陆续在市场上收集到了关于《必正与妙常》这出戏4个版本的磁带，这些磁带的录制都没有经过其许可及支付报酬，其中一个磁带封面主演没有其名字，并且几乎所有版本中都没有其照片，磁带随意节录，使原剧支离破碎，较之原剧竟少一半。在多次与音像社沟通"讨不到说法"的情况下，高玉秋一怒之下一纸诉状将黄河音像出版社以及磁带的批发商和经销商——河南省文化艺术音像出版社、郑州书店购书中心、丹尼斯生活广场一并向郑州中院提出诉讼。原告认为，自己是《陈妙常》的剧本整理者，又是其表演者，对作品享有著作权。因此，上述四被告的行为属于侵权，请求法院判令四被告停止复制、发行、销售豫剧《陈妙常》录音磁带的侵权行为，要求四被告连带赔偿经济损失26万元，并要求黄河音像出版社赔偿精神损害。

作为第一被告，黄河音像出版社辩称，原告并非录音磁带《陈妙常》的著作权人，该节目是由河南人民广播电台投资录制的，节目的录制是一个系统工程，制作方投入了大量的人力物力，而原告只是此节目制作过程中的一个表演者，并非节目著作权人。而且，当初黄河音像出版社还与原告所在的剧团和电台都达成了购买协议并支付了费用，同时认为《陈妙常》于1994年出版发行，当时的著作权法没有要求制作音像制品必须征求演员同意，而且该社早已停止该节目录音磁带的出版发行，原告提出的赔偿没有依据。关于精神赔偿问题，被告认为，出版的录音磁带并没有贬低原告的形象，首先，在磁带封面的显著位置明确署有原告的名字；其次，没有法律法规规定录音磁带包装封面必须使用演员剧照，所以，也谈不上对其造成精神伤害。

（二）案件的审理结果

案件最后以调解结案，原告方与黄河音像出版社达成谅解，并得到了赔偿。[①]

（三）对案件的法律分析

本案是一起未经许可使用他人改编作品、侵犯他人著作权的案件。我们可以从以下几方面分析该案件：

1. 原告作为改编者享有著作权

《陈妙常》是传统豫剧经典曲目，原告高玉秋在1980年重排该戏时不仅是该剧的表演者，而且对该剧本进行了整理、修改，重新搬上舞台，付出了自己的心血和劳动。根据《著作权法》第12条"改编、翻译、注释、整理已有作品而产生的作品，其著作权由改编、翻译、注释、整理人享有"，因此作为改编者，原告是整理后的《必正与妙常》剧本的著作权人。在改编的过程中，原告与王素君、周则生三人共同对原剧本进行了整理改编，可以视为合作作品，对于此类作品，由合作作者共同享有著作权，通过协商一致行使，不能协商一致，又无正当理由的，任何一方不得阻止他方行使除转让以外的权利，但是其

[①] 见《10年被侵权一朝得维权——豫剧名家高玉秋诉某音像出版社等四被告侵犯著作权案》，http://www.66law.cn/goodcase/628.aspx。

所得收益应当合理分配给所有合作作者。可以分割使用的合作作品,作者对自己创作的部分可以单独行使著作权,但是行使时不能侵害作品的整体著作权。因此,高玉秋作为合作作品的作者之一,在其他合作作者王素君等人权益未受到侵害,而自身权益受到侵害情况下,可以提起诉讼。

2. 黄河音像出版社等被告的行为构成侵权

被告的行为对原告依法享有的著作权和表演者权益构成侵害。作为著作权人,其一,原告的保护作品完整权受到了侵害,被告所录制的磁带随意节录,使原剧支离破碎,破坏了原作品的完整性;其二,许可他人复制、发行作品的权利受到侵害,《著作权法》第39条第2款规定:"录音录像制作者使用改编、翻译、注释、整理已有作品,应当取得改编、翻译、注释、整理作品的著作权人和原作品著作权人许可,并支付报酬。"本案中,黄河音像出版社等被告作为录音录像制品的制作者,如果要录制《必正与妙常》这出戏,必须要经过作者的许可使用才能进行,并且要支付作者报酬,而被告自称是从电台购买此节目的版权,在本案中一直未能提供任何证据,证明其发行复制《陈妙常》磁带的合法来源,被告在多年中先后出版发行了多版《陈妙常》磁带,却从未征得原告同意,也未支付过报酬,对原告的著作权造成侵害。

原告作为表演者,其表演者权也受到了侵害,具体包括:(1)表明表演者身份的权利受到侵害,被告于1994年出版的《陈妙常》磁带其封面仅是该剧男主角王素君的剧照,整个磁带没有任何一处载明高玉秋饰演陈妙常,使得陈妙常的真正饰演者高玉秋无法表明其身份。(2)许可他人复制、发行录有其表演的录音录像制品并获得报酬权受到侵害,这是《著作权法》第37条明确赋予表演者的权利,《著作权法》第40条又规定:"录音录像制作者制作录音录像制品,应当同表演者订立合同,并支付报酬。"被告从未与原告订立过合同,亦从未支付过原告作为表演者的任何报酬。

3. 精神损害赔偿的问题

精神损害赔偿是权利主体因其人身权益受到不法侵害而使其遭受精神痛苦或精神受到损害而要求侵害人给予赔偿的一种民事责任,在法律上具有补偿、抚慰、惩罚三重功能。这一制度作为重要民事权利救济制度,一方面可以使受害人得到心理上的抚慰,弥补其受到的精神利益损失;另一方面,通过对加害人课以一定的负担,达到惩罚加害人和教育社会公众的目的。

近年来,对于侵犯著作人身权的案件,法院明确适用著作权精神损害赔偿保护著作权人的权利,最典型的莫过于2006年5月23日由北京市高级人民法院判决的"庄羽与郭敬明等侵犯著作权纠纷案"。该案法院不但判决郭敬明与出版社共同赔偿庄羽经济损失20万元,出版社与北京图书大厦停止该书的出版与销售行为,同时判决郭敬明赔偿庄羽精神损失费1万元。该判决系国内首次在著作权侵权纠纷案件中,法院判决支持原告的精神损害赔偿请求。我国民法通则和著作权法没有明确规定著作权侵权的精神损害赔偿问题,目前对于是否实行著作权精神损害赔偿制度学术界仍存在争议。

按照民法中精神损害赔偿的有关规定,如果要求被告承担精神抚慰金,原告应当提供充分的精神利益受到损害的证据,证明自己因被告的侵权行为所导致的精神损害利益或精神损害后果。在本案中,原告因被告的侵权行为受到损害,如果要主张精神损害赔偿,需要在精神损害的利益和后果方面提供充分的证据加以证明。

第八章　戏剧舞蹈作品的表演者权

第一节　戏剧舞蹈表演者和表演者权概述

一、表演以及著作权法上的表演

（一）表演的含义

《现代汉语词典》（第7版）对于"表演"的定义给出了三个解释：一是戏剧、舞蹈、杂技等演出；把情节或技艺表现出来，如化装表演、表演体操。二是做示范性的动作，如表演新操作方法。三是比喻故意装出某种样子，如骗子的表演迷惑了不少人。

另外，与"表演"相关的词汇还有"演唱""演出"。演唱是动词，意为表演（歌曲、戏曲）；演出也是动词，意思是把戏曲、音乐、舞蹈、曲艺、杂技等演给观众欣赏。

通常认为，戏剧舞蹈的表演是演员在各种舞台上通过语言、表情、动作等方式进行表达的过程。在理论上，"表演"的一般内涵存在不同的学说，主要是"戏剧论"与"表演论"。戏剧论认为，"表演"是人有意识地影响、操纵别人对自己印象的展示行为。表演论认为，表演即创造性地模仿他人。[1]

---

[1] 郑智武：《论表演的法律概念及构成要件》，载《商业时代》2007年第16期。

观看各种形式的表演是普通大众娱乐生活中最重要的一部分。在大众看来，表演就是演员在各种舞台上展现自己才艺的过程，如戏剧舞台上拿腔拿调地表现；春节联欢晚会上的唱歌、跳舞、小品、相声、杂技等等。这种一般而宽泛的理解在普通大众中是普遍存在的，是有声有色的。在他们看来，舞台上美轮美奂的戏剧舞蹈表演是表演，大街上秧歌队欢天喜地的扭秧歌是表演，周围邻居在酒场上逗得大家开怀大笑的几个搞笑动作也是表演。一句话，社会学上表演的范围是非常宽泛的，表演的种类和形式也是多种多样的。

（二）著作权法上表演的含义

百花齐放、百家争鸣是社会文化研究领域充满生机的写照，参差繁杂、多种多样是社会领域表演活动的真实状态，然而，法律研究和立法制度的设计却具有非常强烈的目的性，法律保护所要追求的是强制性的统一。因此，无论研究领域、普通大众对于表演有怎样的不同理解和不同界定，在法律范围内寻找统一的答案是各国立法者所追求的目标。

关于"表演"在法律上的含义和范围，对各国的表演者立法具有深刻影响的国际公约——《保护表演者、录音制品制作者与广播组织罗马公约》（以下简称罗马公约）也没有给出明确的界定。该公约只对"表演者"及其所应该享有的权利做出了规定，我们只能借此来理解"表演"的含义和范围。《罗马公约》规定的"表演者"，是指演员、歌唱家、音乐家、舞蹈家和表演、歌唱、演说、朗诵、演奏或者以其他方式表演文学或艺术作品的人。可见，《罗马公约》将表演限定为对文学和艺术作品的表演，但该公约同时规定任何缔约国均可根据国内法律和规章，将公约提供的保护扩大到不是表演文学和艺术作品的艺术家。《世界知识产权组织表演与录音制品公约》（以下简称WPPT）将表演的范围扩大到了对民间文学艺术作品的表演。

显然，无论是罗马公约还是WPPT都是通过确定表演者的含义来间接地限定受保护的表演的范围，其中罗马公约将受保护的表演与文学艺术作品紧紧地联系在一起，但同时也为各国立法将受保护的表演扩大到杂技、运动等与文学艺术作品无关的表演行为留下了足够的空间。WPPT与罗马公约最大的不同是肯定了对民间文学艺术作品进行的表演也是受保护的客体。

美国《著作权法》第101条规定:"表演是直接或借助设备或方法对作品进行朗诵、演奏、舞蹈或演出的行为;就电影片或其他视听作品而言,就是连续放映图像或播放伴音的行为。"这一规定与罗马公约是一致的,即表演的对象为文学艺术作品。

日本《著作权法》第2条第1款第3项对"表演"规定为"将著作物以舞台表演、舞蹈、音乐演奏、歌唱、朗诵、背诵或其他方法进行表演的行为,而且包括不包含著作物表演但却具有公开娱乐性质的公开行为"。显然,日本《著作权法》中表演不仅仅包括对作品的表演行为,还包括对非作品的公开娱乐性质的表演行为。

我国1991年的《著作权法实施条例》第5条第2项曾经给出表演的定义:指演奏乐曲、上演剧本、朗诵诗词等直接或者借助技术设备以声音、表情、动作公开再现作品。对表演的这种界定存在以下几个方面的缺陷:(1)对作品的列举范围过于狭窄,比如,没有包括舞蹈作品,这给实际中认定相关的活动是否构成著作权法上受保护的表演造成困难;(2)"再现作品"中的"作品"的范围过于笼统,涉及著作权法保护的作品中哪些作品没有明确,这也给实际执法和司法活动造成认定上的模糊。基于上面的原因,修改后的《著作权法实施条例》取消了对表演定义的界定。

目前,我国法律中界定"表演"范围的主要依据是《著作权法实施条例》第5条第6项的规定:表演者,是指演员、演出单位或者其他表演文学、艺术作品的人。可见,目前我国著作权法采取了与罗马公约相同的界定方法,即通过规定表演者的含义来间接限定表演活动的范围,并且将表演对象限定为文学、艺术作品。

(三)著作权法上表演的界定

基于对表演的前述分析,我们可以从以下几个方面来进一步理解著作权法意义上的"表演":

1. 不是所有的表演都受著作权法的保护

很显然,哪些表演应当受到著作权法保护,这是各国著作权法首先要明确的问题。表演可以涉及诸多的领域,如具有表演性质的体育比赛,教学活动中的表演、演示，技术方案的展示、表演等等，都具有表演的特征，都属于语言学或者文字上所界定的"表演"的范围。但是，这些表演都不属于著作权法上享有表演者权利的"表演"。从罗马公约到WPPT，关于表演的范围最显著的变化是将民间文学艺术作品纳入表演范畴，即便WPPT扩大了表演的范围，也并未把现实生活中所有的表演活动都纳入法律保护的范围。

2."表演"最主要是针对文学艺术作品的表演

根据我国著作权法实施条例的规定，只有对著作权法上的文学、艺术作品的表演才是可以受法律保护的"表演"。换言之，受法律保护的"表演"是以存在享有著作权的文学、艺术作品为前提的，如果不存在著作权，也就不存在表演活动所享有的权利。根据著作权法和著作权法实施条例对作品的界定，著作权法保护的作品包括文字、口述、音乐、戏剧、曲艺、舞蹈、杂技艺术、美术、建筑等作品。可见，我国将国际公约上有争议的即兴演说、杂技、魔术、马戏等表演形式都列入了受保护的范围。虽然这种做法在客观上让更多的表演者受到了法律的保护，但是，实践中，这种做法也遇到了一些现实和理论上的问题：其一，杂技艺术作品重在形体动作和技巧，特别是杂技和马戏，在艺术表达上具有高度的模仿性，这都区别于著作权法对作品所强调的独创性，所以，对杂技艺术作品的认定成为杂技表演是否受法律保护的前置问题；其二，现有杂技艺术作品的概念不足以包括社火[①]等我国民间所广泛存在的艺术表达形态，对社火等各种民间艺术表达形式的表演也同样面临作品认定的前置问题。

另外，这里的文学艺术作品既可以是还在著作权保护期限内的作品，也包括已经超过著作权法规定的保护期限、进入公有领域的作品。如曹雪芹的名著《红楼梦》，是著作财产权早已过了保护期限、进入公共领域的作品，任何人都可以在不侵害曹雪芹著作人身权的情况下对作品进行法律范围内的利用，包括表演。虽然《红楼梦》作品的保护期限已过，但是，戏剧红楼梦的表演者对其

[①] 社火，是民间在节日举行的传统集体游艺活动，如狮舞、龙灯等。这种集体游艺活动往往是以村、社为单位自发组织的表演团队来完成的。原晓爽：《表演者权利研究》，法律出版社2010年版，第27页。

表演活动仍然受法律的保护。

3.表演的主体是演员、演出单位或者其他表演文学、艺术作品的人

按照前述分析，只要是文学、艺术作品的表演主体，无论其是演员、演出单位还是对文学艺术作品进行表演的其他人，都可以成为受法律保护的表演主体。但是，这里至少要排除两种情况：

一是普通老百姓自娱自乐的表演。普通老百姓自娱自乐表演他人享有著作权的作品属于对作品的合理使用，无须取得作品著作权人的许可，也不需要向作品的著作权人支付费用，其对作品的表演仅限于自娱自乐的范围，没有在著作权法上给予确认和保护的必要。当然，如果这种表演可以并且要转化为商业应用，则应当重新考虑作品的著作权以及表演者的权利。在这种情况下，就必须取得所表演的作品著作权人的许可，并且支付报酬，其对自身表演者权利的行使也不得侵害原著作权人的权利，如将自娱自乐表演的录音录像制品复制、发行的，应当取得著作权人的许可并且支付报酬。

二是表演者非公开的表演。假设某专业演员，出于对某舞蹈作品的喜爱，在家中或者在舞蹈房自己排练并表演了该舞蹈作品。对于该种表演是否享有法律规定的权利呢？根据著作权法关于合理使用的规定，这仍然属于表演者自己对他人作品的学习、欣赏范畴，对基于学习、欣赏而对作品的表演，表演者无须取得舞蹈作品著作权人的许可，表演者对其基于学习、欣赏目的而进行的表演活动也不享有法律上规定的表演者权利。但是，假设该表演者要将其自己对舞蹈作品的表演制作成录音录像制品或者许可他人将其表演制作为录音录像制品复制、发行的，则超出了自己学习、欣赏的范围，构成对舞蹈作品的商业利用。在这种情况下，表演者就必须要尊重和保护舞蹈作品著作权人的合法权利，即其表演及相关活动应当取得著作权人的许可并且支付报酬，在这个基础上，表演者也可以依法对自己的表演活动享有表演者权利。

二、表演者和表演者权

（一）表演者的含义及种类

根据《罗马公约》第3条的规定，表演者是指演员、歌手、音乐家、舞蹈家和表演、歌唱、演说、朗诵、演奏或以别的方式表演文学或者艺术作品的其他人员。许多国家采取了与其相似的规定。而我国《著作权法实施条例》第5条第6项规定："表演者，是指演员、演出单位或者其他表演文学、艺术作品的人。"根据上述规定，我国著作权法上的表演者包括以下几种情形：

1. 演员

按照《现代汉语词典》（第7版）的解释，演员是指参加戏剧、影视、歌舞、曲艺、杂技等表演的人员。对于社会公众而言，演员是具备专业的表演能力，能够运用自己的专业技能，通过声音的、身体的、表情的控制而将相关作品展现给观众，让观众通过其表演了解戏剧、舞蹈、曲艺以及杂技等作品的内容，并体会作品所要传达的思想、观念等内容的人。

进行各种表演活动的人员既包括经过专业训练、具备专业表演能力的专业演员，也包括那些未经过专门训练但是也能够运用自身对作品的理解而较好地把作品展现出来的普通人。有时候，一部戏剧舞蹈作品中既有专业的演员，也有可以表述为"群众演员"的非专业人员。专业的演员如戏剧演员、芭蕾舞蹈演员、杂技演员等；非专业的演员包括典型的民间戏剧、舞蹈、曲艺或者音乐作品的表演者。目前，随着我国文化市场的繁荣，我国已经形成了由大量专业演员组成的、庞大的、具有较高表演水平的演员群体，同时，由于我国的民间文学、艺术作品、大量民族音乐、戏剧、舞蹈作品还在民间广为流传，所以，现实生活中还存在大量的民间表演人员，这是我们的非专业演出群体。

根据国务院《营业性演出管理条例》第10条的规定，以从事营业性演出为职业的个体演员和以从事营业性演出的居间、代理活动为职业的个体演出经纪人，应当依法到工商行政管理部门办理注册登记，领取营业执照。

2. 演出单位

按照《现代汉语词典》（第7版）对演出的解释，演出单位是指组织人员把戏剧、音乐、舞蹈、曲艺、杂技等演给观众欣赏的法人或者其他组织。

将大量的文学、艺术作品,尤其是戏剧舞蹈作品利用表演的形式传播,大部分时候依靠单个演员的力量是无法完成的。比如一台戏剧、舞蹈表演,会需要大量的表演人员,同时还需要很多其他的演职人员,比如化妆、舞台、道具、服装、灯光、音乐、音响等等;同时还需要很多其他的人员,如广告策划、市场营销、场地服务等等。演员的表演、其他演职人员的配合,相关管理、服务人员的管理和服务活动等等,这些都是关系到一场演出能否成功、一部戏剧舞蹈作品能否很好地展现给观众取得良好表演效果和经济收益的关键。

从这个角度讲,在文学、艺术作品尤其是戏剧舞蹈作品的表演过程中,演员单独作为表演权主体、享有整个作品的完整权利的情况不太容易实现。相反,通过一个组织的管理、运作,汇集演职人员以及其他工作人员的力量将作品表演、展现出来的情况是文化市场上的主要形态。在这种情况下,对表演活动进行投入并实施组织、管理的法人或者其他组织当然可以基于法律的规定或者合同的约定而成为表演主体,享有与表演相关的权利。而至于其中具体参与表演的演员,则更多的是通过与组织者签订合同并按照合同约定取得表演报酬的方式来实现自己的表演利益。

另外,从作品表演权的获取上说,演出单位可以更容易、更有实力从著作权人手中取得对相关戏剧舞蹈作品表演的许可,可以更有效地通过与相关的录音、录像制作主体、广播电视组织等进行协调、合作以实现对作品的广泛传播,并借此实现包括著作权人、表演者、录音录像制作者等在内的众多主体的经济利益。

根据国务院《营业性演出管理条例》第 7 条的规定,对戏剧舞蹈作品进行营业性演出的文艺团体必须依法取得演出许可证并且办理工商登记,该类演出单位属于专门从事演出活动的演出单位。

3. 其他表演文学、艺术作品的人

这是指除演员、演出单位之外的,对作品进行表演的其他主体,包括自然人、法人或者其他组织。无论是前面所说的演员,还是专门的演出单位,都是通常意义上的专业演出主体,如专门的演员、戏剧团、歌舞团、演出公司等等。这些专业的表演者是我国演出市场上的核心力量。但是,这也不能排除其他演出主体的存在。比如曾经有案例表明村委会组织人员对当地民间特色的舞蹈进行表演，并且被录制为音像制品发行和销售。在这个表演活动中，村委会可以作为组织演出的演出单位，而具体参与表演的村民则属于"演员"。

综上，著作权法上的表演者既包括演员、演出单位，也包括其他表演文学、艺术作品的人。无论其身份、背景如何，只要其有对文学、艺术作品的表演活动，并且不属于法定的不享有著作权及与著作权相关权利的情形的，就应当依法被认定为属于著作权法上规定的享有对文学、艺术作品的表演者权利的表演者。

（二）表演者权

1. 表演者权的起源与发展

表演者权的产生与科学技术的发展密不可分。19世纪中期，随着录音技术的发展和普及，表演被大量录制，录制品被广泛销售和传播，人们观看演出不再局限于现场，表演逐渐脱离了表演者的控制，通过录制品传播到千家万户，表演者的演出机会因而减少，这不但侵害了表演者的权益，甚至严重影响到了表演者的生存。可以说，复制、广播技术的发展对表演者这一群体造成了深远影响，为了维护表演者的利益，在全世界范围内掀起了保护表演者权利的法律运动。

在国际广播组织的推动下，由世界知识产权组织、国际劳工组织和联合国教科文组织共同发起，于1961年在罗马签订了罗马公约。该公约是第一个确认并保护表演者权利的国际公约。

1994年通过的TRIPS协定，延长了表演者权的保护期限，从原有的20年延长到50年。1996年通过的WPPT，首次提出了表演者精神权利的保护，将表演者权上升到专有权形式，增加了表演者的发行权、出租权和提供已录制表演的权利，并规定这些权利适用于网络环境。2012年6月26日，在北京通过的《视听表演北京条约》（以下简称北京条约），完善了对以视听录制品的形式记录的表演的保护以及数字环境下对表演者的保护。可见，表演者权的保护范围随着科学技术的飞速发展而不断扩大。

2. 关于表演者权性质的理论观点

表演者权是表演者作为作品的传播者因表演他人作品而享有的一项权利。目前理论界对于表演者权的法律性质有不同的观点。

（1）人身权利说。这种观点认为："艺术家的表演包括一系列其作为自然人所固有的成分，比如其姓名、声音、外貌等，任何人对自己的这些成分都拥有一项被界定为人身权利的权利，正是这一权利构成了未经其'所有者'授权不得利用上述成分的根本原因。"[1]

（2）著作权说。一种观点认为表演是一种新的创作，表演者的表演活动不单纯是对作品的技术性再现，而是表演者运用自身的表演技能，结合自己对作品的理解对作品的再加工，这种通过表演者形体、声音呈现给观众的已然不是作品本身了，而是一种独立于原作品的新作品。被表演的作品已经不属于原作，而是一部富于美感的作品，并且这类新作已带有艺术家人格的烙印，表演与作者的作品同样有独创性，表演者使用一部作品就好比画家使用一个模特儿一样。[2] 也有学者认为，表演属于演绎作品，表演也是一种演绎创作，通常是对别人创作的文学艺术作品进行解释和传播的行为，由于这种解释和传播也需要特殊的技能和技巧，在解释中体现着表演者个人的艺术体验和个性，表演了他们的选择、设计和安排，故属于派生创作。[3] 另外一部分学者认为，表演者是作品作者的合作者，因为有些作品如剧本、音乐等，必须通过表演，观众才能接触到作品。所以，表演者和作品作者是各有所求，是一种互补的关系，是在合作创作一部新作品。[4]

（3）邻接权说。邻接权是国际上对作品传播者所享有权利的总称，主要包括出版权、表演者权、音像制作者权及广播组织权。邻接权说认为，表演者的表演只是作品传播的一种形式，本质上只是通过艺术性的表演活动，传达作者

---

[1] [西班牙] 德利娅·利普希克：《著作权与邻接权》，联合国教科文组织翻译，中国对外翻译出版公司2000年版，第286页。

[2] 同上，第282页。

[3] 刘春田主编：《知识产权法教程》，中国人民大学出版社1995年版，第405页。

[4] 梁立君：《表演者权问题研究》，载王振清主编：《知识产权法理与判决研究》，人民法院出版社2005年版，第49页。

体现在作品中的思想内容,将作品丰富饱满地呈现给观众仅仅是作品的一种使用方式,既不是独立的创作,也不是在作品基础上的再创作,而是属于邻接权范畴。

(4)新型权利说。该学说认为,表演者权在主体、客体、内容上有自己的特点,既不是表演权,也不是一般意义的民法上的权利,而是一类独立的新型法律权利。表演者权的独立新型性是由自己的独立客体、权利产生的基础、法学一般理论以及区别于一般权利的内涵决定的。①

以上不同的理论观点从特定角度出发阐述表演者权的性质,都有一定的合理性。但人身权利说难以诠释表演者权的独有特征,尤其是在表演者迫切需要利用表演者权保障自己因表演行为所产生的经济利益时,人身权利说往往力不从心,因为在对人身权利进行保护时,重点关注的是精神权利而非经济权利。新型权利说认识到表演者权同其他权利相比所具有的特殊性,而主张用专门的法规对其调整,但这一学说忽略了表演行为与原作品之间的关联,割裂了表演者权与著作权之间的内在联系,不具有现实应用价值,也不能解决表演者权保护的实际问题。著作权说将表演者权归属于著作权范畴主要基于表演作品是对小说、剧本、诗歌、戏剧等文学作品改编而来,从而表演作品被视为在已有的作品之上派生出来的新作品,而演绎作品的著作权在多数国家的著作权法体系中都得到了肯定。

3.表演者权属于邻接权

作者认为,宜将表演者权纳入邻接权范围加以保护,理由如下:

(1)从权利主体地位来看,表演者对于其所表演的作品来说,主要起到的是传播者的作用。正如世界著名版权学家德·桑克提斯指出:"表演者是创作者与公众之间的一个中间人,因为他负责传达作品由作品作者已经完全表达而又具体地表示出来的一种思想。为使公众感到作品的美感,表演者是必不可少

---

① 郑智武:《论表演者权的法律性质》,载《浙江艺术职业学院学报》2007年6月第5卷第2期。

的。"① 虽然表演者权是邻接权最早的表现形式，在权利的性质及内涵上均最接近于著作权，② 但这不能否认表演者与录音制品制作者、广播组织等传播者一样是文学和艺术创作的辅助者这一客观事实。法国著名法学家亨利德布瓦对这三项权利的拥有者有过一个精辟的阐释："他们是文学和艺术创作的辅助者，表演者决定音乐作品和戏剧作品的命运，录音制品录制公司以长存代替了稍纵即逝，广播组织则打破了空间的距离。"③

（2）从表演行为的目的来看，虽然客观上，表演者的表演尤其是极具艺术创造性的表演是对原作品的一种解释或演绎，但表演活动与演绎作品还是在目的上存在本质区别，前者更多着眼于作品的传播，后者重在再创作。尽管表演活动作为一种具有创造性的劳动，有一定的独立性，但这并不能否认表演行为是表演者在既有作品的基础上通过自己的表情、动作、声音来向公众传播作品，而非创作一个新的作品。这区别于演绎作品在原作品基础之上进行新的创作的目的。

（3）从权利内容来看，表演者权所保护的是表演者在表演中付出的辛勤劳动，这种保护是建立在其对作品传播所发挥的特定价值基础之上的，而且同一作品之上可以由多个表演者进行表演，产生多个表演者权，这些表演者权之间是独立的，每个表演者都能获得独立的表演者权保护，并且在其之上不会再产生新的表演者权，这显然不同于演绎作品作为新的创作具有新的著作权，可见表演者权在权利内容上区别于著作权。

（4）从立法实践来看，对于表演者权的法律性质，各国有不同的法律规定，大陆法系多将其纳入邻接权的范畴，而英美法系由于没有邻接权制度，而将之纳入著作权体系与作品、录音、录像及版权进行一体的保护，特别是在美国，表演者权更是大量地借助"公开权制度"进行保护。1910年德国颁布的

---

① 北京市高级人民法院民三庭主编：《知识产权诉讼研究》，知识产权出版社2003年版，第285页。
② 陈红：《戏剧作品著作权特殊性与疑难问题研究——以戏曲作品中权利主体构成者与传播者的权利分配为视角》，载《知识产权法研究》第6辑，北京大学出版社，第64页。
③ 梁立君：《表演者权问题研究》，载王振清主编：《知识产权法理与判决研究》，人民法院出版社2005年版，第44页。

《文学与艺术作品产权法》最先对戏剧作品、音乐作品的表演者的权益做出规定，将表演者看作是原作品的改编者，对表演者权施以著作权的保护方式，但其后在著作权法中，将表演者权纳入到邻接权的保护范围当中，以符合国际上有关表演者权的通行做法。我国现行著作权法虽然没有明确提出邻接权概念，但从具体规定来看，仍然将其定位为邻接权或"与著作权有关的权利"。将表演者权同其他与著作权有关的权利纳入同一章，相当于对表演者权采取邻接权的保护方式。

综上，表演者权是对表演者在原作品的基础上，通过自身表演技能将作品展现给公众，在传播作品过程中所付出的独立劳动所提供的一种与著作权密切相关的一种权利，宜作为邻接权进行保护。

三、国际公约关于表演者权的具体规定

（一）罗马公约对表演者权的规定

罗马公约是世界上第一个关于邻接权的国际公约，该公约是"非开放性"的，只有参加了伯尔尼公约或世界版权公约的国家，才能参加此公约。公约的宗旨是在不影响文学艺术作品版权的前提下，对智力作品传播者（表演者、录音制品制作者和广播组织）的权利提供国际保护。公约于1964年5月18日生效。

罗马公约对于表演者权在以下方面进行了规定：

（1）表演者的范围。该公约第3条规定表演者仅包括表演文学或艺术作品的人。但该公约第9条的规定间接地承认了那些不表演文学或艺术作品的人（如魔术师）同样是表演者，只不过不是罗马公约所规定必须保护的表演者。这为各成员国保护杂技表演者、艺术体操表演者等艺人提供了空间，也体现了国际公约予以保护"表演非文学或艺术作品的人"的一种价值倾向。

（2）国民待遇。表演者只要满足以下3个条件中任何一条，可依照公约享有国民待遇：表演行为发生在其他任何一个成员国内（如发生在本国自不待言）；表演活动已被录制在受公约保护的录音制品上；表演活动虽未被录制，

但在受公约保护的广播节目中广播了。

（3）表演者权利。罗马公约未涉及表演者的精神权利，只对其经济权利在第7条和第12条中进行了规定。第7条规定了表演者专有权内容，未经表演者许可，不得广播和向公众传播其表演实况（专为广播目的演出或出自录音、录像者除外），不得录制其从未被录制过的表演实况，不得复制以其表演为内容的录音或录像制品（公约另有规定者除外）；第12条规定"录音制品二次使用"中表演者或录音制品制作者可同时享有获得报酬权。罗马公约在规定表演者权时，使用的是"防止的可能性"：成员国只需通过法律，使表演者有可能防止他人固定表演，就足够了；未必非授予表演者某些经济权利不可；如果成员国仅通过刑法去制裁侵权人，而不给表演者任何得到民事赔偿的权利，也被视为符合公约的要求。①

（4）保护期限。如果演出实况没有被录音或录像，则保护期从表演活动发生之年的年底算起20年。在保护期内，表演者可以行使自己的权利，即向经其许可而利用其专有权的人收取合理报酬。当然，公约不阻止其成员国提供比20年更长的保护期。

（5）对表演者权的权利限制。公约中规定了可以不经权利所有人同意、也无须付酬的四种特殊情况：私人使用；在时事报道中有限的使用；广播组织为编排本组织的节目，利用本组织的设备暂时录制；仅仅为教学或科学研究目的而使用。此外，公约还允许成员国自行以国内立法规定颁发强制许可证条件，以防止邻接权所有人滥用自己的专有权。但颁发强制许可证不得与公约的基本原则相冲突。

世界各国关于表演者权的立法大都受到了罗马公约的影响。

（二）TRIPS协定对表演者权的规定

TRIPS协定是继罗马公约之后国际社会对表演者财产权利给予保护的又一重要立法。TRIPS协定对表演者范围的界定同罗马公约一致，即只有表演文学艺术作品的人才是"表演者"。至于所表演的作品本身是否享有版权，不影响

---

① 郑成思：《知识产权论》，法律出版社2003年版，第489页。

表演者的受保护资格。

依据 TRIPS 协定第 14 条规定，录音录像制作者将表演者的表演录制成录音录像制品，以及将录音录像制品加以复制或者其他人用无线的方式向公众广播表演者的现场表演或者向公众传播表演者的现场表演，必须得到表演者的授权许可；否则，表演者有权对这类行为予以制止。关于表演者权利保护期限的规定，该协议规定表演者享有的保护期限是从表演发生之后起 50 年。

同罗马公约一样，所保护的表演者权仅包括表演者经济权利，但 TRIPS 协定明确规定保护的是表演被"固定在录音制品上"的表演者权，而且，TRIPS 协定将"广播"明确限定为"无线方式"，从而将"有线方式"排除在"广播"含义之外。TRIPS 协定虽然只是为表演者的财产权利提供了有限的保护，但该协议还是将表演者财产权利的保护在国际公约上大大地推进了一步。

（三）WPPT 对表演者权的规定

WPPT 是为弥补罗马公约和 TRIPS 协定在数字技术时代所展现出的不足，由世界知识产权组织在 1996 年召开的"关于版权与邻接权若干问题的外交会议"通过的有关邻接权保护的条约。同前两个国际条约相比，WPPT 在以下方面取得进步：

（1）与罗马公约、TRIPS 协定中对表演者的保护范围相比，WPPT 增加了对民间文学艺术作品表演者的规定。WPPT 第 2 条规定："表演者指演员、歌唱家、音乐家、舞蹈家以及表演、歌唱、演说、朗诵、演奏、表现或以其他方式表演文学或艺术作品或民间文学艺术作品的其他人员。"

（2）WPPT 首次对表演者精神权利进行了规定，这与伯尔尼公约对作者精神权利保护一致。但 WPPT 规定的精神权利只适用于"现场有声表演"。

（3）适应网络技术发展对表演者权保护所提出的挑战，WPPT 对于表演者经济权利的保护在以下四方面取得了进步：其一，WPPT 以"专有性"代替罗马公约和 TRIPS 协定中"防止可能发生"的用语；其二，增加了 3 项新的权利，即发行权、出租权和提供已录制表演的权利；其三，将表演者的权利延伸到网络环境中，比如提供已录制表演的权利；其四，WPPT 还将版权保护中权利的限制与例外引入表演者权的保护，尤其适用于数字环境中表演者权的保护。

(四)北京条约对表演者权的规定

北京条约于 2012 年 6 月 26 日在北京签署。

北京条约是关于表演者权利保护的国际条约,该条约赋予了电影等作品的表演者,依法享有许可或禁止他人使用其在表演作品时的形象、动作、声音等一系列表演活动的权利。这一条约的缔结,在完善国际表演者版权保护体系,推动世界各国文化产业健康繁荣,促进包括中国在内的、具有悠久文化历史的发展中国家传统民间表演艺术发展方面,具有里程碑式的意义。新条约也将有利于完善中国的著作权法律制度,提高中国表演者的权利保护水平,推动中国传统文化"走出去"。北京条约是在中国诞生的第一个国际知识产权条约,将大大提升中国版权事业的国际地位和北京在国际社会的知名度。

北京条约的签署结束了表演者权利得不到完整知识产权保护的历史。北京条约对表演者权的保护上在以下两个方面有了较大的突破:

首先,对于表演者范围,扩大到了表演文学艺术表达的表演者。文学艺术表达不一定是著作权法意义上的作品,这不同于之前国际公约将表演者限定为表演作品的人。

其次,扩大了对表演者权利的保护范围。在北京条约缔结之前,有三大国际条约涉及对表演者权利的保护,即 1961 年的罗马公约、1994 年的 TRIPS 协定、1996 年的 WPPT。这三大条约都对视听表演者提供了一定程度的保护,但不是全面的保护。比如说,京剧大师梅葆玖先生在舞台上表演的京剧,就是典型的视听表演,既有声音唱腔,又有动作和形象,如果有人未经许可,对梅葆玖先生的表演进行现场直播或者录音录像,那么这三大条约都是禁止的,因此不能说在北京条约缔结之前,对视听表演者就没有提供任何保护。但这些条约区分了以音频的方式和以视频的方式录制的表演。对于前者提供保护,而不对后者提供保护。也就是说,假如梅葆玖先生已经许可他人将其演出京剧时的声音录成 CD,而有人擅自翻录和销售该 CD,那么梅葆玖先生就可以起诉此人侵犯其表演者权。但假如梅葆玖先生已经许可他人将其演出的京剧录成 DVD,而他人擅自翻录和销售该 DVD,则三大条约的缔约国没有义务对梅葆玖先生提供保护。而在北京条约生效后，梅葆玖先生以DVD等视听录制品形式记录的表演就会在缔约国受到保护，他人擅自翻录和销售该视听录制品就是侵权行为。

另外，在北京条约缔结前，如果梅葆玖先生演出京剧的正版录像在国外未经许可被复制发行，梅葆玖先生以表演者的身份去起诉，国外是没有义务保护的。而在北京条约缔结后，只要该国加入了该条约就有义务提供保护。因此，北京条约与过去三大条约的不同之处在于，不再区分在录音制品上的表演和以视频方式录制的表演，而是对两者都提供保护。

对于表演者的信息网络传播权问题，该条约也有新规定。在WPPT中，虽然为表演者设立了信息网络传播权，但只针对录制在录音制品中的表演。也就是说，如果有人未经许可把一张CD唱片上传到网上供他人下载，在任何加入了WPPT的国家，这种行为不仅侵犯词曲作者和唱片制作者的权利，也侵犯了表演者的权利。但如果有人未经许可把梅葆玖先生演出京剧的DVD上传到网上供他人下载，WPPT的缔约国没有义务向梅葆玖先生提供保护。而北京条约生效后，梅葆玖先生的这一权利就能在加入北京条约的国家受到保护了。[①]

第二节　戏剧舞蹈表演者权的内容

一、戏剧舞蹈表演者的精神权利

表演者运用自己的表演技能，将其对作品的理解通过神态、声音、动作进行艺术加工，将作品通过舞台表演的方式传递给公众，这一表演过程包含了

---

① 百度百科，https://baike.baidu.com/item/%E8%A7%86%E5%90%AC%E8%A1%A8%E6%BC%94%E5%8C%97%E4%BA%AC%E6%9D%A1%E7%BA%A6，最后访问日期：2017年9月25日。

表演者的智慧和劳动成果，展现的是具有表演者自身表演才能和特征的艺术形象，如同一个作品的创作者希望公众能知晓作者身份，表演者自然也希望自己的表演者身份能为公众所认知，同时，也不希望他人对其表演形象进行歪曲或篡改，以免损害其名誉，表演者理应享有表明自己身份和保护表演形象完整性的权利。尤其是当今网络技术迅速发展，对表演者形象进行任意歪曲也越来越容易，因此，在网络时代，保护表演者精神权利显得格外重要。表演者的精神权利通常也被称为表演者的人身权利。

根据我国《著作权法》第38条第1、2项规定，表演者的精神权利包括：

（一）表明表演者身份的权利

作为表演者权利的主体，表明身份是表演者最基本的权利，类似于作品作者的署名权，属于表演者的身份权。

和作品作者的署名权类似，表演者表明身份的权利包括表明身份和不表明身份的选择权，也包括如何表明身份的选择权，即表演者可以选择表明身份，也可以选择放弃署名权不表明身份；在选择表明身份时，可以选择用真名、艺名、笔名等方式表明身份。

现实中，戏剧舞蹈作品的表演者有很多种方式实现表明表演者身份的权利。如在现场表演中通过主持人报幕的方式行使表明身份的权利；在录音录像制品上表明身份、在戏剧舞蹈作品演出活动的宣传海报或者节目单上表明表演者身份等等。如果演出的组织方未以适当方式表明表演者身份，或者将表演者身份表示为非表演者的姓名的，都构成对表演者表明表演者身份权利的侵害。

戏剧舞蹈表演者表明身份的权利也要受到表演的使用方式、行业惯例的限制，现实中，很多表演者难以实现署名权，例如，当一个舞蹈作品有众多舞者参与时，对每位舞者署名既不现实，也不经济，这时可以通过团体（演出单位或剧团）署名或只对主要表演者署名的方式来协调，可见，在有些时候，表演者表明其表演者身份的权利可能会受到行业惯例或者其他因素的限制。

如果表演者的表演被标示为他人的表演，如舞蹈演员杨丽萍的表演被注明为另一舞蹈演员"杨丽"，则构成对舞蹈演员杨丽萍表明表演者身份权利的侵害。那么，如果是舞蹈演员"杨丽"的表演却署名为"杨丽萍"，是否侵害了杨丽萍的表明表演者身份的权利呢？笔者认为，该情况不构成对杨丽萍"表明表演者身份"权利的侵犯，而是对杨丽萍姓名权的侵犯。因为在这种情况下，舞蹈作品的表演者并不是杨丽萍，杨丽萍对舞蹈的表演活动也就不享有"表明表演者身份"的权利，所以也就无所谓对这种权利的侵害。而作为知名的舞蹈演员，其姓名被用于舞蹈表演以及舞蹈表演的宣传广告活动中，使用者的目的不言而喻，杨丽萍作为社会价值的被利用者可以依据民法的相关规定主张他人侵犯了自己的姓名权并要求停止侵权、赔偿损失等。

（二）保护表演形象不受歪曲权

表演者的表演凝结了表演者的智慧和劳动成果，是表演者人格的延伸，他人对表演形象的歪曲和篡改，不仅损害了表演者形象，也是对表演者人格的损毁，因此，如同作者一样，表演者对其表演也享有保护表演形象不受歪曲的权利。各国为保护表演者体现在表演中的人格，对此多在版权法或邻接权法中进行了规定。德国《著作权法与邻接权法》规定，表演者享有禁止他人歪曲或者以其他足以损害自己作为艺术家的观点、名誉等方式损害自己表演活动的权利。若表演活动是由多名表演者进行的，在行使此权利的时候应当适当考虑其他表演者的利益。[①]

这里要注意表演形象与表演者形象这两个不相同但又密切联系的概念。表演形象是表演者在舞台上所扮演的具体角色的形象，如著名戏剧艺术表演家徐玉兰、王文娟在越剧《红楼梦》中所扮演的贾宝玉、林黛玉的具体形象。而表演者的形象是脱离了具体表演形象的表演者在现实社会中的形象，如徐玉兰、王文娟二人本人在社会生活中的形象。由于表演形象和表演者形象这两者都集中于表演者这一特定自然人之上，很难将表演者的形象与其表演形象完全区分，尤其是在表演者因某一表演形象而成名、广为人知的情形下，更难区分。对于表演形象的歪曲和篡改也会害及表演者形象，这也是法律保护表演者的表演形象的原因之一。

[①] 德国《著作权法与邻接权法》第75条，载于 M. 雷炳德：《著作权法》，张恩民译，法律出版社2004年版，附录三。

在表演者精神权利的保护期限上，大陆法系国家的立法倾向于将精神权利的保护期限设定为不少于经济权利的保护期限，而表演者经济权利的保护期限一般都规定为表演发生或录制后50年。[①] 在某些国家，如日本和我国，精神权利为一种永久性的权利，如我国《著作权法》第39条规定，表明表演者身份和保护表演形象不受歪曲的权利的保护期不受限制。

二、戏剧舞蹈表演者的经济权利

（一）表演者经济权利的含义

表演者经济权利是指表演者通过自身的表演活动获得物质利益的权利。对于表演者尤其是职业表演者来说，经济回报无疑是其所必然追求的。一个表演者成熟的表演技能，无不需要长时间的经济、精力、时间投入才能获得，从投入产出角度出发，表演者自然希望自己的付出能得到经济回报；职业表演者以表演为生存手段，经济收入则是其付出表演这一特定劳动的"劳动报酬"；从鼓励人类文化艺术传播而言，表演者能够因其表演获得经济回报，将会激发其传播文化艺术的积极性，可见，对于表演者经济权利的保护，将起到促进表演者职业发展目标和繁荣人类文化艺术社会目标实现的双重效果。

表演者的经济权利作为财产性的权利，可以通过签订转让或许可协议的方式转让或授予他人行使。例如某戏剧舞蹈作品中某演员的表演者权，约定由组织演出的剧团行使。但表演者的经济权利又受限于原作品作者的权利，其行使不得损害原作品作者的权利。

（二）表演者经济权利的形成和发展

与表演者的精神权利保护不同，国际上对表演者的经济权利给予保护并无争议。事实上，英美法系国家对于文学艺术作品的保护本身就着眼于经济权利

[①] 根据《中华人民共和国著作权法》第39条第2款的规定，表演者的财产权利保护期为50年，截止于该表演发生后第50年的12月31日。

的保护，对于表演者权的保护更是如此。表演者经济权利的保护与传播技术的发展密不可分。随着录制等传播技术的发展，戏剧舞蹈等表演被现场直播或公开传播，使表演者难以从非现场欣赏其表演的观众那里获取报酬；表演的非法录制也会造成表演者收入的损失；表演者的表演一旦被固定下来，可以轻而易举被大量复制并被广泛传播，如果不对表演者专有的经济权利进行保护，就会产生大量的搭便车行为，因为对表演作品的复制只需要很小的成本，而且这些搭便车者无须承担通过表演将作品第一次公开所带来的资金投入成本和市场风险，而坐享其成，表演者却无法与之分享利益。这些行为都损害了表演者的经济利益，也降低了表演者努力创作表演作品的动力。因而，赋予表演者专有的经济权利实际上目的在于使表演者能够在传播技术使表演作品迅速、广泛传播的情况下，能够通过获取收益的方式实现对自己表演成果的合理控制。

罗马公约即是在录音录像、复制、广播技术发展的情况下，对表演者"防止可能发生"的未经表演者同意而实施的广播和向公众传播其表演、固定其未固定的表演、复制其表演的录音或录像等行为的权利进行规定。在世界范围内具有更广泛影响的 TRIPS 协定则进一步规定了在国际贸易框架内表演者的专有经济权利，并将表演者经济权利的保护期限从罗马公约规定的 20 年延长到了 50 年。网络技术的出现及在世界范围内的迅速普及将传播技术带入网络时代，对著作权主体以及邻接权主体提出前所未有的机遇和挑战。对于表演者而言，网络在为表演者展示表演才艺提供更为广阔的舞台、为其带来前所未有的成功机遇的同时，也使其又一次难以控制表演被使用或更广泛传播并从中获取其应有的收益。面对网络技术的挑战，世界知识产权组织于 1996 年通过了互联网时代保护表演者等邻接权人的新规则即 WPPT，显著提高了表演者经济权利的保护水平。WPPT 以"专有权"代替了罗马公约和 TRIPS 协定中使用的"防止可能发生"这样的措辞，使表演者获得对其表演的专有权。WPPT 并将表演者的经济权利从录音录像等传统的传播技术延伸到网络环境，授予表演者发行权、出租权和提供已固定表演（信息网络提供权）的权利。北京条约则将表演者的权利保护从音频扩展到视频。

(三)表演者经济权利的具体内容

1. 许可他人现场直播权

根据我国《著作权法》第38条第3项的规定,表演者享有"许可他人从现场直播和公开传送其现场表演,并获得报酬"的权利。所谓的现场直播是通过广播电台、电视台直接播放表演者的现场表演。其中的公开传送,是指通过扬声器、大屏幕等机械设备同步向公众传播现场表演。现场直播和公开传送,不同于经过录音录像以后的播放和传送。当然,如果电台和电视台不仅直接播放有关的戏剧舞蹈现场表演,表演活动的组织者不仅公开传送有关的戏剧舞蹈现场表演,而且还要将该戏剧舞蹈现场表演同时录制下来,还应该从表演者那里获得录音和录像的许可。

罗马公约与TRIPS协定也同样赋予表演者广播或传播现场表演的权利,但并不是专有性权利,WPPT则将其上升为专有性权利,在北京条约之前的上述国际条约将此项权利归在"对尚未固定(录制)的表演的经济权利"。而在北京条约中,"广播和向公众传播的权利"的保护客体扩大为未录制和已录制视听录制品。该条约第6条规定,表演者应享有专有权,对于其表演授权广播和向公众传播其尚未录制的表演,除非该表演本身已属广播表演;该条约第10条和第11条第1项规定了表演者提供已录制表演的权利,其中,第10条规定"表演者应享有专有权,以授权通过有线或无线的方式向公众提供其以视听录制品录制的表演,使该表演可为公众中的成员在其个人选定的地点和时间获得",第11条第1项规定"表演者应享有授权广播和向公众传播其以视听录制品录制的表演的专有权"。

2. 许可他人录音录像权

根据我国《著作权法》第38条第4项的规定,表演者对其表演享有"许可他人录音录像,并获得报酬"的权利。

录音录像权简称录制权,是指表演者有权许可或禁止他人将表演者的表演利用某种技术设备固定在一定物质载体上。也有学者根据其英文"the fixation of their unfixed performance"翻译为"首次固定表演的权利"。罗马公约对此项权利做出规定,但未将其专有化。TRIPS协定对此项权利进行了规定但并未解释"固定"的具体含义。WPPT将此项权利上升为专有性权利,并将"固定"定义为"对声音或声音表现物的体现,从中通过某种装置可感觉、复制或传播该声音"。《WIPO版权和邻接权术语汇编》中将"首次固定"定义为,现场表演的声音的原始载体,或者其他声音的原始载体,这些声音不是来自于已经固定在一些具有耐久性的物质中,如磁带、唱片或者其他可以将这些声音保存、复制或者再一次传播的设备。北京条约延续了对此权利的规定。

录制权是表演者的重要邻接财产权,表演者通过行使该项许可权利,有权就许可他人录制其表演获得相应的经济报酬。当某一戏剧舞蹈表演活动是由演出单位组织并承担相应风险责任时,许可他人对表演进行录音录像的权利由演出单位行使,但是演出单位应当与表演者协商好行使许可权带来收益的分配问题。①

3. 许可他人复制、发行录有其表演的录音录像制品权

根据我国《著作权法》第38条第5项的规定,表演者享有"许可他人复制、发行录有其表演的录音录像制品,并获得报酬"的权利。我们将表演者的该项权利分解为复制权和发行权。

复制权,是指表演者有权许可或禁止他人对载有其表演的录制品进行直接或间接的复制的专有权。复制权直接关系到表演者对其表演作品的控制能力。罗马公约详尽规定了复制权的内容,TRIPS协定基本沿袭了罗马公约对复制权的规定。WPPT第7条规定,表演者应享有授权以任何方式或形式对其以录音制品录制的表演直接或间接地进行复制的专有权。北京条约则将复制权的保护客体从"录音制品"拓展为"视听录制品"。

表演者的发行权是指表演者应享有授权通过销售或其他所有权转让形式向公众提供其以录音制品录制的表演的原件或复制品的专有权。发行权的规定始于WPPT,具体包括出售、散发、赠与等多种方式。北京条约将发行权的客体从"录音制品"扩展至"视听录制品"。

复制、发行权是表演者的重要财产权利,任何人拟将录有表演者表演的音像制品复制、发行,必须经过表演者的许可同意,并应向表演者支付报酬。否则,表演者即可依据该项著作邻接权,向未经许可擅自复制、发行录有其表演

---

① 黄勤南主编:《知识产权法学》,中国政法大学出版社2003年版,第126页。

音像制品的人，主张权利并索赔损失。对于戏剧舞蹈来说，如果音像制品再现的是由演出单位组织的整场戏剧舞蹈演出内容，此时许可他人复制、发行录有该表演的音像制品权，由演出单位对外统一行使。但是演出单位必须与表演者协商好报酬分配的问题，表演者有权向演出单位主张因行使许可他人复制、发行录有其表演的音像制品所获报酬应属于自己的合理部分。[1]

我国著作权法也规定表演者对其表演享有许可他人复制、发行录有其表演的录音录像制品并获得报酬的权利，这一权利仍然受到作者著作权的限制，所以表演者行使发行权依赖于作者的同时授权许可。

4. 许可他人通过信息网络向公众传播其表演的权利

与作品的著作权人一样，表演者对其表演活动也享有信息网络传播权。根据我国《著作权法》第38条第6项的规定，表演者享有"许可他人通过信息网络向公众传播其表演，并获得报酬"的权利。

WPPT建立了网络环境下包括表演者权在内的邻接权新规则，将表演者的经济权利从录音录像等传统的传播技术延伸到网络环境，授予表演者信息网络传播权。北京条约对表演者的该项权利规定得范围更加广泛，将表演者的权利保护从音频扩展到视频。

互联网作为一种新的作品传播方式，包括戏剧舞蹈作品在内的大量作品在短时间内就可以通过互联网迅速传播，他人利用互联网传输表演者的表演应当取得表演者的许可同意，并应向表演者支付报酬。表演者有权同意也有权禁止他人利用互联网传输其表演。未经表演者许可，将录有表演活动的录音录像制品上传到网络中，供公众在其个人选定的时间和地点欣赏的行为构成对表演者信息网络传播权的侵犯。需要注意的是，表演者与作品著作权人享有的信息网络传播权控制的行为是相同的，都是"交互式"的网络传播行为。如果仅仅通过网络对戏剧舞蹈现场表演进行同步的直播，由于这种传播表演的方式无法使公众在其个人选定的时间欣赏表演，不属于"交互式"传播，并不侵犯表演者的信息网络传播权。[2]

---

[1] 黄勤南主编：《知识产权法学》，中国政法大学出版社2003年版，第126页。
[2] 王迁：《知识产权法教程》（第三版），中国人民大学出版社2011年版，第191页。

第三节　戏剧舞蹈表演者权的行使

一、戏剧舞蹈表演者精神权利的行使

（一）表明表演者身份权利的行使

表演者有权在表演时通过海报宣传、主持人报幕等方式让观众知晓自己的姓名；表演者也有权选择在表演时不公开自己的姓名，因为不署名也是表演者行使该权利的一种方式；表演者表明身份权的关键在于表演者有权禁止他人未经许可使用表演者的姓名。

表演者表明身份权受表演方式、目的、行业惯例的限制，一般在表演者众多的团体戏剧舞蹈演出中，通常只有主要表演者、担任主要角色的表演者能够实现这一权利。如获得极高评价的21位聋哑演员表演的舞蹈作品《千手观音》，并没有将所有参与该舞蹈表演的表演者名字一一列出，而仅列出领舞者的名字，这实际上是表明表演者身份权与公共利益的平衡问题，一一列出全部表演者的名字让观众觉得拖沓乏味，反而影响表演效果，这时比较好的平衡办法就是表明主要表演者的身份或者对演出团体进行署名。

（二）表演形象不受歪曲权利的行使

根据表演者享有的表演形象不受歪曲的权利，他人应以真实、恰当的方式利用表演形象，对表演形象不得进行扭曲、丑化，也不得以表演者反对的形式加以利用，或将表演者的表演形象用于不适当的场合，否则都构成对表演者表演形象不受歪曲权利的侵犯。

表演形象不受歪曲权利的行使需要注意两个方面的问题：首先，戏剧舞蹈表演者行使这项权利受到戏剧舞蹈作品作者、编导以及表演目的等诸多方面

的限制，因为戏剧舞蹈某一角色的设定虽然最终通过表演者的表演呈现在观众面前，但这一表演形象凝结了其他许多人共同的智慧和劳动成果，过分夸大表演者的这一权利可能会使其他人的利益受损。其次，保护表演形象不受歪曲的权利，除了表演者本人有权行使外，表演者所在的演出单位在一定的情况下也可以行使。如果对单个表演者的表演形象的歪曲、丑化尚难与演出单位联系起来，对演出单位的声誉和经济利益不会造成影响或者影响甚微，那么只需由表演者自己主张权利即可。如果对表演者的表演形象的破坏明显影响到演出单位，或者在客观上确实给演出单位造成形象受损的结果，那么，演出单位也可以就自身的权利受损向侵权人索赔，但这并不妨碍表演者就其个人的表演形象受到侵害而采取的单独行动。[1]

二、戏剧舞蹈表演者经济权利的行使

（一）许可他人现场直播权的行使

许可他人现场直播权是戏剧舞蹈表演者的非常重要的财产权利。戏剧舞蹈表演的现场性非常明显，如果表演者无法阻止他人对表演活动进行现场直播，势必会导致大量观众或者听众选择在表演场所之外的地方收看或者收听现场直播，而表演者却无法得到任何补偿，从而严重损害表演者的经济利益。因此，许可他人现场直播权的行使对于戏剧舞蹈表演者具有十分重要的意义。戏剧舞蹈表演者在行使该权利时应当注意以下问题：

首先，表演者在行使许可他人现场直播权时，应当尊重戏剧舞蹈作品作者的著作权。通常情况下，戏剧舞蹈的表演者所表演的是他人享有著作权的戏剧舞蹈作品，根据《著作权法》第37条的规定："使用他人作品演出，表演者（演员、演出单位）应当取得著作权人许可，并支付报酬。演出组织者组织演出，由该组织取得著作权人许可，并支付报酬。"因此，戏剧舞蹈表演者在演

---

[1] 曲三强：《知识产权法原理》，中国检察出版社2004年版，第167页。

出相关的戏剧舞蹈作品时，其对自身表演活动所享有的著作邻接权的行使必须在尊重和保护作品作者著作权的基础上进行，即戏剧舞蹈表演者无论是表演戏剧舞蹈作品还是授权他人现场直播其表演活动的，都应当征得戏剧舞蹈作品作者的许可并支付报酬。

其次，表演者仅享有对表演"现场"直播的许可权。从权利内容上看，表演者的现场直播权类似于狭义著作权中的广播权。但现场直播权仅能控制对"现场"的表演进行同步直播的广播行为。如果表演者已经许可他人对现场表演加以录制，根据我国著作权法的规定，广播电台或者电视台播放由此制成的录音录像制品则无须经过表演者的许可，也无须向表演者支付报酬。[①]

再次，现场直播权的行使主体可以是表演者个人，也可以是演出单位。虽然法律规定现场直播权是表演者享有的重要权利，但是实践中，大多数戏剧舞蹈演出都是由演出单位组织大量的表演者以及其他人员共同完成的。在这种情况下，由单个具体的表演者对整台戏剧舞蹈表演行使现场直播权显然是不合适也是不可能的。因此，如果一场戏剧舞蹈演出是由某演出单位组织完成的，那么，现场直播权应当由演出单位直接行使。

最后，如果一场演出中的节目分别由隶属不同演出单位的演员以及个体演员演出，那么，许可他人现场直播权利的任何行使都应当先由各演出主体协商，协商不成的，拟取得现场直播权的主体则应当分别征得各个节目演出单位和演员的同意。[②]

（二）许可他人录音录像权的行使

戏剧舞蹈表演者在对自己的表演活动行使许可他人录音录像权利时，除了仍然需要尊重和保护戏剧舞蹈作品作者的著作权外，还需要注意以下三个方面的问题：

首先，表演者在可以授权他人对其表演活动录音录像并获得报酬的同时，有权禁止针对其表演活动的下列行为：他人未经其许可而对其尚未固定的表演

[①] 王迁：《知识产权法教程》（第三版），中国人民大学出版社2011年版，第190页。
[②] 曲三强：《知识产权法原理》，中国检察出版社2004年版，第168页。

进行固定的行为；他人对未经授权的录制品进行复制或使用；在未经表演者同意的情况下超出原预定的范畴使用录制品；对原录制活动属于按照法律规定不需经表演者同意，但对录制品的使用超出法律规定范畴的行为；对未经授权而传播的表演进行录制等行为。

其次，无论录音录像制作者是采用模拟录制技术还是采用数字录制技术，只要将现场表演固定在存储介质上，而该介质凭借某种设备能够使公众感知、复制或传播表演，即可以判定录制行为成立。

最后，表演者许可他人录音录像权利的行使不妨碍录音录像制作者对其录音录像制品的合法权利。戏剧舞蹈表演者可以授权他人对其表演活动进行录音录像，但是，对于他人制作完成的录音录像制品并不享有法定权利。

（三）许可他人复制、发行录有其表演的录音录像制品权的行使

对录有表演者表演活动的录音录像制品进行复制、发行虽然能够使大量公众在表演现场之外的场所欣赏到表演活动而促进作品的传播，但是，这会影响到表演者基于现场表演而获得的经济利益。因此，著作权法赋予表演者对录音录像制品复制、发行的控制权。许可他人对载有戏剧舞蹈表演活动的录音录像制品的复制、发行权是戏剧舞蹈表演者的一项重要财产权利。戏剧舞蹈表演者在该权利的行使过程中，需要注意以下两个方面的问题：

首先，按照著作权法的规定，作品的作者和表演者都享有复制权和发行权。所以，在实践中，戏剧舞蹈表演者所表演的作品经合法录音录像后，录制者在复制、发行戏剧舞蹈作品的录制品时，不仅要征得戏剧舞蹈表演者的同意，还要征得戏剧舞蹈作品作者的同意。

其次，实践中，表演者许可他人录音录像的时候，一般都会同时许可他人复制、发行录有表演的录音录像制品。否则，被许可人仅仅获得录音录像的权利，仍然无法将有关的录音录像制品推向市场。然而，许可他人录音录像和许可他人复制、发行有关的录音录像制品，是表演者享有的不同权利。例如，表演者可以许可第一人录音录像，并许可第二人复制、发行录有其表演的录音录像制品。如果第三人未经许可而复制、发行了由第二人录制的录音录像制品，或者第三人发行了他人非法复制的录音录像制品，表演者就可以依据复制权或

发行权提起针对第三人的侵权诉讼。①

（四）许可他人通过信息网络向公众传播其表演权利的行使

网络技术的广泛应用一方面加快了作品的传播速度、扩大了作品的传播范围，另一方面也改变了社会公众欣赏作品的方式。对于很大程度上依赖现场表演来获取经济利益的戏剧舞蹈表演者来说，网络传播所带来的巨大宣传效果可能会让一部分追求现场艺术效果的人走进剧场观看现场演出，但更大的可能是让本来要观看现场演出的人选择通过网络来欣赏表演。这无疑降低了戏剧舞蹈表演者现场表演活动的观看率，影响戏剧舞蹈表演者的经济利益。因此，网络环境下，许可他人通过信息网络向公众传播其表演的权利成为戏剧舞蹈表演者应当反复斟酌、合理使用的权利。戏剧舞蹈表演者在行使许可他人通过信息网络向公众传播其表演的权利时，应当注意以下问题：

首先，表演活动在互联网中的传播是一把双刃剑，必须合理确定表演活动在信息网络环境中的传播范围。为了合理确定戏剧舞蹈表演活动在互联网上的传播范围，戏剧舞蹈表演者在许可他人通过信息网络向公众传播其表演活动时，传播平台、传播范围以及传播时间等的约定都应当明确。

其次，戏剧舞蹈表演者在许可他人通过信息网络向公众传播其表演的过程中，应当对信息网络传播的相关技术控制措施做出明确约定。信息网络传播不等于无边界、无限期、无限制的传播。假如戏剧舞蹈表演的互联网传播没有平台限制、没有时间限制、可以任意下载或者转载的话，这种互联网传播给戏剧舞蹈表演者现场表演带来的冲击可能是致命的。因此，即便戏剧舞蹈表演者许可他人通过信息网络向公众传播其表演，也应当对控制传播范围、传播时间、传播方式等涉及技术控制的措施进行明确约定。

---

① 李明德、许超：《著作权法》，法律出版社2003年版，第189页。

三、戏剧舞蹈表演者的义务

表演者在享有一定权利的同时,也承担一定的义务,根据我国著作权法的相关规定,表演者在对自身表演活动行使法律赋予的权利时,也应当承担法律规定的义务。这些义务包括:

(1)表演者在使用他人未发表的作品时,应当取得著作权人的同意并支付报酬。

(2)表演者使用他人已发表的作品进行营业性演出,可以不经著作权人的许可,但是应当按照规定支付报酬;如果著作权人声明不许使用的,不得使用。这里所指的"声明"是指著作权人应当发表该作品的声明,或者在国家版权局的著作权公报上刊登声明。属于法定免费表演的,表演者无须向著作权人支付报酬。

(3)表演者使用通过改编、翻译、注释、整理已有作品而产生的作品进行营业性演出,应当按照规定向改编、翻译、注释、整理作品的著作权人和原作品的著作权人支付报酬。

(4)表演者为制作录音录像和广播、电视节目进行表演而使用他人作品的,如系未发表作品,应当取得著作权人的许可,并支付报酬;如系已发表的作品,可以不经著作权人许可,但应按照规定支付报酬。[①]

[①] 曲三强:《知识产权法原理》,中国检察出版社2004年版,第170页。

第四节 典型案例评析

沈福存诉中国艺术研究院等单位侵犯表演者权纠纷案①

（一）案件的基本情况

1983年5月5日，中国艺术研究院（以下简称艺术研究院）在征得重庆市京剧团同意的情况下，将重庆市京剧团演员沈福存等主演的京剧《春秋配》进行实况录像，并将该录像资料保存在艺术研究院资料馆。1995年初，艺术研究院决定利用资料馆保存的老版戏曲录像资料制作、出版《京剧经典大观》系列录像带。在此之前，即1994年12月22日，国家版权局以国权办第69号文件对开明文教音像出版社《关于如何支付戏曲老版录像带演员酬劳的请示》予以批复：可按录像制品批发价×2.5%（版税率）×发行数量向表演者支付报酬。1995年5月23日，艺术研究院与开明文教音像出版社达成"关于选取京剧录像资料带出版发行协议书"，协议约定：双方选取京剧资料带出版、发行《京剧经典大观》系列录像带；由艺术研究院负责提供有关京剧录像资料带，开明文教音像出版社负责出版、发行，合同期限3年。

1995年6月30日，艺术研究院向开明文教音像出版社出具"使用授权书"，授权开明文教音像出版社用京剧录像带出版发行《京剧经典大观》。同年11月20日，艺术研究院与开明文教音像出版社又签订《关于京剧录像资料带使用权限的补充协议》，其中第三条规定："目前已发行的《京剧经典大观（1—20集）》，乙方开明文教音像出版社在使用后应将京剧录像母带及封面母版退交甲方艺术研究院保存，如继续使用，应另订协议。"

---

① 孙苏理：《沈福存诉中国艺术研究院等侵犯表演者权纠纷案》，载《电子知识产权》2000年9月。

1996年3月，开明文教音像出版社分别与天津天宝光碟有限公司（以下简称天宝公司）、天津宝达音像发行有限公司（以下简称宝达公司）签订复制、发行同名《京剧经典大观》系列VCD光盘（内含沈福存等主演的京剧《春秋配》）的协议。依照协议，由天宝公司复制、宝达公司发行《春秋配》系列VCD光碟2000盘，每盘定价15元。但实际共复制、发行了2026盘，且未向表演者支付报酬。

《京剧经典大观》系列VCD光盘出版后，开明文教音像出版社为宣传和推出该音像制品，曾在北京召开新闻发布会，艺术研究院应邀派人出席，并接受了开明文教音像出版社赠送的《京剧经典大观》系列VCD光盘。1998年9月，《京剧经典大观》系列VCD光盘获国家新闻出版署和中国音像协会颁发的"首届全国优秀文艺音像制品奖"三等奖，开明文教音像出版社将获奖情况及时告知了艺术研究院。

1997年10月21日，艺术研究院和开明文教音像出版社依照国家版权局的前述批复，以邮寄方式向沈福存等支付京剧《春秋配》表演者报酬人民币1000元。但沈福存因艺术研究院和开明文教音像出版社未经许可将其参加表演的剧目资料带用于商业盈利而拒绝领取报酬。沈福存在提起本案诉讼时，尚不知艺术研究院和开明文教音像出版社曾先于出版发行《京剧经典大观》系列VCD光盘出版发行了《京剧经典大观》系列录像带，故其诉讼请求仅针对艺术研究院、开明文教音像出版社、天宝公司和宝达公司复制发行《京剧经典大观》系列VCD光盘的行为主张权利。请求确认四被告的行为构成对其表演者权利的侵犯，要求判令四名被告人停止侵权、赔礼道歉、赔偿精神损失并且按规定支付报酬。

（二）案件的审理结果

1. 案件的一审结果

作为案件的一审法院，北京市第二中级人民法院认为，沈福存作为《春秋配》的表演者之一，依据著作权法的有关规定可以独立享有表演者权，就侵权行为有权单独向被告提起诉讼，主张权利。艺术研究院作为《春秋配》录像制作者，在制作录像时已征得演出单位的同意。因此，其享有许可他人复制、发行其录像制品并获得报酬的权利。艺术研究院在将《春秋配》资料带转化为商业用途时,已按规定向表演者支付了报酬,直至本案审理中,沈福存也未就此提出异议,应认定其同意该资料带用于商业。艺术研究院与开明文教音像出版社所签出版《京剧经典大观》的合同不违反现行法律规定。该合同虽约定以录像带为载体,但在实际出版发行中,开明文教音像出版社出版发行同名《京剧经典大观》VCD光盘是出版发行合同主体双方之间的问题,现艺术研究院对此行为予以默认。因录像制作者与表演者之间未做特别约定,故天宝公司、宝达公司出版发行《京剧经典大观》VCD光盘的行为不构成对表演者权利的侵害,但应向表演者沈福存支付相应的报酬。沈福存要求判令被告停止侵权、赔礼道歉、赔偿精神损失缺乏事实与法律依据。天宝公司、宝达公司应向表演者支付报酬的数额,考虑到沈福存仅为表演者之一,故只能确定涉及沈福存一人的报酬数额,具体数额依照著作权法及相关法律规定并结合本案具体情况酌情确定。

在上述认定的基础上,北京市第二中级人民法院依据著作权法的相关规定判决:(1)自判决生效之日起30日内,天津天宝光碟有限公司、天津宝达音像发行有限公司共同支付沈福存同名《京剧经典大观》之《春秋配》VCD光盘(ISRC CN-A55-95-0048-0/V.J8)表演者报酬人民币1500元;(2)驳回沈福存其他诉讼请求。

2. 案件的二审结果

一审判决后,沈福存不服一审判决,向北京市高级人民法院提起上诉。

北京市高级人民法院经审理后认为,沈福存系京剧《春秋配》的主要表演者之一,其依法享有表演者权。京剧《春秋配》录像资料带是艺术研究院经沈福存及其所在单位同意、在演出现场将沈福存等主演的京剧《春秋配》实况录像,制作成的资料带,由艺术研究院作为资料保存。该资料带仅为录像制品,艺术研究院认为其对该资料带享有著作权缺少事实和法律依据。故艺术研究院未经沈福存许可,授权开明文教音像出版社将沈福存等主演的京剧《春秋配》录像资料带复制发行的行为构成了对沈福存表演者权的侵犯。开明文教音像出版社作为出版发行单位,对艺术研究院是否有权授权其复制发行京剧《春秋配》录像带未尽审查责任,故与艺术研究院共同构成侵权。开明文教音像出版社在获得艺术研究院授权复制发行京剧《春秋配》录像带之后,未经沈福存许可，又以开明文教音像出版社的名义授权天宝公司复制、宝达公司发行京剧《春秋配》VCD 光盘。艺术研究院在得知开明文教音像出版社的这一行为后并未提出异议。艺术研究院所提开明文教音像出版社授权天宝公司复制、宝达公司发行京剧《春秋配》VCD 光盘未经其同意，其不应对此行为承担责任之理由不成立。开明文教音像出版社以其与艺术研究院签有出版发行协议、宝达公司以其与开明文教音像出版社签有合作出版发行协议为由，认为自己具有合法出版发行权，缺少法律依据。因此，艺术研究院、开明文教音像出版社、宝达公司应当对未经许可复制发行京剧《春秋配》VCD 光盘的行为共同承担侵权责任。沈福存请求赔礼道歉、赔偿经济损失之理由合法，法院应予支持。关于经济损失的赔偿数额，由法院根据本案具体情况酌定。但其所提赔偿精神损失的请求缺乏事实和法律依据，法院不予考虑。天宝公司接受开明文教音像出版社之委托复制京剧《春秋配》VCD 光盘的行为，并无侵犯沈福存表演者权之过错，故不应承担侵权责任。

综上，北京市高级人民法院认为沈福存上诉理由成立，其所提请求除赔偿精神损失外，均应予以支持。一审法院认定事实和适用法律存在错误，应予纠正。据此，依据著作权法以及民事诉讼法的相关规定判决：（1）撤销北京市第二中级人民法院（1998）二中知初字第 57 号民事判决书；（2）中国艺术研究院、开明文教音像出版社、天津宝达音像发行有限公司于判决生效之日起立即停止出版发行《京剧经典大观》中《春秋配》VCD 光盘；（3）中国艺术研究院、开明文教音像出版社、天津宝达音像发行有限公司共同赔偿沈福存经济损失 8221.60 元（于判决生效之日起 10 日内一次性付清）；（4）中国艺术研究院、开明文教音像出版社、天津宝达音像发行有限公司于判决生效之日起 30 日内共同在一家全国发行的报刊上向沈福存赔礼道歉，逾期不履行此项判决，法院将判决书内容向公众公开，所需费用由中国艺术研究院、开明文教音像出版社、天津宝达音像发行有限公司共同承担；（5）驳回沈福存其他诉讼请求。

（三）对案件的法律分析

由于二审法院在判决书中对涉案作品表演者权利的归属以及三被告行为构成侵权的认定都做了较为详细的描述，所以，对于案件细节涉及的法律问题不再一一分析，仅就以下几个方面的问题进行简要分析：

1. 表演者权利的归属

本案焦点问题实际为表演的合法录制者是否享有权利授权他人复制发行其所录制的表演而无须取得表演者的同意。本案中，对这一问题做出解答之前，需要解决表演者权属于表演的演员还是表演演员所在的剧团这一问题。如果认为表演者权属于演员，那么剧团则无权授权他人对表演者的表演进行录像，如果表演者权属于组织表演的剧团，则剧团有权授权他人对戏剧表演进行录像，且只有剧团才能主张对于录制品中表演的复制、发行权，而表演者个人无法独立主张。

关于表演者权的归属问题，我国司法实践有着不同的判决。在中国唱片总公司与中国评剧院著作权争议案①中，二审法院北京市高级人民法院最终认定作为《杨三姐告状》一剧的演出单位，中国评剧院享有表演者权。但该案判决并没有对演出中的演员个体是否不再享有表演者权做出判断。

在广东唱金影音有限公司与中国文联音像出版社等著作权纠纷案②中，广东唱金影音有限公司获得演出单位及编剧的授权，是《双错遗恨》《打金砖》《三打陶三春》《蝴蝶杯》的著作权人及表演者权人，发现三被告发行了上述作品，遂诉至法院。最高院审理后认为：戏剧类作品演出的筹备、组织、排练等均由剧院或剧团等演出单位主持，演出所需投入亦由演出单位承担，演出体现的是演出单位的意志，故对于整台戏剧的演出，演出单位是著作权法意义上的表演者，有权许可他人从现场直播或录音录像、复制发行录音录像制品等，在没有特别约定的情况下，演员个人不享有上述权利。

而1996年北京市西城区人民法院曾在一起案件③中认定，虽然京剧《玉堂春》由赵燕侠所在的北京京剧院组织演出，但赵燕侠作为主要表演者，享有表演者权，有权在单位组织其演出的情况下主张权利。

从上述判决来看，对于表演者权的归属，我国司法实践中还缺乏统一的标

---

① 见北京市第一中级人民法院（2005）一中民初字第687号民事判决书及北京市高级人民法院（2005）高民终字第1258号民事判决书。
② 见河北省高级人民法院（2007）冀民三初字第1—1号民事判决书及最高人民法院（2008）民三终字第5号民事判决书。
③ 见北京市西城区人民法院（1991）西民初字第887号民事判决书。

准,但都没有明确否认表演者对其个人表演所拥有的权利。一个戏剧舞蹈作品,演出组织者花费了大量人力物力,而具体的表演必然由每个演员进行,所以表演者和演出单位都应对戏剧舞蹈作品中的表演部分享有权利,表演者个人对其个人表演部分享有表演者权,而演出单位则对演出的整体享有表演者权。本案中,《春秋配》的主演沈福存对于其表演享有独立的表演者权,他人未经其许可擅自复制发行包含其表演的录像带、VCD,显然构成对其表演者权的侵犯。

2. 表演的合法录制者是否享有权利授权他人复制发行其所录制的表演,而无须取得表演者的同意

我国著作权法中明确规定表演者享有许可他人录音录像,并获得报酬,许可他人复制、发行录有其表演的录音录像制品,并获得报酬的权利,可见表演者的录制权和复制发行权是相互独立的权利,他人须分别取得不同权利的授权,方能行使相应权利。本案中,原告作为《春秋配》的主要演员,仅同意被告艺术研究院出于保存艺术资料的目的对《春秋配》现场录像,并没有授权他人复制、发行录像带或 VCD,而后艺术研究院出于商业目的,在未取得原告表演者沈福存同意的情况下,授权其余二被告复制、发行录像带及 VCD 盘,其行为侵犯了表演者的复制权和发行权。

3. 本案原告是否可以主张精神损害赔偿

《著作权法》第 47 条和 48 条对侵害著作权以及与著作权相关的权利的行为规定了赔偿损失的民事责任,其后《著作权法》第 49 条明确了侵权行为的赔偿范围,即包括权利人的实际损失或侵权人的违法所得,此处显然指的是经济损失赔偿范围,所以我国著作权法有关损害赔偿并不包括精神损害赔偿。

民法通则及最高人民法院《关于确定民事侵权精神损害赔偿责任若干问题的解释》(以下简称《解释》)中也没有对侵犯著作权行为的精神损害赔偿进行规定,《民法通则》第 120 条对 4 种具体人格权规定了精神损害赔偿,即:"公民的姓名权、肖像权、名誉权、荣誉权受到侵害的,……并可以要求赔偿损失。"《解释》列举了可适用精神损害赔偿制度的权利范围并不包括著作人身权。

侵权责任法是著作权侵权纠纷中适用精神损害赔偿的法律依据。《侵权责任法》第 2 条第 2 款规定,"本法所称民事权益,包括生命权、……著作权、……等人身、财产权益",其后第 22 条规定,侵害他人人身权益,造成他人严重精

神损害的，被侵权人可以请求精神损害赔偿。因此，侵犯著作人身权的，可以请求精神损害赔偿。但由于侵权责任法中并没有明确的条文规定第22条所规定的精神损害赔偿直接适用于著作人身权侵权行为，所以，在没有明确的法律规定之前，著作人身权侵权的精神赔偿仍缺乏直接和有效的法律依据。

审判实践中已有支持作者精神损害赔偿请求的案例。较早的是1995年吴冠中诉上海朵云轩、香港永城古玩拍卖有限公司侵害著作权纠纷案中，该案一审法院认定两被告"共同严重侵犯吴冠中的著作权，造成其物质和精神损害"，应承担"停止侵害、消除影响、公开赔礼道歉、赔偿损失的连带民事责任"，物质和精神损害均作为损失金额的确定依据。其次是庄羽诉郭敬明等关于《梦里花落知多少》涉嫌抄袭《圈里圈外》的侵犯著作权纠纷一案中，一审法院以原告未举证证明涉案侵权行为给其造成了精神损害及严重后果为由驳回原告的精神损害赔偿请求；二审法院则认为被告侵权主观过错、侵权情节及后果均比较严重，因此需要通过判令支付精神损害抚慰金对原告所受精神损害予以弥补，同时亦是对被告抄袭行为的一种惩戒，最终判决两被告共同赔偿原告精神抚慰金1万元。

著作人身权侵权行为随着网络技术的发展而频发，并且传播范围广，给权利人造成的损害大，权利人取证也极为困难，随着精神损害赔偿制度的完善，利用精神损害赔偿制度保障权利人权益，打击著作人身权侵权行为，获得了地方司法实践部门的支持。2005年，北京市高级人民法院出台了《关于确定著作权侵权损害赔偿责任的指导意见》，对侵犯著作人身权或表演者人身权的行为判决精神抚慰金的适用条件、适用情形、精神损害抚慰金的确定因素及赔偿限额等进行了规定。重庆市高级人民法院发布的《关于确定知识产权侵权损害赔偿数额若干问题的指导意见》，对著作权侵权的精神损害赔偿进行了具体规定。

综上，我国立法对侵犯著作权的精神损害赔偿并没有明确规定，虽然一些地方司法机关对著作人身权侵权的精神损害赔偿予以积极支持态度，颁布了相应的规范性文件，但并不具有统一适用性。根据精神损害赔偿的一般原理，精神损害赔偿仅适用于侵犯权利人人身权利。本案中侵权人侵犯了表演者的复制、发行等专有经济权利，并无侵害表演者表明身份、表演形象不受歪曲的人身权利的行为，故其精神损害赔偿请求不会得到法院支持。

第九章　侵犯戏剧舞蹈作品著作权的行为

第一节　戏剧舞蹈作品著作权的侵权种类

戏剧舞蹈作品的著作权侵权行为是指未经戏剧舞蹈作品著作权人同意，又无法律上的依据，使用他人作品或行使著作权人专有权的行为。就戏剧舞蹈作品著作权侵权行为的种类，依据不同的标准有不同的分类。根据被侵犯的权利内容分为侵犯人身权和侵犯财产权的侵权行为；根据侵权行为的性质分为直接侵权和间接侵权。

一、侵犯人身权与侵犯财产权

（一）侵犯人身权

侵犯著作人身权是指对著作权人精神权利的侵害，包括对发表权、署名权、修改权和保护作品完整权的侵犯。

1. 侵犯发表权

发表权，即决定作品是否公之于众的权利。未经著作权人许可，发表其作品的，就是侵犯著作权人发表权的行为。著作权人享有作品的发表权，对其创作的作品，有权决定是否发表、何时发表、以什么形式发表。他人未经著作权人同意，不得公开著作权人没有发表过的作品。发表权只能行使一次，若他人未经许可使用已经发表的作品，鉴于著作权人的发表权已经行使完毕，故上述行为并不构成对发表权的侵犯。他人未经戏剧舞蹈作品著作权人的许可,擅自发表著作权人创作完成的戏剧舞蹈作品,即构成对戏剧舞蹈作品著作权人发表权的侵害。

2. 侵犯署名权

署名权,即表明作者身份,在作品上署名的权利。戏剧舞蹈作品的合作作者将合作作品当作自己独立创作的作品发表或者在他人创作的戏剧舞蹈作品上擅自署名的均系侵犯作者署名权的行为。戏剧舞蹈作品作者同时还拥有不署名或署笔名的权利,若他人违背作者上述意愿,擅自在发表的作品上署作者的名字或署作者真名的,也是一种侵犯作者署名权的行为。合作作品中,合作作者之间因署名前后顺序而产生纠纷的,因作者名称已经得以署明,故不能视为对署名权的侵犯。

戏剧舞蹈作品中因其作品构成元素的复杂性,往往需要多人合作、反复修改才能创作完成。并且在作品的创作过程中,各作者的分工也不同,导致对作品创作完成后的贡献率也不同。因此,在作品创作完成后,参与创作的各作者往往会在作品的署名上产生纠纷,进而诉至法院。这些与署名权有关的诉讼中,既有参与作品创作的合作作者因不满其未在作品上得以署名而诉至法院的,又有已经署名的合作作者间因认为其个别成员参与创作的工作量太小,或未实际参与创作但仍作为作者署名,故而诉至法院,要求确认该个别成员对作品不享有作品的署名权。如在原告吕瑞明等诉被告马少波作品署名权纠纷一案[①]中,虽然《满江红》《初出茅庐》两个京剧剧本上原、被告均作为作者署名,但几位原告认为被告未参与上述剧本的创作,其只是基于领导地位而在剧本上作为合作作者之一予以署名,故几位原告诉至法院,要求法院确认被告马少波不是涉案剧本的作者。法院审理后认为,由于上述两部作品的署名涉及复杂的历史问题,因此,在认定马少波是否是涉案剧本的编剧时,一要审查马少波是否真正参与了作品创作的证据,二要尊重当初的历史事实。根据现有证据,涉案剧本的最初署名中将马少波列为编剧之一,而且,在一段时间内,几位原告并未提出异议。因此,根据剧本最初的署名情况以及合作作者当时的态

---

① 见上海市高级人民法院(2002)沪高民三(知)终字第57号民事判决书。

度，可以推定几位原告当时是认可马少波参与了诉争作品的创作，并同意将马少波作为合作作者署名，故法院驳回了原告诉讼请求。

3. 侵犯修改权

修改权，即修改或者授权他人修改作品的权利。未经作者许可而修改或者授权他人修改作品的，即侵犯作者的修改权。报社、期刊社根据出版的需要可以对作品做文字性修改、删节，但若涉及内容的修改，仍应当获得作者的许可，否则也构成对作者修改权的侵犯。

戏剧舞蹈作品中侵权人所实施的对著作权人修改权的侵权行为常常和对署名权的侵权行为紧密联系在一起。如原告兰玲与被告河北梆子剧团、被告孙德民侵害著作财产权纠纷案[1]中，被告孙德民未经原告许可，擅自将其与原告兰玲接受河北梆子剧团委托共同创作的河北梆子现代戏剧本《石门风萧萧》改编为剧本《黎明前的星光》，供被告河北梆子剧团演出，而河北梆子剧团对被告孙德民的上述行为是明知的，故两被告共同侵犯了原告对前剧本享有的修改权和对后剧本享有的署名权。

4. 侵犯保护作品完整权

保护作品完整权，即保护作品不受歪曲、篡改的权利。若擅自歪曲、篡改作品，即侵犯保护作品完整权。所谓的歪曲篡改，是指在未征得著作权人同意的情况下，对其作品做实质性的删节、修改，从而破坏作品的真实含义的行为。若对作品进行较大幅度修改后，导致作品所表达的思想内容被歪曲和篡改，则同时构成对修改权和保护作品完整权的侵犯。

在对侵犯保护作品完整权的行为认定的案件中，著作权人的举证责任要高于其在主张其他权利时所承担的举证责任，即需达到能够举证证明其戏剧舞蹈作品已被歪曲和篡改的事实。因而在著作权人主张保护作品完整权的案件中，能够得到支持的并不多。如在原告王淑兰诉被告北京东方龙文化中心、中国科学文化音像出版社侵犯著作权纠纷案[2]中，原告系儿童舞蹈《黎妹与小鸭》《戏竹》的编剧，为该两部舞蹈作品的著作权人。两被告未经原告许可，将上述两

---

[1] 见河北省石家庄市中级人民法院（2012）石民五初字第00423号民事判决书。
[2] 见北京市第一中级人民法院（2003）一中民终字第2417号民事判决书。

部舞蹈作品的部分动作进行简化和删除后收录到《北京最新幼儿优秀民族舞》VCD专辑中，侵犯了原告对其作品享有的署名权和修改权。原告还主张两被告行为侵犯其保护作品完整权。法院审理后，认为鉴于被告VCD中所收录的作品内容并未产生改变原意、使接触作品的观众的理解与反应和作者的原意相悖的后果，故不构成对其保护作品完整权的侵犯。

而在原告陈民洪诉被告宜昌市歌舞剧团、宜昌市文化局、门文元等著作权、名誉权侵权纠纷一案①中，原告创作了反映土家族民情风俗的《土里巴人》舞剧剧本，被告门文元未经原告同意，将该剧进行浓缩和修改，特别是将反映土家婚俗风情的"抹黑"（剧本原作，土家族男女青年恋爱时，女青年手中抹满锅烟黑灰将小伙子抹成大黑花脸，小伙子又反过来抹到对方脸上）情节改为"抹红"，改变了作品原意，侵犯了原告对作品的修改权和保护作品完整权。该案中，因"抹黑"系土家族婚俗中重要的风俗习惯，而被告却将该婚俗改为"抹红"，篡改了土家族的民情风俗，故被告的行为不仅侵犯了原告的修改权，还侵犯了原告对其作品享有的保护作品完整权。

（二）侵犯财产权

侵犯著作财产权是指对著作权人财产权的侵害，即侵害著作权人对其以复制、发行、出租、展览等方式利用作品并获得经济利益的权利。著作权人的财产权利非常重要，因为只有赋予著作权人这些权利，使得著作权人可以在他人利用其作品时获得合理的财产收益，才能真正保障其经济利益，鼓励和刺激人们更多地进行创作。在戏剧舞蹈作品中，常见的侵犯财产权利的类型主要包括以下几种：

1. 侵犯复制权

复制权，即以印刷、复印、拓印、录音、录像、翻录、翻拍等方式将作品制作一份或者多份的权利。当行为人未经戏剧舞蹈作品的作者许可擅自对戏剧舞蹈作品实施上述行为时，即构成对戏剧舞蹈作品著作权人复制权的侵犯。

---

① 见湖北省高级人民法院（1999）鄂民终字第44号民事判决书。

2. 侵犯发行权

发行权，即以出售或者赠与方式向公众提供作品的原件或者复制件的权利。侵犯发行权也即未经著作权人许可实施发行行为。发行是为了满足公众的合理需求，通过出售、出租等方式向公众提供一定数量的作品复制件。复制是以印刷、复印等方式将作品制作一份或者多份，如果作品没有发行的过程，没有向公众提供作品的过程，复制行为就失去了意义。[1] 因此，复制和发行行为往往是紧密联系在一起的。

戏剧舞蹈作品中对复制权和发行权的侵权行为是常见的侵权类型，通常表现为他人未经戏剧舞蹈作品作者许可擅自出版含有其作品内容的VCD、DVD等并对外发行。如在原告陈涌泉诉被告河南电子出版社、飞音公司、丹尼斯百货公司侵犯著作权纠纷案[2]中，原告系豫剧《程婴救孤》的编剧，其授权案外人河南豫剧二团表演该剧，河南豫剧二团许可案外人马战奇以多种形式出版发行该剧。马战奇又委托河南电子出版社出版发行该剧的VCD，河南电子出版社遂委托飞音公司制作了该剧的光盘。原告在丹尼斯百货公司处购得侵权光盘后遂提起诉讼。三被告所实施的行为中，河南电子出版社侵犯了原告的复制权和发行权，飞音公司侵犯了原告的复制权，丹尼斯百货公司侵犯了原告的发行权。

3. 侵犯表演权

表演权，即公开表演作品，以及用各种手段公开播送作品的表演的权利。侵犯表演权也即未经著作权人许可实施表演行为。表演权是属于著作权人享有的著作财产权范畴，著作权人享有自己表演或许可他人表演的权利。在许可他人表演后，被许可的表演者仅在邻接权的范畴内享有表演者权，其在表演作品时不得侵犯著作权人的其他权利，如修改权、改编权等。表演者在行使表演者权时需要得到著作权人的许可，否则即构成对著作权人表演权的侵犯。这里的表演既包括活的演员的表演，还包括通过技术设备公开再现作品或作品的表演（即机械表演）。常见的侵犯表演权的典型案例如在原告范锦才诉被告唐山市老

---

[1] 周晓冰：《著作权法适用与审判实务》，中国法制出版社2008年第1版，第80页。
[2] 见河南省郑州市中级人民法院（2006）郑民三初字第128号民事判决书。

干部活动中心、王金霞著作权权属及侵害著作权纠纷一案[①]中，范锦才创作的皮影舞蹈《俏夕阳》在 2006 年中央电视台春节联欢晚会的演出中获得成功，其对"皮影舞蹈《俏夕阳》"享有著作权，后唐山市老干部活动中心和王金霞组织联系《俏夕阳》舞蹈队参加了多次商业性演出获取了演出费，但未经著作权人范锦才的同意，也未向范锦才支付报酬。因此，两被告的行为侵犯了范锦才对《俏夕阳》舞蹈作品享有的表演权。

4. 侵犯广播权

广播权，即以无线方式公开广播或者传播作品，以有线传播或者转播的方式向公众传播广播的作品，以及通过扩音器或者其他传送符号、声音、图像的类似工具向公众传播广播的作品的权利。侵犯广播权也即未经著作权人许可实施广播行为。如广播电台、电视台未经戏剧舞蹈作品著作权人许可擅自播放著作权人作品的行为即构成对著作权人广播权的侵犯。

5. 侵犯信息网络传播权

信息网络传播权，即以有线或者无线方式向公众提供作品，使公众可以在其个人选定的时间和地点获得作品的权利。侵犯信息网络传播权也即未经著作权人许可实施信息网络传播行为。在原告马晓贵诉被告上海众源网络有限公司侵害作品信息网络传播权纠纷一案[②]中，原告系豫剧《刘庸下济南》的著作权人，被告未经许可在其网站上播放了该剧，构成对原告就该剧享有的信息网络传播权的侵害。

6. 侵犯摄制权

摄制权，即以摄制电影或者以类似摄制电影的方法将作品固定在载体上的权利。侵犯摄制权也即未经著作权人许可，将他人的戏剧、舞蹈作品拍摄成电影、电视剧等影视作品的行为。对侵犯摄制权行为的构成条件需审查所实施的侵权行为模式，即需采取摄制电影或以类似摄制电影的方法，仅机械录制表演或者景物的，不能视为摄制电影、电视和录像作品。如在原告杭州越剧院诉被

---

① 见河北省高级人民法院（2014）冀民三终字第 97 号民事判决书。
② 见上海市第一中级人民法院（2011）沪一中民五（知）终字第 137 号民事判决书。

告广州俏佳人公司、北京北影公司、广州银海制作中心著作权纠纷案①中,杭州越剧院享有越剧《梨花情》的著作权,杭州越剧院在参加第五届中国戏剧节期间演出了该剧,广州银海制作中心受戏剧节组委会委托现场录制了《梨花情》的演出内容,并委托广州俏佳人公司将上述录制的内容制成 VCD1500 套,其中 200 套归广州银海制作中心,其余由广州俏佳人公司自行销售,销售所得用于补偿制作 VCD 的费用。随后,广州俏佳人公司又擅自与北京北影公司合作共同制作并另行出版了《梨花情》一剧的 VCD。后杭州越剧院在市场上发现了该 VCD 的销售行为,故涉讼。该案系一起连环侵权案件,前一个侵权行为为后一个侵权行为的产生创造了条件。该案三被告侵犯了杭州越剧院对越剧《梨花情》享有的复制权、发行权。但广州银海制作中心未经杭州越剧院许可擅自录像的行为并不构成对摄制权的侵犯,因为广州银海制作中心对剧目的摄制仅是一种机械的录制,其录制的内容仅属录像制品,尚不构成类电影作品,故不构成对摄制权的侵犯。

7. 侵犯改编权

改编权,即改变作品,创作出具有独创性的新作品的权利。侵犯戏剧舞蹈作品改编权也即未经著作权人许可实施改编他人戏剧舞蹈作品的行为。判断一项修改戏剧舞蹈作品的行为是侵犯修改权、改编权或者保护作品完整权的关键在于,看侵权人修改作品的结果是否产生了新的作品,而且新作品保留了原作品的基本表达,若符合该要件,则构成对改编权的侵犯。若该作品被修改后,其原意被歪曲和篡改,可能导致作者声誉受损,则该修改行为构成对保护作品完整权的侵犯。②

二、直接侵权与间接侵权

根据侵权行为的性质,戏剧舞蹈作品著作权的侵权种类又可分为直接侵权和间接侵权。如果他人未经著作权人的许可直接实施受著作权专有权利控制的

---

① 梓樵:《"梨花情"剧目侵权纠纷案》,载《观察与思考》2001 年 3 月刊。
② 王迁:《著作权法》,中国人民大学出版社 2015 年版,第 155 页。

行为，即构成对著作权的直接侵权。若教唆、引诱他人实施著作权侵权行为，或明知他人实施的是侵权行为，仍对该行为提供实质性帮助的，则构成对著作权的间接侵权。①

（一）直接侵权

未经著作权人许可而以任何方式复制、出版、发行、改编、翻译、广播、表演、展出、摄制影片等等，均构成对著作权的直接侵犯。②构成直接侵权的条件非常明确，即行为人所做的行为是受著作权人控制的，同时并不存在法定的免责事由，比如合理使用、法定许可等等。简单而言，著作权人享有的专有权利为其划定了一个特定的范围，未经著作权人或法律的许可而擅自闯入这一区域即构成"直接侵权"。③判断著作权直接侵权时无须考虑行为人的主观过错，即并不会因为行为人不具有主观过错而免责。但是，行为人的主观过错大小会影响其承担的法律责任。如果侵权人确实没有主观过错，则无须承担损害赔偿责任，但其因侵权行为所获得的利益应当予以返还。例如，根据《著作权法》司法解释第20条的规定，出版者尽了合理注意义务，著作权人也无证据证明出版者应当知道其出版物涉嫌侵权的，出版者只承担停止侵权、返还侵权所得利润的民事责任。因此，即便出版者无任何主观过错，其行为仍然构成对著作权人复制权和发行权的直接侵权，但无须承担赔偿损失的民事责任。如在前述原告陈涌泉诉被告河南电子出版社、飞音公司、丹尼斯百货公司侵犯著作权纠纷案件中，被告丹尼斯百货公司虽然构成对原告发行权的侵犯，但因其已尽到合理审查义务，只承担停止侵权的民事责任。

（二）间接侵权

间接侵权是指行为人以营利为目的并未直接侵犯他人的著作权，但是实施了故意帮助、教唆、诱导他人直接实施侵害他人著作权的行为，而且该行为损

---

① 王迁：《著作权法》，中国人民大学出版社2015年版，第404页。
② 郑成思：《版权法》，中国人民大学出版社1997年版，第207页。
③ 王迁：《知识产权法教程》（第四版），中国人民大学出版社2014年版，第244页。

害了著作权人的合法权益。① 例如为他人提供侵权演出场地、为侵权复制品的展出提供展览地点②。虽然间接侵权在我国著作权法中并未明确规定，但我国《侵权责任法》第9条③及最高人民法院《关于贯彻执行〈中华人民共和国民法通则〉若干问题的意见（试行）》第148条④中明确规定了教唆和帮助两种侵权表现形式，因此，上述侵权形式在著作权侵权案件中同样适用。鉴于间接侵权行为在互联网中尤为常见，在2013年1月实施的最高人民法院《关于审理侵害信息网络传播权民事纠纷案件适用法律若干问题的规定》中首次在著作权领域引入了帮助侵权和教唆侵权两种侵权形式。⑤

著作权法上的间接侵权必须以存在直接侵权行为为前提，若直接侵权行为人存在合理使用、法定许可等免责事由的，提供引诱、帮助行为的行为人也就不构成间接侵权。间接侵权行为人还需要有主观过错，即明知或应知他人存在直接侵权行为，仍然教唆、引诱他人实施直接侵权行为或为他人直接侵权行为提供实质性帮助。间接侵权行为人向直接侵权行为提供的诱因或者帮助必须在直接侵权行为的实施中发挥了实质性作用，即教唆、引诱或者帮助他人的行为必须与直接侵权行为有一定的、相当的因果关系。⑥ 实践中，针对戏剧舞蹈作品所实施的间接侵权行为往往体现在侵害信息网络传播权纠纷的案件中。如一网络用户将戏剧舞蹈作品上传至从事视频分享服务的网站上，该视频在网站上获得了较大的点击量，视频网站遂将该视频列入排行榜或人气视频进行推荐。戏剧舞蹈作品的著作权人知晓上述行为后向视频分享网站发出律师函，要求网

---

① 吴小国：《专利间接侵权制度研究》，苏州大学2006年硕士学位论文，第6页。
② 何敏：《企业知识产权管理战略》，法律出版社2006年版，第26页。
③ 《中华人民共和国侵权责任法》第9条规定：教唆、帮助他人实施侵权行为的，应当与行为人承担连带责任。
④ 最高人民法院《关于贯彻执行〈中华人民共和国民法通则〉若干问题的意见（试行）》第148条规定：教唆、帮助他人实施侵权行为的人，为共同侵权人，应当承担连带民事责任。
⑤ 最高人民法院《关于审理侵害信息网络传播权民事纠纷案件适用法律若干问题的规定》第7条规定：网络服务提供者在提供网络服务时教唆或者帮助网络用户实施侵害信息网络传播权行为的，人民法院应当判令其承担侵权责任。
⑥ 崔国斌：《著作权法原理与案例》，北京大学出版社2014年版，第725页。

站停止上述视频的播放，但网站未予理会。该网络用户的行为因直接实施了侵害戏剧舞蹈作品著作权人信息网络传播权的行为而构成直接侵权；提供视频分享服务的网站明知上传视频的网络用户涉嫌侵害他人著作权，但仍将上述视频在网站上播放，并列入排行榜和人气视频推荐，增加了视频的点击量，扩大了侵权行为的传播范围，故该视频分享网站的行为构成帮助侵权。

第二节　戏剧舞蹈著作权侵权行为

我国著作权法根据侵权行为的情节、危害后果以及承担的法律责任不同，把所有涉及著作权侵权的行为分为两组：其一为承担民事责任的著作权侵权行为，其二为承担综合法律责任的著作权侵权行为。与此对应，针对戏剧舞蹈作品的侵权行为也可以分为两组，一组是只需要承担民事责任的侵权行为，另一组是需要承担综合法律责任的侵权行为。实践中，需要结合侵权行为的手段、情节以及危害后果等因素来确定戏剧舞蹈侵权行为应当承担的法律责任。

一、承担民事责任的侵权行为

根据《著作权法》第47条的规定：有下列侵权行为的，应当根据情况，承担停止侵害、消除影响、赔礼道歉、赔偿损失等民事责任：(1) 未经著作权人许可，发表其作品的；(2) 未经合作作者许可，将与他人合作创作的作品当作自己单独创作的作品发表的；(3) 没有参加创作，为谋取个人名利，在他人作品上署名的；(4) 歪曲、篡改他人作品的；(5) 剽窃他人作品的；(6) 未经著作权人许可，以展览、摄制电影和以类似摄制电影的方法使用作品，或者以改编、翻译、注释等方式使用作品的，本法另有规定的除外；(7) 使用他人作品，应当支付报酬而未支付的；(8) 未经电影作品和以类似摄制电影的方法创作的作品、计算机软件、录音录像制品的著作权人或者与著作权有关的权利人许可,出租其作品或者录音录像制品的,本法另有规定的除外;(9)未经出版者许可,使用其出版的图书、期刊的版式设计的;(10)未经表演者许可,从现场直播或者公开传送其现场表演,或者录制其表演的;(11)其他侵犯著作权以及与著作权有关的权益的行为。

上述著作权侵权行为中,第(1)至第(4)项行为主要针对的系著作权中人身权的侵权行为,即涉及对发表权、署名权和保护作品完整权的侵害。其中第(2)项和第(3)项还可能涉及对复制权的侵害。第(5)项中的"剽窃他人作品",是指将他人作品的全部或部分改头换面,或略加整理以自己的名义发表的行为。剽窃他人的作品,将他人的创作成果据为已有,既具有侵犯作者精神权利的特征,又具有侵犯作者经济权利的特征。可能会涉及对署名权、发表权、修改权、保护作品完整权、改编权等权利的侵害。第(6)项涉及对演绎权的侵害。第(7)项"使用他人作品,应当支付报酬而未支付",是指使用者已经与权利人约定了报酬但未按约定的数额、标准或时间付酬,或者在根据法定许可的规定使用作品时,未按照法定付酬标准付酬。[1] 该行为构成对著作权人获得报酬权的侵害。第(8)项侵犯的系著作权人的出租权。鉴于目前出租行业已经没落,步入"夕阳",故实践中该类侵权行为已不多见,对著作权人的影响也非常有限。第(9)项涉及对出版者版式设计权的侵害,该权利系著作权的邻接权范畴。由于出版者在编辑、加工作品时完成了对版面格式的创造性劳动,因此,出版者对于其智力创作享有专有使用权。[2] 我国《著作权法》第36条明确了出版者对其版式设计享有的许可或禁止他人使用的权利。[3] 第(10)项涉及对表演者对其表演享有的表演者权的侵害,该项行为会影响到表演者现场表演的票房收入,造成表演者经济上的损失,具有一定的危害性。

---

[1] 胡康生主编:《中华人民共和国著作权法释义》,法律出版社2011年版,第195页。
[2] 周晓冰:《著作权法适用与审判实务》,中国法制出版社2008年版,第364页。
[3] 《中华人民共和国著作权法》第36条规定:出版者有权许可或者禁止他人使用其出版的图书、期刊的版式设计。

二、承担综合法律责任的侵权行为

当侵权人实施的侵权行为不仅损害了著作权人的利益，还造成了公共利益的损害，破坏了国家正常的经济秩序时，侵权人不仅要依法承担相应的民事责任，还需承担行政责任。若情节严重构成犯罪的，更需追究其刑事责任。

根据《著作权法》第48条的规定，有下列侵权行为的，应当根据情况，承担停止侵害、消除影响、赔礼道歉、赔偿损失等民事责任；同时损害公共利益的，可以由著作权行政管理部门责令停止侵权行为，没收违法所得，没收、销毁侵权复制品，并可处以罚款；情节严重的，著作权行政管理部门还可以没收主要用于制作侵权复制品的材料、工具、设备等；构成犯罪的，依法追究刑事责任：（1）未经著作权人许可，复制、发行、表演、放映、广播、汇编、通过信息网络向公众传播其作品的；（2）出版他人享有专有出版权的图书的；（3）未经表演者许可，复制、发行录有其表演的录音录像制品，或者通过信息网络向公众传播其表演的；（4）未经录音录像制作者许可，复制、发行、通过信息网络向公众传播其制作的录音录像制品的；（5）未经许可，播放或者复制广播、电视的；（6）未经著作权人或者与著作权有关的权利人许可，故意避开或者破坏权利人为其作品、录音录像制品等采取的保护著作权或者与著作权有关的权利的技术措施的；（7）未经著作权人或者与著作权有关的权利人许可，故意删除或者改变作品、录音录像制品等的权利管理电子信息的；（8）制作、出售假冒他人署名的作品的。

对上述著作权侵权行为科以行政责任直至刑事责任的前提是侵权人所实施的行为损害了公共利益。对"公共利益"的释义，国家版权局曾代表中国政府在2002年WTO过渡性审议中，就有关国家对于何为"损害公共利益"的问题做出答复："构成不正当竞争，危害经济秩序的行为即可认定为损害公共利益。"① 因此，要达到"损害公共利益"的程度，相关侵权行为应当基于故意或严重过失的主观心态，以营利为目的公开实施的，且严重干扰权利人正常许可

---

① 《国家版权局关于查处著作权侵权案件如何理解适用损害公共利益有关问题的复函》（国权办 [2006] 43号）。

的市场。[①] 如一专业从事戏剧舞蹈作品视频播放的网站未经戏剧舞蹈作品作者的许可大量复制发行戏剧舞蹈作品，并将这些作品上传至网站供用户浏览和下载。在著作权人多次向其发函主张权利的情况下，网站经营者仍置之不理，可见其主观故意特别明显，情节特别严重，严重干扰到被侵害的戏剧舞蹈作品著作权人对外许可他人使用的市场环境，应当属于损害公共利益的侵权行为，这种情况下网站经营者不仅要承担民事赔偿责任，还将面临行政处罚甚至承担刑事责任。

第三节　戏剧舞蹈作品著作权侵权的判定

理论和实务界所普遍认可的著作权侵权判定的方法就是"接触+实质性相似"。一般而言，此判定方法的关键在于，对比被控侵权作品和权利作品的相关部分以判断二者是否构成实质性相似。如果构成，同时又排除了巧合的可能性，则侵权成立。但是，对于不同类型的著作权侵权案件，判定方法的具体实施会有所不同，特别是实质性相似的判断方法和技巧会根据不同类型的案件做出更贴合实际的调整。比如小说作品，其主要包括人物、情节等的设计，因此法院一般要通过故事情节的人物设计比对、情节设计比对以及整休情节排布的比对，认定被控侵权作品与据以主张权利的作品构成实质性相似。再比如音乐作品，其核心在于旋律，因此实质性相似的比对主要是通过音乐作品的曲谱和节奏对比进行。那么，对于戏剧舞蹈作品，著作权侵权的具体判定规则应该如何呢，特别是实质性相似的判断又应该如何把握呢？

[①] 王迁:《著作权法》，中国人民大学出版社2015年版，第434页。

一、著作权侵权判定的实质性相似比对一般规则

对于著作权侵权判定的实质性相似比对，不同作品都有其共通之处。因此，为了探究任一作品的实质性相似的比对标准和方法，明确一般著作权侵权判定的实质性相似比对的规则是极其必要的。

对于何为实质性相似，国内外著作权法都没有做出具体规定，司法实践中通常采纳的是美国第二巡回上诉法院在1966年对其所做的解释：一般非专业的评判者认识到被告的作品抄袭了原告的版权作品。但仅仅凭借此定义并不能把握实质性相似的一般判定标准和方法。1992年，美国第二巡回上诉法院在阿尔泰案[①]中所采用的"三步检验法"得到了广泛的认可。"三步检验法"指的是在判定被控侵权作品的结构、顺序及组织是否真的侵犯了原告作品的版权时，应该分三步进行。第一步，抽象法。首先要把原、被告作品中属于不受保护的"思想"本身，从"对思想的表达"中删除出去。第二步，过滤法。即把原、被告作品中，虽然相同的但又都属于公共领域中的内容删除出去。即使这些内容不再是"思想"本身，而是"思想的表达"。第三步，对比法。只有在"抽象"和"过滤"之后所剩下的部分，如果被告作品中仍旧有实质性内容与原告作品相同，才有可能认定为侵犯著作权。在这时才可以把原、被告的作品加以对比。

综上，"三步检验法"的要点在于将不受保护的思想、公共领域中的表达等不受著作权法保护的部分剔除出去，然后再将所剩下的部分进行比较，判定是否侵权。总体而言，"三步检验法"的认定方法基本符合我国的司法实际，且已被我国的司法实践所采纳。例如在"李淑贤、王庆祥就《末代皇帝的后半生》一书诉贾英华"一案[②]中，法院明确指出，"原被告所著之书在记述人物、时间、事件等内容时所反映的客观史实和利用的史料部分相同，不能作为抄袭的依据，应该从侵权判定中过滤掉"。该案被认为是中国法院适用"三步检验法"的典型代表。尽管我国司法实践并不都采用这一方法，但不可否认的是它

[①] 见 *Computer Associates International, Inc. v. Altai, Inc.*, 982 F.2d 693（2d Cir. 1992）。

[②] 见北京市西城区人民法院（1990）西民字第2213号民事判决书。

已成为主流。

虽然"三步检验法"表面上给出了"实质性相似"的统一判断方法，但它并没有让"实质性相似"的判断规则真正清晰明朗。目前，理论界和实务界对实质性相似的判断方法一直处于研究和探索的阶段。总体来讲，由于"实质性相似"仅仅是一个定性说法，在涉及具体案件时难免还会陷入僵局，因此，最可行的办法就是个案分析法。

二、戏剧舞蹈作品实质性相似判定规则

任何作品著作权侵权的判定都应以认识和剖析该作品类型与特征为前提，这样才能使判定结果更准确。因此，结合"三步检验法"，戏剧舞蹈作品实质性相似的判定应该包括以下几步：首先应该明确戏剧舞蹈作品的主要构成要素。其次在此基础上对戏剧舞蹈作品进行独创性分析，过滤掉其中不受著作权法保护的部分。最后就剩下的独创性构成要素对被控侵权作品和权利作品进行实质性相似的比对。

（一）戏剧舞蹈作品的主要构成要素

我国著作权法明确规定戏剧舞蹈作品受到保护，并在著作权法实施条例里分别给戏剧舞蹈作品下了定义：戏剧作品是指话剧、歌剧、地方戏等供舞台演出的作品；舞蹈作品是指通过连续的动作、姿势、表情等表现思想情感的作品。以上关于戏剧作品的定义显得太过抽象，而对于舞蹈作品的定义又略显狭窄，似乎不太符合普通观众对戏剧舞蹈作品的通常认识。从定义来看，可以得知舞蹈作品是表演者在舞台上通过连续的动作和姿势，并且通过演员的面部表情等表现思想情感的作品，据此，以舞谱形式记录下来的舞蹈似乎就不构成舞蹈作品，答案显然是不符合惯常认识的。因此，对戏剧舞蹈作品构成要素的解析还需法律和理论实务界更为详细精准的界定。

1. 戏剧作品的主要构成要素

对于戏剧作品的内涵，是表示剧本还是表示一台戏的现场演出，这一问题

一直存在争议。依据戏剧艺术理论，戏剧是指以舞台的演出形式而存在的综合艺术，即"一整台戏"；而单从著作权法的规定出发，戏剧作品指的仅是剧本，因为只有剧本才可以供舞台演出。① 其实，文艺理论中的"戏剧作品"与著作权法上的"戏剧作品"本身就存在着一定的差异。② 艺术理论上的"戏剧作品"除了包括戏剧作家的创作外，还包括演员、灯光师、化妆师等的劳动成果，但对此"戏剧作品"有贡献的人归结到著作权法范畴内能够享有狭义著作权的恐怕只有戏剧作家。演员享有的是表演者权，灯光师和化妆师付出的是技术性而非智力创造性劳动，他们在著作权法上并不享有任何权利。因此，著作权法意义上的"戏剧作品"只能指被上演的作品本身，它一般通过对话、旁白、配词等构成的剧本加以体现。③

但是，戏剧作品并不只是包括以文字记载下来的剧本。美国的霍姆斯法官指出：戏剧是我们看到的活的故事和事件。④ 国内著名学者对此观点也表示认可。⑤ 由此看来，著作权法保护戏剧作品其实保护的是对"活的故事"的表达和呈现。至于表达和呈现的载体，除了剧本，应该还包括影像资料等可以记录"活的故事"的其他物质载体。

综上所述，著作权法意义上的戏剧作品的主要及关键构成要素是指"活的故事"，而著作权法保护的是对该"活的故事"的表达和呈现。

2.舞蹈作品的主要构成要素

舞蹈作品的构成在理论实务界也是一直存在争议的。争议一方以郑成思先生为代表，认为舞蹈作品实际保护的是舞蹈动作的设计，这种设计可以是书面的，如利用舞谱记录的，也可以是以其他形式固定下来的；舞蹈作品中的服

---

① 张革新:《论戏剧作品的权利归属与形式》，《甘肃政法学院学报》第122期，2012年5月。
② 王迁:《著作权法》，中国人民大学出版社2015年第1版，第83页。
③ 同②。
④ 见 Kalem Co. v. Harper Bros., 222 U.S.55: 61（1911）。
⑤ 王迁教授在《知识产权法教程》（中国人民大学出版社2011年8月第3版）一书中亦做了肯定性引用。

装、布景和音乐等如果也以某种形式固定下来，则构成舞蹈作品的一部分。[①]也就是说，舞蹈作品是以物质载体固定下来的舞蹈动作的设计，同时包括固定下来的服装、布景和音乐等元素。争议的另一方以刘春田先生为代表，认为舞蹈是表演的艺术，由**舞蹈表情、舞蹈节奏和舞蹈构图**三个要素构成。[②]他认为把用文字或其他符号形式表现的舞蹈设计等同于舞蹈艺术作品是不确切的，他的侧重点在于舞蹈作品应该是"动的艺术作品"。

舞蹈的确是一门"动的艺术"，观众通常所欣赏到的舞蹈是表演者通过舞台所呈现的。但是，与戏剧作品相似的是，舞台上所呈现的表演更多体现的是艺术层面上的效果，但归结到著作权层面，必须对其进行重新审视。著作权法意义上的舞蹈作品必须是已经固定下来了的舞蹈作品，这不仅与著作权内在制度相协调，更是与司法实践的可行性相一致。首先，通过物质载体固定下来的舞蹈作品构成著作权法意义上的作品无疑。关键在于未经物质载体固定的舞蹈作品，发生的情形一般是某人即兴创作了一个舞蹈作品，现场未经拍摄予以记录，事后也未通过文字和舞谱还原。如果他人也表演了相同或类似的舞蹈，前一创作人请求法院判定著作权侵权是很难得到支持的，因为其并没有充分、直接的证据证明自己创作了涉案舞蹈作品。这表明讨论未经物质载体固定的舞蹈作品是否受到著作权法保护是没有实际意义的。至于服装、布景和音乐等元素，它们是一个舞蹈作品的常见组成部分，其对整个舞蹈作品的艺术性、思想情感的表达起着十分重要的作用，这很大程度上也取决于舞蹈作品作者对表演者服装的设计、布景的布置、音乐的选择等方面的创造性发挥，而这正是著作权法所提倡和保护的。因此，著作权法意义上的舞蹈作品指的是以物质载体固定下来的舞蹈动作的设计，同时包括固定下来的服装、布景和音乐等元素。

(二) 戏剧舞蹈作品的独创性分析

明确了戏剧舞蹈作品的主要构成要素之后，在戏剧舞蹈作品著作权侵权的判定过程中，接下来就应当对涉案戏剧舞蹈作品的独创性进行分析和过滤。

---

① 郑成思：《知识产权法》，法律出版社2003年版，第287—288页。
② 刘春田：《知识产权》，中国人民大学出版社2002年版，第53页。

1. 独创性判断主体

首先应该解决的就是戏剧舞蹈作品独创性判断主体的问题。通常情况下，在著作权侵权案件的判案过程中，法官会直接对作品独创性进行分析，但其并非是从自身角度出发。著作权司法实践诸多案例明示或暗示地提到诸多判断独创性的抽象主体，譬如"常人""一般人""公众"等，这里统一称为"普通受众"。这些判断主体要求具有"一般知识"和"一般能力"。所谓"一般能力"是指具有理解和分析诉争作品表达的一般能力；对于"一般知识"，由于独创性评价是文化维度的法律价值评价，表达的独创性依赖于特定主体根据社会文化背景对它的解读，因此独创性判断主体应该成长于特定的社会文化环境，因其接触特定类型的作品而获得了对相关作品的认知印象，即模糊概括的"一般知识"。另外，著作权制度促进文化多样性发展，满足最多样化的文化需求，服务于著作权制度的抽象主体应该尽可能地代表最普通的社会公众。[①] 因此，在不需要特殊知识和能力的情况下，如翻译件侵权案件，也就没有必要将独创性判断主体确定为普通受众以外的群体。

如果某一类型的作品广为人知，普通受众就应该可以对其形成相对具体的认知印象。戏剧舞蹈作品的受众亦是普通公众，并且此类作品在日常生活中就经常能接触并欣赏到。普通公众虽不具有创作作品的能力，但从常理出发，其可以对戏剧舞蹈作品产生特定的感受和认知印象，因此戏剧舞蹈作品独创性的判断主体理应确定为普通受众。

2. 独创性分析

在著作权侵权判定过程中，对权利作品的独创性分析是极其必要的。被控侵权作品构成侵权的关键在于是否与权利作品构成实质性相似，而构成实质性相似的原因在于被告未经许可使用了原告权利作品的独创性部分。所以，在实质性相似比对之前，分析、明确和过滤权利作品的独创性部分是十分重要的。

不同类型的作品其独创性体现会有很大差异。比如文学作品，其独创性主要体现在语言、结构、情节、场景、角色和人物形象等要素的设计上。再比如

---

① 何怀文：《著作权侵权的判定规则研究》，知识产权出版社2012年版，第38—39页。

美术作品，其独创性体现在作者利用画布、颜料、石块等物质性材料，通过特定的艺术能力、技巧来达成明暗、色彩、点、线、面的组合与分配。那么，戏剧舞蹈作品的独创性又如何呢？上文已经对戏剧、舞蹈作品的构成要素进行了分析，对其独创性的分析可以从此处入手。

（1）戏剧作品的独创性分析

著作权法意义上的戏剧作品的主要构成要素指"活的故事"。大多数"活的故事"都是由对话、旁白、配词等构成的剧本体现，那么，对此类戏剧作品的独创性分析其实可以直接参照文学作品的独创性分析方法。

小说、戏剧等涉及故事的文学作品具有很多的相同之处，其中具有独创性的、可以受到著作权保护的要素主要包括剧本作者为了剧本内容总体的组织和安排所做的表达。为了表达主题，作者要考虑如何组织材料，安排角色，设计情节、场景布置以及如何使内容前后相衔接。这种整体上的组织和安排是作者在创作过程中投入创造性劳动的体现。

但值得注意的是，戏剧作品的剧本与一般的小说作品仍然存在着很大的不同。小说是一种叙事文学样式，会连续地刻画人物、故事情节等内容，主要进行内容性的描述。而戏剧剧本进行的不全是内容性描述，它会对人物的出场顺序、场景的切换等进行编排并记录在剧本里。具体体现是，戏剧剧本在起首会标明时间、地点、人物表，然后再写内容，主要包括台词，除此之外还会在台词的缝隙或末尾用括号的方式对相关情景进行说明。在内容上二者还有一处明显的不同在于，由于戏剧剧本要通过演员的表演来表现人物，人的每一个表现都是通过行动和语言来完成的，因此在表现人物内心活动的时候一般通过动作描写来进行，例如：她颤抖地伸出手拿起酒杯，慢慢地移向嘴边，并没有喝下去的打算，眼睛轻轻地向上抬起偷偷地瞥了一眼站在他身旁的男人，酒杯碰触到牙齿，发出叮叮当当的响声，突然她闭紧了双眼，一饮而尽。而一部小说则直接通过形容词来描写，比如：她忐忑不安地看着眼前这个男人，心里盘算着如何蒙混过关。另外，小说的创作手法很自由，可以切合实际，也可以天马行空。相反，剧本的创作限制相对多一些，会受限于表演时间、演员人数、道具等因素。所以小说比剧本的创造性一般更大。

因此，对戏剧剧本进行独创性分析时一定要结合其独有的特点，不能一味地完全套用小说作品的独创性分析标准和方法。

接下来,排除戏剧作品中不受版权法保护的要素。对于小说、戏剧等涉及故事的文学作品而言,它们都会有一个主题,该主题当然属于不受著作权法保护的"思想",若对主题予以保护则会阻碍他人对相同主题的再创作。另外,存在对某种思想只有一种或极其有限的表达的情况,例如一些体育比赛的规则,该规则本身可以被称为一种思想,在保持语言简洁的前提下,能够用于描述该规则的词汇和方式很有限。在这种情况下,不受保护的思想和原本受到保护的表达混在了一起,无法在两者之间画出明确的界限。因此,如果一种思想实际上只有一种或非常有限的表达,那么这些表达也被视为思想而不受保护。这就是著作权法中的混同原则。与混同原则密切相关的一个原则是场景原则。文学作品中的故事情节,包括关键事件、故事结构、故事发展顺序等都有可能被当作表达而受到著作权法保护,但是如果根据历史事实或者人们的经验、观众的期待,在表达某一主题的时候必须描述某些场景、使用某些场景的安排和设计,那么这些场景即使是由在先作品描述的,在后作品以自己的表达描写相同场景也不构成侵权。① 例如,反映抗日战争这一主题的作品必然离不开日本兵、汉奸、拷打等角色和情节,对这些要素的保护显然不利于对相同主题作品的再创作。

当然,除了文学作品中的主题,与思想混同的表达以及必要情景不受保护以外,作品中源于公共领域的作品情节、场景、角色等元素也不受著作权法保护。公共领域的范围则包括历史事件、真实案例、已过保护期的作品。例如,利用秦始皇、康熙、乾隆等历史人物来编写小说,将其身上所发生的历史事件改编为剧本等,都不需要经过当事人的授权。这类处于公共领域的作品情节都是客观存在的事实或已不受著作权保护的作品,属于社会共有的文化财富。但是前人对公共领域范围内事件、事实等的重新表达或赋予了新的内涵的不在此列。

当然,司法实践中一般很难完全将受著作权法保护和不受著作权法保护的要素区分开来。因为在具体作品中哪些情节属于思想、哪些情节属于表达,其

---

① 王迁:《著作权法》,中国人民大学出版社2015年版,第50页。

界限一般很模糊，也并没有一个固定的或者放之四海而皆准的标准，还是要根据具体情况进行分析。

（2）舞蹈作品的独创性分析

前文所述，著作权法意义上的舞蹈作品指的是以物质载体固定下来的舞蹈动作的设计，同时包括固定下来的服装、布景和音乐等元素。具有独创性的舞蹈作品，无论是题材还是主题，都必须展现出与众不同的一面，这就要求作者在艺术构思过程中紧紧抓住创新点，不能死搬硬套舞蹈艺术的固有模式。舞蹈艺术不能脱离其他艺术形式而单独存在，在漫长的发展过程中它已经成了一门综合性的艺术种类。音乐、文学等因素是舞蹈必不可少的一部分，其艺术形式并不作为舞蹈的属性而存在，但它们本身也具有魅力的一面，在融入的过程中赋予舞蹈更多样性的发展。将舞蹈综合性体现出来不仅是指不同艺术形式的简单结合，只有创作者充分了解舞蹈作品的艺术构成，才能完成综合性的巧妙结合。①而正是创作者对整个舞蹈作品中各种艺术形式的创造性设计、编排和结合，使舞蹈作品产生了独创性。

另外，对舞蹈作品的独创性分析需要明确几个问题：①每一个舞蹈作品中一个或多个构成要素具有独创性，该舞蹈作品就应该具有独创性。当然，构成要素的独创性不能与整个舞蹈作品分离开来单独讨论，前者必须能够对后者整体的独创性做出贡献。②舞蹈作品的单个动作如同文章中的一个汉字，它无法体现作品的内容，无独创性可言，不能作为著作权保护的客体，否则对单个舞蹈动作的版权保护将极人地限制其他人对舞蹈的创作。③连续多个的舞蹈动作可具有独创性，但需审查这些舞蹈动作的连续性和变化程度，像身体顺势倒向舞台地板这样的动作，就很难判断其独创性。②④模仿或改编前人舞蹈动作的，只有自己创作部分具有独创性的才能受到著作权保护。⑤行业内公知的舞蹈动作套路或设计对整个舞蹈作品的独创性贡献很小。⑥舞蹈作品中使用的音乐等可以独立存在的作品对舞蹈作品独创性的贡献不在于其自身具有的独创性，而在于其在舞蹈过程中播放时机的选择、为舞蹈而做的改编，以及对整个舞蹈作

---

① 王晓萍：《论舞蹈艺术的审美特征》，载《大众文艺》2012年第16期。
② 于忭：《拨开舞蹈作品著作权重重迷雾》，载《中国知识产权报》2007年12月14日。

品的意境和氛围所带来的特别效果而产生的独创性。⑦舞蹈作品不一定需要具备完整的故事情节，作品中蕴含的情感亦可明确表现出舞蹈的主题。⑧服装、灯光、舞美等对舞蹈作品独创性的创作也起到一定的作用。

（三）戏剧舞蹈作品实质性相似比对

完成独创性分析，接下来就需要将被控侵权作品与权利作品中的独创性部分进行实质性相似比对。首先也需要解决比对主体的问题。由于"独创性"和"实质性相似"都是法律价值判断，二者内在具有一致性，这两种法律价值判断需要通过同样一个抽象价值主体的价值体系来衡量。对于戏剧舞蹈作品而言，其独创性判断主体是普通受众，所以，判断实质性相似的主体也理应是普通受众。

1. 相关部分的比对

（1）并列比对，综合判断

在实质性相似的审查过程中，首先应对被控侵权作品和权利作品相关部分并列比对，综合判断，以确定各个部分在两个作品中是否传递"实质性相似的信息"，表现"实质性相似的意义"，构成"实质性相似的表达"。① 特别是对能够传达某种思想情感或意境的戏剧舞蹈作品进行实质性相似的比对时，应当采取"综合判断"而非"部分判断"。虽然此前已将作品中不受著作权法保护的部分过滤出去，但这并不代表此部分在实质性相似的判断中不会发挥任何作用。过滤的目的在于通过确定权利作品中的独创性部分进而确定被控侵权作品中与之相似的、可能构成实质性相似的部分，而二者是否构成实质性相似则应该进行整体上的综合比较。美国曾通过判例法确定了"一般读者（听众、观众）测试法"（ordinary audience or average audience or lay observer）②。在判定实质性相似时，法院不允许读者信口开河，而是要读者遵守以下几条原则：①只比较两部作品之间的相似之处，而不能比较它们的不同之处；②只能把作

---

① 何怀文：《著作权侵权的判定规则研究》，知识产权出版社2012年版，第113页。
② 李明德：《美国版权法中的侵权与救济》，载郑成思：《知识产权论丛》，中国政法大学出版社1999年版，第193页。

品当作一个整体来感受，而不能把作品分解开来进行比较。

而对于戏剧舞蹈作品，从整体上判断显得尤为重要，因为脱离整体语境或意境、肢解文本的做法不能联系上下文来判断这些抽离部分的意思是否真正相似，这样就很容易造成误判。除此之外，在并列比对的过程中，还应结合戏剧舞蹈作品自身的特点，判断被控侵权作品是否使用了原告权利作品中的独创性表达。

（2）实质性程度的评价

对相关部分进行比较之后，如果发现二者在表达上确实有很多相似之处，已经传达出了"实质性相似的信息"，表现了"实质性相似的意义"，那么接下来应该对实质性程度进行评价，以考察被控侵权作品诉争部分的总体效果相对于原告作品整体而言是否达到了著作权可责的"实质性程度"。[1]

对实质性程度进行评价时，一般会考虑到"转化性使用"的因素。这里再一次体现了语境的重要性，因为"转化性使用"要求将被使用的作品片段放入到被控侵权作品的语境中，考察这个语境是否"转化"了来自原告作品的符号表示，使之传递"新信息"、表现"新意义"。如果原告的作品只是被用作"原始材料"，供被告用于创造性地表现新的感悟、新的审美，则构成转化性使用，未达到著作权可责的实质性程度。比如，文学评论时引用短小的作品片段，或为了对原作进行讽刺或批判而对原作品进行的改造。

影响实质性程度还有一个很重要的因素，就是原告作品的创作空间大小。如果可创作的空间狭窄，留给他人发挥创造的余地很小，那么后创作的作品与在先创作的作品相似就不应该受到法律的过多苛责。此情况中极端的例子就是上文所提到的思想与表达的混同，当混同发生的时候，著作权对表达不给予保护。但混同与否不属于非此即彼的情形，当可能没达到混同的程度，但新的表达确实受限的情况下，法律也理应给予一定的宽容，只是界限的把握需要法官根据具体个案进行衡量。

值得一提的是，大多数公众对于实质性相似的判断存在一种错误的认识，认为如果被控侵权作品包含了被告的独创部分，具有独创性，则不构成实质性

---

[1] 何怀文：《著作权侵权的判定规则研究》，知识产权出版社2012年版，第113页。

相似。这种观点实则混淆了著作权侵权的基本原理——在排除合理使用等法定免责事由的情况下，他人接触并盗用了作者作品的独创性成果则构成侵权。当然，被盗用的部分不要求是整个作品，或者作品的一大部分的形式或内容。如果某部作品的很小一部分纯粹在表达上体现了独创性，那么对该一小部分的抄袭也构成著作权侵权。总之，实质性相似的根本原因在于被控侵权作品是否采用了权利作品的独创性成果，而不在于被控侵权作品自身是否具有独创性。因此，侵权人关于被控侵权作品的独创性抗辩不应在实质性相似的判断中得到法院的支持。当然，如果侵权人能够举证证明实质性相似的部分并非由著作权人独创，而是源于第三人，那么著作权人的诉讼请求则不能成立。

2. 排除合理使用和法定许可因素

著作权侵权是建立在排除了合理使用和法定许可等合法因素的前提下的。换句话说，即使原告证明被告接触过原告作品、被控侵权作品确与权利作品构成实质性相似的证据得到了证实，但只要被告行为构成合理使用或法定许可，则同样不构成侵权。

关于戏剧舞蹈作品法定许可的情形。由于戏剧舞蹈作品包含文字和影音的形式，所以著作权法规定的 5 种类型的法定许可中与戏剧舞蹈作品相关的主要有编写出版教科书法定许可、报刊转载法定许可和播放作品法定许可。也就是说为实施九年义务教育和国家教育规划而编写出版教科书，除作者事先声明不许使用的外，可以不经著作权人许可，在教科书中汇编已经发表的戏剧舞蹈作品的作品片段或短小的戏剧舞蹈作品。戏剧舞蹈作品在报刊刊登后，除著作权人声明不得转载、摘编的外，其他报刊可以转载或作为文摘、资料刊登。广播电台、电视台播放已发表的戏剧舞蹈作品。以上法定许可都可以不经著作权人许可，但应支付报酬。

关于戏剧舞蹈作品合理使用的情形。我国著作权法规定了 12 种合理使用的情形，只要被告的行为符合这些情形，则属于合理使用，不构成侵权。但是，对合理使用界限的划分一直是司法实践中的难点，而解决这一难点的办法主要是套用著作权合理使用的"三步检验法"。合理使用制度的"三步检验法"是著作权国际公约规定的判断某一著作权使用行为是否构成合理使用的一般原则。《伯尔尼公约》第 9 条（2）规定，伯尔尼联盟成员国的立法可以准许在某些特殊情况下复制公约保护的作品,只要这种复制不与作品的正常利用相冲突,也不致不合理地损害作者的合法权益。从以上可知,"三步检验法"主要包括(1)在特殊情况下使用;(2)不与正常利用相冲突;(3)未不合理地损害作者的合法权益。虽然"三步检验法"仍然比较抽象,但至少对合理使用的判断提供了一些具体的思路。法官根据具体案情,依靠较为客观的价值判断应该可以正确做出结论。

第四节 典型案例分析

一、原告王晓玲诉被告北京市朝阳区残疾人综合活动中心著作权侵权纠纷案[①]

（一）案件的基本情况

原告王晓玲,被告北京市朝阳区残疾人综合活动中心。原告在被告处担任志愿者期间（2004年3月至2005年4月）,为被告编排了《祖国你好》秧歌舞,后又在《祖国你好》的基础上改编成秧歌舞《锦绣中华》。

2005年9月,被告参加2005年广场舞蹈大赛时,表演了《祖国你好》的秧歌舞。2006年,被告又在参加2006年中央电视台新闻频道春节大联欢《小崔说事》时表演了该舞。这两次演出的秧歌舞虽然也名为《祖国你好》（以下简称新《祖国你好》）,但和原告的《祖国你好》存在不同。

原告诉称,其系舞蹈作品《祖国你好》和《锦绣中华》的著作权人。被

---

① 见北京市朝阳区人民法院（2006）朝民初字第18906号民事判决书及北京市第二中级人民法院（2007）二中民终字第4765号民事判决书。

告未经许可,擅自将原告创作的两部作品改编成新《祖国你好》,并参加各类演出,侵犯了其对《祖国你好》和《锦绣中华》享有的修改权、署名权和表演权等著作权,并给原告的声誉和社会评价带来负面影响。故起诉要求被告立即停止侵权,赔礼道歉,赔偿经济损失3万元、精神损害1万元、律师费5000元。

被告辩称,原告确曾在中心编排指导了《祖国你好》和《锦绣中华》等舞蹈作品,但这些作品均不是原告独创的,而是借鉴他人舞蹈动作的作品。就原告在担任志愿者时完成的工作成果,被告有权使用。被控侵权的新《祖国你好》并非根据原告的《祖国你好》或《锦绣中华》改编的,而是被告聘请另外的指导老师重新编排的,没有抄袭、修改王晓玲的作品。被告并未实施侵权行为,故不同意原告诉请。

(二)案件的审理结果

北京市朝阳区人民法院经审理后认为,虽然被告舞蹈中使用了一些与原告舞蹈作品相同的舞蹈动作,但这些相同的舞蹈动作属于秧歌舞必备的舞蹈元素,非原告所独创。而且这些相同的舞蹈动作在双方舞蹈作品中出现的时间和顺序均不同,出现时的表现形式也不同,故被告行为未侵犯原告著作权,遂驳回原告诉请。

原告不服提起上诉,北京市第二中级人民法院维持了一审判决。

(三)对案件的法律分析

该案案情较为简单,主要争议焦点在于对原、被告舞蹈的比对。考虑到舞蹈作品专业性较强,法官专业知识有限,故法院在组织当事人进行比对的情况下,还借助于专家意见,从而得出被告不侵权的结论。这种将案件的事实判断和法律判断分别交由专业人士和法官行使的方法,使法官在处理该类案件时能够得到更好的专业性指导,真正做到公平正义的判案。这无疑是今后该类案件的审理方向——法院通过综合考虑案件事实,并辅之以专业技术手段,在存在相反证据的情况下,对权利人做出符合客观事实的认定。

该案审理中,原告提出新《祖国你好》虽然与其编排的《祖国你好》《锦绣中华》存在不同，但在以下方面是相同的：

（1）都使用"转圈开扇"动作，且当时的队形结构相似，都是四角各小圈转，中间大圈转；

（2）都使用"前捧后展"动作，且当时队形相同，都是八字形，中间是三角形；

（3）都使用"十字大甩绸"动作，且演员相同；

（4）都使用"顿步大抖扇"动作；

（5）都使用"8字绕"动作；

（6）都使用"进退步撩绸甩绸、垫步高摆绸"动作，且在该段均采用领舞、伴舞的形式；

（7）都使用"上抖绸围圈"动作；

（8）都使用"垫步前摆绸"动作；

（9）都使用"单腿跳"动作；

（10）都使用"转身造型、抖绸亮相"结束，且队形相似。

经法院组织对比，上述相同动作在原告的《祖国你好》或《锦绣中华》中出现的时间前后和时间长短与新《祖国你好》不同；出现的次数不同；上述相同动作中的（4）、（5）、（7）在新《祖国你好》中是作为领舞两旁的群舞部分或伴舞部分出现的，而在原告的《祖国你好》或《锦绣中华》中相应的动作出现时都不存在领舞部分；上述相同动作中的（6）虽然采用了相同的领舞、伴舞形式，但原告的《锦绣中华》中领舞演员是男演员，新《祖国你好》中的领舞演员是女演员。

审理中，就新《祖国你好》与原告涉案两个舞蹈作品存在的相同或相似动作，法院请北京舞蹈协会推荐的李毓珊、明文军、赵铁春出具了专家意见。专家组认为新《祖国你好》与原告涉案两个舞蹈作品存在的相同、相似动作作为秧歌舞的基本创作元素，属于民族民间舞蹈文化公共领域内的动作素材，而非原告所独创。另外，这些相同的舞蹈动作在双方舞蹈作品中出现的时间不同，出现的顺序不同，出现时的表现形式也不同。双方作品不构成抄袭、剽窃或改编问题。

通过上述比对和专家意见可以看出，虽然原、被告舞蹈作品中确实具有相同的舞蹈动作,但这些相同部分属于秧歌舞必备的通用动作,任何人均可使用。而且,双方舞蹈作品的整体编排不同,这些相同的舞蹈动作在双方舞蹈作品中出现的时间、顺序、表现形式也不同。因此,被告舞蹈并未侵犯原告的著作权。

舞蹈作品是通过多种艺术元素有机结合的综合艺术。虽然根据我国《著作权法实施条例》第4条规定,舞蹈作品的主要构成要件是连续的动作、姿势、表情,但音乐、舞美、灯光、服装、道具等也是舞蹈作品中不可或缺的元素,舞蹈作品需借助上述元素来突出和烘托舞蹈主题。因此,涉及舞蹈作品的侵权案件中,需结合舞蹈作品的动作、姿势、音乐、舞美、服装等因素进行综合性比对。

根据"三步检验法"的判定原则,舞蹈作品的侵权比对需遵循以下步骤:第一步抽象法。将权利作品和被控侵权作品抽离舞台说明(一切文字类说明),把两部作品中不受保护的"思想"从"对思想的表达"中抽象出来,予以剔除。第二步过滤法。将隶属于舞蹈文化范畴的诸多属于公共范围内的元素,诸如取自公共领域的石窟、壁画或同类舞蹈中相同的舞姿、手势、造型形象过滤出来。第三步对比法。通过舞蹈姿态、连接、速度、方位、流动、队形、动势等等各种要素进行区分,判定两者间的相似性。鉴于舞蹈作品涉及领域的广泛性和繁杂性,对权利作品和被控侵权作品中相同的舞蹈动作是否属于公共领域范围的事实认定,尚需被告提供反驳证据或委托专家进行鉴定。

本案原、被告舞蹈作品的主体动作均取自于公共领域的动作素材,存在大量相同或相似动作,同时这些相同的舞蹈动作又属于民族民间舞蹈文化中基本的动作语汇,不能被某一方占为己有。但两者通过各自的编排,使这些相似的舞蹈动作在双方舞蹈作品中出现的时间不同,出现的顺序不同,出现时的表现形式也不同,均体现了双方一定程度的智力创作成果,即该舞蹈作品中的所有动作都不具有原创性,但是当对所有动作进行编排时,所涉及的队形、构图、流动、舞台调度等设计是具有独创性的。因此,被告不构成对原告著作权的侵犯。

二、天天公司诉易听公司侵害信息网络传播权纠纷案[①]

（一）案件的基本情况

原告北京天天文化艺术有限公司（以下简称天天公司）以侵害作品信息网络传播权为案由于2015年将被告北京易听信息技术有限公司（以下简称易听公司）起诉至北京市海淀区人民法院。

原告天天公司诉称，2012年7月，天天公司经由中国舞蹈家协会（以下简称中国舞协）授权，成为作品《第六届"小荷风采"全国少儿舞蹈展演》的著作权人。作品《唧唧鱼儿跃》系展演内的作品，天天公司拥有涉案作品的信息网络传播权。2015年1月8日，天天公司通过公证的方式固定证据证明易听公司所经营的网站（www.1ting.com）非法向公众提供涉案节目的在线播放服务。易听公司的行为侵害了天天公司的合法权益。天天公司拥有涉案作品的独家信息网络传播权，并且从未授权易听公司通过信息网络传播涉案作品。天天公司为获得涉案作品权利花费了大量人力、物力、财力，且该作品目前并未授权给其他第三方使用，易听公司行为侵犯了天天公司的合法权益，给天天公司造成一定损失，易听公司的侵权行为涉及面广、危害大。鉴于易听公司已经停止涉案作品的在线播放，故不再要求停止涉案作品的侵权行为。请求法院判令易听公司赔偿天天公司经济损失8000元、为调查侵权行为和诉讼支付的合理费用2000元，以上合计10000元。承担本案诉讼费用。

被告易听公司辩称：易听公司对天天公司关于涉案作品的权属证据持有质疑，天天公司提交的证据并不能证明其享有涉案作品的信息网络传播权；天天公司要求索赔的金额过高。

（二）案件的审理结果

案件一审法院经审理后认为：(1)《著作权法》第42条规定："录音录像制

[①] 参见北京市海淀区人民法院（2015）海民（知）初字第27696号民事判决书、北京知识产权法院（2015）京知民终字第1916号民事判决书。

作者对其制作的录音录像制品,享有许可他人复制、发行、出租、通过信息网络向公众传播并获得报酬的权利;权利的保护期为50年,截止于该制品首次制作完成后第50年的12月31日。"因《第六届"小荷风采"全国少儿舞蹈展演》DVD光盘明确载有"北京天天文化艺术有限公司北京电影学院出版社出版发行,ISRC CN-A10-11-0001-0/V.G4"等字样,北京电影学院出版社为电影学院出版社公司的曾用名称,电影学院出版社公司出具《权利声明》,表示其公司仅作为"第六届小荷风采全国少儿舞蹈展演"系列音像制品出版商,不享有该系列任何作品著作权。故在无相反证明情况下,法院结合《协议书》《授权声明》所载内容,综合认定天天公司为涉案音像制品的制作者,并享有相应的信息网络传播权。(2)《著作权法》第48条规定:"有下列侵权行为的,应当根据情况,承担停止侵害、消除影响、赔礼道歉、赔偿损失等民事责任……(四)未经录音录像制作者许可,复制、发行、通过信息网络向公众传播其制作的录音录像制品的,本法另有规定的除外。"易听公司未经权利人许可,以营利为目的,在其公司运营的"www.1ting.com"网站上向公众提供涉案作品的播放服务,侵犯了天天公司对其发行的《第六届"小荷风采"全国少儿舞蹈展演》享有的信息网络传播权,应当承担停止侵害及赔偿损失的民事责任。鉴于易听公司已停止涉案作品在其运营网站的播放服务,天天公司要求易听公司赔偿经济损失的诉讼请求,符合法律规定,法院依法对其诉讼请求的合理部分予以支持。(3)《著作权法》第49条规定:"侵犯著作权或者与著作权有关的权利的,侵权人应当按照权利人的实际损失给予赔偿;实际损失难以计算的,可以按照侵权人的违法所得给予赔偿。赔偿数额还应当包括权利人为制止侵权行为所支付的合理开支。权利人的实际损失或者侵权人的违法所得不能确定的,由人民法院根据侵权行为的情节,判决给予50万元以下的赔偿。"因天天公司没有提交证据证明其因被侵权所受到的损失或者易听公司因侵权所获得的利益,法院将综合考虑涉案音像制品的市场影响、知名度、视频的时长、易听公司的主观过错程度等向相关因素酌情予以确定。

基于以上认定,法院最终判决被告易听公司赔偿原告天天公司经济损失及合理费用共计3000元,驳回原告天天公司的其他诉讼请求。

一审宣判后,被告易听公司不服一审判决,向北京知识产权法院提起上诉。二审法院最终判决驳回上诉，维持原判。

二审法院经审理后认为：《第六届"小荷风采"全国少儿舞蹈展演》DVD光盘明确载有"北京天天文化艺术有限公司北京电影学院出版社出版发行，ISRC CN-A10-11-0001-0/V.G4"字样，而电影学院出版社公司在其出具的《权利声明》中明确表示该公司不享有该系列任何作品著作权。结合《协议书》《授权声明》所载内容，可以认定天天公司为涉案音像制品的制作者，享有涉案音像制品的信息网络传播权。天天公司虽然在一审中曾提交未加盖中国舞协公章的《协议书》，但其后又补充提交了加盖有中国舞协公章的《协议书》原件。易听公司主张天天公司并非合法权利人，但其未提交充分的相反证据否定天天公司提交上述证据的真实性。故易听公司关于天天公司不是合法权利人及证据存在瑕疵的主张，缺乏事实及法律依据，法院不予支持。在天天公司因侵权所受损失和易听公司因侵权所获利益均缺少证据予以证明的情况下，一审法院综合考虑涉案音像制品的市场影响、知名度、视频的时长、易听公司的主观过错程度等相关因素酌情确定赔偿的数额，以及根据考虑合理性和必要性原则结合合理费用证据酌情确定的合理支出数额，均无不当之处。易听公司主张其赔偿金额认定过高的上诉意见，缺乏事实及法律依据，法院不予支持。二审法院最终判决驳回上诉，维持原判。

（三）对案件的法律分析

1. 信息网络传播权概述

根据《著作权法》第10条第12款的规定，信息网络传播权是指以有线或者无线方式向公众提供作品，使公众可以在其个人选定的时间和地点获得作品的权利。这是针对网络环境下著作权保护需求而规定的权利，该权利使著作权人对作品传播方式的专有控制权延伸到网络空间，并能直接传播作品行使邻接权。

根据中国互联网信息网络中心于2016年8月3日发布的统计数据来看，截至2016年6月，我们国家的互联网用户已达7.10亿人次，互联网普及率也已高达51.7%。在当前这个信息网络时代，随着互联网与人们日常生活的日益密切和我国网络信息业的快速发展，通过信息网络传播权利人作品、表演、录音录像制品的情况越来越普遍，涉及信息网络传播权纠纷也越来越多。由于网络传播的全球性、交互性、集合性等特点，信息网络传播权的保护难度也在增加。切实维护相关权利人的合法权利，已成为互联网发展和司法界亟待解决的问题。

信息网络传播权具有以下几个方面的特点：(1) 适用范围仅限于信息网络。在我国，信息网络传播权适用的信息网络不仅仅限于计算机互联网，还包括广播电视网、移动通信网、固定通信网甚至向公众开放的局域网络，各种以无线或者有限方式传播的信息网络。2012 年 12 月 17 日最高人民法院《关于审理侵害信息网络传播权民事纠纷案件适用法律若干问题的规定》第 2 条规定，本规定所称信息网络，包括以计算机、电视机、固定电话机、移动电话等电子设备为终端的计算机互联网、广播电视网、固定通信网、移动通信网等信息网络，以及向公众开放的局域网络。(2) 权利主体不限于著作权人，还包括录音录像制作者和表演者两个邻接权人。《著作权法》在第 10 条、第 38 条和第 48 条分别规定了著作权人、表演者和录音录像制作者享有许可他人通过信息网络传播并得到报酬的权利。信息网络传播权是著作权人、表演者和录音录像两个邻接权人的专有权利，除了法律规定的合理使用和法定许可情况外，其他人未经许可不允许将作品在网络环境下进行传播。(3) 权利内容具有复合性。我国法律在规定信息网络传播权时使用的是"提供"一词，实质上，它是包含了传统著作权中复制和传播两层意思。从技术层面来说，公众获得的作品实质上是获得了作品临时或者永久的复制件，只要作品上传至服务器、设置为共享文件，只要置于互联网环境中，作品传播的过程就是被复制的过程。由于信息网络传播权针对的是持续性地使得公众可以获得作品的状态，作品上传完成后，只要被上传的作品保留在向公众开放的网络环境中，该作品就一直处于被传播的状态。信息网络传播权其实就是作品享有的传统著作权在网络环境中的延伸。

信息网络传播权的内容主要体现在两个方面：第一是许可权，即权利人有权在法律规定的框架内，允许或不允许任何组织和个人以网络为媒介，向公众提供其作品的权利。通常表现为：(1) 作者有权禁止他人未经许可，擅自将其作品上载到互联网进行任何形式的使用；(2) 作者有权禁止他人未经许可，擅自将其网上作品在网下进行各种形式的使用，包括改编、翻译、注释、发行、表演、播放等等；（3）作者有权禁止他人未经许可，擅自将其网上作品在互联网上进行任何形式的使用。第二是获得报酬权，即通过网络媒介传播他人的作品、表演或视频产品，传播者应该向作者或著作权人支付报酬。换句话说，权利人有权根据其信息网络传播权向网络内容提供者索取报酬。

2. 本案中原告享有涉案舞蹈作品的信息网络传播权

本案是一起侵害权利人信息网络传播权的案件，原告享有涉案作品的信息网络传播权。根据《著作权法》第42条的规定，录音录像制作者对其制作的录音录像制品，享有许可他人复制、发行、出租、通过信息网络向公众传播并获得报酬的权利。《信息网络传播权保护条例》第1条中也规定，保护著作权人、表演者、录音录像制作者的信息网络传播权。

本案中，原告天天公司向法院提交了中国舞协简介网页打印件、《说明》、《协议书》、《授权声明》、《第六届"小荷风采"全国少儿舞蹈展演》音像制品封面、封底及DVD光盘、《权利声明》等作为证据，主张其享有涉案作品《唧唧鱼儿跃》的独占性信息网络传播权。虽被告提出异议，但未提供相关证据，在无相反证明的情况下，法院结合《协议书》《授权声明》所载内容，综合认定原告天天公司为涉案音像制品的制作者，享有相应的信息网络传播权，并无不当。

3. 本案被告应对其侵权行为承担侵权责任

根据《著作权法》第48条的规定，未经录音录像制作者许可，通过信息网络向公众传播其制作的录音录像制品的，属于侵犯信息网络传播权的行为。

目前侵犯录音录像制作者信息网络传播权的行为方式主要有：未经权利人许可，既上载又传播他人的录音录像制品的行为；未经权利人许可，虽未上载但传播了他人的录音录像制品的行为。包括提供信息存储空间服务、提供搜索服务、提供链接服务、提供自动接入服务、提供自动传输服务、提供自动存储服务。

关于第一种情形的侵权行为，即"未经权利人许可，既上载又传播他人的录音录像制品的行为"，是典型意义的侵权行为，其直接侵权行为的主观故意、客观表现显而易见，司法实践中对于第一种情形认定构成侵权应当承担侵权民事责任并无任何分歧。本案被告的行为即为此种情形。所以，按照《著作权法》第 48 条的规定，被告应当对其侵权行为承担侵权责任。

4.法院综合考虑相关因素酌情确定的赔偿数额符合法律规定

按照《著作权法》第 49 条的规定，侵犯著作权或者与著作权有关的权利的，侵权人应当按照权利人的实际损失给予赔偿；实际损失难以计算的，可以按照侵权人的违法所得给予赔偿。赔偿数额还应当包括权利人为制止侵权行为所支付的合理开支。权利人的实际损失或者侵权人的违法所得不能确定的，由人民法院根据侵权行为的情节，判决给予 50 万元以下的赔偿。

侵权法上所谓的财产损失，包括直接损失和间接损失。信息网络传播权是无形财产权，侵害该权利实际上并不会产生直接损失，法律规定要根据权利人实际损失赔偿，实际损失均为间接损失，但这些间接损失均为权利人本应得到且将来极有可能得到的利益。因此即使权利人无法证明具体数额，法院也要判决法定赔偿。所以，法院根据案情酌定的法定赔偿数额，实际上就是对权利人因侵权行为所受的间接损失（所失利益）的赔偿。

本案中，由于原告天天公司没有提交证据证明其因被侵权所受到的损失或者易听公司因侵权所获得的利益，法院综合考虑涉案音像制品的市场影响、知名度、视频的时长、被告易听公司的主观过错程度等相关因素酌情确定被告赔偿原告经济损失及合理费用共计 3000 元，完全符合法律规定。

第十章　侵犯戏剧舞蹈作品著作权的法律责任

按照相关法律规定，行为人实施了法律所禁止的且同时侵害了权利人的著作权和相关权利的行为，其行为一般就可以认定侵权行为。司法实践中，侵权行为的构成与侵权责任的承担并不等同。法院在审理具体的著作权侵权案件时，对于侵权行为是否应被惩处、是否应追究相关责任，主要考虑侵权行为是否造成了相关损害后果、侵权人主观是否存在过错、损害结果与侵权行为之间是否具有因果关系等。根据我国著作权法及实施条例的相关规定，权利人依照侵权行为的损害程度可以向法院或者著作权行政管理部门主张侵权行为人承担民事责任、行政责任、刑事责任。

第一节　侵犯戏剧舞蹈作品著作权的民事责任

一、侵犯戏剧舞蹈作品著作权民事责任的概念及特征

（一）侵犯戏剧舞蹈作品著作权民事责任的概念

著作权作为一种民事权利，因侵权行为或违约行为给戏剧舞蹈作品著作权人造成损害的，行为人应当承担民事责任。[①] 针对戏剧舞蹈作品著作权的侵权

---

① 罗昉宣:《著作权侵权行为及其法律责任》，载《上海戏剧》2003 年第 2 期。

行为,法院对侵权者施加的民事责任应当达到三个基本目标:一是使侵权者停止侵权行为,防止损害后果的进一步扩大;二是使著作权人所蒙受的损失得到充分的补偿;三是防止侵权者今后继续从事侵权行为。①

(二)侵犯戏剧舞蹈作品著作权民事责任的特征

(1)强制性。行为人因侵权行为侵害他人戏剧舞蹈作品的著作权,行为人应按照法律规定承担相应民事责任。当行为人不依法主动承担责任时,权利人可以通过国家公权力强制其承担责任和履行相关义务。

(2)财产性。根据我国《著作权法》第47条的规定,侵权行为人有该条规定的侵权行为的,应当根据情况,承担停止侵害、消除影响、赔礼道歉、赔偿损失等民事责任。可见,侵犯戏剧舞蹈作品著作权的民事责任既包括财产责任也包括非财产责任。实践中,侵犯戏剧舞蹈作品著作权的民事责任以财产补偿为主,非财产补偿为辅。

(3)补偿性。根据我国《著作权法》第49条的规定,侵犯著作权或者与著作权有关的权利的,侵权人应当按照权利人的实际损失给予赔偿。可见,目前我国在著作权侵权赔偿标准上采取的是补偿性原则,侵犯戏剧舞蹈作品著作权的行为人承担的民事责任以弥补相关权利人所受的损失为限,以恢复权利人的相关权利为目的。

二、侵害戏剧舞蹈作品著作权归责原则的概念及种类

(一)侵犯戏剧舞蹈作品著作权民事归责原则的概念

所谓归责,就是责任归属于何人承担。因此,侵权责任的归责原则是指据以确定侵权责任由行为人承担的根据。民事归责原则作为民法中的一个基础理论问题,具有普遍的适用性。所谓民事归责原则,即指损害事实已经发生的情

---

① 王迁:《知识产权法教程》(第四版),中国人民大学出版社2014年版,第256页。

形之下，民事主体就自己行为造成的损害是否需要承担民事责任所必须依据的法律准则。一定的归责原则决定着民事责任的构成要件、免责条件，决定着当事人的举证责任问题，对司法实践处理民事案件具有重要意义。戏剧舞蹈作品著作权作为民事权利，同样适用于民事归责原则。侵害戏剧舞蹈作品著作权的归责是指依据某种事实状态确定责任的归属，其归责原则是确定责任归属所必须依据的法律准则。①

（二）侵犯戏剧舞蹈作品著作权民事归责原则的种类

1. 民事归责原则的种类

我国民事归责原则的体系具体是由过错责任原则、无过错责任原则以及公平责任原则构成。过错推定原则本质上属于过错责任原则。所谓过错责任原则，即指行为人以主观过错或过失为承担民事责任的归责原则。过错责任原则适用的标准为"谁主张、谁举证"的一般举证原则，而过错推定原则与之不同的是，需要采用举证责任倒置的方式证明行为人主观是否有过错或过失。所谓无过错责任原则，即指在法律具有明确规定的情况下，确定行为人造成了相关损失，即应承担民事责任的归责原则，不考虑行为人主观上是否具有过错或者过失。所谓公平责任原则，即指不能确定双方对损失发生均具有过错，且不弥补损失又显失公平时，依照此原则在当事人之间对损害的发生予以分配。

2. 民事归责原则在戏剧舞蹈作品著作权中的适用

对于侵犯戏剧舞蹈作品著作权的归责原则，学者观点不一。有的学者认为，著作权侵权行为乃是一般侵权行为，主张适用过错责任原则；②有的学者认为，该类侵权行为具有多种属性，主张同时适用过错责任原则与无过错责任原则③；还有的学者认为著作权侵权行为中含有特殊侵权行为类型，主张在适用过错责任原则的基础上补充适用过错推定责任原则。④笔者从我国目前的法律规

---

① 从立先：《网络版权问题研究》，武汉大学出版社2007年版，第177页。
② 刘波林：《侵害著作权过错责任》，载《著作权》1996年第4期。
③ 郑成思：《知识产权论》，法律出版社1998年版，第271页。
④ 张新宝：《中国侵权行为法》，中国社会科学出版社1998年版，第237页。

定和法院的实践做法对民事责任的归责原则予以分析。

我国《侵权责任法》第6条规定:"行为人因过错侵害他人民事权益,应当承担侵权责任。根据法律规定推定行为人有过错,行为人不能证明自己没有过错的,应当承担侵权责任。"《侵权责任法》第7条规定:"行为人损害他人民事权益,不论行为人有无过错,法律规定应当承担侵权责任的,依照其规定。"从上述规定可以看出,我国侵权责任法强调了过错责任的一般适用性和普遍适用性,只有在法律有明确规定的情况之下,才能适用"过错推定责任"原则以及"无过错责任"原则。

"知识产权的绝对权、对世权使得它具有准物权的特性,适用物权请求权的侵权责任归责原则,在权利受到侵犯时可以无视行为人的主观状态和其他侵权责任构成要件,要求其立即无条件承担停止侵害的民事责任;而判定侵权人是否要承担损害赔偿责任的情况时,法院会考量侵权人是否具有过错,侵权损害赔偿之债的承担是要以其有过错来判定的;当无法查明侵权人的主观状态时,法院会适用《著作权法》第53条的规定,以举证责任倒置的方式进行过错推定。"[①]

三、侵害戏剧舞蹈作品著作权的民事责任形式

根据我国《著作权法》第47条的规定,侵害戏剧舞蹈作品著作权承担民事责任的形式包括停止侵害、消除影响、赔礼道歉、赔偿损失。

(一)停止侵害

1.停止侵害的概念及表现形式

停止侵害,是指权利人要求侵权行为人停止正在实施的不法侵害行为。停止侵害的责任承担方式适用于所有侵害戏剧舞蹈作品著作权的行为,例如,停止未经允许的表演行为、停止复制侵权作品的行为、销毁侵权产品等等。

---

① 叶柳东:《网络著作权侵权责任研究》,华南理工大学硕士论文2011年。

停止侵害通常表现为两种情况：一种是作者或者其他著作权人对于侵权行为人，有权请求其停止侵害，即享有除去侵害请求权；另一种是作者或者其他著作权人对于有侵害其著作权的可能的，有权请求防止其侵害，即享有防止侵害请求权。① 除享有停止侵害请求权外，其相关权利人还可以请求行为人销毁构成侵权行为的物品，没收用于制作侵权复制品的材料、工具、设备等。

另外，根据《著作权法》第50条的规定，戏剧舞蹈作品的"著作权人或者与著作权有关的权利人有证据证明他人正在实施或者即将实施侵犯其权利的行为，如不及时制止将会使其合法权益受到难以弥补的损害的，可以在起诉前向人民法院申请采取责令停止有关行为和财产保全的措施"。

2. 停止侵害的适用条件

适用停止侵害请求权时，需要注意以下两个方面：首先，著作权侵权行为人正在实施法律规定所禁止的著作权侵权行为，如果行为人实施的行为是基于法定许可或者法律规定的合理使用情形的，则行为人的行为就不构成著作权侵权行为，自然也谈不上要求其承担停止侵害的民事责任；其次，权利人要求侵权行为人停止侵害是为了进一步缩小损害范围，防止损害的进一步扩大，以达到减少权利人损失的目的，对权利人的权益进行更好的救济。侵权行为得到制止后，权利人可以根据侵权行为造成的后果主张相应的赔偿、赔礼道歉、消除影响。停止侵害民事责任的适用可以防止损害后果的进一步扩大，为后期妥善处理纠纷提供良好基础。

3. 停止侵害的司法适用

戏剧舞蹈作品的著作权人在其著作权受到侵害向法院提起诉讼要求停止侵害时，法院在认定如何救济权利人的权利时，需要考虑判决后具体操作的可行性、经济成本及所造成的社会效果等综合因素。正如最高人民法院原副院长曹建明指出，"对于一些在诉讼中继续存在的特殊的侵权行为，也要根据案件具体情况，合理平衡当事人之间以及社会公众的利益，考虑执行的成本和可能性，对于判决停止侵权将导致执行结果明显不合理或损害公共利益的，可以适当加重侵权人的赔偿责任而不判决停止有关的销售、使用行为。对于停止侵权

---

① 张胜利：《软件著作权的侵权与赔偿问题研究》，兰州大学2011年法学硕士论文。

的生效裁判做出并采取执行措施后侵权人继续其侵权行为的,权利人可依法另行起诉追究其新发生行为的民事责任"。①

在原告中华书局诉被告国学时代公司侵犯著作权纠纷中,法院认定国学时代公司未经许可对中华书局的《二十五史》进行了数字化处理的行为构成侵权。至于国学时代公司应当承担的民事责任,法院在判决中提到:"被告产品因内容丰富且具有搜索、复制等数字化技术带来的便利,获得了良好的社会声誉和广泛的社会需求,一旦判决停止侵权,在被告即将面临巨大经营困难的同时,也会影响到诸多案外人的利益,对社会总体运行带来一定不利的影响。"②此案中,法官组织双方进行了多次调解,希望此案能够双方达成和解。但原告坚持要求被告停止侵害的诉讼请求,最后法院判决支持了原告停止侵害的诉讼请求。虽然案件有了明确的结果,原告坚持要求被告停止侵害也具有明确的法律依据,但是,此案也带来了一定思考,当事人的处分行为是否受到不得损害社会公共利益和第三人利益的限制。法官在衡量权利人与侵权人的利益、权利人与公共利益时如何衡平?这为法官审理此类案件带来更高要求。

(二)消除影响

1. 消除影响的概念

在民事责任的承担上,消除影响民事责任的适用一般体现在侵害权利人人身权的名誉权诉讼之中。当戏剧舞蹈作品著作人身权受到非法侵害时,权利人有权要求侵权行为人在其侵权行为影响所及的范围内消除不利影响。

2. 消除影响的适用条件

戏剧舞蹈作品著作权人的著作人身权包含发表权、署名权、修改权、保护作品完整权。一旦行为人实施了侵害权利人上述人身权的行为,造成社会对著作权人的声望、信誉等评价降低,权利人即可诉求消除影响。

---

① 曹建明:《全面加强知识产权审判工作为建设创新型国家和构建和谐社会提供强有力的司法保障》,载《科技与法律》2007年第2期。

② 陈敏:《著作权案件中法院判令停止侵权的限制——以法律救济方式的公正合理性为视角》,http://www.doc88.com/p-6394431350615.html,最后访问日期:2017年9月27日。

3. 消除影响的司法适用

司法实践中，要求侵权行为人在一定范围内的传播媒体上刊登承认侵权和赔礼道歉的声明是侵权行为人承担消除影响责任的主要形式，一定范围内的上述声明通常也能够让权利人心理上达到恢复其名誉的诉讼预期。实践中，侵犯著作权中的财产权以及相关权利中的财产性权利，这些侵权行为不会导致社会对相关权利人社会评价的降低，或者造成相关权利人名誉感受损，故无须要求侵权行为人承担消除影响的民事责任。在涉及戏剧舞蹈作品著作权侵权案件的处理过程中，如果法院经审查认为戏剧舞蹈作品的权利人的声誉、形象等受到损害的，可以判令侵权行为人承担消除影响的民事责任。另外，需要注意的是，此项民事责任的承担，原则上坚持在什么范围内造成了不利影响，则在什么范围内消除影响，即消除影响范围的适当性。

（三）赔礼道歉

1. 赔礼道歉的概念

赔礼道歉原属道德范畴，但引入法律规定后，赔礼道歉就转为法律范畴的民事责任。作为法律责任的赔礼道歉是指侵权行为人向受害人公开承认错误，表示歉意，主要适用于侵害人身权的场合。法律范畴中的赔礼道歉具有一定的惩罚性质，会对违法行为致以强烈的谴责。赔礼道歉虽然不能对侵害人的财产造成任何影响，但对于化解矛盾、解决纠纷具有不可替代的作用，是一种独立的非财产民事责任承担方式。

2. 赔礼道歉的适用条件

根据我国《侵权责任法》第 2 条和第 15 条的规定，侵害著作权应当承担赔礼道歉的侵权责任。同时，根据我国《著作权法》第 47、48 条的规定，侵害著作权和邻接权等权利，侵权行为人应当承担赔礼道歉的民事责任。可见，赔礼道歉的民事责任普遍适用于侵犯著作权的情形。当戏剧舞蹈作品著作权人的相关权利受到侵害时，可以主张侵权行为人承担赔礼道歉的民事责任。侵权行为人在公开场合向作者或者其他著作权人认错、致歉，可以平复给作者等造成的心理伤害，消除侵权行为给权利人或者作品带来的不良影响。赔礼道歉的形式可以是口头的，也可以是书面的。赔礼道歉的范围或者公开程度应当与侵权行为人侵权行为造成影响的范围相适应。

3.赔礼道歉的司法适用

在司法实践中，对于侵犯著作人身权的侵权行为，法院经审查侵权行为确实存在并且原告确实因为侵权行为受到人身侵害的，法院一般会支持其要求赔礼道歉的诉讼请求；而如果权利人仅是著作财产权受到侵害时，权利人主张赔礼道歉的，法院通常不会支持。

最高人民法院《关于贯彻执行〈中华人民共和国民法通则〉若干问题的意见（试行）》第162条第2款规定："当事人在诉讼中用赔礼道歉方式承担了民事责任的，应当在判决中叙明。"在具体适用赔礼道歉的民事责任时，法院通常无法确定赔礼道歉的具体内容，只能具体设定赔礼道歉的方式，通常做法是采用口头或书面方式，差别主要出现在道歉场合上。如果被告当庭口头道歉，并且经过原告同意，法院会认定赔礼道歉已经履行完毕。如果被告坚持将此项内容列入判决之中，法院会审查案件事实，考虑被告对赔礼道歉的履行是否达到了法院所认定可以达到的效果。一旦已经达到，则法院不再予以判决。

生效判决文书的执行难是困扰我国司法机关以及案件当事人多年的难题。法院在做出判决要求被告一方承担赔礼道歉的民事责任时，虽然期待一方能够主动履行，但出发点还是需要考虑如果一方不履行判决时的执行可行性和司法权的限度。在执行阶段，双方当事人可以通过和解对判决中的标的物、履行方式等进行变更。在执行赔礼道歉的民事责任时，法院也需要审查一方的道歉内容是否适当，需要根据具体案情，考虑具体文明礼仪，并要兼顾一方的人格尊严。例如：虽然法院的判决内容是口头或者书面道歉，但是如果当事人达成协议，由被告采取燃放鞭炮、敬烟、敬茶等方式代替法院判决的口头或者书面道歉，应为有效的执行和解协议。

（四）赔偿损失

1.赔偿损失的概念

赔偿损失是指侵权行为人负有对其给著作权人造成的财产或精神损失进行赔偿的义务和责任。此种民事责任既适用于著作人身权，又适用于著作财产权。根据侵权责任法的相关规定，因行为人的侵权行为给权利人造成相关损失的，行为人应当予以赔偿；侵权行为给权利人造成精神损害且发生严重后果的，法院可判决行为人给付精神损害抚慰金。著作权侵权的案件中，侵害著作财产权居多，此种民事责任的承担以弥补权利人财产损失为原则。

2. 比较我国著作权法与美国版权法关于赔偿损失的规定

根据美国1976年《版权法》504条（b）款的规定，版权人有权要求赔偿其因侵权所遭受的实际损失与版权侵权人因侵权所获得的未计算在实际损失中的侵权获利。在确定侵权人侵权获利时，版权人仅需证明侵权人的总收入，侵权人则需对其可扣除的费用及可归因于版权作品以外的因素所获得的收益负举证责任。[①]

美国众议院有关1976年《版权法》的报告对于该条的解释是："允许原告就因侵权行为造成的实际损失获得偿还，并且加上可归因于侵权行为且未计入实际损失计算额中的侵权获利部分。504条（b）款表明了判给损失和侵权获利的不同目的：判予损失是为了补偿版权人因侵权行为而遭受的损失，判予侵权获利是为了防止侵权人从侵权活动中获得不当利益。当被告的获利只是原告遭受损失的一种计算方式，同时判予损失和侵权人获利就是不合适的，因为实际上它们是相同的。当版权人的有些损失没有反映在侵权者的利润中，或者说因享有版权作品而获得有些利润没有计入到损失中时，（b）款就授权判给权利人两者。法条明确表示只有可归因于侵权行为的获利可以偿还给权利人。当被告基于侵权行为以及其他因素获得利益，那么法院就有必要做一个获利分摊。但是，分摊侵权获利的举证责任由被告承担。原告只需证明侵权人的总收入，被告需要证明总收入中可扣除的部分以及非归因于使用受版权保护作品而产生的收入部分。"[②] 此外，美国《版权法》第504条（c）（2）款还规定："如果法院判定版权侵权者不知道也没有理由认为其行为构成对版权的侵犯，法院可以酌情决定将法定损害赔偿金减少到不少于200美元的数额。"由此可以看出，美国版权法赋予权利人对赔偿方式的选择权利，即作品权利人可以选择使用实际损失或者侵权获利，或者实际损失加上未计入该部分的侵权获利，或者是由法

---

① 17.U.S.C 504（b）。
② Copyright Law Revision（1976, House Report No.94-1467），161-162.

院根据侵权行为人的过错情况确定法定赔偿。

在这一点上,我国著作权法与美国法律是有区别的,我国著作权法并没有将如何确定赔偿损失的选择权交与作品权利人,而是完全按照法律规定顺序依次适用。根据《著作权法》第49条的规定:"侵犯著作权或者与著作权有关的权利的,侵权人应当按照权利人的实际损失给予赔偿;实际损失难以计算的,可以按照侵权人的违法所得给予赔偿。赔偿数额还应当包括权利人为制止侵权行为所支付的合理开支。权利人的实际损失或者侵权人的违法所得不能确定的,由人民法院根据侵权行为的情节,判决给予50万元以下的赔偿。"从上述规定来看,我国著作权法在赔偿金额的确定上,主要依据是权利人的实际损失,在权利人的损失难以计算的情况下,考虑依据侵权人的违法所得确定赔偿额,只有在权利人的实际损失或者侵权人的违法所得均不能确定的情况下,法院才可以根据侵权行为的情节在法定限额内酌情确定赔偿数额。可见,法定赔偿的适用仅具有补充作用。《著作权法》第52条规定:"人民法院审理案件,对于侵犯著作权或者与著作权有关的权利的,可以没收违法所得、侵权复制品以及进行违法活动的财物。"根据上述规定,著作权法为防止权利人的损失进一步扩大,对侵权行为人给予了更广泛的处罚。

3. 赔偿损失的适用顺序

根据我国《著作权法》第49条关于赔偿损失的规定,戏剧舞蹈作品权利人在其权利遭受侵害要求赔偿损失时,可以按下列顺序确定赔偿数额。

(1) 按照权利人实际遭受损失确定赔偿数额

实际损失是指权利人在起诉时或者在判决前其已实际遭受的损失。按照民事诉讼法"谁主张,谁举证"的证据规则,权利人主张按照实际损失提起民事诉讼,即承担了实际损失的举证责任。实际损失可包括直接损失和间接损失。直接损失是指因侵权行为给权利人直接造成的损失,包括权利人因侵权而导致发行量减少、利润下降的损失,包括现有物质财产的减少和知识产权价值的降低或丧失,以及部分因侵权行为而导致可得利益的减少的损失。[①] 在司法实践中,实际损失更多地表现为如果不发生侵权行为,权利人可以实际得到的利益

---

① 叶柳东:《网络著作权侵权责任研究》,华南理工大学2011年版,第22页。

的损失。

间接损失指权利人为制止侵权行为以及进行诉讼所支出的合理费用。包括律师费、公证费及其他调查取证费、诉讼材料印制费、交通食宿费、审计费等，也应该给予赔偿。间接损失的赔偿数额中还应当包括权利人为制止侵权行为所支付的合理开支。

实际损失的确定可参照目前的法律规定予以确定。根据最高人民法院《关于审理著作权民事纠纷案件适用法律若干问题的解释》第24条的规定，"权利人的实际损失，可以根据权利人因侵权造成的复制品发行减少量或者侵权复制品销售量与权利人发行该复制品单位利润乘积计算。发行量减少难以确定的，按照侵权复制品市场销售量确定"。该《解释》第26条规定，"制止侵权行为所支付的合理开支，包括权利人或者委托代理人对侵权行为进行调查、取证的合理费用"。人民法院根据当事人的诉讼请求和具体案情，可以将符合国家有关部门规定的律师费用计算在赔偿范围内。律师费要根据《律师服务业收费管理办法》中的标准规定，结合当地执业价格综合计算。如果当事人聘请了收费水平较高的律师，其超出当地正常水平的律师费用不应当计算在合理费用内，对于其他合理费用的计算原则也是一样。

（2）按照侵权人的违法所得确定赔偿数额

按照违法所得确定权利人的损失，各国法律均有相关规定。美国侵权法认为，侵权人通过侵权所获得的利润，应当小于其侵权赔偿的数额。在确定其利润时，仅要求著作权人提供侵权人总收入的证据即可，同时，侵权者负有证明其利润中不属于侵犯著作权而获得的部分。[1] 德国法在"违法所得"的确定上与美国法有所不同，其认为"在计算侵权人违法所得的时候，不允许扣除相应的共同费用，而只允许扣除可变费用"[2]。我国台湾地区的《著作权法》第88条规定："（被害人得以）请求侵害人因侵害行为所得之利益。但侵害人不能证明其成本或必要费用时，以其侵害行为所得之全部收入，为其所得利益。"即权利人只需证明侵权人因其侵害行为所得之收入即可，侵权人若不能证明"成

---

[1] 李明德：《美国知识产权法》，法律出版社2003年版，第231页。
[2] [德] M.雷炳德：《著作权法》，张恩民译，法律出版社2005年版，第584页。

本"和"必要费用",则以其所有收入作为赔偿。这里的侵权人需要返还之利益,基于损益相抵原则,包括其"因不当得利所获得的所有收入与权利人为制止侵权行为所花之成本"。①

从以上不同国家和地区的规定可以看出,违法所得系侵权行为所获利润。而我国现行法律对此适用是有顺序限制的。此种计算方式适用于权利人实际损失难以确定情形之下。如果权利人没有实际损失或者实际损失足以能够确定的情形下,就不能用侵权人的违法所得确定赔偿数额。根据北京市高级人民法院《关于审理著作权民事纠纷案件适用法律若干问题的解答》第37条的规定,"如果被侵权人的实际损失无法确定的,以侵权人因侵权行为获得的全部利润为赔偿数额"。在适用该规定确定对被侵权人的赔偿数额时,需要明确的问题是,作为计算赔偿依据的"利润"必须是"因侵权行为获得的",而不是侵权行为人的全部利润。司法实践中,审理此类案件可以以营业利润为赔偿的参考基准,并结合侵权行为人的主观恶意程度,综合整个案情衡平考虑。

(3)由人民法院根据侵权行为的情节判决给予50万元以下的赔偿

此种赔偿的计算方式系权利人不能证明实际损失,又不能确定侵害人的违法所得情形下的补偿制度,也即法定赔偿制度。按照此种计算方式确定赔偿数额时,需结合其他相关规定。根据最高人民法院《关于审理著作权民事纠纷案件适用法律若干问题的解释》第25条的规定:权利人的实际损失或者侵权人的违法所得无法确定的,人民法院根据当事人的请求或者依职权适用《著作权法》第49条第2款的规定确定赔偿数额。人民法院在确定赔偿数额时,应当考虑作品类型、合理使用费、侵权行为性质、后果等情节综合确定。当事人按照本条第一款的规定就赔偿数额达成协议的,也应当准许。

根据北京市高级人民法院《关于审理著作权民事纠纷案件适用法律若干问题的解答》第37条的规定:法院在综合考虑上述因素确定赔偿数额时,如果国家规定有付酬标准的,按付酬标准的2—5倍计算赔偿数额。如果国家没有规定相关作品的付酬标准,可以参考相关作品的商业使用费标准综合各方面因素确定赔偿数额。

---

① 贺德芬:《文化创新与商业契机》,台北月旦出版公司1999年版,第253页。

4.赔偿损失的司法适用

尽管我国著作权法及其实施条例都对损害赔偿问题做出了规定，但是实践中著作权侵权损害赔偿数额过低的问题仍然困扰着权利人。根据中南财经政法大学知识产权研究中心完成的《知识产权侵权损害赔偿案例实证研究报告》显示：基于2032件有效著作权案例统计结果为，采用"实际损失"判赔标准的有431件，占20.1%；采用"违法所得"判赔标准的有5件，占0.25%；采用"法定赔偿"判赔标准的有1596件，占78.54%。[①] 法定赔偿的适用是基于法院无法查明权利人的实际损失及侵权人的违法所得而适用的损害赔偿计算方式。依照现行著作权法的相关规定，法定赔偿权具有严格的适用条件及顺次。而实践中存在过多的适用法定赔偿方式、法定赔偿简单化、赔偿数额畸轻畸重等问题。[②] 为有效遏制侵权行为，我国对著作权侵权损害赔偿的计算方式有必要进行较大完善。

在著作权侵权损害赔偿案件中，存在的主要问题是，涉及侵权赔偿数额认定的具体账目、财务报表等资料都掌握在侵权行为人手中，这些证据对于确定违法所得必不可少，而权利人举证这些材料非常困难。由于我国著作权法对损害赔偿的计算方式有严格的适用顺序，所以，有的学者认为："当权利人的损失小于侵权人所得，若坚持顺序，则侵权人在赔偿权利人损失后，还可能有盈余，这有违正义，不足以制止侵权行为。"[③] 基于这样的观点，很多学者希望将侵权行为人的违法所得额作为确定侵权损害赔偿额的依据。但是，实践中，法官在审理具体的著作权侵权案件时，因为相关作品的使用可能涉及一些专业性问题，法官在确定违法所得时也面临诸多困难，因而无法准确确定违法所得。

《最高法院明确当前知识产权审判七大重点》中指出："要积极运用经济分析、专业评估、举证妨碍制度等，提高损害赔偿计算的科学性和合理性。要强化举证妨碍制度的运用，可以根据情况推定权利人关于损害赔偿数额的诉请成

---

① 张维：《知识产权侵权获赔额整体偏低》，载《法制日报》2013年4月18日。
② 钱锋：《中国知识产权审判研究》，人民法院出版社2009年版，第387—389页。
③ 陶鑫良、袁真富：《知识产权法总论》，知识产权出版社2005年版，第334页。

立。"① 结合美国的司法实践，笔者认为在我国法律中应建立配套的举证分配机制。侵权获利的量化所衍生出的诉讼程序上证明责任的分配问题也必须在当事人之间清晰阐明。② 在相关举证分配机制完善的情况下，当事人应当具有选择损害赔偿计算方式的权利，以提高权利人心理上寻求法律救济的积极性。我国现行民事诉讼法及相关司法解释针对某些特殊案件的证据以及事实审查规定了"鉴定人＋专家辅助人"的模式。根据最高人民法院《关于民事诉讼证据的若干规定》第61条规定，当事人可以向人民法院申请由一至二名具有专门知识的人员出庭就案件的专门性问题进行说明。审判人员和当事人可以对出庭的具有专门知识的人员进行询问。经人民法院准许，可以由当事人各自申请的具有专门知识的人员就案件中的问题进行对质。具有专门知识的人员可以对鉴定人进行询问。在著作权侵权案件中，引入专业人员的这一制度可以弥补法官在某些专业领域知识的不足，有助于法官查清案件事实，对侵权赔偿数额做出科学合理的裁判。专家证人制度在各国，尤其是英美法系国家证据法中是不可或缺的重要制度，对于解决技术事实争议具有重要价值。③

第二节 侵犯戏剧舞蹈作品著作权的行政责任

著作权虽然只是一项民事权利，但是，某些侵犯著作权的行为不但会损害权利人的私利益，而且也会损害社会公共利益，一定程度上违反了行政法律规范。此种情形之下，行为人不仅要承担民事责任，也需要承担相应的行政责任。

---

① 参见《最高法院明确当前知识产权审判七大重点》，最高人民法院网，http://www.courtgov.cn/xwzx/fyxw/zgm fyxw/201303/t20130321_182815.htm。

② 杨涛：《完善我国著作权侵权损害赔偿的计算方法——基于比较法视野的研究启示》，载《时代法学》2010年第2期。

③ 宋健：《专家证人制度在知识产权诉讼中的运用及其完善》，载《知识产权》2013年第4期。

一、侵犯戏剧舞蹈著作权行政责任的概念及特点

（一）侵犯戏剧舞蹈著作权行政责任的概念

所谓行政责任，是指单位或者个人违反有关行政管理的法律、法规所应承担的法律责任，行政责任包含行政处分和行政处罚。行政处分适用于行政机关内部人员，行政处罚相对于行政相对方，故对侵犯戏剧舞蹈作品著作权的行政责任的讨论属于行政处罚。侵犯戏剧舞蹈作品著作权的行政责任即是指侵权行为人违反行政法定义务，实施了侵犯戏剧舞蹈作品著作权的行为，由有关的国家行政机关运用法定行政权力给予相应处罚。

（二）侵犯戏剧舞蹈作品著作权行政责任的特点

国家版权局和各地政府的著作权行政机关是负责著作权管理以及著作权法执法工作的国家机关。作为著作权行政管理机关，这些行政机关可以对著作权侵权行为采取公开警告、禁止侵权作品生产和销售、没收违法所得、查封侵权作品及制造侵权作品的设备、罚款等处罚措施。[1]我国对著作权的保护采用司法保护与行政保护"两条途径、协调运作"的方式。相比于司法保护，行政保护具有以下特点：

（1）行政机关运用行政权力保护著作权具有一定的主动性。我国大多数公民受传统思维影响，不擅长运用法律对自身权益予以保护。而我国地域辽阔，侵权行为一般很难被发现。司法保护采用"不告不理"，单纯的司法保护方式很难遏制侵犯著作权的行为。行政机关对侵权行为的处理，既可以依照相关利害人的申请，也可以依职权予以主动审查并采取相关措施，更能维护著作权利人的合法权益。

（2）行政机关处理侵犯戏剧舞蹈作品著作权的行为更具专业性且简便快捷。著作权管理部门作为专业管理机关，其行政执法人员具备专业知识，处理此类纠纷更具专业性，且效率较高。一旦认定行为人实施的行为构成侵权，行

---

[1] 刘晓勇:《论知识产权的行政保护》，硕士学位论文2014年。

政机关即可采取措施要求行为人停止侵权行为。

（3）运用行政手段惩处侵权行为更具有威慑性。在适用行政责任时，前提是对社会公共利益造成损害，故而此类纠纷更具群体性特点，受众较多。在相关行政机关做出惩罚措施时，一方面可以使侵权行为受到惩罚，另一方面也对有可能实施侵权的行为人予以威慑，达成警诫效果。

二、侵犯戏剧舞蹈作品著作权应承担行政责任的行为

我国《著作权法》第48条列举了以下需要承担行政责任的著作权侵权行为。如果侵权行为人针对戏剧舞蹈作品实施了该条列举的行为，即面临著作权行政管理部门的相关行政处罚。

（1）未经著作权人许可，复制、发行、表演、放映、广播、汇编、通过信息网络向公众传播其作品的，本法另有规定的除外；

（2）出版他人享有专有出版权的图书的；

（3）未经表演者许可，复制、发行录有其表演的录音录像制品，或者通过信息网络向公众传播其表演的，本法另有规定的除外；

（4）未经录音录像制作者许可，复制、发行、通过信息网络向公众传播其制作的录音录像制品的，本法另有规定的除外；

（5）未经许可，播放或者复制广播、电视的，本法另有规定的除外；

（6）未经著作权人或者与著作权有关的权利人许可，故意避开或者破坏权利人为其作品、录音录像制品等采取的保护著作权或者与著作权有关的权利的技术措施的，法律、行政法规另有规定的除外；

（7）未经著作权人或者与著作权有关的权利人许可，故意删除或者改变作品、录音录像制品等的权利管理电子信息的，法律、行政法规另有规定的除外；

（8）制作、出售假冒他人署名的作品的。

需要强调的是，根据《著作权法》第48条的规定，侵权行为人实施上述行为，首先应当针对权利人承担民事责任，只有在同时损害公共利益的情况下

才需要承担行政责任。但对于如何界定损害社会公共利益，现行法律、法规没有明确解释。但笔者认为，公共利益相对的概念应为个人利益，也就是说侵权行为不仅损害著作权及相关权利人的个人利益，也需要损害了其他不特定人的相关利益及经济秩序，这才构成损害公共利益。

三、侵犯戏剧舞蹈作品行政责任的种类

根据《著作权法》第48条规定，对于侵犯著作权行为，"同时损害公共利益的，可以由著作权行政管理部门责令停止侵权行为，没收违法所得，没收、销毁侵权复制品，并可处以罚款；情节严重的，著作权行政管理部门还可以没收主要用于制作侵权复制品的材料、工具、设备等"。

按照上述规定，侵犯戏剧舞蹈作品著作权行政责任的种类包含：责令停止侵权行为，没收违法所得，没收、销毁侵权复制品，罚款，没收主要用于制作侵权复制品的材料、工具、设备等。

（一）责令停止侵权行为

责令停止侵权行为是指著作权行政管理部门依据法律规定和职权，以行政命令的方式强制侵犯戏剧舞蹈作品的行为人停止其侵权行为。

（二）没收违法所得

没收违法所得是指著作权行政管理部门依法采取强制行为，剥夺行为人违法所得财物所有权的处罚措施。依据《中华人民共和国著作权法》和《关于审理涉及计算机网络著作权纠纷案件适用法律若干问题的解释》的规定，违法所得以侵犯戏剧舞蹈作品的行为人实际获得收益为计算依据。

（三）没收、销毁侵权复制品

没收、销毁侵权复制品也是著作权行政管理部门对著作权侵权行为人依法采取的一种强制措施。侵权复制品的没收和销毁对于戏剧舞蹈作品权利人的保护也具有重要意义。根据《著作权行政处罚实施办法》第39条的规定："没收

的侵权制品应当销毁，或者经被侵权人同意后以其他适当方式处理。销毁侵权制品时，著作权行政管理部门应当指派两名以上执法人员监督销毁过程，核查销毁结果，并制作销毁记录。"

（四）罚款

罚款是指由著作权行政管理部门强制侵权行为人承担金钱给付义务的处罚方式。根据《著作权法实施条例》第36条的规定，著作权行政管理部门在对侵犯戏剧舞蹈作品著作权的侵权行为做出罚款决定时，可处以非法经营额1倍以上5倍以下的罚款；没有非法经营额或者非法经营额5万元以下的，著作权行政管理部门根据情节轻重，可处25万元以下的罚款。

（五）没收主要用于制作侵权复制品的材料、工具、设备

没收主要用于制作侵权复制品的材料、工具、设备也是著作权行政管理机关制止和惩罚戏剧舞蹈著作权侵权行为的重要处罚措施，可以从根本上制止侵权行为的后续发展。《著作权行政处罚实施办法》第39条第3款规定："对没收的主要用于制作侵权复制品的材料、工具、设备等，著作权行政管理部门应当依法公开拍卖或者依照国家有关规定处理。"

第三节　侵犯戏剧舞蹈作品著作权的刑事责任

侵犯戏剧舞蹈作品著作权的行为，侵权人除承担民事责任、行政责任外，情节严重、构成犯罪的，需要承担刑事责任。根据《中华人民共和国刑法》（以下简称刑法）第217条、218条的规定，侵犯戏剧舞蹈作品著作权的犯罪行为主要有两种：一是侵犯著作权罪；二是销售侵权复制品罪。

第十章 侵犯戏剧舞蹈作品著作权的法律责任

一、侵犯著作权罪

（一）侵犯著作权罪的概念

所谓侵犯著作权罪，是指以营利为目的，违反著作权管理法规，未经著作权人许可，侵犯他人的著作权，违法所得数额较大或者有其他严重情节的行为。

我国《刑法》第217条规定："以营利为目的，有下列侵犯著作权情形之一，违法所得数额较大或者有其他严重情节的，处三年以下有期徒刑或者拘役，并处或者单处罚金；违法所得数额巨大或者有其他特别严重情节的，处三年以上七年以下有期徒刑，并处罚金：（一）未经著作权人许可，复制发行其文字作品、音乐、电影、电视、录像作品、计算机软件及其他作品的；（二）出版他人享有专有出版权的图书的；（三）未经录音录像制作者许可，复制发行其制作的录音录像的；（四）制作、出售假冒他人署名的美术作品的。"该条是侵犯著作权罪的法律依据，戏剧舞蹈作品属于著作权法所规定的作品，如果侵权行为人针对戏剧舞蹈作品出现上述行为并且符合犯罪构成要件的，则需要适用《刑法》第217条的规定确定相关的刑事责任。

（二）侵犯著作权罪的犯罪构成要件

（1）犯罪客体：侵犯著作权罪侵犯了著作权人的著作权和国家关于著作权的管理制度。

（2）客观方面：表现为侵犯他人的作品著作权，违法所得额较大或者有其他严重情节的行为。对于戏剧舞蹈作品而言，以下两种表现行为可以构成侵犯戏剧舞蹈作品著作权的行为：未经著作权人或与著作权有关的权利人许可，复制发行其文字作品、音乐、电影、电视、录像作品及其他作品的；未经录音录像制作者许可复制发行其制作的音像制品。

（3）犯罪主体：个人和单位均可以构成此罪。无论是单位还是个人，只要以营利为目的，未经著作权人许可，侵犯他人戏剧舞蹈作品的著作权，违法所得数额较大或者有其他严重情节的行为的，均可以成为该罪的犯罪主体。

（4）主观方面：该罪的主观方面要求行为人具有主观故意并且具有营利的目的。如果行为人不具有主观故意，则不构成犯罪。

（三）《刑法》第217条中"以营利为目的"的认定

根据最高人民法院、最高人民检察院、公安部《关于办理侵犯知识产权刑事案件适用法律若干问题的意见》第10条的规定，除销售外，具有下列情形之一的，可以认定以营利为目的：（1）以在他人作品中刊登收费广告、捆绑第三方作品等方式直接或者间接收取费用的；（2）通过信息网络传播他人作品，或者利用他人上传的侵权作品，在网站或者网页上提供刊登收费广告服务，直接或者间接收取费用的；（3）以会员制方式通过信息网络传播他人作品，收取会员注册费或者其他费用的；（4）其他利用他人作品牟利的情形。

（四）《刑法》第217条中"未经著作权人许可"的认定

根据上述《关于办理侵犯知识产权刑事案件适用法律若干问题的意见》第11条的规定，"未经著作权人许可"一般应当依据著作权人或者其授权的代理人、著作权集体管理组织、国家著作权行政管理部门指定的著作权认证机构出具的涉案作品版权认证文书，或者证明出版者、复制发行者伪造、涂改授权许可文件或者超出授权许可范围的证据，结合其他证据综合予以认定。

在涉案作品种类众多且权利人分散的案件中，上述证据确实难以一一取得，但有证据证明涉案复制品系非法出版、复制发行的，且出版者、复制发行者不能提供获得著作权人许可的相关证明材料的，可以认定为"未经著作权人许可"。但是，有证据证明权利人放弃权利、涉案作品的著作权不受我国《著作权法》保护，或者著作权保护期限已经届满的除外。

（五）《刑法》第217条中"违法所得额"的认定

根据最高人民法院、最高人民检察院《关于办理侵犯知识产权刑事案件具体应用法律若干问题的解释》第5条的规定，实施刑法第217条所列侵犯著作权行为之一，"违法所得数额在三万元以上的，属于'违法所得数额较大'；具有下列情形之一的，属于'有其他严重情节'，应当以侵犯著作权罪判处三年以下有期徒刑或者拘役,并处或者单处罚金:(一)非法经营数额在五万元以上的;(二)未经著作权人许可,复制发行其文字作品、音乐、电影、电视、录像作品、计算机软件及其他作品,复制品数量合计在一千张(份)①以上的;(三)其他严重情节的情形"。

"违法所得数额在十五万元以上的,属于'违法所得数额巨大';具有下列情形之一的,属于'有其他特别严重情节',应当以侵犯著作权罪判处三年以上七年以下有期徒刑,并处罚金:(一)非法经营数额在二十五万元以上的;(二)未经著作权人许可,复制发行其文字作品、音乐、电影、电视、录像作品、计算机软件及其他作品,复制品数量在五千张(份)②以上的;(三)其他特别严重情节的情形。"

同时,该解释第15条规定,单位实施刑法第213条至第219条规定的行为,按照本解释规定的相应个人犯罪的定罪量刑标准的三倍定罪量刑。

(六)侵犯著作权罪是否适用缓刑问题

在是否适用缓刑方面,根据最高人民法院、最高人民检察院《关于办理侵犯知识产权刑事案件具体应用法律若干问题的解释(二)》第3条的规定:"侵犯知识产权罪,符合刑法规定的缓刑条件的,依法适用缓刑。有下列情形之一的,一般不适用缓刑:(一)因侵犯知识产权被刑事处罚或者行政处罚后,再次侵犯知识产权构成犯罪的。也就是说不管前后两种行为是不是同种侵犯知识产权的行为,只要符合上述条件,就不适用缓刑。(二)不具有悔罪表现的。(三)拒不交出违法所得的。(四)其他不宜适用缓刑的情形。"第4条规定:"对于侵犯著作权犯罪的,人民法院应当综合考虑犯罪的违法所得、非法经营数额、给权利人造成的损失、社会危害性等情节,依法判处罚金。罚金数额一般在违法所得的一倍以上五倍以下,或者按照非法经营数额的50%以上一倍以下确定。"

---

① 该数字后来被最高人民法院、最高人民检察院《关于办理侵犯知识产权刑事案件具体应用法律若干问题的解释(二)》修改为五百张(份)。
② 该数字后来被最高人民法院、最高人民检察院《关于办理侵犯知识产权刑事案件具体应用法律若干问题的解释(二)》修改为二千五百张(份)。

二、销售侵权复制品罪

（一）销售侵权复制品罪的概念

所谓销售侵权复制品罪，是指以营利为目的，销售明知是他人享有合法著作权作品的复制品，违法所得数额巨大的行为。我国《刑法》第218条规定："以营利为目的，销售明知是该法第二百一十七条规定的侵权复制品，违法所得数额巨大的，处三年以下有期徒刑或者拘役，并处或者单处罚金。"该条规定是销售侵权复制品罪的法律依据，侵权行为人如果以营利为目的，销售明知是侵犯戏剧舞蹈作品著作权的侵权复制品，违法所得数额巨大的，构成该罪。

（二）销售侵权复制品罪的犯罪构成要件

（1）犯罪客体：销售侵权复制品罪侵犯的客体是著作权人的著作权和著作权管理制度。

（2）客观方面：销售侵权复制品罪的客观方面表现为行为人实施了销售明知他人享有合法著作权的侵权复制品的行为。如行为人销售明知是某知名舞蹈演员享有合法著作权的舞蹈作品的盗版光盘。

（3）犯罪主体：单位和个人均可犯此罪。无论是单位还是个人，只要以营利为目的，实施了销售明知他人享有合法著作权的侵权复制品的行为，违法所得数额巨大的，均可以成为该罪的犯罪主体

（4）犯罪主观方面：该罪的主观方面要求行为人具有主观故意并且具有营利的目的，即明知是侵权复制品且以营利为目的进行销售。如果行为人不具有主观故意，则不构成犯罪。

（三）销售侵权复制品罪的法律适用

最高人民法院《关于审理非法出版物刑事案件具体应用法律若干问题的解释》第4条规定："以营利为目的，实施刑法第二百一十八条规定的行为，个人违法所得数额在十万元以上，单位违法所得数额在五十万元以上的，依照刑法第218条的规定，以销售侵权复制品罪定罪处罚。"

销售侵权复制品罪是否适用缓刑与侵犯著作权罪相同，共同适用于最高人民法院、最高人民检察院《关于办理侵犯知识产权刑事案件具体应用法律若干问题的解释（二）》第 3 条的规定。

三、侵犯著作权罪与销售侵权复制品罪的比较

作为侵犯著作权的两类犯罪，侵犯著作权罪与销售侵权复制品罪既有相同点，也有明显的不同。

（一）两罪的相同点

（1）犯罪对象相同，对于戏剧舞蹈作品而言，两罪的犯罪对象同为与戏剧舞蹈作品著作权或邻接权有关的作品或复制品；

（2）犯罪主体相同，两罪的犯罪主体均为一般主体，个人和单位均可构成；

（3）主观方面相同，两罪在主观方面均要求具备主观故意且以营利为目的。

（二）两罪的不同点

（1）客观方面表现不同，侵犯著作权罪的客观方面表现为《刑法》第 217 条所规定的 4 种行为，而销售侵权复制品罪的客观方面表现限于销售行为；

（2）构成两罪的标准不同，销售侵权复制品罪的标准是违法所得数额巨大，侵犯著作权罪的标准是"违法所得数额较大或者有其他严重情节的"。至于"违法所得数额巨大""违法所得数额较大"的具体标准以及何谓"其他严重情节"，由相关司法解释规定。

四、行为人同时违反《刑法》第 217 条和第 218 条的法律适用

在司法实践中，行为人同时实施了《刑法》第 217 条规定的侵犯著作权罪

和第 218 条规定的销售侵权复制品罪的两种犯罪行为,在定罪量刑时是数罪并罚还是按照单罪从重处理,这要根据不同情况区别对待。根据 1998 年最高人民法院《关于审理非法出版物刑事案件具体应用法律若干问题的解释》第 5 条的规定,实施《刑法》第 217 条规定的侵犯著作权行为,又销售该侵权复制品,违法所得数额巨大的,只定侵犯著作权罪,不实行数罪并罚。实施《刑法》第 217 条规定的侵犯著作权的犯罪行为,又明知是他人的侵权复制品而予以销售,构成犯罪的,应当实行数罪并罚。

第四节 典型案例评析

《刘三姐》戏剧作品著作权纠纷案[①]

（一）案件的基本情况

原告邓奕、邓仪、邓绮秀、邓翊诉称：四原告的父亲邓昌伶于 1953 年 12 月完成戏剧作品《刘三姐》的创作,该作品以民间流传的壮族歌手刘三姐传歌故事为素材,独创出刘三姐传歌、对歌、抢亲及成仙等戏剧情节,塑造了壮族姑娘刘三姐美丽善良、热爱生活、不畏权势的人物形象。剧中莫财主、莫管家、刘二、渔翁、对歌秀才、侍女等形象基本形成,人物性格已勾勒出雏形。彩调剧《刘三姐》的各剧本方案,均属于邓昌伶原作《刘三姐》的改编作品,邓昌伶依法享有彩调剧《刘三姐》原著署名权。被告邓凡平任主编、包玉堂任副主编、龚邦榕任编委的《刘三姐丛书》编委会,未经原告许可,将邓昌伶创作的《刘三姐》剧本公开在《刘三姐剧本集》一书中发表,并在作品前擅自强

---

① 见（2005）桂民三终字第 7 号民事判决书。

加"邓昌伶神话剧"的标题,对作品进行歪曲,将精华部分"中秋对歌"一幕予以删去,损害了邓昌伶作品的完整性。请求法院判令:1.确认彩调剧《刘三姐》为邓昌伶剧本的改编作品,邓昌伶依法享有彩调剧《刘三姐》原著署名权;2.确认被告邓凡平、包玉堂、龚邦榕编辑《刘三姐剧本集》时,擅自更改剧名、删节作品内容属歪曲、篡改邓昌伶作品的行为,侵犯了邓昌伶保护作品完整权;3.判令被告邓凡平、包玉堂、龚邦榕对该侵权行为公开赔礼道歉,连带赔偿原告经济损失3万元,精神损失费2万元,并承担本案的诉讼费用。

被告邓凡平、包玉堂、龚邦榕辩称:我们创作完成的《刘三姐》剧本第三方案至第八方案,是我们自己在广泛收集有关民间素材、参阅大量有关的文字资料、深入采风后创作出来的,没有使用邓昌伶剧本。我们的《刘三姐》剧本与邓昌伶剧本两者的主题思想、人物性格形象、情节结构以及艺术风格、台词、唱词毫无相同之处,不是邓昌伶剧本的改编作品。我们编写的《刘三姐剧本集》收录邓昌伶剧本时,事先已征得原告邓仪的同意,且没有删除邓昌伶剧本的任何内容,并未侵犯邓昌伶剧本的完整权。原告主张赔礼道歉、赔偿经济损失和精神损失没有事实和法律依据且已过诉讼时效。请求法院驳回原告的诉讼请求。

被告柳州市彩调剧团辩称:原告的诉请已超过诉讼时效。我团演出的彩调剧《刘三姐》是邓凡平等人创编的,署名权也当然属于他们,原告请求确认其父邓昌伶依法享有彩调剧《刘三姐》原著署名权是其与邓凡平等人之间的纠纷,与我团无关。

(二)案件的审理结果

1. 案件的一审结果

一审法院经审理后认为,邓昌伶创作完成的《刘三姐》戏剧剧本具有独创性,依法享有著作权,应受法律保护。从剧本及创作资料的接触情况、创作的基础、剧本的内容以及改编作品的法律特征来看,彩调剧《刘三姐》第一方案为邓昌伶原著的改编作品,其他各方案亦为邓昌伶原著的改编作品。邓凡平等编辑《刘三姐剧本集》时虽未经邓奕等人的同意将邓昌伶剧本增删了部分内容,但主观上没有对邓剧本进行歪曲、篡改的故意,不构成侵犯邓昌伶作品的完整权。原告请求法院确认改编关系属著作权归属的确认请求权,要求在改编作品中署名以及保护作品的完整权属于停止侵害请求和非金钱性质的、保护人身权的请求,要求赔礼道歉属于消除影响请求,该诉讼请求不受民法通则规定的诉讼时效的限制。遂依照相关法律规定判决:(1)被告邓凡平、包玉堂、龚邦榕等创作的彩调剧《刘三姐》各方案作品系邓昌伶戏剧作品《刘三姐》的改编作品,邓昌伶享有原著署名权;(2)被告邓凡平、包玉堂、龚邦榕停止对邓昌伶享有原著署名权的著作权的侵害,即自本判决发生法律效力之日起,再版彩调剧《刘三姐》作品时,需在剧本前注明"根据邓昌伶同名剧本改编";(3)驳回原告邓奕、邓仪、邓绮秀、邓翊的其他诉讼请求。

2. 案件的二审结果

一审判决后,一审被告邓凡平、包玉堂、龚邦榕不服一审判决提起上诉,理由是:(1)彩调剧《刘三姐》的创作与邓昌伶剧本无关联。(2)邓昌伶剧本从未发表和演出,不可能被外界改编使用。(3)没有证据证明上诉人以改编为目的使用过邓昌伶剧本。(4)邓昌伶剧本与彩调剧《刘三姐》剧本各方案是独立创作完成的作品,双方应各自享有独立著作权,无论是人物形象的对比、剧情的对比,还是剧本中对白、唱词的对比,两作品都截然不同,彩调剧《刘三姐》根本没有利用邓昌伶剧本的独创性部分,两者之间不存在改编关系。所以,请求撤销一审判决,改判驳回被上诉人全部诉讼请求。

作为一审原告的被上诉人邓奕、邓仪、邓绮秀、邓翊针对上诉人的上诉理由答辩称:(1)邓昌伶创作的《刘三姐》剧本已经被公演过,公演也算是发表。(2)上诉人龚邦榕早在1957年就见过邓昌伶剧本,曾昭文在剧团从事相同题材创作时,对邓昌伶先前投稿且剧团给予一定评价的《刘三姐》剧本也是见过的。(3)上诉人创作《刘三姐》各剧本方案前,不仅接触过原作品,还占有邓昌伶《刘三姐》作品的创作素材,彩调剧第三、五、八、九方案与邓昌伶剧本在刘三姐、莫财主的设置上以及人物关系定位上具有高度的一致性,二者在戏剧冲突事件传歌、对歌、抢亲、除恶、成仙的设置和剧情处理方面虽有一定差异,但这种差异表现为在作品内容上的增减,作品主要内容没有发生实质性改变;彩调剧各方案加入大量的"山歌",且在人物性格刻画、戏剧情节安排、艺术表现力和感染力等方面有较大的提高和改进,成为具有独创性的新作品,符合改编作品的法律特征。一审法院认定上诉人创作的彩调剧《刘三姐》是根据邓昌伶剧本改编而成是正确的。因此，请求二审法院驳回上诉人的上诉、维持一审判决。

二审法院经审理后查明：被上诉人邓奕、邓仪、邓绮秀、邓翊的父亲邓昌伶原系广西克强中学的校长，喜欢文艺创作，根据民间传说于1953年12月创作完成了戏剧作品《刘三姐》，并将其作品寄给当时主管戏剧创作的省戏改会，省戏改会又将剧稿推荐给柳州市彩调剧团。彩调团致函邓昌伶表示该剧本适合该团演出，拟修改使用。邓昌伶回信表示同意，并按彩调团的要求将原创资料寄给了龚邦榕。但之后彩调团又致函邓昌伶告知剧改工作未能如期进行，表示找到剧本原本后邮回给邓昌伶。1958年底，曾昭文（1996年去世）接受彩调团的邀请和柳州市文化局的调派，协助彩调团编写彩调剧《刘三姐》剧本，并于1958年冬创作完成彩调剧《刘三姐》第一方案初稿，署名创作组集体创作。1959年4月，彩调团将彩调剧《刘三姐》第一方案排演成戏，作为国庆10周年献礼节目在南宁汇报演出，取得成功。1959年5月，彩调团与柳州市文化局等单位组织曾昭文、黄勇刹（1984年去世）、龚邦榕、牛秀、邓凡平等人成立了"刘三姐整理小组"，对第一方案进行修改，形成了彩调剧《刘三姐》第二方案（未获通过）。1959年7月完成第三方案。后又修改完成第四方案（未获通过）。1960年包玉堂加入"刘三姐整理小组"，并于同年2月完成第五方案；1978年1月完成第八方案；1992年1月完成第九方案。

从1959年至1963年，邓昌伶因彩调剧《刘三姐》是否对其剧本抄袭或改写问题先后向广西区党委宣传部、国家文化部反映。广西区文化局经查对，认定邓昌伶剧本对彩调剧《刘三姐》剧本创作有参考启发作用，但后者并不是抄袭前者的，在唱腔、剧情处理、人物刻画等方面都有很大不同，遂答复邓昌伶对此纠纷不予处理。之后，邓昌伶未再向任何部门要求处理。邓昌伶于1973年因病去世。1996年，由邓凡平、包玉堂、牛秀、龚邦榕与曾昭文等编辑的《刘三姐丛书》中的《刘三姐剧本集》由广西民族出版社出版发行。邓昌伶剧本《刘三姐》，彩调剧《刘三姐》第一、三、五、八、九方案都已编入《刘三姐剧本集》。

邓昌伶剧本分为田野景、中秋对歌、河堤景、村舍景、庭院景、山林景六个场次。彩调剧《刘三姐》第三方案分为中秋之夜、提亲、逼婚、对歌、禁歌、追杀、成仙七个场次。第五、八、九方案在第三方案的基础上,增删了一些内容。

基于以上查明的事实,二审法院认为,邓昌伶以民间传说及民间故事为基础,精选出"传歌""对歌""抢亲""除恶""成仙"几个典型故事情节,进行整理、加工,提炼成按照一定时空顺序发展的,具有发生、发展、高潮、结局的结构完整的戏剧作品,具有独创性。邓昌伶对其创作的《刘三姐》剧本享有著作权。依据我国《著作权法》第10条第1款第14项"改编权,即改变作品,创作出具有独创性的新作品的权利"之规定,改编作品是主要利用了原作独创性部分而创作出来的新作品。将邓昌伶剧本与彩调剧《刘三姐》第三、五、八、九方案对比,虽然两者在人物刻画和语言文字方面有很大的不同,但是后者主要利用了前者独创的戏剧情节结构,构成对邓昌伶剧本的改编。依据相关规定,并经审判委员会讨论,判决:(1)维持(2003)南市民三初字第56号民事判决第三项;(2)变更(2003)南市民三初字第56号民事判决第一项为:彩调剧《刘三姐》第三、五、八、九方案系邓昌伶戏剧作品《刘三姐》的改编作品;(3)变更(2003)南市民三初字第56号民事判决第二项为:邓凡平、包玉堂、龚邦榕自本判决发生法律效力之日起,再版彩调剧《刘三姐》第三、五、八、九方案时,需在剧本前注明"根据邓昌伶同名剧本改编"。

(三)对案件的法律分析

本案涉及的焦点问题主要有以下几个:[①]

1.邓昌伶《刘三姐》剧本独创性的认定问题

邓昌伶剧本《刘三姐》(以下简称邓剧本)的独创性是本案至关重要的一个问题。一方面,邓剧本是否具有独创性是其能否受著作权法保护的关键;另一方面,邓剧本中的独创性部分是认定彩调剧《刘三姐》是否对其构成改编的基础。邓昌伶撰写了《刘三姐》剧本并在剧本原稿上署名,但由于其中涉及民

---

① 资料来源:http://www.110.com/panli/panli_126555.html,最后访问日期:2017年9月22日。

间文学艺术，因此不能沿用普通的著作权判定方法当然地认定邓昌伶对该剧本的所有元素都享有著作权，否则就不适当地扩大了邓昌伶对《刘三姐》所享有的控制权和支配权，阻碍了民间文学艺术的传承以及他人的正常利用和再创作。

根据双方当事人举证，二审法院认定民间文学中已经存在着刘三姐的传说，但邓昌伶不拘泥于前人的传说和故事原型，以民间传说及民间故事为基础，从繁杂、散乱的传说素材中，精选出"传歌""对歌""抢亲""除恶""成仙"几个典型故事情节，进行整理、加工和提炼，经其构思和布局，把它们安排成按照一定时空顺序发展的，具有发生、发展、高潮、结局的，结构完整的戏剧作品，而并非对刘三姐民间文学进行简单的整理和汇编，因此邓昌伶对其创作的《刘三姐》剧本享有著作权，其剧作依法应受著作权法的保护。但是邓剧本中涉及的刘三姐的题材和主题，刘三姐、刘二、财主、秀才、老渔翁等人物原型，以及单个的民间故事如刘三姐传歌、对歌、盘歌、拒绝豪绅托媒求婚、被老渔翁搭救、骑鲤鱼升天成仙等在民间中已经存在并广为流传，并非邓昌伶原创，因此这些部分不能被邓昌伶的著作权所覆盖，应当排除出邓剧本的版权所能保护的范围，他人有权依法就相同或类似的题材、主题、人物原型和民间故事进行独立自由的再创作。

2. 改编作品的法律标准问题

尽管我国有关法律对一般作品是否构成改编有比较明确的规定，学界对此也有比较明确的认识，但如何判断涉及民间文学艺术作品的创作构成著作权法意义上的改编，对于此问题法律并没有明确的规定，对于学界而言这也是实践带来的新问题。经双方当事人同意，广西区高院就此问题在北京组织我国权威的民间文学艺术专家、学者以及有丰富实务经验的法官进行研讨。到会的专家、学者、法官们对此并没有一个统一的看法，但形成了一个普遍的共识，即这个问题有待法院在个案实践中进一步探索和明确，并建议法院在处理此类纠纷中注意把握好适当的"度"，既要保护好利用民间文学艺术进行创作的自由，又要维护作者的合法权益免受不当侵害。二审法院认为，在关于涉及民间文学艺术作品的改编问题上，要特别注意平衡自由创作与演绎使用所代表的不同的权益，既尊重民间文学艺术的创作规律，又不能脱离版权侵权判断的一般准则和改编认定的基本标准,才能在利用民间文学艺术进行创作的自由与应受版权法调整的演绎使用之间划好界限。

据此,二审法院明确了三个步骤来判定涉及民间文学艺术的作品的改编问题。首先,要对涉案的作品是原始的民间文学艺术还是以原始的民间文学艺术为基础而创作的衍生作品进行辨别和判断,明确民间文学艺术和受版权法保护的衍生作品之间的界限,要防止把版权法的调整范围不适当地扩展到民间文学艺术领域,限制、妨碍民间文学艺术的流传与发展。其次,坚持"接触+相似"的版权侵权判定原则,对于"相似"的标准,应具体结合改编的法律标准来进行认定。我国著作权法第10条第1款第14项规定"改编权,即改变作品,创作出具有独创性的新作品的权利",据此,改编作品应是主要地利用了原作的独创性部分,在原作的基础上发展而成的,与原作相比,改编作品又具有自己的独创性,是不同于原作的新作品。最后,改编的标准是一个抽象的标准,只有对争议的作品进行对比、分析和判断,才能综合认定新作品是否主要利用了原作品中的独创部分,进而才能认定改编是否成立。改编的认定标准与非法复制、剽窃等著作权侵权判断标准有很大的不同,非法复制作品与原作品之间具有高度的相似性,达到完全再现或者基本再现原作品的程度,因而容易判断;而剽窃与原作品之间也具有较高的相似性,属于未经改动或略微改动地、超出合理引用范围地使用原作品,因此也不难认定;而改编认定的难度则相对较大,改编作品的定义和性质决定了改编使用是一种变异的、有独创性的演绎使用,因此,它与原作品之间的相似度要求相对较低,所以比较难判断和把握。就程度而言,有改编程度很高的,也有改编程度一般的,也有改编程度较低的;就效果而言,有越改越优的改编,也有劣变的改编;就范围和幅度而言,改编不一定是要对原作品的全部要素或者基本内容进行演绎改写才算改编,也可以是对部分要素或局部内容进行的改编。因此,改编的形式和方式是多种多样的,不拘泥于一定的模式和套路,故而改编的认定要注意紧扣具体个案的案情,深入作品进行对比,考察原作品的独创性是否在新作品中体现出来,既要对比分析新作品是否确实利用了原作品的独创性部分,又要分析这样的利用是否达到了主要地利用的程度。"主要地利用"并非仅仅指"量"方面的篇幅和比例的要求,还包括对"质"的利用的情形,如果原作品中独创性的精华、核心或重点部分被演绎改写，即便该独创部分所占作品整体的篇幅和比例不大，同样也可以认定对该部分的演绎改写构成改编。

3. 本案作品是否构成改编的认定

彩调剧《刘三姐》的创作方曾经接触过邓剧本，至于彩调剧《刘三姐》与邓剧本之间是否存在改编关系，还需要结合剧本的各个元素进行比照、分析。本案中，被上诉方明确要求法院确认上诉方主要利用了邓剧本的三点独创性进行改编，即"莫云"的人物形象、刘三姐与莫云的人物关系定位，以及传歌、对歌、抢亲、除恶、成仙等高度典型化的戏剧情节。二审法院通过界定邓剧本与民间文学艺术的界限，对比邓剧本以及彩调剧各方案后认为：姓莫的反派角色及其原型，以及刘三姐与姓莫的反派角色之间的人物关系定位在民间故事中早已存在，且彩调剧各个方案中对"莫怀仁"及其与刘三姐人物关系的刻画、描写、语言文字都与邓剧本不同，所以在这两个方面上彩调剧《刘三姐》没有构成对邓剧本的改编。

但是，在戏剧情节结构方面，二审法院认为，虽然"传歌""对歌""抢亲""除恶""成仙"作为故事、传说、歌谣等表现形式在民间文学艺术中已经存在，然而，具体的故事、单个的情节并不等同于戏剧结构。戏剧作为一种叙事性的艺术，其结构主要是指故事情节的安排方式，准确地说就是事件的基本秩序，它是剧作家组织创作戏剧作品的模式，也是观众与读者理解与诠释戏剧作品的模式，独创性的戏剧作品都能在一定程度上呈示出其个性化的结构特征。邓剧本独创出的"传歌、对歌、抢亲、除恶、成仙"的戏剧结构情节紧凑、冲突激烈、跌宕起伏、有始有终，与单个流传的民间故事或某几个故事情节简单叠加的民间传说截然不同，具有鲜明的戏剧效果和独特的创作特色，可以说该戏剧情节结构正是邓昌伶独立创作的精华所在。彩调剧本各方案与邓剧本相比较，基本沿用并反映了邓昌伶剧本独创的剧情结构，只是在场次的增删以及顺序方面有所调整，这种主要利用原作又有所创造、提高和改进的表现形式符合改编作品的特点，应认定邓昌伶剧本的情节结构被《刘三姐》彩调剧各方案主要利用，彩调剧《刘三姐》构成对邓昌伶剧本的改编。

近年来，随着民间文学艺术商业化活动日益兴盛，涉及民间文学艺术的版权纠纷也逐渐增加，这类案件的发生都具有特定的时代背景，在我国有关法律法规还不完善的情况下，要做到既考虑历史与现实的冲突，又要平衡各方的利益矛盾，对于版权管理部门以及法院而言都是一个新挑战。本案中，法院并没有简单地评价双方当事人的是非对错，而是把案件放到时代的大背景中进行考虑，既充分地肯定了双方对刘三姐民间文学艺术的发展所做出的贡献，又依据法律对纠纷做出了裁决，既尊重历史与民间文学艺术的创作与发展规律，也尊重作者的原创性劳动，让为民间文学艺术做出贡献的人都应该获得尊重与铭记，这是对民间文学艺术的传承和发展最好的保护。本案的判决因此也具有超越个案的积极意义和参考价值，为民间文学艺术的保护以及类似纠纷的处理提供了可供借鉴的范例。同时，透过这个案件，我们也看到目前法律法规对民间文学艺术、非物质文化遗产的保护还存在许多的缺憾与不足，例如，对民间文学艺术的收集者、记录者、整理者的地位与权利法律没有明确规定，对于对民间文学艺术的利用未达到改编程度的情形，该如何体现前人的劳动对后人的帮助、启发、借鉴等，法律也尚无规定，而这类纠纷目前已经出现，如何妥善处理此类诉讼是法院面临的更新的挑战。

第十一章 戏剧舞蹈作品著作权侵权的救济方式

第一节 戏剧舞蹈作品著作权侵权的民事救济

戏剧舞蹈作品著作权侵权的民事救济是权利人维护自身合法权益的普遍方式,在著作权领域适用广泛。民事救济的方式有很多,如和解、调解、仲裁、诉讼等方式,而其中的诉讼方式正是戏剧、舞蹈著作权侵权民事救济的最主要方式。因此了解其基础知识,对权利人具有重要意义。

一、戏剧舞蹈作品著作权侵权的诉前临时措施

(一)诉前临时措施的含义

诉前临时措施是权利人有证据证明他人正在实施侵权行为或即将实施侵权行为,法院在对案件做出最终裁判之前,先行采取的保护当事人利益的措施。这种措施在许多情况下对于制止正在或即将实施的侵权行为、保存重要证据、防止损害后果进一步扩大、防止造成无法弥补的损失是至关重要的。

例如,戏剧舞蹈作品的著作权人或者戏剧舞蹈作品的表演者发现一家网站正在陆续将其录制的录音录像制品以电子版形式置于网上供用户观赏和下载,如果不能及时制止这一侵权行为,短时间内这些表演作品就可能被反复欣赏、下载、复制和传播,严重冲击著作权人或者表演者正版产品或者现场表演的销售量。如等到法院做出最终判决时,著作权人的损失可能扩大,并无法估

量。而且由于无法准确地计算损失，法院判决的赔偿金额可能并不足以对著作权人加以充分的补偿。可见，对著作权人而言，保护其利益最有力的手段莫过于权利人有权在法院诉讼前立即申请法院采取禁止这家网站实施侵权行为的临时措施。

诉前临时措施在英美法系国家中运用得比较广泛，这与英美法系国家很早重视知识产权的保护背景息息相关。美国《版权法》第502条（a）款规定：法院可以按其认为合理的条件发出临时禁令，以防止或制止侵犯版权行为的发生。英国《版权法》第96条第2款规定：在版权侵权诉讼中，原告可以要求获得禁令作为救济。在法院下达禁令后，收到禁令的当事人就不能再从事禁令所禁止的行为，否则将导致藐视法庭等严重后果。TRIPS协定第50条规定："为了制止侵犯知识产权的行为，以及为了保存与侵权有关的证据，各成员的司法当局可以下令采取及时有效的临时措施，以保障知识产权所有人的合法权益。与此相应，司法当局可以下令采取的临时措施也有两类，即制止侵权行为的措施和保全证据的措施。"

（二）诉前临时措施的种类

根据我国《著作权法》第50条、第51条的规定，戏剧舞蹈作品的著作权人或其他相关权利人在其权利受到侵害时，在起诉前，可以向人民法院申请诉前禁令、诉前财产保全和诉前证据保全三类临时措施。

1. 诉前禁令

根据《著作权法》第50条第1款的规定，著作权人或者与著作权有关的权利人有证据证明他人正在实施或者即将实施侵犯其权利的行为，如不及时制止将会使其合法权益受到难以弥补的损害的，可以在起诉前向人民法院申请采取责令停止有关行为。人民法院依权利人申请所做出的责令停止有关行为的禁令即诉前禁令。

诉前禁令是一种权利人在权利受到侵害时所获得的临时救济措施。根据司法实践，在戏剧舞蹈作品著作权侵权案件中，当事人申请诉前禁令需要符合以下几个标准：

（1）申请人有稳定、有效的著作权或相关权利。

这个标准包括两方面的内容：一是申请人必须是戏剧舞蹈作品著作权人或者利害关系人，"利害关系人"包括著作权许可使用合同的被许可人和著作权财产权利的合法继承人等。这是对诉前禁令申请人的主体资格要求。二是申请人要提供初步证据证明其权利合法有效，并且较为稳定。其中，对权利稳定性的判断，主要考察该权利是否正处于争议之中。

（2）被申请人的行为经初步判断可认定为侵权行为。

这一标准的判断，包含四个方面的内容：一是被申请人是被指控实施侵权行为者，这是对被申请人主体资格的要求；二是申请人有证据证明被申请人很可能实施了被控行为；三是该被控行为即将实施或者正在实施；四是经初步判断，被控行为很可能被认定为侵权行为。

其中，对于侵权行为"可能性"的判断是该标准的核心问题。该标准要求法官在实体审理开始前，通过审查申请人提供的证据材料及听证情况，判断被控行为构成侵权的可能性。

（3）侵权行为如不及时制止，将会给申请人造成难以弥补的损害。

因为著作权侵权行为造成的损害通常比较难以量化，使得判断"难以弥补的损害"成为诉前禁令审查中最难操作的问题。一般认为，以下几种情形，可以判断为存在"难以弥补的损害"：

①涉及著作人身权等人格权益的损害的；

②侵权行为的发生或持续发生将严重影响申请人的市场份额或其他重大利益的；

③侵权行为如不制止，将严重扩大侵权行为的范围和损害后果的。

此外，法院在判断"难以弥补的损害"时，还会考虑被申请人的资信状况和偿付能力。被申请人的资信程度越差，越有可能受到诉前禁令的限制。

（4）采取诉前禁令是否会损害到社会公共利益。

法院在审查当事人的诉前禁令申请时，除考虑以上三个标准外，还会考虑禁令的签发是否会损害到社会公共利益。如果签发诉前禁令有可能会损害到社会公共利益，法院将拒绝申请人的诉前禁令申请。

结合以上标准综合判断后，在申请人提供有效的权利证据和担保的前提下，法院经审查认定被申请人被控行为构成侵权可能性极大、不及时制止将会使权利人的合法权利受到难以弥补的损害的，可以签发禁令并立即向被申请人送达。

在法院签发禁令对被申请人采取责令停止有关行为的措施后，申请人应当在15日内对被申请人提起诉讼，否则法院应当裁定解除采取的临时措施。这是为了保障被申请人的合法利益，防止申请人滥用临时措施机制。

实践中，著作权人申请诉前禁令的案例已经非常普遍。如电影的原著小说《鬼吹灯》版权商上海玄霆娱乐信息科技有限公司在2015年12月份向上海市浦东新区人民法院申请诉前禁令，理由是北京世纪卓越信息技术有限公司、掌阅科技股份有限公司各自旗下的亚马逊网站以及掌阅书城和掌阅iReader客户端，涉嫌以虚假宣传方式进行不正当竞争。浦东法院做出裁定，两名被申请人立即停止在上述平台上销售小说《摸金校尉之九幽将军》过程中使用"电影《鬼吹灯之寻龙诀》原著小说"或"寻龙诀原著"字样。可见，随着法制的进步，著作权纠纷中诉前禁令的启动已经成为保护著作权人合法权益的重要措施。

2. 诉前财产保全

《著作权法》第50条第1款同时规定了诉前责令停止侵权和诉前财产保全这两种临时措施。著作权人申请采取诉前财产保全措施的应当适用我国《民事诉讼法》中关于财产保全措施的规定。具体操作如下：

（1）利害关系人（著作权人或者其他权利人）因情况紧急，不立即申请保全将会使其合法权益受到难以弥补的损害的，可以在提起诉讼或者申请仲裁前向被保全财产所在地、被申请人住所地或者对案件有管辖权的人民法院申请采取保全措施。申请人应当提供担保，不提供担保的，裁定驳回申请。

（2）人民法院接受著作权人或者其他权利人的申请后，必须在48小时内做出裁定；裁定采取保全措施的，应当立即开始执行。申请人在人民法院采取保全措施后30日内不依法提起诉讼或者申请仲裁的，人民法院应当解除保全。

（3）著作权人或者其他权利人申请保全的财产限于请求的范围，或者与本案有关的财物。财产保全采取查封、扣押、冻结或者法律规定的其他方法。人民法院保全财产后，应当立即通知被保全财产的人。财产已被查封、冻结的，不得重复查封、冻结。

（4）被申请人提供担保的，人民法院应当裁定解除财产保全。著作权人或者其他权利人申请有错误的，申请人应当赔偿被申请人因财产保全所遭受的损失。当事人对财产保全或者先予执行的裁定不服的，可以申请复议一次。复议期间不停止裁定的执行。

诉前财产保全与诉前责令停止侵权措施程序上基本是一致的。唯一需要注意的不同之处在于：对于责令停止侵害著作权行为的措施，除非申请人同意，否则不因被申请人提供担保而解除。而对于财产保全的措施，被申请人提供担保的，法院应当裁定解除保全措施。之所以存在上述区别，是因为两种临时措施所要达到的目的不同。前者是为了阻止被申请人实施侵权行为，避免造成申请人的损失或进一步扩大损失。在法院对案件进行全面审理并对侵权行为造成的损失做出认定之前，无法确认被申请人的担保是否足以弥补申请人的损失。而且许多侵权行为涉及对著作人身权的侵犯，是必须加以制止的。后者则是为了防止被申请人转移、隐匿财产或因其他原因丧失清偿能力，如果被申请人提供了与被保全财产相当的担保，财产保全措施的目的就已经达到，无须再继续对被申请人的财产进行保全了。

3. 诉前证据保全

建立诉前证据保全制度，其意义是不可低估的，因为著作权作为无形财产权，当其被他人侵害时，证据的收集、获得对权利人来说往往很困难。侵权人为了逃避侵权的法律责任，往往要千方百计地隐匿、毁灭证据。在实行"谁主张，谁举证"的举证责任制度下，由于权利人在证据的收集和获得上存在困难，侵权人在很多情况下会得以逃避侵权责任，这对于保护著作权人的合法权益以及惩治著作权侵权是很不利的。诉前证据保全制度的确立弥补了这方面的缺陷。诉前证据保全与诉前临时禁令、财产保全一起，构成了在诉前著作权人保护自己权益的坚强盾牌。

很多人认为，诉前证据保全只有在不事先通知被申请人的情况下由法院实施才能达到保全证据的效果，但实践中，法院采取证据保全措施往往存在申请手续复杂、操作时限要求严格等问题，可能产生取证效果不好或者对侵权人打草惊蛇等后果，因此，为了能够及时取证、获得较为充分的取证时间等目的，著作权人或者其他相关权利人应当在申请法院证据保全之外，再通过委托公证机关进行证据保全的方式进行证据保全。

（1）法院证据保全

我国《著作权法》第51条规定："为制止侵权行为，在证据可能灭失或者以后难以取得的情况下，著作权人或者与著作权有关的权利人可以在起诉前向人民法院申请证据保全。"这是著作权人或者有关的权利人申请法院证据保全的法律依据。根据该条规定，申请证据保全要符合以下实质要件：①只有权利人才能提出申请，即著作权人或者与著作权有关的权利人，才能向法院提出此类申请；②证据有灭失或者以后难以取得的可能性；③只能为制止侵权行为而申请证据保全，合同纠纷不适用本条规定。

除上述实质要件外，申请证据保全还应当具备以下形式要件：①权利人应当在诉讼前提出书面申请，说明申请证据保全的理由和所需要保全的证据的种类、名称、特征、地点等；②人民法院可以责令申请人提供担保，申请人不提供担保的，驳回申请。提供担保的主要方法是有申请人缴纳诉讼保证金，或提供与之相当的担保，以防止申请人滥用权利；③申请人在人民法院采取保全措施后15日内不起诉的，人民法院应当解除保全措施。

当事人提出诉前证据保全，人民法院接受申请后，必须在48小时内裁定，裁定采取保全措施的，应当立即执行。针对不同的证据种类，法院可以采取不同的保全方法，如对证人证言的保全，法院可以制作证人证言笔录或者录音；对物证或者现场的保全，法院可以进行勘验，制作勘验笔录、绘画、拍照、摄像等；对有可能被毁灭的书证、物证、视听资料等，法院可以采取查封、扣押等措施。

（2）公证证据保全

公证证据保全是指当事人通过委托公证机构进行的证据保全。公证保全证据是指公证机构根据自然人、法人或者其他组织的申请，依法对与申请人权益有关的、有法律意义的证据、行为过程加以提取、收存、固定、描述或者对申请人的取证行为的真实性予以证明的活动。根据《中华人民共和国公证法》第11条以及《办理保全证据公证的指导意见》第3条的规定，公证机关可以办理对包括书证、物证、视听资料、证人证言、当事人陈述、行为过程和事实等进行证据保全的公证。

在戏剧舞蹈作品网络著作权侵权纠纷中，对电子证据公证保全，既能保证及时收集，防止丢失、删除，也能保证它的真实性、合法性和完整性。因此对于戏剧舞蹈作品侵权纠纷中所涉及的电子证据来说，诉前公证保全非常重要。在办理对相关证据的公证保全时，应当注意以下问题：

第一，申请办理公证证据保全的当事人应当是案件的利害关系人，即保全的证据应当与当事人的权益有一定的利害关系。

第二，申请办理公证证据保全应当由申请人住所地、行为或者事实发生地的公证机构受理。

第三，证据保全公证的证据取得方式必须合法。根据最高人民法院《关于民事诉讼证据规则的若干规定》的规定，只有经过合法收集的证据材料才能作为证据；以侵害他人合法权益或者违反法律禁止性规定的方法取得的证据，不能作为认定案件事实的依据。因此，公证机构在证据收集时应依法办理。

二、戏剧舞蹈作品著作权侵权的诉讼保护

戏剧舞蹈作品的权利人在自己的权利受到侵害后，通过诉讼的方式制止侵权行为的继续发生，并就自己受到的损害主张赔偿是维护自身权益最为有效的方式。

戏剧舞蹈作品权利人通过诉讼的方式保护自己合法权益时，要向有管辖权的法院提出诉讼并注意诉讼时效问题。如果不明确著作权侵权诉讼的管辖规则，可能会因为管辖问题而耽误诉讼的时机。如果不注意诉讼时效的问题，可能会导致自己的合法权益因为超过诉讼时效而丧失胜诉权。在诉讼的整个过程中，戏剧舞蹈作品权利人要主张自己的合法权益被侵害还要注意举证责任的分担，对应当自己举证的事实要提供有力的证据。此外，在主张赔偿数额时既要充分保护自己的利益又要注意计算方法的科学和合理，并能就自己受到的损失提供充分的证据。这些都是戏剧舞蹈作品的著作权人或表演者在利用诉讼方式对自己的合法权益进行保护时需要明确的问题。[①]

---

① 温旭主编：《知识产权业务律师基础实务》，中国人民大学出版社2014版，第56—72页。

（一）戏剧舞蹈作品著作权纠纷案件的管辖

在对著作权侵权行为提起的民事诉讼中，诉讼管辖对于原告而言是很重要的因素，因为适当的管辖地不但可能节省原告的旅费、住宿费等诉讼成本，还可能对日后的执行较为有利。与其他侵权诉讼相比，包括著作权在内的知识产权侵权诉讼无论是在地域管辖还是在级别管辖方面都有一些特殊之处。

1. 地域管辖

我国《民事诉讼法》第28条对侵权纠纷案件的地域管辖规定是：因侵权行为提起的诉讼，由侵权行为地或者被告住所地人民法院管辖。根据最高人民法院《关于适用〈中华人民共和国民事诉讼法〉的解释》第24条的规定，"侵权行为地"包括侵权行为实施地、侵权结果发生地。由于戏剧舞蹈等著作权纠纷的特殊性，实践中对侵权结果发生地的理解存在一定程度的混乱。司法实践中多数管辖权争议都发生在侵权案件的地域管辖问题上，争议的焦点在于如何理解和确定"侵权结果发生地"。

为了明确著作权侵权纠纷的地域管辖，最高人民法院《关于审理著作权民事纠纷案件适用法律若干问题的解释》第4条又进一步规定："因侵犯著作权行为提起的民事诉讼，由著作权法第46条、第47条所规定的侵权行为的实施地、侵权复制品储藏地或者查封扣押地、被告住所地人民法院管辖。"而侵权复制品储藏地是指大量或者经常性储存、隐匿侵权复制品所在地；查封扣押地，则是指海关、版权、工商等行政机关依法查封、扣押侵权复制品所在地。

根据上述确定著作权侵权纠纷管辖法院的规定，戏剧舞蹈作品的权利人可以充分利用有关著作权侵权行为地域管辖的规则，选择对自己最为有利的管辖法院对侵权行为人提起诉讼。例如，戏剧舞蹈作品著作权权利人住所地在北京，侵权行为人的住所地在天津，但却在深圳实施了未经许可表演戏剧舞蹈作品权利人作品的侵权行为，侵权表演活动的复制品分别在全国各地都有出售。如果权利人要将戏剧舞蹈作品侵权表演者和侵权表演活动的复制品销售者作为共同被告向法院提起诉讼的话，权利人就可以在北京相关区域的法院起诉。因为侵权复制品在北京有售，北京就是"侵权结果发生地"，即可被视为"侵权行为地"。权利人也可先请求北京著作权行政管理部门和工商部门先行扣押侵权复制品,这样北京就成为"查封、扣押侵权复制品所在地",北京相关区域的法院也因此而具有对案件的管辖权。

2. 级别管辖

根据最高人民法院《关于审理著作权民事纠纷案件适用法律若干问题的解释》第2条的规定,著作权民事纠纷案件,由中级以上人民法院管辖。各高级人民法院根据本辖区的实际情况,可以确定若干基层人民法院管辖第一审著作权民事纠纷案件。这是关于著作权民事纠纷级别管辖的规定。

（二）戏剧舞蹈作品著作权纠纷案件的诉讼时效

根据《中华人民共和国民法总则》第188条的规定,权利人向人民法院请求保护其民事权利的诉讼时效期间为3年,从知道或者应当知道其权利被侵害以及义务人时起计算。这一规定适用于著作权侵权诉讼,所以,著作权侵权纠纷的诉讼时效是3年,从权利人知道或者应当知道自己的权利被侵害以及义务人时起计算。

在实践中,许多侵犯著作权的行为是持续性的,如戏剧舞蹈作品的表演者未经许可在一定范围、一定时期内持续性地表演权利人的戏剧舞蹈作品或者销售其侵权表演活动的录音录像制品,只要表演行为或销售行为一直在继续,就构成对戏剧舞蹈作品著作权人的持续侵权。为了加强对著作权的保护,同时维护公共利益,最高人民法院《关于审理著作权民事纠纷案件适用法律若干问题的解释》对著作权侵权诉讼的时效做出了特别规定:"侵犯著作权的诉讼时效为二年,[①]自著作权人知道或者应当知道侵权行为之日起计算。权利人超过二年起诉的,如果侵权行为在起诉时仍在持续,在该著作权保护期内,人民法院应当判决被告停止侵权行为;侵权损害赔偿数额应当自权利人向人民法院起诉之日起向前推算二年计算。"本条规定意味着只要作品尚处于著作权保护期内,而且起诉时侵权行为仍在持续,权利人即使在知道或应当知道侵权行为之日起二

---

① 根据2017年10月1日实施的《中华人民共和国民法总则》第188条的规定,民事案件的普通诉讼时效已经由2年调整为3年,此处的著作权纠纷民事诉讼的时效期间也应该相应调整为3年。

年之后再起诉，仍然享有停止侵害请求权和损害赔偿请求权，只是侵权损害赔偿数额的计算只能以最后2年为准。

（三）戏剧舞蹈作品著作权侵权诉讼中的证据

在戏剧舞蹈著作权侵权诉讼中，举证责任的分配和承担是非常重要的一环，直接关系到当事人能否赢得诉讼。因此，在戏剧舞蹈作品著作权侵权诉讼中如何提供证据，提供哪些证据，对判断是否构成侵权非常关键。实践中，法院在审理戏剧舞蹈作品著作权侵权案件时，通常首先要确认著作权人的身份，其次通过作品的对比、勘验，确认侵权人的行为是否侵犯了权利人的戏剧舞蹈作品著作权。因此，戏剧舞蹈作品著作权人在侵权诉讼中承担举证责任时需要明确以下几个问题：

1. 提供享有著作权或者与著作权相关权利的证明

在著作权侵权诉讼中，根据民事诉讼中"谁主张，谁举证"的一般举证规则，对于戏剧舞蹈作品的著作权人或表演者来说，要主张自己作品的著作权或者作品的表演者权利被他人侵犯，就必须首先证明自己享有著作权或者表演者权利，提供享有戏剧舞蹈作品著作权或者与著作权有关权利的证明。

《著作权法》第11条第4款明确规定："如无相反证据，在作品上署名的公民、法人或者其他组织即为作者。"所以，最高人民法院《关于审理著作权民事纠纷案件适用法律若干问题的解释》第7条对可以确认作者权利的证据做了如下规定：当事人提供的涉及著作权的底稿、原件、合法出版物、著作权登记证书、认证机构出具的证明、取得权利的合同等，可以作为证据。在作品或者制品上署名的自然人、法人或者其他组织视为著作权、与著作权有关权益的权利人，但有相反证明的除外。

根据国家版权局颁布的《作品自愿登记试行办法》的规定，经过登记的著作权，权利人可以将登记文件及相应的作品提供给法庭作为权利证明。没有经过登记的著作权，其权利人应当提供何种证据来证明自己享有著作权，就往往会发生争议。例如，作品如在境外发表或者出版，作品的著作权人提起诉讼，或在录音录像制作者等邻接权人起诉他人侵犯其与著作权有关权利等情形下，原告享有权利的证明问题就更加复杂。

实践中，有的人想当然地要求著作权人一律提供其创作作品的原始手稿，要求表演者、出版者或者录音录像制作者提供著作权人许可其表演、出版或制作录音录像制品的原始证据，否则就不承认当事人享有著作权或者与著作权有关的权利。这种做法，不适当地加重了原告的负担，也违背了著作权法的立法本意。

所以，本书认为权利人只要举出能证明自己是权利人的初步证据就达到了证明要求，如果对方对权利人享有的权利提出异议的，应由异议方举证证明，提出异议方不能提供证据或提供的证据不充分的，应当确认主张权利的人享有权利。

2. 提供侵权证据并进行侵权对比

在戏剧舞蹈作品著作权侵权诉讼中，权利人除了要举证证明自己的合法权利外，还要提供侵权方存在侵权行为的相关证据。

根据最高人民法院《关于审理著作权民事纠纷案件适用法律若干问题的解释》第8条第1款的规定，当事人自行或者委托他人以定购、现场交易等方式购买侵权复制品而取得的实物、发票等，可以作为证据。在司法实践中，权利人为了证明侵犯著作权行为而进行取证工作比较困难，取得的证据还要防止难以证明来源于侵权人而被否定。因此，出现了对销售侵权复制品等侵权行为公证取证的保存证据方式。

"实质性相似＋接触"是认定被控侵权作品是否复制或来源于享有著作权的作品的重要原则，该原则在司法实践中被普遍运用。在这里，"实质性相似"在于说明被控侵权作品复制了或来源于享有著作权的在先作品，前者不构成具有独创性的作品。认定两件作品是否存在实质性相似，必须对创作在后的作品与创作在先的作品在思想表达形式或思想内容方面进行对比。

除对比实质性相似外，还要审查被控侵权作品的行为人是否接触了享有著作权的在先作品。关于"接触"事实的证明，是指享有著作权的作品在被控侵权作品之前公之于众；所谓"接触"不限于以直接证据证明，比如证明被控侵权人曾以阅读、见到、购买等方式接触过权利人的作品；也可以间接证据证明，比如权利人的作品在被控侵权人的作品之前已公之于众，而被控侵权人所从事的又是相关领域的工作。若出现以下情形也可以推定被控侵权人接触了权利人的作品:(1)被控侵权人的作品与权利人的作品明显近似,可排除被控侵权人是独立创作的可能性;(2)被控侵权人的作品中包含有与权利人作品中相同的错误,而这些错误对作品毫无帮助;(3)很难用偶然的巧合来解释被控侵权人的作品中包含着与权利人的作品中相同的特点或技巧。①

实践中,对于侵犯戏剧舞蹈作品著作权的案件,法官必须对原告主张的权利是否存在、该权利是否受到侵害进行审查,当事人则应围绕侵权责任构成要件(违法行为、损害事实、行为人过错、违法行为与损害事实之间的因果关系)进行举证。法院需要查明的法律事实和当事人需要证明的法律事实有:

(1)戏剧舞蹈作品著作权权利存在的事实,例如作品的创作原稿、公开演出的宣传海报、著作权权利登记证书等。

(2)权利妨碍事实,包括两项作品是否相同或构成实质性相似。通常,为证明被控侵权作品与原告的作品相同或者"实质性相似",原告应提交被控侵权作品。如果原告、被告作品相同或相似之处非常清晰,或者原告、被告作品完全或基本相同,那么,原告仅需提交原告、被告作品即可;如果原告、被告作品并非显而易见的相同,原告除了提交被控侵权作品外,还应提供明细表,指出原告、被告作品相同、相似的地方。

(3)权利侵害事实,包括接触或非法接触他人作品的事实,也包括独立创作、合理使用等相关作品、作品片段来源合法的事实。②

第二节 戏剧舞蹈作品著作权侵权的行政查处

著作权侵权的行政查处,体现了我国对著作权保护的力度,是权利人为维护自身合法权益可以采取的另一种保护方式。我国对著作权侵权的行政查处依

---

① 陈锦川:《关于著作权侵权诉讼举证责任的分配》,载蒋志培主编:《中国知识产权司法保护》,中国传媒大学出版社2008年版,第241页。
② 吴汉东:《试论"实质性相似+接触"的侵权认定规则》,载《法学》(沪)2015年第20158期。

据主要包括《中华人民共和国著作权法》《中华人民共和国著作权法实施条例》《著作权行政处罚实施办法》等法律、法规和规范性文件。当戏剧舞蹈作品著作权人或者相关权利人的权利受到侵害时，可以依据上述法律、法规和规范性文件中的规定向有关行政部门提出请求，要求查处著作权侵权行为，维护自身的合法权益。

一、行政查处的启动

戏剧舞蹈作品著作权侵权损害公共利益时，经权利人投诉、知情人举报或者经行政机关自行立案调查，行政机关将依法追究侵权人的行政责任。可见，行政查处程序的启动基于行政机关的自行立案和投诉人的举报。

（一）受理行政机关

依据《著作权法》第7条："国务院著作权行政管理部门主管全国的著作权管理工作；各省、自治区、直辖市人民政府的著作权行政管理部门主管本行政区域的著作权管理工作。"《著作权法实施条例》第37条规定："有著作权法第四十八条所列侵权行为，同时损害社会公共利益的，由地方人民政府著作权行政管理部门负责查处。国务院著作权行政管理部门可以查处在全国有重大影响的侵权行为。"国家版权局作为国务院的著作权行政管理部门，其职责很多。目前我国著作权的执法体系比较复杂，承担行政查处及行政执法的机关除国家版权局系统外，还包括承担与著作权有关的文化市场行政执法的文化行政部门，以及海关、工商、工信、广电、公安等诸多部门。

文化市场主要包括演出、娱乐、电影、戏剧、舞蹈等门类。戏剧舞蹈作品作为丰富广大人民群众文化生活的重要内容，当然也受到文化行政部门的监督，必然涉及著作权的行政执法保护。根据与文化市场相关的专门法规和规章规定，国务院文化行政部门以及省、县级人民政府的文化部门是文化市场的行政执法机构。根据《文化市场行政执法管理办法》的规定，文化市场行政执法的范围包括：（1）营业性演出活动；（2）音像制品的进口、批发、零售、出租和放映；（3）娱乐场所经营活动；（4）艺术品经营活动；（5）电影发行、放映经营活动;(6)互联网上网服务营业场所和互联网文化经营活动;(7)文化行政部门管理的其他文化经营活动。看起来文化市场行政执法机关的职责似乎很多,当概括起来,或者从另一个角度我们可以说,与著作权有关的文化市场行政执法主要包括与音像制品著作权有关的文化市场行政执法,以及与网络文化著作权有关的文化市场行政执法。四川省版权局曾公布,从2001年至2008年,四川全省行政执法部门共查处各类版权侵权案件3513起,查缴侵权盗版出版物共计1830.69万件;已按年度连续开展了三次网络侵权专项治理活动,2005年来共查处侵权案件49起,四次开展预装非法软件专项治理活动。[①] 可见,实践中,虽然每年对著作权侵权案件行政查处的数量远远低于民事救济的方式,但行政查处对侵权人带来的震慑还是不可估量的。

实践中,侵权行为发生时,权利人可以根据情况向侵权行为实施地、侵权结果发生地(包括侵权复制品储藏地、依法查封扣押地、侵权计算机服务器所在地、侵权网站主办人所在地或者主要经营场所地)的著作权行政管理部门投诉。

(二)投诉人

投诉人应该是依据著作权法规定享有作品著作权或与著作权相关权利的中国人民、法人或者其他组织,或者外国人、无国籍人,或者依法享有作品著作权专有使用权的权利人,或者是利害关系人。另外,知情人也可对侵权行为向著作权行政管理部门进行举报。

二、行政查处范围

依据《著作权法》第48条的规定,著作权行政管理部门有权查处下列违法行为:

(1)未经著作权人许可,复制、发行、表演、放映、广播、汇编、通过信息网络向公众传播其作品的,本法另有规定的除外;

---

① 四川新闻网,http://www.newssc.org,2016年6月20日。

（2）出版他人享有专有出版权的图书的；

（3）未经表演者许可，复制、发行录有其表演的录音录像制品，或者通过信息网络向公众传播其表演的，本法另有规定的除外；

（4）未经录音录像制作者许可，复制、发行、通过信息网络向公众传播其制作的录音录像制品的，本法另有规定的除外；

（5）未经许可，播放或者复制广播、电视的，本法另有规定的除外；

（6）未经著作权人或者与著作权有关的权利人许可，故意避开或者破坏权利人为其作品、录音录像制品等采取的保护著作权或者与著作权有关的权利的技术措施的，法律、行政法规另有规定的除外；

（7）未经著作权人或者与著作权有关的权利人许可，故意删除或者改变作品、录音录像制品等的权利管理电子信息的，法律、行政法规另有规定的除外；

（8）制作、出售假冒他人署名的作品的。

除著作权法规定的行政查处范围，其他法规条例中也涉及行政查处的范围，国家版权局《著作权行政处罚实施办法》第3条对著作权行政机关有权查处的违法行为也做了明确总结，同时，《信息网络传播权保护条例》《著作权集体管理条例》中也涉及行政机关有权查处的部分侵权行为等。

可见，著作权行政管理机关，不是任何侵权行为均可以受理查处，仅依据法律规定的上述情形，著作权行政管理机关才有义务对侵害著作权的行为进行行政查处。如果属于著作权行政管理部门的受理范围，依据《著作权行政处罚实施办法》第13条："著作权行政管理部门应当在收到所有投诉材料之日起十五日内，决定是否受理并通知投诉人。不予受理的，应当书面告知理由。"

三、投诉时效

根据《著作权行政处罚实施办法》第9条规定，著作权行政管理部门对违法行为处以处罚的时效为两年，从违法行为发生之日起计算。因此，权利人对于著作权违法行为的投诉应当在违法行为发生之日起的两年内进行。违法行为已经超过两年的，对于权利人的投诉，著作权行政管理机关有权不予受理。但对于有连续性或继续状态的侵权行为，两年期限自侵权行为终止之日起计算。也就是说，连续性或继续状态的侵权行为，如果知道或应当知道侵权行为的日期超过两年未投诉处理，但侵权行为仍在持续状态的，著作权行政管理机构仍应当受理投诉。

四、投诉资料

投诉人向著作权行政管理机构投诉时，应当按照受理机关的要求提供相应资料及证据，通常包括以下几种：

（1）调查申请书，其中应当写明投诉人、被投诉人姓名（或者名称）等基本情况，申请事项、申请调查所依据的主要事实和理由、申请时间等。

（2）申请人的身份证明材料，如果申请人委托代理人进行投诉，应当同时提交委托人和代理人的授权委托书及身份证明。

（3）权利归属的初步证据，如作品创作原稿、由作者署名发表的作品、作品著作权登记证明、取得权利的合同、发票等或有关机关出具的证明享有著作权或使用权的证明。

（4）被申请人的侵权证据，包括侵权复制品，制作、销售侵权复制品过程中的加工、销售合同、票据、账目等，证明侵权行为的公证书、有关照片、录音、录像等证据。

以上资料和证据仅是初步证据，如著作权行政机构能够对侵权人实施当场查封侵权复制品、没收违法所得等措施，这些措施对于权利人来说也是一种保全证据的方式，对权利人下一步通过民事诉讼方式要求侵权人承担民事责任，具有非常重要的作用。

五、行政查处结果

著作权行政管理部门受理调查申请后，将对涉嫌侵权行为的被申请人进行调查核实，并根据调查结果和法律规定出具案件调查报告，说明有关行为是否违法，提出处理意见及有关事实、理由和依据，并附上全部证据材料。

根据《著作权行政处罚实施办法》第29条的规定，著作权行政管理部门负责人应当对案件调查报告及复核报告进行审查，并根据审查结果分别做出下列处理决定：

（1）确属应当予以行政处罚的违法行为的，根据侵权人的过错程度、侵权时间长短、侵权范围大小及损害后果等情节，予以行政处罚；

（2）违法行为轻微并及时纠正，没有造成危害后果的，不予行政处罚；

（3）违法事实不成立的，不予行政处罚；

（4）违法行为涉嫌构成犯罪的，移送司法部门处理。

著作权行政管理部门可以给予侵权人的行政处罚包括：（1）责令停止侵权行为；（2）没收违法所得；（3）没收或者销毁侵权复制品；（4）罚款；（5）情节严重的，没收主要用于制作侵权复制品的材料、工具、设备等；（6）给予法律、法规规定的其他行政处罚。对著作权侵权行为行政处罚的具体措施见本书第十章的相关内容。

著作权行政管理部门拟做出行政处罚决定的，应当由本部门负责人签发行政处罚事先告知书，告知当事人拟做出行政处罚决定的事实、理由和依据，并告知当事人依法享有的陈述权、申辩权和其他权利。

第三节　戏剧舞蹈作品著作权侵权的刑事处罚

一、我国著作权刑法保护的制度变迁

我国1991年实施的著作权法和当时的刑法中并没有规定关于著作权的刑事责任。1994年7月全国人大常委会通过了《关于惩治侵犯著作权的犯罪的决定》中规定了几种著作权侵权的刑事责任。1997年3月全国人民代表大会修订

刑法吸收了上述决定中有关著作权刑事责任规定。我国现行刑法关于著作权犯罪和相应的刑事制裁措施，分别规定于第217条侵犯著作权罪、第218条销售侵权复制品罪的处罚规定。

另外，2004年最高人民法院、最高人民检察院《关于办理侵犯知识产权刑事案件具体应用法律若干问题的解释》中就刑法中规定的上述涉及著作权的犯罪进行了细化的规定，为相关犯罪的认定提供了具体依据。

对于戏剧舞蹈作品权利人来说，依据刑法中关于侵犯著作权犯罪的规定追究侵权责任人的刑事责任，是打击侵权、维护自身合法权益最有力的救济措施。

二、侵犯著作权罪、销售侵权复制品罪的主要特点

进入21世纪，侵犯著作权罪、销售侵权复制品罪在知识产权犯罪中尤显突出，法院系统受理的此类犯罪案件也同时出现增长状态。因我国仍处于社会主义初级阶段，人均收入较低，对盗版产品存在较强烈的市场需求，人们对实施侵犯他人著作权的犯罪行为很难产生应有的道德罪恶感，再加上我国著作权保护机制亟待进一步完善，这预示着，我国侵犯著作权罪、销售侵权复制品罪的数量和规模在今后很长一段时间仍会持续存在并增长。

（一）涉案数额大，涉及领域广泛

侵犯著作权罪、销售侵权复制品罪的一个突出原因是犯罪成本低廉，因此直接导致涉案金额往往巨大，涉及的领域也比较广泛。侵犯著作权罪、销售侵权复制品罪的领域从文字作品、美术作品、摄影作品等文学、艺术品市场，到电影电视作品、音乐、戏剧、舞蹈，从图书出版市场到音像制品市场等，无不涵盖。

（二）侵犯知名作品，社会影响较大

以营利为目的的侵犯著作权的行为人往往将侵犯的目标锁定在那些具有较高社会知名度的作品上。实践中，侵犯著作权的对象主要集中在：(1)各类

畅销书；(2) 各类经典、流行的戏剧舞蹈音像制品；(3) 知名画家的美术作品；(4) 通用的计算机软件等。上述作品共同的特点是社会知名度高，易形成良好的销售市场，犯罪人为了获得高额利润，往往会不择手段肆意仿冒盗版。

以各类戏剧舞蹈音像制品为例，市场上充斥着大量以著名戏剧、舞蹈作品为主要内容的盗版音像制品，复制、销售盗版的CD、DVD光盘及网站未经允许以复制、播放、下载等形式，侵犯戏剧舞蹈著作权屡屡发生。正是由于侵犯对象的知名度高，一旦案发，社会各界就比较关注，容易在社会上形成较大影响。

（三）作案手段不断翻新，犯罪隐密性强

为了使仿冒的作品能达到以假乱真的地步，行为人侵犯著作权的手段不仅多样，而且借助于现代科技手段不断翻新，以至于盗版产品与正版产品的辨别越来越难。虽然著作权人也采取加密或更先进的技术等措施防止被盗版，但犯罪分子基于获取暴利的动机，总是能在最短时间内找到破解的方法。

因犯罪嫌疑人对知识产权的侵犯并不造成知识产权载体的破坏，甚至不留任何痕迹，所以犯罪分子在侵犯著作权后，著作权人可能丝毫没有察觉，这使著作权犯罪案件还具有较高的隐密性。不仅如此，不法盗版商制售非法制品活动的隐蔽性与欺骗性也越来越强，给治理活动带来了新的挑战。常见的盗版方式是把盗版窝点设在管理相对较松的城乡接合部、边远地区，或者冒充别人的厂名、厂址及产品认证标志，个别销售者为逃避执法者的检查流动销售等，造成犯罪分子的作案方法也变得更加隐蔽。

（四）连续作案频繁，数罪现象普遍

虽然近年来我国加强了对侵犯著作权行为的打击力度，但犯罪分子在巨额利润的诱惑下仍然屡屡以身试法。特别是由于实践中经常以行政处罚代替刑事司法，以致犯罪分子感受不到惩罚的严厉，所以犯罪案件频发。为此，2007年4月4日最高人民法院、最高人民检察院《关于办理侵犯知识产权刑事案件具体应用法律若干问题的解释（二）》规定，因侵犯知识产权被刑事处罚或者行政处罚后，再次侵犯知识产权构成犯罪的，一般不适用缓刑。

此外，由于著作权犯罪手段复杂，环节较多，导致司法实践中数罪并发的

情况普遍。同一犯罪主体往往集多种侵犯著作权罪、销售侵权复制品罪行为，或同时触犯其他的经济犯罪或非经济犯罪罪名。如非法复制发行他人作品营利的行为人，往往也销售自己或他人的侵权复制品，而这些出版物中可能又有淫秽作品，这样又可能构成制作、复制、出版、贩卖、传播淫秽物品牟利罪；如果案件跨越了国境，又可能存在走私行为，等等。①

三、刑事追责制裁措施的启动

戏剧舞蹈作品的著作权人在其权利受到侵害时，除了可以通过民事诉讼和行政查处的方式来维护自己的合法权益外，对于侵权行为情节严重，可能构成刑法规定的著作权犯罪的侵权行为，著作权人还可以通过刑事制裁的方式追究侵权行为人的刑事责任来维护自己的合法权益。

（一）对涉嫌著作权犯罪案件的报案

实践中，戏剧舞蹈作品的著作权人因他人侵犯其作品著作权的侵权行为受到侵害后，如果该侵权行为情节严重，涉嫌构成犯罪的，著作权人可以根据刑法的规定追究侵权人的刑事责任。比如，某人以营利为目的，未经许可，复制发行了某戏剧舞蹈著作权人的作品高达数千份，根据《刑法》第217条的规定某人的行为已涉嫌构成侵犯著作权罪，这时著作权人可依据《中华人民共和国刑事诉讼法》（以下简称刑事诉讼法）等有关法律的规定，向公安机关报案，检举控告涉案的犯罪嫌疑人，要求公安机关追究其刑事责任。针对涉嫌著作权犯罪的行为，著作权人作为受害人在向公安机关报案时，除了可采用口头或电话报案外，通常是以书面的刑事报案书或刑事控告书的方式向公安机关报案。按照规定，刑事报案书应当写明如下内容：（1）报案人的基本情况；（2）涉案的犯罪嫌疑人的基本情况；（3）报案的基本事实和内容；（4）报案请求的事项；（5）附有与案件相关的证据材料。

---

① 张远煌主编：《侵犯著作权犯罪典型案例评析》，北京大学出版社2014年版，第5—8页。

（二）对涉嫌著作权犯罪案件的管辖

涉嫌著作权犯罪案件的侦查由公安机关负责，根据我国刑事诉讼法的规定，刑事案件由犯罪地的公安机关管辖。如果由犯罪嫌疑人居住地的公安机关管辖更为适宜的，可以由犯罪嫌疑人居住地的公安机关管辖。

根据最高人民法院对刑事诉讼法管辖的解释，犯罪地包括犯罪行为发生地和犯罪结果发生地。犯罪嫌疑人的户籍地为其居住地，经常居住地与户籍地不一致的，经常居住地为其居住地。如果犯罪嫌疑人是单位，则单位登记的住所地为其住所地；如果单位主要营业地或者主要办事机构所在地与单位登记的住所地不一致的，应该以主要营业地或者主要办事机构所在地为单位的住所地。比如，在实践中，戏剧舞蹈作品的著作权人发现某门店藏有大量的侵权作品，可能涉嫌构成犯罪的，这个藏有侵权作品的门店就可视为犯罪地，著作权人就有权根据法律的规定向该门店所在地的公安机关报案。

（三）对涉嫌著作权犯罪案件的受理

根据《中华人民共和国刑事诉讼法》和《公安机关办理刑事案件程序规定》中的有关规定，涉及著作权犯罪的刑事案件是由公安机关负责侦查工作的。公安机关对于著作权人报案、举报、控告的涉及著作权犯罪的刑事案件都应当立即接受，问明情况，并制作《询问笔录》。对于戏剧舞蹈著作权人的刑事报案，公安机关经审查后，认为有涉嫌著作权犯罪的事实，且属于自己管辖的，公安机关将依法进行立案。公安机关立案后会进行相应的案件侦查工作，并会根据案件的需要采取必要的措施。在对案件侦查终结后，应当起诉的案件，则移送人民检察院审查决定批捕。如果公安机关对报案人的报案内容经审查后认为，嫌疑人虽然有侵犯著作权的行为，但根据法律规定尚不构成犯罪的或依法不需追究刑事责任的则不予立案。对于不够给予刑事处罚的嫌疑人，但需要给予行政处理的，公安机关会依法将案件移送相关的行政机关处理，最终以此惩处著作权的侵权行为，维护著作权人的合法权益。

第四节 典型案例评析

刘耕源、刘朝晖诉扬州扬子江音像公司著作权侵权纠纷案[①]

（一）案件的基本情况

20世纪40年代末50年代初，两名原告刘耕源、刘朝晖的父亲刘南薇创作完成了越剧剧本《梁山伯与祝英台》。刘南薇去世后，两原告作为刘南薇的继承人依法继承了该剧本的著作财产权。2008年7月22日，两原告发现被告扬子江音像公司未经授权在其出版发行的越剧《梁山伯与祝英台》VCD中使用了该剧本，且未署名。两原告认为被告扬子江音像公司的行为不仅侵犯了刘南薇的署名权，也损害了两名原告依法对该作品所享有的复制、发行及获得报酬权。据此诉至江苏省扬州市中级人民法院，请求判令扬子江音像公司：1. 在江苏省报纸上公开发表声明，说明刘南薇是《梁山伯与祝英台》越剧剧本的编剧；2. 立即停止制作、出版、发行、销售侵权的越剧《梁山伯与祝英台》VCD影碟；3. 赔偿经济损失2万元。

被告扬子江音像公司在一审过程中辩称：《梁山伯与祝英台》为一传统越剧剧目，涉案VCD所使用的剧本是由袁雪芬、范瑞娟口述，徐进改编而成，著作权人并非为刘南薇。扬子江音像公司通过合法的版权贸易方式从上海越剧院等单位受让了相关VCD的发行权，故请求驳回刘耕源、刘朝晖的诉讼请求。

---

① 见江苏省高级人民法院（2009）苏民三终字第0196号民事判决书。

（二）案件的审理结果

1. 案件的一审结果

作为案件的一审法院，扬州市中级人民法院经审理后查明下列事实：

1950年，南薇（南薇系刘南薇的笔名）编导、东山越剧社演出的《梁祝哀史》在北京公演。1950年4月15日、8月21日发行的《新闻日报》中刊登的《梁祝哀史》演出海报均注明编导为南薇。1951年出版的《人民文学》第二期第五卷中刊登了《梁山伯与祝英台》越剧剧本。该剧本前言部分载明"南薇改编，宋之由、徐进、陈羽、成容、宏英修改"。该剧本共分为十三个部分。同时，该刊物发表了徐进撰写的《〈梁山伯与祝英台〉的再改编（介绍）》一文。1951年12月20日人民文学出版社出版的《文艺报》第五卷第四期中也刊载了该剧本，同样载明"南薇改编，宋之由等修改"。1994年，中国戏曲出版社出版了《重新走向辉煌——越剧改革五十周年论文集》，该文集收录了范瑞娟撰写的《越剧改革的一位功臣——忆南薇先生》及杨华生撰写的《忆南薇》两篇文章，均提及南薇是《梁祝哀史》和《梁山伯与祝英台》越剧剧本的编导。

1997年12月，中国戏剧出版社出版的《上海越剧志》中第353页有如下内容："南薇（1921—1989）编导。1943年入袁雪芬领衔的大来剧场为编导。……1949年，转入范瑞娟、傅全香领衔的东山越剧社，主持剧务部。在'东山'期间，还编导了……《梁祝》……等多部新戏。"

2002年10月，中国戏剧出版社出版的应志良著《中国越剧发展史》第263页有如下内容："1950年8月，东山越艺社应文化部艺术事业管理局邀请，赴京演出了两个公演剧目《梁祝哀史》（《梁山伯与祝英台》）和《祥林嫂》都是由南薇编导的。"

2004年12月，上海文艺出版社出版的《上海当代作家词典》中第65页记载："刘南薇（1921—1989），原名刘松涛，笔名南薇。著有越剧剧本……《梁祝哀史》、越剧电影剧本《梁山伯与祝英台》。"

2005年9月19日发行的《朝花》报纸中刊登了范瑞娟撰写的《我与"东山越艺社"》一文，文中记载有："……由南薇改编的《梁山伯与祝英台》……"

2006年第四期《大舞台》杂志刊登了吕建华《新越剧编导的代表人物——

南薇先生》一文，文中记载有："越剧久演不衰的名剧……，《梁山伯与祝英台》、……等作品都出自同一编剧和导演南薇。……这里特别值得一提的是《梁祝》。……是袁雪芬、范瑞娟等人在老一辈艺人传授下来的老戏的基础上，由南薇记录并执笔改编的。……即南薇对梁祝的修改，经过八次全面的修改，……50年代正值知识分子改造雷厉风行的时期。……作为'小资产阶级知识分子'的南薇，……剥夺了他的编导权。……把南薇改编成功的《梁祝》，另行组织人员进行所谓的加工，并剥夺了他的署名权。"

2005年，扬子江音像公司出版发行了越剧《梁山伯与祝英台》VCD影碟。

《上海越剧志》中还记载："《梁山伯与祝英台》为传统剧……小歌班初期已有《十八相送》和《楼台会》两折。……1945年，袁雪芬与范瑞娟合作，演出了经初步整理的《新梁祝哀史》。……1951年秋，华东越剧实验剧团排演该剧，剧本由袁雪芬、范瑞娟口述，徐进等执笔……。1953年，该剧由上海电影制片厂摄制成第一部国产彩色戏曲艺术片，由徐进、桑弧编剧，桑弧、黄沙导演……"

1979年3月，上海文艺出版社出版了《梁山伯与祝英台》越剧剧本的单行本。该剧本注明："袁雪芬、范瑞娟口述，徐进等改编。"

双方当事人在庭审中均承认越剧《梁祝哀史》与《梁山伯与祝英台》系同一剧目。

经比对，1951年《人民文学》第二期第五卷中刊登的《梁山伯与祝英台》越剧剧本与扬子江音像公司使用的剧本有70%以上的内容相同。

在确认上述事实的情况下，一审法院认为案件争议的焦点为：涉案《梁山伯与祝英台》越剧剧本的著作权人是否为刘南薇，扬子江音像公司在本案中应承担何种法律责任。

针对上述两个焦点问题，一审法院认为：

（1）关于《梁山伯与祝英台》越剧剧本的著作权人

《著作权法》第11条规定："如无相反证明，在作品上署名的公民、法人或者其他组织为作者。"越剧《梁山伯与祝英台》虽为一传统剧目，但现有证据可证实1951年发表于《人民文学》第二期第五卷的剧本是最早公开出版发行的剧本。因署名改编者为"南薇"即刘南薇，并注明徐进仅参与了修改，此外徐进还在同本刊物上发表了《〈梁山伯与祝英台〉的再改编（介绍）》一文，而此后多种书籍、文章中均提及《梁山伯与祝英台》越剧剧本最早的改编者为刘南薇，据此认定《梁山伯与祝英台》越剧剧本的最初改编者是刘南薇，其对改编作品依法享有著作权。徐进等虽在此后出版的剧本中作为改编者身份出现，但不能因此否认刘南薇系剧本的最初改编者。刘南薇已于1989年去世，刘耕源、刘朝晖作为其子女有权继承涉案《梁山伯与祝英台》越剧剧本的著作财产权。

（2）关于扬子江音像公司的责任

扬子江音像公司作为一家录音录像制品的制作、出版者，有义务审查所使用的作品的作者（包括改编者），并按法律规定履行相应的获取许可、支付报酬等义务。扬子江音像公司对涉案《梁山伯与祝英台》越剧剧本的最初改编者未尽到合理的注意义务，在未取得权利人授权的情形下，在制作、出版、发行的VCD中使用了剧本的大部分内容，侵犯了刘耕源、刘朝晖的著作财产权，应承担停止侵害、赔偿损失等法律责任。由于刘耕源、刘朝晖不能提供证据证明扬子江音像公司的违法所得，考虑涉案作品的历史演进因素、侵权VCD的发行数量及扬子江音像公司的主观过错，确定扬子江音像公司赔偿1万元为宜。另，扬子江音像公司在其发行的VCD中未为刘南薇署名，亦侵犯了刘南薇的署名权。故对刘耕源、刘朝晖要求扬子江音像公司在媒体上公开声明刘南薇是《梁山伯与祝英台》越剧剧本的改编者的主张予以支持。

据此，一审法院依照著作权法、最高人民法院《关于审理著作权民事纠纷案件适用法律若干问题的解释》的相关规定，判决：（1）扬子江音像公司于判决生效之日起10日内在《扬州晚报》上发表声明，说明刘南薇是《梁山伯与祝英台》越剧剧本的改编者；（2）扬子江音像公司立即停止制作、出版、发行、销售侵权的越剧《梁山伯与祝英台》VCD；（3）扬子江音像公司于判决生效之日起10日内赔偿刘耕源、刘朝晖经济损失人民币1万元。

2. 案件的二审结果

一审判决后，扬子江音像公司不服，向江苏省高级人民法院提起上诉。

扬子江音像公司上诉称：（1）刘南薇不享有涉案越剧剧本的著作权。刘耕源、刘朝晖仅依据1951年《人民文学》上的越剧剧本上注有南薇改编，来证明刘南薇享有涉案越剧剧本的著作权，证据不足。梁祝系国家级非物质文化遗产的民间文学艺术作品，从人物到故事情节皆非刘南薇所创作改编。（2）扬子江音像公司系善意取得越剧梁祝的著作权。扬子江音像公司在与上海越剧院签订版权合同时，已向上海越剧院要求其出示相关版权的权属证明。一审判决认定扬子江音像公司构成侵权不当。综上，请求撤销一审判决，驳回刘耕源、刘朝晖的诉讼请求。

刘耕源、刘朝晖当庭答辩称：（1）扬子江音像公司将梁祝故事、梁祝越剧与涉案的梁祝越剧剧本相混淆。将梁祝故事作为民间文学国家非物质文化遗产与梁祝越剧剧本作为著作权法保护的客体混淆。（2）侵权行为不适用善意取得。综上，请求驳回上诉，维持一审判决。

江苏省高级人民法院认为本案二审争议焦点为：（1）刘南薇是否是涉案越剧剧本的著作权人；（2）扬子江音像公司的行为是否构成侵权。

扬子江音像公司二审提交证据为：国发[2006]18号《国务院关于公布第一批国家级非物质文化遗产名录的通知》及第一批国家级非物质文化遗产名录。证明梁祝属于国家级非物质文化遗产、民间文学艺术，刘南薇不是涉案越剧剧本的著作权人。刘耕源、刘朝晖对上述证据的真实性没有异议，但认为与本案没有关联性。

刘耕源、刘朝晖二审提交证据为：东山越艺社于1951年3月31日在丽都大戏院演出《梁祝哀史》的唱词选刊及上海文艺界抗美援朝支会越剧分支会捐献"越剧号"飞机在华东大众剧院演出《梁祝哀史》的唱词选刊。证明刘南薇是涉案越剧剧本的最初著作权人。扬子江音像公司对上述证据的真实性、合法性均无异议，但认为与本案不具有关联性。

根据双方当事人质证情况，江苏省高级人民法院对当事人提供的证据做如下认定：扬子江音像公司提交证据的真实性可以认定，但该证据不能反映涉案越剧剧本的著作权人情况，故对其关联性不予确认。刘耕源、刘朝晖提交的证据，扬子江音像公司对其真实性没有异议，该证据能印证涉案梁祝越剧剧本由刘南薇编导，故对该证据的真实性、关联性均予以认定。

基于一审确认的事实以及二审查明的事实，江苏省高级人民法院认为：

（1）刘南薇是涉案越剧剧本的著作权人

我国《著作权法》第11条第4款规定："如无相反证明，在作品上署名的公民、法人或其他组织为作者。"

扬子江音像公司上诉主张刘南薇不是涉案越剧剧本的著作权人。理由是：梁祝传说系国家级非物质文化遗产的民间文学艺术作品。对此，法院认为，首先，本案涉及的《梁山伯与祝英台》越剧剧本虽然有多个版本，但最早的版本为《人民文学》于1951年所刊登，其署名的改编者为"南薇"即刘南薇。其次，扬子江音像公司虽然还主张有更早的梁祝越剧剧本存在，但没有提交证据证明，不能采信。再次，虽然上海文艺出版社出版的《梁山伯与祝英台》越剧剧本的单行本注明该剧本由袁雪芬、范瑞娟口述，徐进等改编，但因该越剧剧本发行时间为1979年3月，远在1951年《人民文学》刊登涉案越剧剧本之后，扬子江音像公司据此否认刘南薇系涉案越剧剧本的著作权人缺乏法律依据。最后，刘南薇作为涉案《梁山伯与祝英台》越剧剧本的改编者，仅是对这一改编作品享有著作权。因此，作为国家级非物质文化遗产的梁祝传说，与刘南薇享有著作权的改编作品《梁山伯与祝英台》越剧剧本并非同一概念，不能以此否认刘南薇是涉案《梁山伯与祝英台》越剧剧本的著作权人。综上，在没有相反证据推翻的情况下，能够认定刘南薇是涉案越剧剧本的改编者。刘耕源、刘朝晖二审提交的相关越剧剧本的唱词选刊，也能对此予以佐证。因此，扬子江音像公司关于刘南薇不是涉案越剧剧本著作权人的上诉理由缺乏事实和法律依据，应不予支持。

（2）扬子江音像公司的行为构成侵权

扬子江音像公司上诉认为其已获得了上海越剧院的合法授权，系善意取得相关著作权利，不构成侵权。法院认为，录音录像制品的制作者使用他人作品制作录音录像制品，或者许可他人通过复制、发行、信息网络传播的方式使用该录音录像制品，均应依法取得著作权人及表演者许可，并支付报酬。扬子江音像公司作为一家专业录音、录像制品制作者，有义务查明所使用的作品的著作权人，并按法律规定履行署名、支付报酬等义务。在有资料可以查实《梁山伯与祝英台》越剧剧本最早改编者的情况下，扬子江音像公司未尽到合理的审查义务，在没有取得刘南薇的继承人刘耕源、刘朝晖同意的情况下，制作、出版了大部分内容使用刘南薇改编的涉案越剧剧本的VCD，且没有为刘南薇署名，侵犯了刘南薇的署名权，也侵犯了刘耕源、刘朝晖的著作财产权。扬子江音像公司关于其不构成侵权的上诉理由于法无据，应不予采信。

综上，二审法院江苏省高级人民法院认为扬子江音像公司的上诉请求和理由没有事实和法律依据，均不能成立，应予驳回。一审判决认定事实清楚，适用法律正确，应予维持。遂判决驳回扬子江音像公司的上诉，维持原判决。

（三）对案件的法律分析

由于该案的一审以及二审法院均对涉案作品的著作权归属以及侵权行为认定做了非常细致、清晰的分析，故对上述两个案件的关键问题不再赘述分析。仅就案件涉及的民事责任承担问题做简要分析。

本案中，在确认刘南薇对涉案剧本享有著作权，刘耕源、刘朝晖两原告基于继承而取得涉案作品的著作财产权的基础上，被告使用涉案作品制作、出版了大部分内容使用刘南薇改编的涉案越剧剧本的VCD，且没有为刘南薇署名，侵犯了刘南薇的署名权，也侵犯了刘耕源、刘朝晖的著作财产权，理应按照著作权法以及相关法律、法规的规定承担民事责任，包括停止侵权、赔礼道歉、赔偿损失等等。

在本案中，两名原告在其著作财产权受到侵害后，选择到法院通过民事诉讼的形式来维护自身的合法权益，可以对其受损害的民事权益直接给予救济。除此之外，如果被告的侵权行为同时损害社会公共利益的，两名权利人还可以向著作权行政管理部门进行投诉，著作权行政管理部门可以对侵权行为人采取责令停止侵权行为，没收违法所得，没收、销毁侵权复制品，并可处以罚款等行政处罚措施；情节严重的，著作权行政管理部门还可以没收主要用于制作侵权复制品的材料、工具、设备等。构成犯罪的，依法追究刑事责任。

第十二章 戏剧舞蹈"模仿秀"的法律问题

近些年来,"模仿秀"行为风行各地,各类"模仿秀"综艺节目如火如荼,尤其是在戏剧舞蹈领域,其有可能引发的法律问题也是著作权法领域的一个崭新问题。对此,法律存在空白,理论界也关注较少。从一般人的角度来看,模仿他人表演戏剧舞蹈似乎是一种正常合理的行为,但是,在"模仿秀"愈演愈热的背后,有可能会触及一些法律禁止的区域,并有可能引发一些法律问题。例如,戏剧舞蹈中的"模仿秀"是否属于著作权法上的表演?"模仿秀"是否构成对原表演者民事权利的侵犯?若构成侵权,法律又如何进行规制?

第一节 戏剧舞蹈"模仿秀"的基本理论问题

一、戏剧舞蹈"模仿秀"的含义及分类

(一)"模仿"的含义

模仿,根据《现代汉语词典》(第7版)的解释,指按照某种现成的样子学着做。而《辞海》则从心理学和社会学两个角度对模仿进行了解释。从心理学的角度来说,模仿是依照别人的行为样式自觉或者不自觉地进行仿效,做出同样或类似的动作或行为的过程,是学习的一种重要形式。从社会学的角度来说,模仿是人们自觉或不自觉地重复他人行为的过程。其实,早在我国古代文献中就有对各种模仿行为的生动描述,如成语邯郸学步、东施效颦、唐临晋帖

等。亚里士多德曾指出,人有模仿的本能,模仿是人类与生俱来的本事,它也能使人产生快感,是人追求美、接近美的一种方式。

（二）"模仿秀"含义的界定

"模仿秀"（imitation show）是一个舶来词,起源于英国。20世纪中叶,许多英国国民乐于模仿喜剧大师卓别林的表演,这个词语便逐渐流行于大众生活。当前,社会上对于"模仿秀"的含义并没有一个权威的界定。有人认为,"模仿秀"是指行为人以其肖像、声音动作、神态等模仿社会知名人士而进行的一种社会活动。① 也有人将"模仿秀"定义为是一种以营利为目的,通过效仿他人独特的表演技巧,再现他人表演形象并取得类似舞台效果的行为。② 笔者认为,现今的"模仿秀"有广义和狭义之分。广义的"模仿秀"泛指文学、艺术、科技和商业等各个领域的模仿行为及成果,包括临摹书画家的作品、生产"山寨"产品等；狭义的"模仿秀"仅限定在文学和艺术领域,指通过效仿表演者（一般为明星）独特的表演技巧,以再现原表演者对于文学艺术作品的表演形象和表演效果的一种表现形式。当前,一些商业演出和电视台的娱乐节目多冠以"模仿秀"的称谓使得"模仿秀"逐渐演变成一种社会娱乐活动。

（三）"模仿秀"的分类

"模仿秀"根据其模仿手段的不同可以划分为声音模仿、动作模仿和综合模仿。声音模仿是指仅模仿表演者表演时独特的声腔特点和语音语调而无需展现其外表形象,如模仿艺术家的评书和通过广播电台模仿明星演唱等。动作模仿是指模仿表演者的动作特点和演艺造型。这类模仿只需要在动作和外型上与原表演者的整体表演形象相似即可,并不强调自身面容和表演时发出的声音,如模仿英国著名喜剧演员憨豆先生的喜剧表演和舞蹈艺术家的舞姿等。综合模仿,也即前两种模仿的结合。这种模仿是最全面、最完整的模仿形式,如模仿

---

① 赵建军:《"模仿秀"中的知识产权保护》,载《中国律师知识产权高层论坛论文集（下）》,中华全国律师协会知识产权专业委员会编纂2009年版,第262页。

② 赵颖锋:《也谈明星模仿》,http://www.66law.cn/lawarticle/2416.aspx。

美国歌星迈克尔·杰克逊演唱的同时模仿其舞步等。

"模仿秀"根据其是否以营利为目的可以划分为非营利性"模仿秀"和营利性"模仿秀"。前者纯粹是为了自娱自乐和丰富大众生活而进行的模仿活动，如在KTV包厢里模仿歌星的演唱，又如在学校新年联欢晚会上的演出等。后者主要利用原表演者的表演形象和名望的影响力获取利润，以实现自身的商业价值及其他相关利益，如电视台举办"模仿秀"比赛节目从中赚取广告费和门票收入，又如某商家为宣传其产品而请形象酷似某明星的模仿者进行模仿表演等。

二、戏剧舞蹈"模仿秀"的特征

戏剧舞蹈中"模仿秀"的特征可以归纳为以下几点：

（一）模仿对象的特定性

模仿者模仿的对象往往是戏剧舞蹈领域的明星。明星通常是大家熟知甚至崇拜的公众人物，模仿者之所以乐于模仿明星，其根本在于能够借助他们的"明星效应"来娱乐大众或实现某种利益。如果模仿者模仿的是一个公众不熟知的普通人物，则无法调动和吸引公众的兴趣，模仿者的自身利益也无法实现。因此，一般来讲，"模仿秀"的对象都是在戏剧舞蹈领域具有一定知名度的特定人群，普通民众之间的相互模仿不能称为"模仿秀"。

（二）模仿本质的山寨性

"山寨"一词由来已久，其原本指山中设有防守栅栏或围墙的据点，代表着那些占山为王的地盘，有着不被官方管辖的意味。发展到今天，"山寨"已具有盗版、克隆、模仿制造的意思。在我国，"山寨"最初从IT产业起步，通过仿制名牌手机迅速蔓延到其他各个领域。"山寨"产品以快速、廉价、平民化的特征占领市场，并为生产者带来了丰厚的利润。许多人都将"模仿秀"归于"山寨"文化的范畴，认为"模仿秀"是"山寨"文化的表现形式之一，这并不是没有道理的。"山寨"产品迎合了大众对于名牌商品想追求而又难以负担的心理，生产者以名牌产品本身已在社会上积累的人气和社会效应为契机，通过仿造外观和内容一致的产品来谋取商业利润。同样的，戏剧舞蹈中"模仿秀"的目的也在于利用明星在社会上所具有的轰动效应来谋取名利。因此，戏剧舞蹈中的"模仿秀"是一种具有"山寨"性质的行为。

（三）模仿内容的形象性

模仿者模仿的内容是戏剧舞蹈中原表演者的表演形象。表演形象是戏剧舞蹈表演者通过对作品的理解，以声音、表情、动作姿态等形式再现作品的过程中所创造出来的艺术形象，体现了表演者的表演风格和艺术修养，是表演者表演的艺术体现[①]。表演形象区别于日常生活形象和肖像，如果模仿者仅仅由于长相相似并不构成模仿他人的表演形象。同时，戏剧舞蹈"模仿秀"还区别于著作权法上的另一种模仿行为——临摹。临摹，是中国书画界的术语，也是著作权法理论关注的一种行为，它是指以名家书画为蓝本进行描摹绘画，其被广泛视为中国书画学习的必经之路。"模仿秀"与书画临摹的相同点在于二者均是一种模仿行为，但书画临摹的作者模仿的仅仅是有形的书画作品本身，模仿的成果是一幅有形的复制品或者说是一幅新的"作品"，而戏剧舞蹈"模仿秀"中的模仿者模仿时虽然也需要展现原表演者表演的作品本身，但模仿的内容却不在于作品本身，而在于原表演者针对作品已经展示出来的表演艺术形象。

（四）模仿效果的逼真性

戏剧舞蹈"模仿秀"的演出效果力求逼真。模仿者模仿的目的不是为了展现自身表演的独特性，而是依靠自身的领悟尽可能地还原原表演者曾经的演出效果。戏剧舞蹈"模仿秀"区别于当前著作权法理论界争论较大的滑稽模仿行为。滑稽模仿，又称为戏仿，这一术语在著作权法中的含义是指通过模仿原作内容而对原作加以讽刺或批评的创作形式。滑稽模仿借助于某个业已存在的作品，通过改变其某些特征来对该作品进行调侃和嘲弄，或对一定的社会现象进行评论，以达到幽默或讽刺的效果，例如网络短片《一个馒头引发的血案》对电影《无极》里某些镜头的戏仿。滑稽模仿不以演出效果逼真为目的，模仿者

[①] 杨延超：《表演者精神权利结构与本质探析》，载《法学论坛》2007年第1期。

由于在模仿时刻意融入了幽默或讽刺的元素使得滑稽模仿不属于真正意义上的模仿。与此相反,戏剧舞蹈"模仿秀"追求的完全是与原表演者的表演形象一致而不刻意掺入任何其他的元素,否则,"模仿秀"就会丧失其生命力。追求与原表演者一致的表演效果,是模仿者之所以乐于模仿而不愿意"自己表演"的根本原因。

三、戏剧舞蹈"模仿秀"存在的合理性

戏剧舞蹈"模仿秀"之所以能够在我国掀起热潮,受到大众欢迎,主要在于戏剧舞蹈"模仿秀"有着深刻的理论合理性和现实合理性,存在一定的法律价值及宪法理论所确认的自由进行文化活动的原则。它作为一种文学艺术的表现手法,呈现给大众的是一种另类的表演效果。

(一)戏剧舞蹈"模仿秀"符合价值理论的要求

价值是一个哲学概念,也是现代人文社会科学普遍使用的一个概念,它体现着主体和客体之间的某种关系,表征着作为价值主体而言的人的主体性意识,同时也代表着主体与客体之间关系的默契程度。价值的外在表现形式除了包括自然社会实际存在的物品之外,还包括社会现象和社会关系等。"模仿秀"作为一种新兴的社会娱乐现象,从哲学上论其价值,就是审视戏剧舞蹈"模仿秀"的存在对于人的需求的满足是否具有相当的默契程度,是否能被大众所接受。自古以来,直到文学艺术蓬勃发展的今天,模仿在现实生活中大量存在,可以说只要有文学艺术的存在,就不可避免地存在各种模仿活动。结合当前实际,大众乐于观看他人模仿明星的表演印证了"模仿秀"的存在符合当前大众的娱乐需求,能被大众所接受,"模仿秀"具有存在的价值。

(二)戏剧舞蹈"模仿秀"与自由原则

自由是公民的基本权利,《中华人民共和国宪法》第47条规定:"中华人民共和国公民有进行科学研究、文学艺术创作和其他文化活动的自由。国家对于从事教育、科学、技术、文学、艺术和其他文化事业的公民的有益于人民的创

造性工作,给以鼓励和帮助。"自由原则在我国著作权法中体现为创作的自由。公民具有自由进行文化活动的权利,可以自由地从事创作活动,发表自己的创作观点。戏剧舞蹈"模仿秀"作为一种文化娱乐活动,模仿者只要不侵害他人的合法权益,就应当享有模仿的自由。因此,模仿者进行模仿活动以自由地表达对于明星的崇拜和敬仰从宪法学视角来说是合理的。

(三)戏剧舞蹈"模仿秀"与鼓励作品的传播原则

作品只有在传播中才能体现其价值。我国《著作权法》第1条规定:"为保护文学、艺术和科学作品作者的著作权,以及与著作权有关的权益,鼓励有益于社会主义精神文明、物质文明建设的作品的创作和传播,促进社会主义文化和科学事业的发展与繁荣,根据宪法制定本法。"该条揭示了我国著作权法的立法目的之一在于鼓励作品的传播以促进社会主义文化和科学事业的发展与繁荣。毫无疑问,戏剧舞蹈"模仿秀"由于顺应了社会文化娱乐事业的发展,能够促进作品的传播,丰富大众的精神生活,为社会增添生活乐趣,其存在具有一定的价值。著作权法的立法目的为戏剧舞蹈"模仿秀"的存在提供了法理基础。

(四)戏剧舞蹈"模仿秀"迎合了观众的心态

首先,戏剧舞蹈"模仿秀"的火爆,与当前大众的追星热情息息相关。现实生活中,人们往往很难接触到自己喜欢的演员及舞蹈艺术家,而戏剧舞蹈"模仿秀"却以其独特的方式为大众提供了一个与明星近距离"接触"的平台。当人们看到逼真的模仿时,会情不自禁地与被模仿的对象进行联系,拉近了自身与明星的距离。有市民表示:"明星们的演出我们早就看腻了,现在我们就是想看一看别人是如何模仿他们的。"

其次,戏剧舞蹈"模仿秀"能给观众带来愉悦的感受。观众在观看模仿者从自我转变成"明星"时,能感受到这一变化所带来的冲击和刺激,同时也接近了现实生活中自己无法触及的领域。戏剧舞蹈"模仿秀"满足了大众对于娱乐的需求,是一种自我的挑战和颠覆,在给观众带来愉悦感受的同时也激发了观众的参与热情。

第二节 戏剧舞蹈"模仿秀"的法律属性问题

著作权法保护的是文学、艺术和科学作品作者的著作权以及与著作权有关的权益。由于戏剧舞蹈"模仿秀"是近几年才逐渐兴起的娱乐活动,学术界对于其有可能涉及的法律问题的关注并不太多。笔者认为,戏剧舞蹈中"模仿秀"的法律属性是首先需要解决的问题。那么,其到底具备怎样的法律属性?它属于著作权法上的表演还是复制呢?

一、戏剧舞蹈"模仿秀"不属于著作权法上的表演

(一)戏剧舞蹈"模仿秀"和表演所涉及的法律关系主体不同

单从表演和表演者的概念来看,"模仿秀"似乎与表演相似。从作者的角度出发,当作者创作完成一部戏剧舞蹈作品以后,表演者对作品的内容进行形象的展现,而模仿者虽然模仿了他人表演的特点,但模仿的过程仍然是对原作品的展现。换句话说,"模仿秀"也是以作品为根基,其内容不可能空穴来风。因此,从表演和表演者的概念来看,我们似乎也可以认为"模仿秀"中的模仿者是在表演戏剧舞蹈作品。原表演者与模仿者的行为都是对作品的展现和传播,二者并无本质区别。同时,从传播的媒介来看,"模仿秀"和表演都是借助舞台来展现给公众,表现出来的都是一种舞台艺术效果。

仅根据表演的概念并不能区分"模仿秀"和表演的不同之处,但是,从二者所涉及的法律关系主体来看,"模仿秀"与表演还是存在着较大区别。表演根据主体的不同可以分为两种情形:一种是作者对自身作品进行的表演,另一种是他人对作品进行的表演。第一种情形中,表演的主体是作者本身。作者既是完成作品的人,也是将作品表演给观众的人,作者身兼数职,同时享有作者的权利和表演者的权利。第二种情形中,作者将自己对于作品的表演权让渡给

了表演自己作品的人而使这些人享有了表演者权，此时，表演涉及作者和表演者两方主体。从戏剧舞蹈"模仿秀"来看，其所涉及的法律关系相对复杂。模仿者模仿的是原表演者的表演形象，且模仿的内容与原表演者表演的内容同为某一部作品。由此，也可以分为两种情形：当作品的作者和原表演者分别属于不同的主体时，"模仿秀"涉及模仿者、作品的作者和作品的原表演者三方主体，模仿者在与原作品作者产生法律关系的同时还会与模仿的对象即表演者之间产生法律关系，这其中既有可能涉及作者的著作权，还有可能涉及表演者的权利；当作者创作作品的同时自己进行表演，"模仿秀"仅存在模仿者和作者两方主体，产生的法律关系限定在模仿者和作者之间。

（二）公众对于戏剧舞蹈"模仿秀"和表演的评价标准不同

从公众的角度出发，其对于"模仿秀"和表演之间评价标准的差异也可以说明"模仿秀"不属于著作权法上的表演。表演在于表演者根据自身对于作品的理解和分析并通过艺术的创作将作品内容和人物生动、丰富地展现，不同的人对于同一部作品所展现出来的表演形象是不同的。有一千个演哈姆雷特的演员，就应当有一千个哈姆雷特。一次成功的表演往往能生动、形象地展现有形的文学艺术构思，公众对于一个表演是否成功的判定以作品形象为标准。因此，表演的内容针对的是作品形象。而从"模仿秀"来看，由于不存在新的创作，所以其并不是对文学艺术作品进行新的展现，模仿者给公众再现的只不过是原表演者的表演形象，而不是自己通过分析作品后展现出的新的作品形象。这种再现是一种机械式的再现，不添加任何模仿者自身对于作品的理解和诠释的元素。正是由于这一点，公众在欣赏"模仿秀"节目和欣赏一般的表演节目时心中的参照和评价标准是截然不同的。成功的"模仿秀"与原表演形象无限接近地相似，虽然它和表演一样均以原作品内容为根基，但由于在展现表演形象时指向的不同使得对于"模仿秀"演出效果好坏的判定以是否逼真地再现了原表演形象为参照，而不是以是否表达出戏剧舞蹈作品的内容为标准。从这点来看，我们也很难将"模仿秀"归为著作权法上的表演范畴之内。

二、"戏剧舞蹈模仿秀"属于著作权法上的复制

（一）著作权法上的复制的概念

关于复制的界定，《伯尔尼公约》第9条规定："受本公约保护的文学艺术作品的作者，享有授权以任何方式和采取任何形式复制这些作品的专有权利。本同盟成员国法律得允许在某些特殊情况下复制上述作品，只要这种复制不损害作品的正常使用也不致无故侵害作者的合法利益。"我国著作权法认为，复制是指以印刷、复印、临摹、拓印、录音、录像、翻拍等方式将作品制作一份或者多份的行为。由此可知，伯尔尼公约对复制采取了广义的界定，而我国则以列举的形式对复制进行了狭义的界定。关于复制的特征，主要有非独创性、再现性和有形性三个方面。

（二）戏剧舞蹈"模仿秀"的非独创性分析

非独创性是复制的本质特征。独创性，又称原创性，关于其含义的界定和评价标准，法学界尚有不同观点。李明德、许超教授认为，独创性是指在创作作品过程中投入了某种智力性劳动，创作出来的作品具有最低限度的创造性。[1] 吴汉东教授认为，作品的独创性是指作者独立创作出作品，且此作品不是或者基本不是复制、抄袭、剽窃或者模仿现有作品。[2] 虽然学者对于独创性的理解和表述存在不同之处，但不可否认的是，独创性是作品受著作权法保护的必备条件和认定著作权侵权的主要依据。一部作品只要不是对一部已有作品的完全或实质的模仿，而是作者独立构思的产物，且在表现形式上与已有作品存在差异，就可以视为具有独创性。如果在他人作品基础之上进行劳动的结果与原作品之间过于相似，以至于缺乏能够被客观识别的差异，这种劳动成果就会因为不符合"独"的要求而只能被称为原作品的"复制件"，相关的劳动过程也只

---

[1] 李明德、许超：《著作权法》（第二版），法律出版社2009年版，第28页。
[2] 吴汉东：《知识产权法学》（第四版），北京大学出版社2014年版，第48页。

能是复制性行为而非"创作"行为。①只有具备独创性的作品才能受到著作权法的保护已成为各国法学界的共识。

对于戏剧舞蹈"模仿秀"是否具有独创性,我们可以从"模仿秀"的特征进行分析。如前所述,"模仿秀"的目的在于达到与原戏剧舞蹈表演逼真的效果,这种逼真可以理解为与原表演效果一致。这样,个人独创性便与"模仿秀"所欲达到的效果产生了冲突,成为了"模仿秀"的禁忌。有观点认为,越是成功的模仿,个人独创性越不明显;而不成功的模仿虽然会有个人的独创,但该独创的社会价值相比较于被模仿形象的价值几乎可以忽略不计。②笔者对此处独创性的理解不敢苟同。"模仿秀"艺术的顶峰在于不蕴含任何独创性的元素。不成功的模仿所产生的独创性是模仿者在尽力模仿的同时,由于自身技巧和水平有限而不得已产生的不同于原表演者表演形象的自身特征,这种自身特征是违背模仿者本人意愿的,模仿者本意上追求的是与原表演者的表演形象一致,即追求的仍然是非独创的效果。因此,不成功的模仿存在的这种独创不是模仿者刻意追求的结果,而是以非独创为目标所产生的违背模仿者意愿的结果。戏剧舞蹈"模仿秀"这种以被模仿的形象早已存在并形成一定的社会影响为前提的表现形式,使得模仿者在模仿的过程中不会加入个人对戏剧舞蹈作品理解的取舍与设计,而是极力追求自己的表演形象与原表演形象合二为一,尽力使自己模仿时不产生个人的新成果。因此,无论"模仿秀"的演出效果如何、成功与否,都不具有著作权法上的独创性。

虽然戏剧舞蹈"模仿秀"不具有独创性,但"要当山寨明星也是要付出代价,只是面孔相似还不够,还得言行举止相似。要多看模仿对象的视频,认真研究,要从刻意模仿做起"。③成功模仿他人的表演同一般的表演一样确实也需要付出一定的劳动,模仿者在模仿时会思考如何才能模仿得更加逼真,然后付出时间和心血不断进行模仿研究。其实,戏剧舞蹈"模仿秀"表演效果的好

---

① 王迁:《著作权法学》,北京大学出版社2007年版,第9页。
② 赵颖锋:《也谈明星模仿》http://www.66law.cn/lawarticle/2416.aspx。
③ 赵建军:《"模仿秀"中的知识产权保护》,载《中国律师知识产权高层论坛论文集(下)》,中华全国律师协会知识产权专业委员会2009年,第262页。

坏更多取决于模仿者自身与原表演者在某些特征上的相似性,如长相、身材和声音等,这些特征多是天生塑造的结果,后天在模仿的过程中所付出的劳动仅对"模仿秀"的效果起推波助澜的作用。而且,"模仿秀"表现形式的社会价值在很大程度上受制或依附于原表演者的社会价值,模仿者付出的这种劳动并不是一种创造性劳动而仅是一种技艺性劳动。这种技艺性劳动会在模仿的过程中不可避免地产生,它不会产生新的智力成果,也不会为社会增加新的财富,因而"模仿秀"不具有著作权法上的独创性,符合复制的非独创性特征。

(三)戏剧舞蹈"模仿秀"符合复制的再现性特征

要构成复制,必然需要通过一定的方式再现原作品,并使人们能够直接或者间接地感知作品内容,再现的目的在于使作品能够得到更广泛地传播。曾任最高人民法院审判委员会委员的蒋志培先生认为,"根据著作权法和计算机软件保护条例的规定,复制是指在不改变作品表达形式的前提下再现该作品的行为,其结果是产生作品的复制件"。[①] 再现性是复制的一个重要特征。

虽然著作权法仅规定复制的对象是作品的内容,但笔者认为,戏剧舞蹈表演形象同样可以被再现,因此同样存在被复制的可能。首先,戏剧舞蹈"模仿秀"没有改变原表演的表达形式,符合复制的前提;其次,戏剧舞蹈"模仿秀"是通过一定的方式(即模仿)还原原表演形象和内容,并使公众能够直接或间接地感知,这个还原过程体现了复制的再现性;最后,戏剧舞蹈"模仿秀"的目的在于通过模仿使被模仿的表演形象得到更广泛地传播,这与再现的目的也是一致的。"模仿秀"复制原表演形象的手段就是模仿,虽然模仿存在着个体的差异,不可能与原表演形象完全一致,但模仿者的主观意愿仍是希望再现原表演形象并达到与原表演形象一致的效果。因此,戏剧舞蹈"模仿秀"可以认为是对原表演者表演形象的再现。

(四)"模仿秀"符合复制的有形性特征

各国法律和理论界普遍认为,复制应当具有有形性,复制的内容必须固

---

① 蒋志培:《知识产权法律适用与司法解释》,中国法制出版社2002年版,第39页。

定于有形载体之上,并被公众所感知。我国著作权法实施条例对复制的要求是"将作品制作一份或者多份",这其中的"制作"一词强调了复制的有形性。理论上,台湾学者罗明通认为,需永久或暂时附着于有体物方能构成复制。所谓附着,指著作内容依附于有体物上,其状态能使人感知其内容。如非附着于有体物而为著作内容之再现,则属于他种之利用方式(例如公开演出、公开口述或公开上映),而非重制。[1] 王迁教授认为,如将他人诗歌以朗读的方式加以再现,并不是著作权法意义上的复制,因为朗读并没有导致作品在有形物质载体上再现作品。"采用无载体的形式复制"并不是著作权法意义上的复制行为。[2] 根据这些学者的观点可知,复制应当以有形物为载体。

以上对于复制有形性的观点均是从传统作品的角度出发得出的结果。从表演的角度出发,其有形性在于表演形象的固定化。戏剧舞蹈表演者在表演某部作品时,展示给公众的就是以人为物质载体反映出来的作品的表演形象,表演形象被固定在了表演者身上,这使得表演形象具备了有形性,并具备了被模仿的可能性。"模仿秀"中,模仿者同样是以自己为载体再现他人的表演形象,并被公众所感知。表演形象作为被模仿的对象,不管是模仿者还是原表演者,所展示出的形象的载体都是人本身,二者形象的有形性并无差异。既然表演形象具备有形性,那么模仿他人的表演形象所展示出来的模仿的形象也应当具有有形性,否则我们就是在否认表演形象的有形性。因此,戏剧舞蹈"模仿秀"的再现是一种有形的再现,符合复制的有形性这一基本特征。

综上所述,本书作者认为,戏剧舞蹈"模仿秀"不属于著作权法上的表演,也不具有独创性,这种模仿行为既不是基于作者对自己创作的作品的表演行为,也不是基于他人对作品的表演行为,它不含有创造性劳动而仅是一种通过模拟原表演的特点以再现原表演形象的技艺性表现形式,属于复制行为。

---

[1] 罗明通:《著作权法论》(第六版),台英国际商务法律事务所2005年版,第450页。
[2] 王迁:《著作权法学》,北京大学出版社2007年版,第9页。

第三节　戏剧舞蹈"模仿秀"的民事侵权法律问题

一、关于戏剧舞蹈"模仿秀"是否侵权的争论

戏剧舞蹈"模仿秀"是否构成侵权，法律并无规定，但相关各方观点各异。

（一）公众和利益相关方对于戏剧舞蹈"模仿秀"是否侵权的观点

本书作者就该问题随机采访了几位市民。有市民认为，戏剧舞蹈"模仿秀"可以丰富大众的文化生活，增添娱乐氛围，是一种合理的表现形式，不应属于侵权；有市民认为，有些模仿者在表演中打着明星的招牌而没有公开表明自己的身份，对不明真相的观众产生一定的误导，这种误导有可能涉及侵权；还有市民认为，"模仿秀"是否侵权应当分情况看待，对于那些模仿水平高超的模仿者不应认为是侵权，而对于那些仅长相酷似明星但模仿效果低劣的模仿者可以认定为侵权，因为他们严重损害了明星的大众形象。低俗的"模仿秀"应当禁止，还明星一个清白。

对于这个问题，明星的观点截然不同。赵本山认为，模仿者也是具有相当才艺的人。但是，模仿者也应该懂得，一旦模仿这些明星进行一些不应该的活动时，模仿者们既没有尊重被模仿者，也没有尊重模仿者自己。"模仿秀"严格上说是侵权。[①]

模仿者们则认为，这是凭特长获取的报酬。为了使模仿的效果更加逼真，模仿者都会对明星的神态、声音等做耐心的研究，这饱含了模仿者的汗水和付出，是对模仿者模仿成果的一种肯定。他们还认为，每个人都有自己的形象自由和艺术表达自由，只要没有以明显的方式故意贬损他人，就可以自由表达

---

① 陈琦岩：《商家利用赵本山模仿秀促销行为引发争议》，载《辽沈晚报》2003年4月14日。

对于明星的崇拜和敬仰。而且，法律并没有规定"模仿秀"构成侵权。所以，"模仿秀"不违法。

（二）法律人士对于戏剧舞蹈"模仿秀"是否侵权的观点

关于戏剧舞蹈"模仿秀"是否涉嫌侵犯原表演者的权利，法学理论界和司法实践部门关注较少，只有少数学者、律师及司法行政部门工作者在报刊杂志上零星地阐述过各自的观点。笔者对此进行了收集和分析，并大致总结为以下几种观点：

第一种观点为非侵权观。该观点主要从我国现行著作权法的角度出发，认为"模仿秀"表现形式是群众喜爱的文学艺术表达方式，且著作权法并未明确规定模仿表演者属于侵权行为，也未规定模仿表演者有可能产生的法律后果。因此，"模仿秀"不构成对原表演者民事权利的侵犯。

第二种观点为营利侵权观。该观点认为，营利性是界定"模仿秀"是否侵权的标志。如果模仿者主观上以营利为目的，属于侵权行为，反之，则不构成侵权。其理由是：表演者是一个以表演为职业的阶层，其依靠票房收入维持生计，"模仿秀"的存在势必会减少原表演者的表演机会，从而减少原表演者的经济收入。目前，持营利侵权说观点的"市场份额"较大。如河北侯凤律师事务所赵颖峰律师认为，营利性"模仿秀"无偿利用了被模仿者先前存在的智力成果，构成对原表演者利益的损害，属于侵权行为。

第三种观点为构成要件观。该观点认为，"模仿秀"是否侵权不能一概而论，主要得看模仿者的行为是否具备侵权行为的构成要件。通常认为，一般民事侵权行为具备四个构成要件，分别是行为人有加害行为、有损害事实的存在、加害行为与损害事实之间存在因果关系以及行为人主观上有过错。只有同时具备了这四个条件，才能认定为侵权行为。上海市黄浦区人民法院知识产权庭法官周伟荣接受《解放日报》的采访时说道："法院对一个侵权行为的认定，一般看实施行为人有没有过错，该行为有没有产生后果。'模仿秀'如果对观众产生误导，显然是一种侵权行为。如果模仿者明示为'模仿秀'，对被模仿者的形象没有贬损、歪曲，就不能认为是侵权。"这也可以看出，法官对"模仿秀"侵权的认定更注重其产生的后果是否对大众和原表演者产生不利影响。

除了上述几种主要观点以外，一些学者和律师也发表了自己的一些看法，如上海大学知识产权学院院长陶鑫良教授认为，表演艺术家的表演应该是一种立面作品，模仿者在模仿其表演时也就相当于"表演"原表演这种立面作品，因此，模仿他人的表演首先应当依法取得表演艺术家的同意，并支付报酬。模仿者在模仿时应当尊重原表演者的精神权利，不能损害原表演者的名誉，如有贬损、污损使用，原表演者有权反对。上海天宏律师事务所主任朱妙春律师表示，被模仿的明星形象的产生，本身就是一种创作行为，其形象一旦产生就应当受到法律的保护，他人模仿就是一种使用，应当支付报酬。另外，"模仿秀"是模仿者将自己作为再现被模仿者表演的载体，表演者的权利应当受到法律的保护。上海市版权局版权管理处处长武幼章则表示，戏剧舞蹈明星对自己的表演享有权利，别人使用自己的表演必须得到许可。但模仿戏剧舞蹈明星的表演是否构成侵权，目前法律没有明确规定，法律对表演的保护应当从是否有利于保护创作出发。

（三）各种观点的比较和分析

因为戏剧舞蹈"模仿秀"关系到模仿者和明星的切身利益，所以他们对于"模仿秀"是否侵权的看法均是从自身的利益出发，模仿者对于"模仿秀"是否侵权给予了完全的否定，而明星则给予了不同程度的肯定，法律人士对于"模仿秀"民事侵权界定标准的观点也存在不同。

第一种观点仅从我国现行著作权法的角度出发，认为凡是法律没有限制的行为都是合法行为，而且，该观点没有考虑到行为是否有可能侵犯民法和其他相关法律规定的权利，如名誉权等。第二种观点不能完全区分"模仿秀"是否侵权。有的模仿虽然以营利为目的，但经过了原表演者的许可，自然不构成著作权侵权。如中国著名的京剧艺术"梅派""程派"的创始人，其成名弟子的成功之路都是从对大师们的模仿开始的。弟子从刚入门时"照抄照搬"式的模仿到逐渐推陈出新，使自己从无名慢慢走到家喻户晓。在这段时间内，他们也有以营利为目的的演出，但这种模仿不可能构成侵权，因为他们的模仿行为得到了大师的同意，这正是一个"门外汉"登堂入室的必经之路。第三种观点也存在令人难以信服之处。认定"模仿秀"是否侵权并不能完全依据一般民事侵权行为的构成要件。当"模仿秀"没有对公众产生误导也没有对原表演者的表演形象造成贬损时，模仿者既没有加害原表演者的行为，也没有产生损害事实，但这种情况有可能存在侵权，因为模仿者可能在模仿的过程中获取利益。至于其他观点，主要是从著作权许可的角度出发。总而言之，大多数法律人士认为戏剧舞蹈"模仿秀"在某些情况下涉及侵权问题，表演者的权利应当受到更多的保护。

二、戏剧舞蹈"模仿秀"著作权侵权行为的界定

（一）表演者权及表演形象受保护的必要性

表演者权，是指表演者依法对其表演所享有的权利，包括表演者的精神权利和财产权利。我国《著作权法》第38条规定："表演者对其表演享有下列权利：（一）表明表演者身份；（二）保护表演形象不受歪曲；（三）许可他人从现场直播和公开传送其现场表演，并获得报酬；（四）许可他人录音录像，并获得报酬；（五）许可他人复制、发行录有其表演的录音录像制品，并获得报酬；（六）许可他人通过信息网络向公众传播其表演，并获得报酬。被许可人以前款第（三）项至第（六）项规定的方式使用作品，还应当取得著作权人许可，并支付报酬。"根据该六条的规定，前两项权利是表演者的精神权利，后四项权利是表演者的财产权利。从表演者权的形成和发展来看，对表演者权利进行保护存在一定的社会必然性。随着社会的发展，表演者的社会地位不断提高，其中有的更是成为大众的偶像，他们作为社会生活的积极参与者，将声音、动作、表情等方面的创作寓于表演之中，并通过舞台艺术形象展现出来。表演者的这种创造性劳动需要得到社会的肯定和尊重，他们的权利也应得到法律的确认和保护。对表演者权利的保护不仅能够提高他们的创造性与积极性，而且有利于文学艺术作品的传播，以实现文学艺术作品价值的最大化，增加人类社会的精神财富。因此，人们不可或缺的精神文化生活为表演者的权利保护提供了社会基础。加强对表演者权利的保护，提高表演者权利的保护水平，已成为世界邻接权立法的一大潮流。

表演形象是表演者在舞台或荧屏上展现出来的对于文学艺术作品的演出形象。有学者认为，表演形象是表演者运用其表演技巧和个人表演劳动而创造的智力成果。[1] 作品属于作者的人格延续和表现，具有很强的人格属性，作者的人格利益依法不受侵犯。而根据我国现行著作权法实施条例的规定，戏剧、舞蹈等"表演形象"本身就属于著作权法保护的作品，表演者对该作品直接享有著作权。对于诸如歌唱等其他被模仿的非作品的演出形象，同样属于具有人格利益的智力成果，也应受到法律保护。从洛克的劳动理论来看，表演形象作为表演者"智力"和"形体"相结合的劳动成果，[2] 同其他有体物一样都属于劳动产品，属于个人创造的劳动财富，这种财富不仅能满足一定的社会需求，而且能为创造者带来相应的财产利益。这种利益作为民事活动的结果，只要不违反社会利益和社会公德，法律就应当给予保护，并在该利益受到侵犯时为其提供法律救济。[3]

（二）戏剧舞蹈"模仿秀"著作权侵权的双重评价标准

戏剧舞蹈"模仿秀"著作权侵权的认定是一个较为复杂的问题。一般情况下，"模仿秀"的演出都未经过原表演者的许可。若经过了原表演者的许可，是否侵权则依据双方许可合同的约定进行认定。本文用下图对"模仿秀"著作权侵权进行说明：

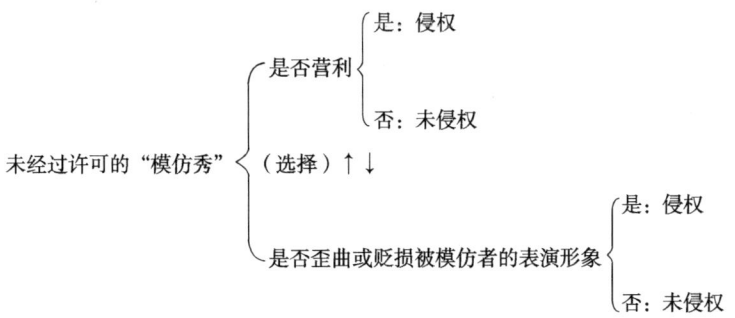

"模仿秀"著作权侵权认定图

---

[1] 赵颖锋：《也谈明星模仿》，http://www.66law.cn/lawarticle/2416.aspx。
[2] 刘春田：《知识产权法》，高等教育出版社、北京大学出版社2000年版，第6页。
[3] 黄松有：《知识产权审判指导》，人民法院出版社2002年版，第6页。

根据上图，戏剧舞蹈"模仿秀"是否构成侵权存在两个认定标准，其一是模仿者或者相关组织方是否利用"模仿秀"从事了营利活动。当模仿者及其相关组织方利用"模仿秀"进行了营利活动时，应当认定为侵权，反之则不认为是侵权。其二是模仿者在模仿过程中是否歪曲、贬损了原表演形象。当模仿者在模仿过程中歪曲或者贬损了原表演形象时，应当认定为侵权，反之则不认为是侵权。这两个标准是选择关系而非并列关系，也即是"或"的关系而不是"和"的关系。只要符合其一，"模仿秀"就构成侵权。当模仿者借助"模仿秀"从事营利活动时，即使该模仿没有歪曲或者贬损原表演形象，我们也将其认定为侵权；又如，当模仿者在模仿过程中歪曲、贬损了原表演形象，虽然模仿者没有借助"模仿秀"营利，仍然应当认定为侵权。当然，模仿者既没有借助"模仿秀"营利，也没有歪曲或者贬损原表演形象时，不构成侵权。

戏剧舞蹈"模仿秀"是否构成民事侵权的第一个认定标准在于"模仿秀"是否带有商业性质，模仿者或相关组织方是否利用"模仿秀"进行了营利活动。首先，我们应当明确营利的内涵。营利，是指以金钱、财务、劳务等为资本而获得经济上的利益。就"模仿秀"来说，指模仿者及相关组织方利用"模仿秀"获取了经济利益。当"模仿秀"带有商业性质，模仿者利用"模仿秀"获取出场费或相关组织方以"模仿秀"活动收取门票及广告收入时，"模仿秀"应当认定为侵权行为。至于获取的利益最终归属于自己还是他人在所不问，如将"模仿秀"演出的门票收入全部捐献给慈善机构，模仿者或组织方仍然构成侵权。当"模仿秀"纯粹是为了自娱自乐，没有获取经济利益时，只要没有歪曲、贬损原表演者的表演形象，就不认为是侵权行为，如在校园及单位内部组织的文艺晚会上模仿明星的表演就不构成侵权。经济利益应当以金钱等有形的财产性利益为限，而不包括模仿者借助"模仿秀"扩大自己的社会影响力这些非财产性利益，例如某人在校园文艺演出上意图通过"模仿秀"使自己名扬全校，甚至招来星探的注意以达到宣传自己的目的，只要其本身没有通过"模仿秀"直接获取经济利益就不认为是营利行为，否则，法律的调整范围会漫无边际。此外，还存在一种特殊情形，即带奖励的校园歌手大赛。当某人在校园歌手大赛上模仿某位明星演唱并获得了名次及物质、金钱奖励时，虽然这种奖励属于财产性利益，但由于校园歌手大赛本身不属于商业性质的演出，这种奖励对模仿者来说只起到了鼓励和嘉奖作用，将其认定为营利明显不合适，这种情形不应认定为侵权行为。

之所以将营利作为界定戏剧舞蹈"模仿秀"侵权的标准，是因为营利性"模仿秀"客观上无偿分享了原表演者通过表演行为有可能获得的本应属于自己的利益。从更深层次来说，该行为侵害了原表演者对于自身表演者权的完整支配。权利人对于自己权利的完整支配，是指在现有的法律制度框架内，权利人排除和制止他人分享其权利所带来利益的能力，任何未经权利人同意而非法分享该利益的行为都可视为侵权行为。[①] "模仿秀"既不是一种创造行为，也没有增加社会财富，但模仿者通过技艺性劳动机械再现了原表演者的表演形象，使得该表演者曾经通过表演行为凝结的智力成果再次焕发艺术效果，并从中获取了个人利益。演员是一个以表演为职业的群体，依靠票房收入维持生计。营利性"模仿秀"的存在，客观上分享了原表演者控制、利用和支配自己表演形象的权利，这样势必会减少本应属于原表演者的表演机会、瓜分市场份额，其理应构成侵权行为。同时，这种侵权行为与"模仿秀"是否歪曲、贬损了原表演者的表演形象而对原表演者的声誉造成损失无必然联系。因此，不论"模仿秀"是否对原表演者的表演形象造成负面影响，只要"模仿秀"具备营利的属性，就应当认定为侵权。

戏剧舞蹈"模仿秀"是否构成著作权侵权的第二个界定标准在于模仿者是否歪曲、贬损了原表演者的表演形象。歪曲，是指改变了事物的本来面目或对事物做不正确的反映，属贬义。贬损，即贬低和损害。歪曲和贬损属于近义词。我国著作权法已规定表演者有权保护自己的表演形象不受歪曲。当模仿者在模仿时歪曲或者贬损了原表演者的表演形象以致对其声誉造成了不利影响时，应当认定为侵犯了表演者的精神权利。歪曲或贬损并不等同于模仿得不相似，后者只是由于模仿者模仿的形象与原表演者的表演形象存在一定的差异而难以被观众所认可，但展现给观众的形象仍然是原表演者的正面形象，且不会对该形象造成负面宣传和影响，观众也不会对此产生嘲讽心态。歪曲和贬损属于一种客观结果，与模仿者的动机无关。在实践中，歪曲和贬损难以给出一个

[①] 赵颖锋：《也谈明星模仿》，http://www.66law.cn/lawarticle/2416.aspx。

精确的认定标准，只能由司法机关根据实际情况做出判断。绝大多数模仿者模仿的动机在于使自己的演出形象无限接近原表演者的表演形象，歪曲和贬损的后果只是由于自身技巧和水平有限不得已造成的。当模仿者模仿的动机本身就是想歪曲和贬损原表演者的表演形象时，主观上不会力求与原表演者的表演形象一致，这也就不属于"模仿秀"性质的问题了，而是通过模仿这种途径达到蓄意歪曲、贬损他人形象的目的，这些情况都应属于侵权行为。

另一种情况，当模仿者在模仿之前与原表演者签订了许可合同，得到了原表演者的许可时，模仿应当依据合同约定的内容进行，如可以约定模仿演唱的曲目名称、服装，也可以约定不许营利或者准许营利并约定利润分配比例。此外，双方还可以约定若歪曲、贬损了原表演者的表演形象时模仿者所应承担的责任。即使未约定该责任条款，当歪曲、贬损了原表演者的表演形象时，模仿者仍然应当承担相应的侵权责任。

（三）戏剧舞蹈"模仿秀"的共同侵权

共同侵权行为是指二人或二人以上基于共同的过错而侵害他人民事权益，依法应当承担连带责任的侵权行为。在戏剧舞蹈"模仿秀"是否构成侵权的问题上，有两个因素是我们不能忽视的，一个是"模仿秀"组织方的作用，另一个是电视台、广播电台和网络平台等新闻媒体的传播媒介作用。首先，组织方为"模仿秀"提供了展现的平台。当模仿者侵犯了原表演者的权利时，"模仿秀"的组织方有可能与模仿者构成共同侵权。另外，"模仿秀"通过新闻媒体的宣传得以广泛传播，电视台、广播电台和网络平台等新闻媒体应当对其传播的表演形式和内容负有审查和合理的注意义务。如果新闻媒体没有尽到应尽的注意义务，使得"模仿秀"节目未经审查即播送而导致侵权行为发生时，也有可能与模仿者构成共同侵权。在此，本书作者建议戏剧舞蹈"模仿秀"的组织方和新闻媒体能够重视并尊重他人的知识产权，不要给未获得原表演者许可的营利性"模仿秀"提供平台。同时，在对"模仿秀"进行宣传炒作时，也要注意语言表达和宣传方式的适度。

三、戏剧舞蹈"模仿秀"有可能侵犯的其他民事权利

戏剧舞蹈"模仿秀"不仅有可能侵犯表演者权,还有可能侵犯其他民事权利。

(一)戏剧舞蹈"模仿秀"是否侵犯姓名权

姓名,是公民自身人格特征的重要标志,是区别于其他公民的文字符号。[①] 姓名权是公民依法享有的决定、使用、变更自己的姓名并要求他人尊重自己姓名的人格权利,其保护的客体是权利人的姓名。姓名不仅指户籍、身份证上显示的姓名,还包括笔名、艺名等。我国《民法通则》第99条规定,公民享有姓名权,有权决定、使用和依照规定改变自己的姓名,禁止他人干涉、盗用、假冒。

戏剧舞蹈"模仿秀"必然会使用到原表演者的姓名。当模仿者在模仿时未表明自己的身份而直接冒充原表演者以假乱真时,根据《民法通则》第99条的规定认定其侵犯原表演者的姓名权是毫无疑问的。例如2000年6月21日,刘畅应邀在山西省沁水县电影院举行的"田震演唱会"上冒充田震为观众献唱。空前的宣传攻势,加上田震本身的号召力,使得当晚的演出座无虚席,门票销售收入达5万元之多。后来,刘畅以及演出的组织方和策划方负责人均以诈骗罪被司法机关追究刑事责任。该案中,刘畅就侵犯了田震的姓名权。但是,当模仿者表明了自己的身份时是否也认为侵犯了原表演者的姓名权呢?笔者认为,虽然模仿者在模仿时表明了自己的身份,但模仿行为本身的实际指向仍然是原表演者的姓名。举个例子,某人模仿刘德华的形象和声音特征进行演唱,即使该模仿者表明了自己的身份且没有说明自己模仿的对象是刘德华,我们也能从该模仿者展示的表演形象中辨别出其模仿的对象就是刘德华,也即模仿行为最终仍然利用了明星的姓名所带来的独特的影响力。但是,这种利用行为并不存在对原表演者姓名的干涉、盗用或假冒。另外,当模仿者未以"模仿秀"营利,表明了自己的身份且未歪曲、贬损原表演者的表演形象时,属于合

---

① 马原:《中国民法教程》,人民法院出版社1989版,第489页。

理使用情形。因此,在这种情况下,不应认定为侵犯原表演者的姓名权。

(二)戏剧舞蹈"模仿秀"是否侵犯名誉权

名誉是指社会对特定公民的品行、思想、道德、才干等方面的社会评价,它集中体现了人格尊严。客观公正的社会评价可以使人们得到精神上的满足,有良好名誉的人士不仅可以获得社会的更多尊重,还可以获得经济效益。我国《民法通则》第101条规定:"公民、法人享有名誉权,公民的人格尊严受法律保护,禁止用侮辱、诽谤等方式损害公民、法人的名誉。"

有学者认为,如果模仿者在从事模仿表演(有偿或无偿)时,故意丑化、侮辱被模仿者的形象或宣扬其隐私,则将侵害被模仿者的名誉权。[1] 笔者认为,"模仿秀"是否侵犯名誉权需要从表演形象的角度进行考虑。表演形象虽然是著作权法上的概念,但它与表演者的名誉之间存在密切的联系,并具有一定的人格属性。表演形象可以认为是表演者本人的名誉在文学艺术领域的体现,如果模仿者对原表演者的表演形象进行了歪曲或贬损,势必会影响到大众对该表演者的社会评价,损害该表演者在大众心目中的印象。不论模仿者主观上是否存在故意,只要客观上歪曲、贬损了他人的表演形象,就可以认为是对他人名誉的侮辱。根据《民法通则》第101条的规定,将其认定为侵犯了原表演者的名誉权具备一定的合理性。

(三)戏剧舞蹈"模仿秀"是否侵犯肖像权

肖像权,是指自然人对自己的肖像享有再现、使用并排斥他人侵害的权利。肖像权保护的客体是肖像上所体现的人格利益,它直接关系到自然人的人格尊严及形象的社会评价。[2] 我国《民法通则》第100条规定:"公民享有肖像权,未经本人同意,不得以营利为目的使用公民的肖像。"

有学者认为,模仿者虽然与被模仿者在容貌、形体上相似,但这仅是模

---

[1] 吴晖:《"模仿秀"中的法律问题》,《人民法院报》2002年7月15日。
[2] 王利明等:《人格权法》,法律出版社1997年版,第106页。

仿者自有的特殊形象，而与被模仿者的肖像没有必然联系。[①] 笔者认为，营利性"模仿秀"在某些情况下会侵犯原表演者的肖像权。如果营利性"模仿秀"利用明星的肖像做宣传，未经明星本人许可而制作大幅的带有明星头像的海报时，就会侵犯该明星的肖像制作专有权，其理应构成肖像权侵权行为。肖像制作专有权是肖像权的首要内容，指肖像权人可以自己或允许他人制作自己的肖像，包括何时、何地以何种方式、何种数量制作自己的肖像。[②] 至于模仿表演者的表演形象是否构成对表演者肖像权的侵犯，笔者对此持否定态度。有学者提出，表演者的表演形象属于邻接权问题，而表演者的本来形象则属于肖像权问题。[③] 其实，表演形象是包括表演者长相、衣着、声音和神态的一个综合艺术形象，这其中体现了表演者自身对于作品的理解和诠释。表演者在塑造自己的表演形象时，需要耗费大量的精力，具有一定的创造性。而肖像仅与外貌长相有关，且多以照片、美术作品的形式固定，肖像权的享有与表演者的知名度无直接联系。若将模仿他人的表演形象认定为侵犯了他人的肖像权时，未免存在"强加"之意，是不合适的。

（四）戏剧舞蹈"模仿秀"是否侵犯声音权

声音权是民法理论上的一个概念，我国现行法律没有对声音权做出规定。王泽鉴教授认为，声音权被侵害的形态主要有三种：第一，未经他人允许对他人的声音语言进行录音或使用；第二，窃听他人电话或谈话；第三，模仿他人声音而用之于商业广告。[④] 杨立新教授认为，声音可以和姓名、肖像一样起到人格标识的作用，因此可以成为一种独立的具体人格权。模仿他人声音类似于恶意混同他人姓名，可以认定为侵权行为。[⑤] 虽然我国法律并没有规定声音权

[①] 吴晖：《"模仿秀"中的法律问题》，载《人民法院报》2002年7月15日。
[②] 程啸、杨明宇：《肖像权与肖像作品著作权冲突之研究》，载《四川大学学报》（哲学社会科学版）2000年第3期。
[③] 齐恩平：《"模仿秀"民事侵权行为研究》，载《哈尔滨工业大学学报》（社会科学版）2003年第9期。
[④] 王泽鉴：《侵权行为法（第一册）》，台湾三民书局1999年版，第157页。
[⑤] 杨立新、袁雪石：《论声音权的独立及其民法保护》，载《法商研究》2005年第4期。

的内容，但从学理上来看，营利性"模仿秀"属于商业行为，当"模仿秀"存在声音模仿时，可以认为是对原表演者声音权的一种侵犯。

四、"模仿秀"所涉表演者权利的合理使用

（一）合理使用的概念

合理使用是著作权法中的一项重要的制度，指根据著作权法的规定，以一定方式使用作品时可以不经著作权人的同意，也不向其支付报酬。一般情况下，未经著作权人许可而使用其作品的构成侵权，但为了保护公共利益，对一些危害不大的行为，著作权法不视为侵权行为。这些行为在理论上被称为合理使用。我国《著作权法》第22条规定："在下列情况下使用作品，可以不经著作权人许可，不向其支付报酬，但应当指明作者姓名、作品名称，并且不得侵犯著作权人依照本法享有的其他权利：（一）为个人学习、研究或者欣赏，使用他人已经发表的作品；（二）为介绍、评论某一作品或者说明某一问题，在作品中适当引用他人已经发表的作品；……。前款规定适用于对出版者、表演者、录音录像制作者、广播电台、电视台的权利的限制。"设立著作权合理使用制度的价值在于公平和效率，即在保证公平的同时，兼顾效率。公平和效率二者相辅相成，互为表里。合理使用作为对著作权进行限制的制度，其核心和实质就是协调和平衡著作权人、作品传播者以及公众之间的利益。

（二）戏剧舞蹈"模仿秀"合理使用的依据

合理使用针对的是作品，是对作者著作权的一种限制。美国学者约翰·S.劳伦斯（John S. Lawrence）等人认为："基于使用者利益的立场出发，合理使用是对版权的一种最重要的限制，它不是对这种独占权利的一种排除，而是对侵权诉讼的一种抗辩。"某些情形的"模仿秀"确实构成侵权，但不是所有的"模仿秀"都构成侵权。笔者认为，虽然法律并未明确规定对他人表演形象的合理使用，但根据合理使用的含义，除了上述有可能造成侵权的"模仿秀"情形之外，其他涉及表演者权利的"模仿秀"属于合理使用的范畴，"模仿秀"

在一定条件下构成对他人表演形象的合理使用。根据《著作权法》第22条第1款的规定,为个人学习、研究或者欣赏,使用他人已经发表的作品的,属于合理使用。据此,我们可以将该款的内容引申为:为个人学习、研究或者欣赏,使用他人已经公开的文学艺术表演形象的,属于合理使用。"模仿秀"之所以存在合理使用的情形,其依据在于:

首先,戏剧舞蹈"模仿秀"的合理使用问题实际上是模仿者和原表演者之间的利益平衡问题,我们应当在不违背公共利益的情况下对明星的表演者权进行最大限度的保护。模仿是各行各业成长规律的体现,健康有益的"模仿秀"能够丰富人民大众的业余生活,有利于文学艺术的正常推广。明星的表演者权应当受到保护,但权利的行使范围不是漫无边际的。著作权具有高度的垄断性,但表演者权终究属于邻接权的范畴,属于传播者的权利。表演者权虽然也具有一定的垄断性,但不可以排斥他人合理的表达自由。表演者个人权利的保护不得与文学艺术的传播相冲突,否则就是违背了公共利益。模仿是行为自由的体现,只要传播者在传播作品的过程中出于合理的目的,在未侵犯作者的著作权和原表演者权利的情况下(如模仿者明示为模仿、未营利或者未歪曲原表演者表演形象),就应当属于合理使用,法律对此不必进行约束。

其次,从著作权许可的角度来说,人们可以自由地按照某种方式进行写作,按照某种风格进行美术创作,按照某种模式进行建筑设计,只要不是完全抄袭一部既有作品而把自己署名为作者,就无需得到著作权人的特别准许。同理,人们也可以模仿他人的表演形象和风格而无需得到表演者的许可,只要不以此营利或者歪曲、贬损他人的表演形象即可。如果所有的"模仿秀"都必须经过原表演者的许可才能进行,这在当今社会是不现实的,也很难监督实行。同时,将所有未经过许可的"模仿秀"一概认定为侵权会切断文学艺术作品的传承途径,从而导致文学艺术发展的停滞不前,违背社会发展的规律。

这里还可以引入形象权的概念对戏剧舞蹈"模仿秀"的合理使用进行分析。当明星的表演形象具备了商业价值以后,该明星也就具备了形象权。李明德教授认为,形象权又称为商品化权,是指人们对自己的身份进行商业性使用的权利。某一特定的对于他人形象的使用可以分为传播性使用和商业性使用。传播性使用是指对于他人形象的使用是为了传播信息,因而言论自由的考虑要高于对形象保护的考虑。而商业性使用是指对于他人形象的使用虽然也有传达信息的意思，但主要是商业性的。传播性使用不认为是侵犯他人的形象权。[①] 关于形象的传播性使用和商业性使用的区分，其实与"模仿秀"是否营利的划分存在相似性。之所以重视言论自由，是为了更好地对形象权人的权利进行限制，以保护公共利益和促进文学艺术事业的发展。形象权的传播性使用与"模仿秀"的合理使用在本质上是一致的。

（三）戏剧舞蹈"模仿秀"合理使用的限制

虽然每个人都有自由表达的权利，但这也是相对的，任何行为都必须在法律允许的范围内才能受到法律保护，戏剧舞蹈"模仿秀"的合理使用也不例外，它在法律上要受到一定的限制。首先，模仿者不得侵犯作者的著作权，这与原表演者的义务相同。当作品的作者与原表演者为同一人（即自创自演）时，如果作者（即表演者）拒绝他人对该作品进行表演，"模仿秀"就失去了法律上的依据，侵犯了作者著作权中的表演权。其次，"模仿秀"不得对原表演者的表演形象进行歪曲、贬损。这一点在前文已有所提及，当原表演者的艺术声誉受到了不良影响时，他们可以对此主张自身的权利。再次，模仿者不得在"模仿秀"中过分突出和宣扬原表演者的姓名，隐瞒或缩小自己的姓名而使观众产生误解，迷惑观众。这种非善意的模仿行为实际上已不属于"模仿秀"，而是一种假冒行为。我国《著作权法》第38条规定了表演者有表明自己身份的权利，这意味着表演者有权禁止他人冒用自己的姓名进行表演。由于表演者的真实身份对表演活动的影响和意义巨大，这种假冒行为毫无疑问侵犯了原表演者的署名权和姓名权。

---

① 李明德：《美国形象权法研究》，载《环球法律评论》2003年第4期。

第四节 戏剧舞蹈"模仿秀"法律调整的构想

有些戏剧舞蹈圈内人士曾发出"'模仿秀'是侵权,但没有一部法律能管得住它"的感慨。既然"模仿秀"因具有"克隆"原表演形象的性质而有可能构成侵权,那么,法律有必要对该行为进行调整,并在不阻碍文化娱乐事业发展的情况下尽可能地完善对其的法律规制。从法律调整的方式来看,本书作者认为,虽然法律没有直接对戏剧舞蹈"模仿秀"做出限制性规定,但可以适当适用著作权法、民事法律和反不正当竞争法的规定进行调整。同时,对于表演者的权利还可以借助行政手段进行保护。

一、通过著作权法进行调整

著作权法理论认为,著作权法保护的对象是有形无体的智力成果,而表演形象是表演者运用其表演技巧和个人表演劳动而创造的智力成果,因此其属于著作权法保护的对象。同时,表演者权属于邻接权的范畴,也应当由著作权法进行调整。因此,通过著作权法对戏剧舞蹈"模仿秀"进行规制并加以完善存在法律技术上的合理性、可能性和必要性。

(一)现行著作权法对戏剧舞蹈"模仿秀"的规制

我国现行著作权法没有专门对于戏剧舞蹈"模仿秀"及其法律属性和法律责任的相关规定。纵观整部法律,我们只能抽象地依据《著作权法》第38条关于表演者权利的保护来对"模仿秀"进行法律规制。如前所述,《著作权法》第38条规定了表演者享有的六项权利,其中表明表演者身份和保护表演形象不受歪曲这两项权利被称为表演者的精神权利。当模仿者在模仿时有意突出和过分宣扬原表演者的姓名,隐瞒、缩小自己的姓名或者对原表演者的表演形象进行了歪曲、贬损时,我们可以依据《著作权法》第38条的规定认定模仿者构成对原表演者的著作权侵权。对此,德国著作权法也有相似的规定,该法第

83条第1款规定，艺术表演者有权禁止因歪曲和损害其表演而危及其声望和名誉的行为。

但是，对于模仿者应当承担的法律责任，我国著作权法仅规定了侵犯表演者财产权利所应承担的法律责任，而没有规定侵犯表演者精神权利所应承担的法律责任。《著作权法》第47条规定："未经表演者许可，从现场直播或者公开传送其现场表演，或者录制其表演的，应当根据情况，承担停止侵害、消除影响、赔礼道歉、赔偿损失等民事责任。"第48条规定："未经表演者许可，复制、发行录有其表演的录音录像制品，或者通过信息网络向公众传播其表演的，应当根据情况，承担停止侵害、消除影响、赔礼道歉、赔偿损失等民事责任；同时损害公共利益的，可以由著作权行政管理部门责令停止侵权行为，没收违法所得，没收、销毁侵权复制品，并可处以罚款；情节严重的，著作权行政管理部门还可以没收主要用于制作侵权复制品的材料、工具、设备等；构成犯罪的，依法追究刑事责任。本法另有规定的除外。"由此可知，以上两条仅规定了侵犯表演者的财产权利所应承担的法律责任，而戏剧舞蹈"模仿秀"侵犯表演者精神权利所应承担的法律责任则处于法律真空状态。这样，在根据《著作权法》第38条认定"模仿秀"构成侵权时，就会出现无法确定模仿者法律责任的局面。

（二）戏剧舞蹈"模仿秀"的著作权法完善

虽然《著作权法》第38条以列举的形式确立了对表演者权利的保护，但该条并没有具体针对"模仿秀"做出限制性规定，且法条的文字表述过于宏观和抽象，无法全面保护表演者的权利，如模仿者在营利性"模仿秀"中表明了自己的身份，且没有歪曲、贬损原表演者表演形象的情形下是否就一定不构成侵权？单从法条的表述来看，确实难以对这种情形进行调整而只能默认合法。即便出现了"模仿秀"侵权的情形，著作权法在认定"模仿秀"侵犯表演者精神权利所应承担的责任上也存在着立法空白。为了更好地对"模仿秀"加以规制，有必要变通和修改著作权法的某些条款，以更好地应对"模仿秀"有可能涉及的侵权问题。鉴于此，有学者主张将戏剧舞蹈表演作品都规定为演绎作品，这样，表演者对于自己的表演形象都享有了著作权而不再仅仅是邻接权，模仿他人表演形象必须要经过著作权人的许可并支付报酬。本书作者认为，这种方式欲将所有的表演都认定为演绎作品，这在短期内较难得到法学界的认同。据此，可以通过以下两种方式对"模仿秀"进行立法完善：

一种方式，可以对著作权法中"复制"的含义进行扩大解释并通过现行法律进行调整。我国著作权法认为，复制是指以印刷、复印、临摹、拓印、录音、录像、翻拍等方式将作品制作一份或者多份的行为。对"复制"进行扩大解释应当包括两个方面：第一，复制的表现形式或者说复制的途径应当将模仿包括在内。如前所述，"模仿秀"不具有著作权法上的独创性，且符合复制的再现性和有形性的特征，将其归入著作权法上的复制行为具备合理性，模仿与印刷、复印、翻录等形式均构成著作权法上的复制行为。第二，将表演者的表演形象纳入复制的客体范畴。根据现行《著作权法》第10条的规定，复制的客体仅为作品。但是，表演形象同作品一样，是表演者运用其表演技巧和个人劳动而创造出来的智力成果，并固定于录音录像制品上，将表演形象归入复制的客体也是合理的。这样，复制的定义可以扩大为"以印刷、复印、临摹、拓印、录音、录像、翻拍等方式将作品制作一份或者多份，或者以模仿的方式再现表演者的表演形象"。将模仿看成一种复制，就可以依据《著作权法》第48条第3款关于法律责任的规定对"模仿秀"进行调整。根据该条款，模仿者未经表演者许可，对其表演形象进行了模仿形式的复制，应当承担相应的民事责任、行政责任甚至刑事责任。当然，该条款只适用于营利性"模仿秀"的模仿者。在非营利性"模仿秀"中，当模仿者没有表明被模仿者的身份或歪曲、贬损了被模仿者的表演形象，我们可以直接依据《著作权法》第38条关于表演者权的规定进行规制。

另一种方式，可以通过修改著作权法，增加关于"模仿秀"的规定来对模仿行为进行明确的法律调整。由于"模仿秀"存在侵权和合理使用两种情形，我们可以在著作权法中的"表演""合理使用"和"法律责任"等相关条文下增设关于"模仿秀"的法律规定。本书作者认为，可以在《著作权法》第22条关于合理使用的条文下增加一款，内容为"为个人娱乐、研究或者欣赏，模仿他人已经公开的戏剧、舞蹈等文学艺术表演形象的，属于合理使用"。在第四章第二节关于表演的相关内容下增加一条："营利性模仿行为，模仿者在取得著作权人的许可并支付报酬外,还应当取得原表演者的许可;非营利性模仿行为,模仿者可以不取得原表演者的许可,但必须表明原表演者的身份并且不得歪曲原表演者的表演形象。"同时,在《著作权法》第48条关于法律责任的规定下增加一款,内容为"未经表演者许可,为营利而模仿其表演或者非为营利但在模仿时未表明原表演者的身份或歪曲原表演者的表演形象的,本法另有规定的除外"。该款也可以与前述《著作权法》第48条第3款合并在一起,共同保护表演者的权利。通过增设规定的方式,可以将"模仿秀"涉及的主体和法律关系彻底纳入著作权法的保护体系。

以上两种方式对于调整"模仿秀"行为来说都具备一定的合理性。只有这样,才能从著作权法的角度完善对"模仿秀"的法律规制。

二、通过反不正当竞争法进行调整

除了利用著作权法对"模仿秀"进行调整以外,还可以类推适用《中华人民共和国反不正当竞争法》(以下简称反不正当竞争法)的规定进行调整。

(一)营利性"模仿秀"构成不正当竞争

不正当竞争是指在经营活动中损害其他经营者的合法权益,扰乱社会经济秩序的行为。非营利性"模仿秀"因不具备商业性质,所以模仿者与原表演者之间不存在经营活动中的竞争,因此也就不存在不正当竞争关系。那么,营利性"模仿秀"是否构成不正当竞争呢?

反不正当竞争法中规定的不正当竞争的主体是经营者。欲讨论营利性"模仿秀"是否构成不正当竞争,首要解决的是营利性"模仿秀"中的模仿者是否属于经营者。经营者,是指从事商品经营或者营利性服务的法人、其他经济组织和个人。有学者认为,"模仿秀"的组织者属于经营者应无疑问,而模仿者个人是否属于经营者恐有争议,对此立法者有必要对经营者重新做出定义。[①]笔者认为,根据反不正当竞争法关于经营者的定义,"模仿秀"演出形式可以

---

① 赵颖锋:《也谈明星模仿》,http://www.66law.cn/lawarticle/2416.aspx。

认为是一种营利性服务。这种服务是一种精神上的服务，模仿者在提供这种精神服务的过程中获得了报酬。因此，模仿者个人也可以认为是反不正当竞争法上的经营者。同时，营利性"模仿秀"的组织者也应当认为是经营者。

模仿者之所以希望站在明星的肩膀上获取名利是因为明星的表演形象具有巨大的商业价值。明星对于其具有商业价值的表演形象需要付出精力和心血进行塑造并以大量资金维护，而不可能凭空产生。越是明星，其表演形象所包含的商业价值就越高，也就越值得他人对其表演形象加以模仿和利用。允许模仿者通过模仿明星的表演形象获得报酬，不啻于鼓励人们不劳而获、不种而收。未经许可的营利性"模仿秀"涉及对明星表演形象的无偿利用，从而有可能影响到明星的合法权益，包括经济利益、市场份额以及无形化财产损失。模仿者通过这种"拿来主义"的形式获得经济利益显然是一种不正当、不公平的竞争行为。

（二）营利性"模仿秀"对于反不正当竞争法的类推适用

为了使营利性"模仿秀"能够受反不正当竞争法的调整，一些学者引入了形象权的概念。形象权既属于知识产权，也属于反不正当竞争的范畴。未经许可而商业性地使用他人的身份，就是对他人形象权的侵犯，属于不正当竞争行为。[①] 有学者认为，反不正当竞争法主要是对表演者的商品化权（如信誉、声誉、整体形象等无形化资产）进行保护，这些对表演职业而言至关重要，类似于"品牌"效应。[②] 还有学者认为，反不正当竞争法作为维护市场竞争秩序的"最后一道防线"，也可以适用于"山寨明星"的形象权纠纷。[③]

笔者认为，形象权目前只是一个学理上的概念，法律对此并没有规定。同时，反不正当竞争法也没有专门针对"模仿秀"进行法律规制，所以只能类推适用。《反不正当竞争法》第2条规定，经营者在市场交易中，应当遵循自愿、

[①] 李明德：《美国形象权法研究》，载《环球法律评论》2003年4期。
[②] 赵建军：《"模仿秀"中的知识产权保护》，载《中国律师知识产权高层论坛论文集（下）》，中华全国律师协会知识产权专业委员会2009年版，第262页。
[③] 彭学龙：《法律语下的"山寨明星"现象》，载《知识产权》2011年第1期。

平等、公平、诚实信用的原则，遵守公认的商业道德。模仿者和"模仿秀"的组织者在通过营利性"模仿秀"获得报酬时，涉嫌违背反不正当竞争法的基本原则。在法律责任方面，可以类推适用《反不正当竞争法》第20条的规定，即模仿者和"模仿秀"的相关组织者违反本法规定，给原表演者造成损害的，应当承担损害赔偿责任，原表演者的损失难以计算的，赔偿额为侵权人在侵权期间因侵权所获得的利润；并应当承担原表演者因调查该模仿者和"模仿秀"的组织者侵害其合法权益的不正当竞争行为所支付的合理费用。原表演者的合法权益受到不正当竞争行为损害的，可以向人民法院提起诉讼。当然，由于反不正当竞争法并没有直接对表演进行保护，所以其对于"模仿秀"的规制属于法律的类推适用。

三、通过民事法律进行调整

（一）戏剧舞蹈"模仿秀"民法调整的必要性和可能性

民法调整戏剧舞蹈"模仿秀"的必要性在于知识产权是一种与物权、债权并列的独立的民事权利，我国民法通则也将知识产权纳入其调整范围。民法通则作为调整民事活动的基本法，也可以调整"模仿秀"行为产生的法律关系。民法调整"模仿秀"的可能性在于"模仿秀"在某些情况下有可能构成对原表演者的姓名权、名誉权、肖像权等人格权益的侵犯。人格权属于民事权利，民法通则对此也有规定，"模仿秀"可能侵犯人格权为适用民法通则关于人格权的有关规定提供了可能性。

（二）戏剧舞蹈"模仿秀"侵权的民法规制

《民法通则》第5条规定，公民、法人的合法的民事权益受法律保护，任何组织和个人不得侵犯。当戏剧舞蹈"模仿秀"侵犯了原表演者的姓名权、名誉权、肖像权等人格权益时，可以依据民法通则关于人格权的规定进行规制。在责任的承担上，我国《侵权责任法》第2条规定，侵害民事权益，应当依照本法承担侵权责任。本法所称民事权益，包括生命权、健康权、姓名权、名誉权、荣誉权、肖像权、隐私权、婚姻自主权、监护权、所有权、用益物权、担保物权、著作权、专利权、商标专用权、发现权、股权、继承权等人身、财产权益。表演者对其具有人格属性的表演形象享有完整支配的权利，模仿者无偿分享了该权利并获得经济利益构成对原表演者民事权益的侵犯，应当依法承担相应的民事侵权责任。但有学者认为，在歪曲、贬损原表演者表演形象的情况下，名誉权与表演者权产生竞合，因为表演者权中含有表演者形象不受歪曲权，它属于一项特殊的人格权。根据一般与特殊的关系，此时名誉权被表演者权吸收，被模仿者依表演者权来主张损害赔偿。[1] 笔者认为，该观点有一定道理。其实，"模仿秀"存在合理使用的情形，只要模仿者未以"模仿秀"营利，表明了自己的身份且未歪曲、贬损原表演者的表演形象时，无需受到民法的规制。

从共同侵权的角度来说，《侵权责任法》第8条规定："二人以上共同实施侵权行为，造成他人损害的，应当承担连带责任。"根据该条的规定，当模仿者在演出时侵犯了原表演者的权利，演出的组织方与模仿者应当承担连带责任。即使演出的组织方与模仿者签订了内部免责协议，例如双方约定如果模仿者表演的内容存在侵权时，组织方得以免责之类的内容，该协议也不能对抗组织方向表演者承担共同连带责任。这种情况下，组织方只能事后向模仿者进行追偿。同理，当电视台、广播电台和网络平台等新闻媒体对播送的节目内容未尽到合理的注意义务时，也应当与模仿者承担连带责任。

四、通过行政手段进行调整

（一）著作权行政保护的概念

著作权行政保护，是国家进行著作权管理的重要手段之一，宏观上看是指国家著作权行政机关和取得行政授权的组织，依法对与著作权有关的国家和社

---

[1] 吴晖：《"模仿秀"中的法律问题》，载《人民法院报》2002年7月15日。

会经济事务进行组织和管理的行为。这种为实施著作权事务管理而从事的能够直接或间接产生法律后果的行为，具有强制力，是国家意志的体现。行政保护作为著作权保护的重要组成部分，其首要目的是维护著作权法律制度，保障著作权制度的运转。著作权行政保护以公共利益为价值目标，根据《著作权法》第48条的规定，侵权行为同时损害公共利益的，著作权行政管理部门可以责令停止侵权行为，没收违法所得，没收、销毁侵权复制品，并可处以罚款；情节严重的，著作权行政管理部门还可以没收主要用于制作侵权复制品的材料、工具、设备等。

（二）戏剧舞蹈"模仿秀"行政手段调整的必要性

著作权行政保护的出发点主要是维护公共利益和社会经济秩序，那么，戏剧舞蹈"模仿秀"能否通过行政手段进行调整的关键在于模仿者的行为在侵犯原表演者的同时是否还会损害公共利益和社会经济秩序。如前所述，营利性"模仿秀"有可能构成不正当竞争行为，以致扰乱社会的社会经济秩序和文化传播秩序。另外，当"模仿秀"侵权时，并不是所有被模仿的表演者都能及时发觉和知晓。当原表演者不知道他人对其表演形象进行了模仿并以此营利时，他们就无法通过法律途径维护自己的权利，这对于原表演者来说是很不利的。因此，这也势必要求著作权行政管理机关采取积极、主动的行政保护措施。

（三）戏剧舞蹈"模仿秀"行政手段调整的方式

本书作者认为，用行政手段对戏剧舞蹈"模仿秀"进行规制可以分为行政机关的事前审批、事中监督和事后处罚三个阶段。

从事前审批来说，行政部门应当严格履行演出内容的审批职责。我国《营业性演出管理条例》第14条规定，举办营业性演出，应当向演出所在地县级人民政府文化主管部门提出申请。县级人民政府文化主管部门应当自受理申请之日起3日内做出决定。对符合本条例第26条规定的，发给批准文件；对不符合本条例第26条规定的，不予批准，书面通知申请人并说明理由。该条例第26条则规定，营业性演出不得侮辱或者诽谤他人，侵害他人合法权益。另外，我国《营业性演出管理条例实施细则》第30条规定，营业性演出活动经批准后方可出售门票。由此可知，县级人民政府应当履行审批营业性演出的义务，在审批时尤其要注意营业性演出的内容是否涉及模仿他人的表演。如果演出的内容属于"模仿秀"，县级人民政府应当不予批准。

从事中监督来说，行政部门在接到"模仿秀"商业演出的举报时，应当立即进行查处。《营业性演出管理条例》第35条规定，县级以上地方人民政府文化主管部门应当充分发挥文化执法机构的作用，并可以聘请社会义务监督员对营业性演出进行监督。同时，县级以上地方人民政府文化主管部门应当向社会公布举报电话，接受民众的举报，并立即赶赴现场进行调查、处理。根据该条的规定，县级以上地方人民政府文化主管部门应当履行好监督的职责，当有人举报"模仿秀"商业演出时，应当迅速进行处理。

从事后处罚来说，对于"模仿秀"侵权行为，著作权行政管理机关可以根据情况给予相应的行政处罚，例如当模仿者通过"模仿秀"进行营利活动时，著作权行政管理机关可以没收"模仿秀"的营利所得，并根据"模仿秀"的营利所得确定对模仿者的罚款数额等。

总之，行政部门对于当前戏剧舞蹈"模仿秀"市场的维护应当充分发挥其积极作用。

戏剧舞蹈"模仿秀"这一文化现象方兴未艾，随着我国文化产业的发展，相信它还会在我们的社会生活中继续存在，其有可能引发的诸多法律问题应使我们更加重视。

根据本书得出的结论，戏剧舞蹈"模仿秀"仅仅是一种复制和再现他人表演形象的行为，本质上不属于著作权法上的表演。当"模仿秀"未出于营利的目的或者未对原表演者的表演形象造成歪曲、贬损时，视为对原表演者表演形象的合理使用，否则，当属侵权行为。模仿者在模仿时应充分尊重原表演者及作品作者的劳动成果，不得侵犯他们的著作权、表演者权甚至其他人格权。同时，营利性"模仿秀"一定要经过原表演者的许可。由于现阶段法律并没有对"模仿秀"现象进行规定，所以只能抽象适用著作权法、民事法律和反不正当竞争法的基本原则和相关法条进行调整。

在此，本书作者建议相关法律尽快对"模仿秀"做出规定，以更好地对该现象进行具体的法律规制。同时，笔者也建议法学界能够对"模仿秀"做出更加充分、深入的研究,为相应的立法工作提供充分的法学理论依据。这样,我们的文化艺术市场才能健康有序地发展。

第五节 典型案例评析

王某诉丁某侵犯肖像权、著作权纠纷案①

(一)案件的基本情况

王甲系国内知名舞蹈表演者、舞蹈作品创作人,曾多次在大型文艺晚会中表演舞蹈作品,深受大众好评。丁乙外貌与王甲相似,系某微博"丁小燕Ding"(以下简称涉诉微博)的博主,实名认证身份为A文化传媒有限公司(以下简称"A公司")法定代表人。其中,A公司的经营范围有国内广告代理、涉及制作及发布,庆典演出策划,企业活动策划等。

2015年9月8日,丁乙在涉诉微博中发布如下博文(以下简称涉诉微博一):"寻王甲明星脸美女,欢迎推荐,代言钻戒……电话/微信188×××××××××。"该微博内容下面同时上传一张图片,该图片为王甲的生活照片。丁乙发布该张王甲的肖像图片未征得肖像权人王甲的同意。

2015年11月15日,丁乙在涉诉微博中发布如下博文(以下简称涉诉微博二):"应主办方邀请赶往上海参加明天晚上(11月30日)下午6点王甲舞蹈公开交流会并担任表演嘉宾,明天有空的小伙伴来现场找我订票可以买到最低折扣的门票(只限明天下午来现场找我的朋友)",博文下方上传了3张图片,其中第二张是王甲"2015年某大型舞蹈表演会"的海报,第三张是王甲坐在台

---

① 此案例为虚构。

阶上的单人全景肖像。丁乙发布该两张王甲的肖像图片未征得王甲同意。

原告王甲遂将丁乙告上法庭。原告诉称，我在丁乙微博发现其在未经许可的情况下，利用我的姓名、肖像，表演我拥有著作权的舞蹈作品从事营利活动，对其表演的模仿秀活动进行宣传，从事营利活动。我系国内著名舞蹈家，且在国内舞蹈界拥有举足轻重的地位，具有巨大商业价值。依据我国民事法律相关规定，丁乙的侵权行为侵犯了我的姓名权、肖像权、著作权等权利，且给我造成一定损失。为保护我的合法权益，现请求判令丁乙赔偿经济损害赔偿金××万元及精神损害赔偿金×万元，诉讼费由丁乙承担。

（二）案件的审理结果

法院经审理后认为：公民享有肖像权和著作权，未经本人同意，不得以营利为目的使用公民的肖像和其合法的著作权。公民的肖像权和著作权受到侵害的，有权要求停止侵害，赔礼道歉，并可以要求赔偿损失。本案中，丁乙作为涉诉微博的博主，对利用其网络平台发布的内容应具有谨慎注意之义务，现丁乙未经王甲同意在涉诉微博一、涉诉微博二中使用了王甲的肖像照片作为微博内容的配图，因该配图登载在具有明显广告宣传性质的涉诉文字微博内容之下，从配图与文字的关系上看属于对广告宣传性文字内容进行配图指示说明，该3幅配图的使用构成了以营利为目的之肖像使用。本案中，因王甲并未提供丁乙侵犯其舞蹈作品著作权的有效证据，丁乙不构成对王甲享有著作权的侵犯。故丁乙的涉诉肖像使用行为仅构成对王甲肖像权的侵犯，丁乙应就此承担相应民事侵权责任。

行为人因过错侵害他人民事权益，应当承担侵权责任。公民的肖像权、姓名权受到侵害的，有权要求停止侵害，恢复名誉，消除影响，赔礼道歉，并可以要求赔偿损失。在法庭辩论终结前，丁乙已经删除了涉诉微博内容，王甲亦撤回了要求丁乙停止侵权的诉讼请求，法院对此不持异议。对于王甲要求丁乙对侵犯其肖像权经济损害赔偿额，其未提供证据证明其因本次侵权造成的实际损失数额或丁乙使用其涉诉肖像及姓名所产生的经济收益，故综合考虑王甲的知名度、丁乙的过错程度，对王甲肖像及姓名的使用方式及当前的市场因素等综合予以判定。对于王甲有关侵犯肖像权及姓名权的精神损害赔偿的诉讼请求，鉴于丁乙使用王甲肖像及冒用王甲名义的行为均属于营利性使用范畴，而且利用的方式并非属于丑化或侮辱等不当使用，其侵权行为主要侵犯的系肖像权及姓名权中具有人格权财产属性的利益，不致造成王甲的精神损害，王甲要求对侵犯肖像权及姓名权造成精神损害赔偿的诉讼请求缺乏事实与法律依据，依法应予以驳回。

基于上述观点，法院最终依据相关法律规定判决：被告丁乙于本判决生效后 10 日内向原告王甲赔偿经济损失共计 × 万元；驳回原告王甲的其他诉讼请求。

（三）对案件的法律分析

该案虽然是因"模仿秀"节目引发的侵权纠纷，是被告为了"模仿秀"节目征集和原告长相近似的"明星脸"人物以及后续相关活动的宣传过程中使用了原告的表演海报照片、姓名等，但是，由于涉及舞蹈作品以及原告的表演者形象使用的"模仿秀"活动并未实际开展，因此原告主张的涉及舞蹈作品的著作权侵权因为证据不充分而未被法院确认，法院最终只确认被告的行为构成对原告姓名权、肖像权的侵犯。

作为知名的舞蹈表演者，其姓名权、肖像权在舞蹈表演活动宣传中的商业价值是很明显的，如果其他的舞蹈表演者或者舞蹈活动组织、举办者在未经许可的情况下利用知名舞蹈表演者的姓名以及相关的舞蹈表演图片、照片等进行宣传，属于利用他人的姓名、肖像进行营利活动，构成侵犯他人姓名权和肖像权的侵权行为。

由于该案没有充分证据证明原告享有著作权的舞蹈作品由被告实际使用的事实，所以，原告与被告之间并没有形成舞蹈作品著作权及邻接权的侵权法律关系。同时，由于被告利用原告的姓名、海报照片等所宣传的舞蹈模仿秀活动并未实际实施，也未涉及"模仿秀"活动本身是否侵害了原告的其他权利。因此，法院最终仅支持了原告主张的被告侵犯其姓名权、肖像权的诉讼请求。